JN063343

［図説］

日本の税制

植松利夫

［編著］

令和元年度版

財経詳報社

は し が き

　税制、すなわち租税に関する制度は、公共サービスのコストを賄うための財源を、国民がその経済力に応じて、公平に負担するシステムです。また、税制は、所得の再分配、経済安定化など多様な機能をあわせ持ち、私たちの日常生活との関わりは、益々深くなってきています。

　税制は、とかく複雑で、専門的であるとの印象を持たれがちです。しかし、少子・高齢化やグローバル化が急速に進展し、社会保障支出の増加等により国の財政が厳しい状況にある中で、経済成長と財政健全化をいかに両立させていくかという課題は極めて重要です。政府の支出について、無駄をなくし、できる限り切り詰めていくことは当然ですが、私たちの子供や孫たちの世代へ負担を先送りしないためにも、政府のお金の使い途（歳出）だけではなく、歳入、すなわち税のあり方は私たち国民にとって一層身近で大切な問題となっているのではないでしょうか。

　本書は、近年の税制への関心の高まりの中で、税の仕組みや意義などについてはもちろん、各税目の制度の概要などについて、図表を取り入れながらまとめています。

　また、他の解説書ではあまり例を見ない租税史や海外の税制との比較についても相当のページ数を割き、税制全般をコンパクトに分かりやすく解説するようにしており、税制について全般的知識を身につけようとする方のいわば「基本書」として必携の書物となっております。

　令和元年度版の作成に当たっては、令和元年度税制改正など、先に国会で成立した法案の内容を踏まえて、30年度版からの見直しを

いたしました。また、各項目の説明や資料を改めて精査し、より分かりやすくするよう努めるとともに、わが国の税制を考える上で、諸外国の税制改正の動向に注目が集まっていること等から、租税制度の国際比較について、主要国ごとに解説をまとめるなど、充実した内容となるよう心掛けています。

　今後、わが国が持続的な経済社会の活性化を実現するため、これからの税制について活発にご議論して頂く際に、本書が少しでも皆様のお役に立つこととなれば幸いです。

　今後も毎年度の税制改正にあわせて改訂を行っていく予定ですが、読者の皆様からも有益なご指摘やご示唆を頂いており、これらも参考にしながら更に内容を充実させていきたいと考えております。

　　2019年12月

　　　　　　　　　　　　　　　　　　　植松　利夫

目　　次

はしがき

■第1編　税制の概要

■第2編　わが国の租税制度の変遷と今後の課題

■第3編　わが国の税制の現状（国税）

■第4編　わが国の税制の現状（地方税）

■第5編　国際課税制度

■第6編　租税制度の国際比較

■第7編　税制担当部局

■第8編　平成31年度税制改正

■第9編　資　料　編

図 説

日本の税制

第1編　税制の概要

　1　概説　　私達は日々の生活の中で、様々な財やサービスを消費しています。この中には、市場に任せておいては十分に提供されないであろう、警察・国防サービスや道路・公園などの社会資本、医療・教育サービスや基礎研究などが含まれています。政府は、これらの財・サービスの提供を行って民間部門の働きを補完し、国民全体の福祉向上を図ることを役割としています。

　その際、政府はこうした財・サービスを提供するための財源を調達する必要があります。「租税」はその財源調達手段として最も基本的なものと位置付けることができます。

　政府が提供する財・サービスの水準によって、どの程度の財源を調達する必要があるのかが決まります。つまり、全体としての税の負担水準をどの程度にするかという問題は、実は税のみの問題ではないのです。「中福祉」を支えるには「中負担」が必要であるという議論もこの一例です。政府の活動範囲は国民の選択に基づいて決まることから、租税は、国民により選択された公共サービス（受益）の提供に必要な費用（負担）を国民の間で分かち合うものであると言えます。現在、我が国が抱える様々な問題を解決するためには、「世代間及び世代内の両面にわたり、お互いに支え合い、ともによりよい社会を築いていく」という共通認識を持って、そのために必要な費用を社会全体で分かち合うことが必要です。税制はまさにその費用の分かち合い方を決めるものです。

　また、納税者の立場に立ったとき、好ましい税制のあり方は、制度が公平で、かつ、制度の内容が透明で分かりやすく、その制度に基づいて納税することについて納得できるものである必要があります。

　税制を考える際には、最大限効率的な行政を前提として、最小限必要な税負担を求めるとした上で、「誰が、どの程度ずつ、どのように負担するか」ということが重要な問題になります。そもそも政府は誰がどの程度利益を享受しているか厳密には計量できない財・サービスを提供しているので、各人が負担すべ

き水準も機械的、一義的には決めることができません。したがって、その負担の分かち合い方は、国民全体が最も納得のいく形に決められる必要があります。つまり、あるべき税制を考える際には、個々の人にはある程度不満が残るとしても、国民全体としてその満足度が最も高い形になるよう、幅広い観点から検討していくことが必要です。

　国民の納得を得られる税制の基準については、従来から租税原則の問題として議論されてきました。その内容は各時代の経済・社会情勢等を反映して変遷してきましたが、基本的な基準としては、「公平・中立・簡素」の三つが挙げられるでしょう。「公平」の基準とは、様々な状況にある人々が、それぞれの負担能力（担税力）に応じて税負担を分かち合うという意味です。「公平」といった場合、従来、負担能力の大きい者にはより多く負担してもらうという考え方（垂直的公平）が特に重視されてきました。一方、所得水準の向上・平準化が進むなかでは、負担能力が同じ者には等しく負担を求めるという考え方（水平的公平）もより重要になってきます。さらに、少子・高齢化が急速に進展している現在では、世代間の公平も重要な視点となっています。「中立」の基準とは、税制ができるだけ民間の経済・社会活動を歪めないようにするという意味です。「簡素」の基準とは、税制の仕組みをできるだけ簡素化し、納税者が理解しやすいものにすると同時に、租税回避行動を誘発せず、税負担の計算が容易で予見可能性を高くするという意味です。これらの要請を満たすため、租税体系全体として各種税目を適切に組み合わせていくこと（タックスミックス）が重要です。

　以上のような視点を踏まえ、税制には、経済活動に影響を与える制度として安定性が求められる一方で、経済・社会の構造変化に伴って、あるいはそれを見通して、新たな視点から改革していくことが求められます。

　このように税制には様々な側面があり、個々の経済・社会活動と密接に関わりを持ちながら、国民経済に溶け込んでいるのです。

2　租税の歴史　　租税は、国や地方公共団体が公共サービスを提供するために必要な経費について、国民の負担を求めるものです。直接の反対給付を伴うものでない点で「手数料」などと区別するのが一般的です。

　歴史的にみても、洋の東西を問わず文明の発生とともに広い意味での政府が生じたときから、その経費を賄うために生み出されたものです。

　古代エジプトでは賦役提供が中心であり、ギリシャ、ローマでは財産税と間接税の芽生えもあったとされています。ローマ末期には不動産税や人頭税が導入されていたようです。中世の封建社会においては、貢納、賦役等が中心でしたが、商業・貨幣経済の発展に伴って、都市では市民に対し関税や消費税が課されました。これに続く絶対王政の時代も、関税や消費税が重視されていました。19世紀から20世紀にかけては各国で所得税や法人税が、20世紀後半には付加価値税が導入されています。

　東洋に目を向けると、中国では農業が産業の中心であったことから、唐代中期以降、塩税、商業課税、関税の比重が高まってくるものの、清代に至るまで租税の中心は田賦でした。

　このように租税の形態はその時代の経済・社会構造や徴税技術の水準等に密接に関係しており、租税に対する考え方も時代により様々です。また、その国の持つ伝統、文化、国民性といった非経済的な要因も重要だと考えられます。

　現代の租税は、一般的には、①国等の公共部門が国民への公共サービスを提供するために必要な資金を調達する目的で国民に課されるものであること、②国民を代表する議会の意思によって定められた法律に基づいて課税・徴収が行われること、③国民に課される負担が金銭であること、などに特徴があります。

各時代の租税の変遷

時　　代	主　な　租　税	社会・経済構造等
古　代	賦役、貢物 個別間接税、財産税 地租、人頭税	農耕社会、牧畜社会 商工業・貨幣経済の発展 都市の成立
中　世	年貢、献納	封建制社会 都市の復活
近　世	関税、個別間接税	絶対王政 大航海時代
近　代	所得税、法人税 取引高税	市民革命 産業革命
現　代	所得税、法人税 付加価値税	福祉国家 大衆社会

各国憲法における租税

○日本国憲法（1947年）

第30条　国民は、法律の定めるところにより、納税の義務を負ふ。
第84条　あらたに租税を課し、又は現行の租税を変更するには、法律又は法律の定める条件によることを必要とする。

○アメリカ合衆国憲法（1788年）

・第1条第8節①
「連邦議会は、合衆国の債務を弁済し、共同の防衛及び一般の福祉を提供するために、租税、関税、輸入税、消費税を賦課・徴収する権限を有する。」
・第1条第10節②
「州は、その（物品）検査法執行のために絶対必要な場合を除き、連邦議会の同意なしに、輸入品または輸出品に対し、輸入税または関税を賦課することはできない。」
・修正第16条（1913年）
「連邦議会はいかなる源泉から生じる所得に対しても、各州の間に配分することなく、また国勢調査または人口算定に準拠することなしに、所得税を賦課・徴収する権限を有する。」

○イギリス

・法典化された憲法はない。
（参考）
・「権利請願」（1628年）
「何人といえども、今後法律による人民の同意なくして、贈与、公債、献上金、租税などの金銭的負担を強要されない。」
・国税については、所得税法や法人税法等各個別の税法及び各年の歳入法により課税が行われている。

○ドイツ連邦共和国基本法（1949年）

・第105条第1項
「連邦は、関税及び財政上の専売について、専属的立法を有する。」
・第105条第2項
「連邦は、その他の税について、その収入の全部または一部が連邦に帰属する場合、または、第72条第2項（連邦の競合的立法）の前提が存在する場合、競合的立法を有する。」

○フランス第五共和国憲法（1958年）

・第34条第2項
「法律は、次の事項を定める。あらゆる性格の租税の基礎、税率及び徴収の態様。」

3 税制の役割　現代の税制の役割としては、①政府が提供する公共サービスの資金を調達すること（財源調達機能）、②国民の所得や資産の再分配を行うこと（所得再分配機能）、③経済を安定化すること（経済安定化機能）、の3点が指摘されています。

「誰が、どの程度ずつ、どのように負担するか」という税制の具体的なあり方を検討する際には、その時々の経済・社会的背景の中で、税制が果たすべきこうした役割を念頭に置きつつ、後述する租税原則や租税体系についての考え方なども踏まえる必要があります。

① 財源調達機能

政府は、警察・国防、社会保障給付、教育などといった公共サービスを提供することにより、民間部門の働きを補完し、国民全体の福祉向上を図っています。税制はそのための財源を調達する最も基本的な手段として位置づけられており、これが税制の最も直接的かつ重要な役割です。

こうした点を踏まえれば、税制を通じて国民が全体としてどの程度の「負担」をするか、という問題は、政府がどの程度の水準の公共サービス（「受益」）を提供するか、という問題と表裏一体のものであると言えます。民主主義の下では、公共サービスの内容・水準は国民の意思によって決定されるものですから、税制は、国民により選択された公共サービスを提供するために必要な費用を、国民の間で分かち合う仕組みであると言えるでしょう。

② 所得再分配機能

市場経済によりもたらされる所得や資産の分配は、遺産や個人の先天的能力等に差が存在することもあり、社会的に見て望ましくない場合が少なくありません。税制は所得税や相続税の累進構造等を通じ、歳出における社会保障給付等とあいまって、所得や資産の再分配を図る役割を果たしています。

③　経済安定化機能

　市場経済では、景気は変動するものですが、急激な変動は国民生活に大きな影響をもたらします。税制は、好況期には税収が増加することを通じて総需要を抑制する方向に作用し、不況期には逆に税収が減少することを通じて総需要を刺激する方向に作用することで、自動的に景気変動を小さくし経済を安定化する役割「ビルトイン（又はオートマティック）・スタビライザー機能」を果たしています。

4 税制と財政　　税制の最も基本的な機能である財源調達機能は、どの程度発揮されているのでしょうか。

財政の支出を賄うための収入である①租税及び印紙収入、②税外収入、③公債金のうち、租税及び印紙収入の占める割合（税収比率）は、大きく変化してきました。国の一般会計で見てみると、戦後から昭和40年にかけて、財政支出を租税等の経常収入の範囲内で行うという「均衡予算主義」の下、公債の発行を行わないとの考え方に立っていたため、税収比率は、80〜90％で推移してきました。しかし、昭和40年度以降は、均衡予算主義から離れ、戦後初の特例公債（赤字公債）の発行が行われた昭和50年度以降になると、公債の大量発行を余儀なくされ、税収比率は60％台に落ち込み、歳入に占める公債金の割合（公債依存度）は30％を上回るようになりました。

その後、財政再建努力と好況による税収増により、平成2年度にはいったん特例公債依存から脱却することができ、税収比率は86.8％となりましたが、これをピークとして、バブル経済の崩壊以降は、それ以前にも増して財政状況は悪化しています。経済停滞の下で、公共投資の拡大や、少子・高齢化の進展に伴う社会保障費の増加により歳出が増加する一方で、景気対策として減税が実施されたこともあって税収は低迷し、近年、税収比率は40％〜60％台で推移していました。

平成30年度予算においては、租税及び印紙収入は59.1兆円で、97.7兆円の歳出の60.5％を賄うにすぎず、不足分のうち33.7兆円（34.5％）を公債金（借金）に頼っており、政府が提供するサービスのために必要な費用を賄うという租税の役割（財源調達機能）を十分に果たしているとは言えない状況です。

中央政府の財政の状況

	公債 (%)	債務残高 (%)	利払／歳出 (%)
日　本	32.4 (2019年度)	169.5 (2019年度)	8.7 (2019年度)
アメリカ	24.1 (2019年度)	97.0 (2018年度)	8.7 (2019年度)
イギリス	2.8 (2019年度)	80.9 (2018年度)	6.5 (2019年度)
ド　イ　ツ	0.0 (2019年度)	36.0 (2018年度)	4.9 (2019年度)
フランス	32.7 (2019年度)	74.3 (2018年度)	12.6 (2019年度)

(注)1．日本の普通国債残高（2019年度末見込み）は、約897兆円である。国の長期
　　　政府債務残高（〃）は、約928兆円（国債＋借入金）である。
　　2．各国の会計年度は、アメリカ（前年10月～9月）、日本及びイギリス（4月
　　　～翌年3月）、ドイツ及びフランス（1月～12月）である。

国の歳出総額に占める租税及び印紙収入の割合

年　度	日　本			〔参　　考〕			
	歳出総額①	租税及び印紙収入②	割合②／①	アメリカ	イギリス	ドイツ	フランス
	億円	億円	%	%	%	%	%
昭和 45	81,877	72,958	89.1	96.8	113.4	90.4	91.6
50	208,609	137,527	65.9	82.0	84.0	76.1	81.4
55	434,050	268,687	61.9	85.3	74.2	82.4	87.5
60	530,045	381,988	72.1	75.6	86.5	81.2	79.5
平成 元	658,589	549,218	83.4	84.6	93.1	86.2	85.1
2	692,687	601,059	86.8	80.1	85.7	74.0	84.1
3	705,472	598,204	84.8	77.9	78.3	80.5	81.8
4	704,974	544,453	77.2	77.0	68.6	83.8	77.2
5	751,025	541,262	72.1	80.5	65.3	79.4	73.1
6	736,136	510,300	69.3	84.5	75.1	81.9	73.3
7	759,385	519,308	68.4	87.3	79.2	80.4	74.2
8	788,479	520,601	66.0	91.5	83.1	76.3	75.5
9	784,703	539,415	68.7	97.0	93.2	77.0	77.4
10	843,918	494,319	58.6	102.2	98.1	76.8	78.8
11	890,374	472,345	53.1	105.3	99.7	79.6	81.5
12	893,210	507,125	56.8	110.8	101.7	82.8	81.8
13	848,111	479,481	56.5	104.8	93.8	81.2	81.4
14	836,743	438,332	52.4	90.5	88.9	78.5	77.1
15	824,160	432,824	52.5	80.9	84.3	76.6	76.5
16	848,968	455,890	53.7	80.6	85.6	76.0	79.3
17	855,196	490,654	57.4	85.8	84.3	75.1	79.2
18	814,455	490,691	60.2	89.0	86.5	79.8	83.4
19	818,426	510,182	62.3	92.4	84.7	86.2	83.1
20	846,974	442,673	52.3	82.9	64.4	85.9	80.0
21	1,009,734	387,331	38.4	58.4	59.7	79.5	68.1
22	953,123	414,868	43.5	59.8	69.5	76.3	66.6
23	1,007,154	428,326	42.5	61.1	73.7	84.9	75.5
24	970,872	439,314	45.2	66.2	73.9	84.8	77.2
25	1,001,889	469,529	46.9	77.4	74.3	85.8	80.0
26	988,135	539,707	54.6	82.3	75.5	92.3	78.2
27	982,303	562,854	57.3	84.1	75.3	91.2	80.7
28	975,418	554,686	56.9	80.8	79.2	91.9	80.8
29	981,156	587,875	59.9	80.0	79.9	93.9	82.4
30(補正後)	1,013,581	599,280	59.1				
元(予算)	1,014,571	624,950	61.6				

(注)1．日本は年度、他は暦年の計数である。
　　2．日本の令和元年度の計数は臨時・特別の措置を含む値。
　　3．ドイツは平成元年までは旧西ドイツの計数である。

5　**租税負担率**　　国民全体の税負担がどの程度の水準であるか
をみる際に、国民経済活動の成果である「国民所得」との関係をみ
ることは、一つの有益な方法です。これを端的に示す指標として、
国民所得に対する租税収入の比率である「租税負担率」があります。
また、国民所得に対する租税負担と社会保障負担とを合わせた国民
負担の比率を「国民負担率」と言います。

　国民負担率は、国民が受け取る所得のうち、公共サービスの費用
を賄う税・社会保険料に拠出される部分の大きさを表しています。
しかしながら、公債により多額の資金調達が行われている現在、公
共サービスは、将来世代に負担を先送りすることによっても賄われ
ており、私たちは負担を上回る公共サービスを享受していると言え
ます。このため、最近では、将来世代の負担により賄われる分も含
め、現在世代が受ける公共サービスの実際の水準を明らかにする等
の観点から、財政赤字を負担に加えた「潜在的な国民負担率」も用
いられています。

　我が国における国民負担率は、2018年度で42.5%（うち租税負担
24.9%、社会保障負担17.6%）と見込まれています。これを先進諸
外国と比較してみると、多くの先進国で50%以上となる中で、我が
国は、米国（2015年）の33.3%についで低い水準となっています
（日本は2015年度で42.6%）。一方で、財政赤字を加えた潜在的な国
民負担率は、48.7%（一時的な特殊要因を除いた数値）となってい
ます。こうした我が国の状況について、先進諸外国の中では「中福
祉・低負担」と位置づけられる、との指摘もなされています。

　第2編でも述べるように、少子・高齢化の進展等に伴い、今後、
中長期的に社会保障関係費が経済の成長を上回って増加することが
見込まれています。将来世代への負担の先送りを行わないようにし
ながら、どの程度の受益と負担の水準を選択するかについて、国民
的な議論を深めていくことが求められているのではないでしょうか。

国民負担率（対国民所得比）の推移

年度	国税 ① (一般会計税収)	地方税 ②	租税負担 ③=①+②	社会保障負担 ④	国民負担率 ⑤=③+④	財政赤字 ⑥	潜在的な国民負担率 ⑦=⑤+⑥	国民所得 (NI)	(参考) 国民負担率対GDP比	国内総生産 (GDP)
昭和45	12.7	12.0	6.1	18.9	5.4	24.3	0.5	24.9	61.0	19.7	75.3
46	12.8	12.0	6.4	19.2	5.9	25.2	2.5	27.7	65.9	20.0	82.9
47	13.3	12.5	6.4	19.8	5.9	25.6	2.8	28.4	77.9	20.7	96.5
48	14.7	13.9	6.8	21.4	5.9	27.4	0.7	28.1	95.8	22.5	116.7
49	14.0	13.4	7.3	21.3	7.0	28.3	3.3	31.6	112.5	23.0	138.5
50	11.7	11.1	6.6	18.3	7.5	25.7	7.5	33.3	124.0	20.9	152.4
51	12.0	11.2	6.8	18.8	7.8	26.6	7.2	33.8	140.4	21.8	171.3
52	11.8	11.1	7.1	18.9	8.3	27.3	8.3	35.6	155.7	23.3	190.1
53	13.5	12.8	7.1	20.6	8.5	29.2	8.0	37.1	171.8	24.0	208.6
54	13.7	13.0	7.7	21.4	8.8	30.2	8.7	38.9	182.2	24.4	225.2
55	13.9	13.2	7.8	21.7	8.8	30.5	8.2	38.7	203.9	25.0	248.4
56	14.4	13.7	8.2	22.6	9.6	32.2	8.2	40.4	211.6	25.7	264.6
57	14.5	13.9	8.5	23.0	9.8	32.8	7.9	40.6	220.1	26.1	276.2
58	14.8	14.0	8.6	23.3	9.7	33.1	7.1	40.1	231.3	26.5	288.8
59	15.1	14.4	8.8	24.0	9.8	33.7	5.9	39.7	243.1	26.6	308.2
60	15.0	14.7	8.9	24.0	10.0	33.9	5.1	39.0	260.6	26.8	330.4
61	16.0	15.6	9.2	25.2	10.1	35.3	4.3	39.6	267.9	27.7	342.3
62	17.0	16.6	9.7	26.7	10.1	36.8	2.9	39.6	281.1	28.5	362.3
63	17.2	16.8	9.9	27.2	9.9	37.1	1.4	38.5	302.7	29.0	387.7
平成元	17.8	17.1	9.9	27.7	10.2	37.9	1.0	38.9	320.8	29.2	415.9
2	18.1	17.3	9.6	27.7	10.6	38.4	0.1	38.5	346.9	29.5	451.7
3	17.1	16.2	9.5	26.6	10.7	37.4	0.5	37.9	368.9	29.1	473.6
4	15.6	14.9	9.4	25.1	11.2	36.3	4.3	40.6	366.0	27.5	483.3
5	15.6	14.8	9.2	24.8	11.5	36.3	6.7	43.0	365.4	27.5	482.6
6	14.7	13.9	8.8	23.5	11.9	35.4	8.2	43.6	368.4	25.9	502.8
7	14.5	13.7	8.9	23.4	12.4	35.8	9.1	44.9	378.5	26.3	516.2
8	14.1	13.3	9.0	23.1	12.4	35.5	8.4	43.9	391.4	26.2	528.8
9	14.3	13.3	9.3	23.6	12.9	36.5	7.5	44.0	388.5	26.6	533.4
10	13.5	13.1	9.5	23.0	13.3	36.3	9.5	45.8	378.2	26.1	526.0
11	13.1	12.5	9.3	22.3	13.2	35.5	11.9	47.4	377.0	25.7	521.9
12	13.7	13.1	9.2	22.9	13.1	36.0	9.5	45.5	386.0	26.3	528.4
13	13.2	12.8	9.5	22.8	13.9	36.7	9.0	45.7	374.3	26.5	519.2
14	12.3	11.8	9.0	21.3	13.9	35.2	10.6	45.8	372.6	25.5	514.9
15	12.0	11.5	8.6	20.6	13.7	34.4	10.1	44.5	378.0	25.1	517.7
16	12.6	11.9	8.8	21.3	13.7	35.0	7.6	42.6	382.7	25.7	525.6
17	13.5	12.7	9.0	22.5	13.8	36.3	5.6	41.9	387.4	26.7	525.6
18	13.8	12.7	9.3	23.1	14.1	37.2	7.1	44.4	392.4	27.6	529.0
19	13.4	13.0	10.3	23.7	14.5	38.2	3.5	41.6	392.3	28.2	530.9
20	12.6	12.2	10.9	23.5	15.8	39.3	9.2	48.5	364.0	28.1	509.5
21	11.4	11.0	10.0	21.3	15.8	37.2	14.5	51.7	353.4	26.7	492.0
22	12.1	11.5	9.5	21.6	15.7	37.2	12.3	49.5	361.9	27.0	499.4
23	12.6	12.0	9.5	22.1	16.6	38.8	12.0	50.8	358.4	28.1	494.4
24	13.1	12.2	9.6	22.7	17.0	39.7	10.3	50.0	359.8	28.9	494.4
25	13.7	12.5	9.5	23.1	16.8	39.9	9.2	49.2	374.2	29.5	507.3
26	15.2	14.2	9.7	24.9	17.1	42.1	7.5	49.6	379.4	30.8	518.2
27	15.4	14.4	10.0	25.4	17.2	42.6	6.1	48.7	390.1	31.2	533.0
28	15.1	14.2	10.1	25.1	17.7	42.8	6.3	49.1	391.2	31.2	536.8
29	15.4	14.5	9.9	25.3	17.6	42.9	5.0	47.9	404.2	31.7	547.4
30	15.4	14.5	9.9	25.3	17.5	42.8	5.4	48.2	413.3	32.0	552.5
令和元	15.7	14.7	9.7	25.4	17.4	42.8	5.4	48.2	423.9	32.0	566.1

(注) 1．単位は、国民所得及び国内総生産は（兆円）、その他は（％）である。
　　 2．平成29年度までは実績、30年度は実績見込み、31年度は見通しである。
　　 3．平成6年度以降は08SNA、昭和55年度以降は93SNA、昭和54年度以前は68SNAに基づく計数である。
　　　 ただし、租税負担の計数は租税収入ベースであって、SNAベースとは異なる。
　　 4．国税は特別会計及び日本専売公社納付金を含む。地方法人特別税は国税に含めている。
　　 5．平成21年度以降の社会保障負担の計数は、平成20年度以前の実績値との整合性を図るための調整等を行っている。
　　 6．財政赤字の計数は、国及び地方の財政収支の赤字であり、一時的な特殊要因を除いた数値。具体的には、平成10
　　　 年度は国鉄長期債務及び国有林野累積債務、18年度、20年度、21年度、22年度及び23年度は財政投融資特別会計
　　　 財政融資資金勘定（18年度においては財政融資資金特別会計）から国債整理基金特別会計への繰
　　　 入れ、平成20年度は日本高速道路保有・債務返済機構債務の一般会計承継、23年度は独立行政法人鉄道建設・運
　　　 輸施設整備支援機構から一般会計への繰入れ等を除いている。
　　 7．平成28、29年度の国民所得については、内閣府「平成29年度国民経済計算年次推計（フロー編）」（平成30年
　　　 12月25日公表）

6　国と地方の役割と歳入　　我が国では、公共サービスの提供を国と地方公共団体の間で分担していますが、それを賄う歳入のうち最も重要な項目は、国の場合も地方の場合も税収です。

税収全体に占める地方税の割合を諸外国と比較してみると、日本（2018年度39.1％）は連邦制をとっているアメリカの州・地方の合計（2015年43.3％）に近く、イギリス（2015年6.0％）、フランス（2015年20.9％）よりはかなり高くなっています。

我が国では、国は地方交付税、地方譲与税などにより、地方の経済力や財源調達能力の格差を調整（財源調整）しています。地方交付税は、国税である所得税、法人税の33.1％、酒税の50％、消費税（地方消費税を除く国税分（6.3％））の22.3％を地方公共団体へその財源不足額に応じて客観的基準に基づき交付するものです（割合は平成30年度のもの）。地方譲与税は、石油関係税などの税収の一部を、国の特別会計を通じて、やはり一定の基準に基づき地方に譲与するものです。また、地方税と地方交付税等・地方譲与税を合わせた財源は、地方公共団体が自主的に使用できる財源であり、これらの合計が地方の歳入に占める比率は高まっています（平成30年度66.9％）。

また、平成30年度の地方の歳入額の内訳をみると、地方税は45.4％を占めており、かつてその割合が30％程度で「３割自治」と言われた時と比べると高くなっています。

国の歳入（一般会計分）（通常分＋臨時特別の措置）

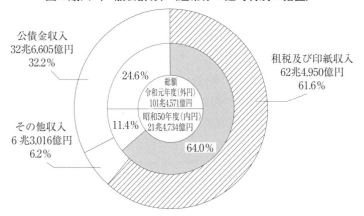

公債金収入
32兆6,605億円
32.2%

24.6%

総額
令和元年度（外円）
101兆4,571億円
昭和50年度（内円）
21兆4,734億円

租税及び印紙収入
62兆4,950億円
61.6%

その他収入
6兆3,016億円
6.2%

11.4%

64.0%

地方の歳入（普通会計分）

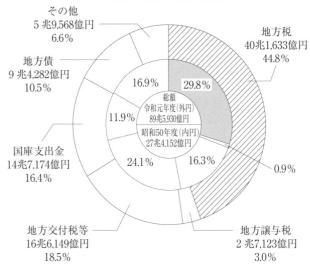

その他
5兆9,568億円
6.6%

地方債
9兆4,282億円
10.5%

16.9%

29.8%

総額
令和元年度（外円）
89兆5,930億円
昭和50年度（内円）
27兆4,152億円

地方税
40兆1,633億円
44.8%

国庫支出金
14兆7,174億円
16.4%

11.9%

24.1%

16.3%

0.9%

地方交付税等
16兆6,149億円
18.5%

地方譲与税
2兆7,123億円
3.0%

（注）　上記の外側の円は令和元年度の予算、内側の予算は昭和50年度の決算。

7 租税原則　どのような理念に基づき、どのような税を課すべきかという、税制の準拠すべき一般的基準を説くものが租税原則です。有名なものとしては、アダム・スミスの4原則、ワグナーの4大原則・9原則、マスグレイブの7条件があります。

　租税原則は各時代の経済・社会情勢等を反映してそれぞれ力点の置き方が異なるものの、税負担の公平性、経済への中立性、制度の簡素性といった基本的な諸要請において相通じていると言えます。

　税負担の公平といった場合、①経済力が同等の人々は等しく負担すべきである（水平的公平）、②大きな経済力を持つ人はより多く負担すべきである（垂直的公平）という二つの概念があります。最近では、この二つの概念に加え、世代間の公平という視点も重要になってきています。これは、少子高齢化の進展とともに、どの時代に生まれたかによって生涯を通じた税負担の水準に不公平が発生する可能性があることを背景としています。

　公平性と並んで、経済活動や資産選択等に対する課税の中立性に配慮することが一層重要になってきています。経済の国際化・成熟化が進展するなか、民間部門の潜在力を発揮させるためにも、租税体系及び各税の仕組みはできるだけ経済活動等に歪みを与えないものである必要があります。

　さらに、現代の民主主義国家では、徴税コストを抑え、租税回避行動を誘発しないという従来からの観点に加え、納税者の視点に立って、納税手続の負担を軽減し、国民に理解しやすいものにするため、租税制度の簡素化が重視されるようになってきています。

　後述するように、（累進的）所得税は垂直的公平に資する一方、消費税は水平的公平に資する等、それぞれの税目により特徴が異なるため、租税体系全体として、これらの要請を満たすため、それぞれの税目を適切に組み合わせるよう工夫が行われています。

租税原則

	項　目	内　　容
アダム・スミスの4原則	①公平の原則	税負担は各人の能力に比例すべきこと。言い換えれば、国家の保護の下に享受する利益に比例すべきこと。
	②明確の原則	租税は、恣意的であってはならないこと。支払時期・方法・金額が明白で、平易なものであること。
	③便宜の原則	租税は、納税者が支払うのに最も便宜なる時期と方法によって徴収されるべきこと。
	④最小徴税費の原則	国庫に帰する純収入額と人民に給付する額との差はなるべく少なくすること。
ワグナーの4大原則・9原則	①財政政策上の原則	1　課税の十分性…財政需要を満たすのに十分な租税収入があげられること。 2　課税の弾力性…財政需要の変化に応じて租税収入を弾力的に操作できること。
	②国民経済上の原則	3　正しい税源の選択…国民経済の発展を阻害しないような正しい税源を選択すべきこと。 4　正しい税種の選択…租税の種類の選択に際しては、納税者への影響や転嫁を見極め、国民経済の発展を阻害しないで、租税負担が公平に配分されるよう努力すべきこと。
	③公正の原則	5　課税の普遍性…負担は普遍的に配分されるべきこと。特権階級の免税は廃止すべきこと。 6　課税の公平性…負担は公平に配分されるべきこと。すなわち、各人の負担能力に応じて課税されるべきこと。負担能力は所得増加の割合以上に高まるため、累進課税をすべきこと。なお、所得の種類等に応じ担税力の相違などからむしろ異なった取扱いをすべきであること。
	④租税行政上の原則	7　課税の明確性…課税は明確であるべきこと。恣意的課税であってはならないこと。 8　課税の便宜性…納税手続は便利であるべきこと。 9　最小徴税費への努力…徴税費が最小となるよう努力すべきこと。
マスグレイブの7条件	①十分性	歳入（税収）は十分であるべきこと。
	②公平	租税負担の配分は公平であるべきこと。
	③負担者	租税は、課税対象が問題であるだけでなく、最終負担者（転嫁先）も問題である。
	④中立（効率性）	租税は、効率的な市場における経済上の決定に対する干渉を最小にするよう選択されるべきこと。そのような干渉は「超過負担」を課すことになるが、超過負担は最小限にとどめなければならない。
	⑤経済の安定と成長	租税構造は経済安定と成長のための財政政策を容易に実行できるものであるべきこと。
	⑥明確性	租税制度は公正かつ恣意的でない執行を可能にし、かつ納税者にとって理解しやすいものであるべきこと。
	⑦費用最小	税務当局及び納税者の双方にとっての費用を他の目的と両立しうる限り、できるだけ小さくすべきこと。

8　租税体系（課税ベースによる税の分類）　　通常、租税体系は複数の税の組み合わせによって構築されますが、税の分類方法の一つに経済力の指標である課税ベースから分類する見方があります。通常、所得・消費・資産等が課税ベースとして挙げられます。

　所得は、消費や貯蓄などに向けられる支払能力の源であって、個人の経済力を端的に示すと考えられ、従来から担税力の指標として認められてきました。

　その後、経済力を反映する課税ベースとして消費が重視されてきました。これは、①消費は生涯を通じて行われるものであり、勤労時に偏りがちである所得に比べて、より長期における経済力を示すものである、②したがって、ライフサイクルにおける税負担の偏りを縮小する、③また、資産を取り崩して高い生活水準を維持している人にも税負担を求めることができる、④さらに、社会への貢献の対価である所得への課税よりも社会の経済的価値のプールからの取り分である消費への課税の方が望ましい、などといったことが考えられるためです。

　また、経済社会のストック化・国際化により、資産を課税ベースとして重視すべきか否かの議論が行われています。これは、①資産の保有自体に効用がある、②富の集中防止・再分配や格差是正の観点から資産にも課税すべき、③所得課税や消費課税を補完する資産課税は必要、といった考え方がある一方、資産課税は資本蓄積を低下させ、長期的には経済成長率を低下させるのではないか等の懸念があるからです。資産から発生する利子・配当等の所得（資産性所得）についても、こうした資産課税の視点から考えていく必要があります。

国税・地方税の税目

	国税	地方税			国税	地方税
所得課税	所得税 法人税 地方法人税 地方法人特別税 復興特別所得税	住民税 事業税		消費課税	消費税 酒税 たばこ税 たばこ特別税 揮発油税 地方揮発油税 石油ガス税 航空機燃料税 石油石炭税 電源開発促進税 自動車重量税 国際観光旅客税 関税 とん税 特別とん税	地方消費税 地方たばこ税 ゴルフ場利用税 自動車取得税 軽油引取税 自動車税 軽自動車税 鉱区税 狩猟税 鉱産税 入湯税
資産課税等	相続税・贈与税 登録免許税 印紙税	不動産取得税 固定資産税 特別土地保有税 法定外普通税 事業所税 都市計画税 水利地益税 共同施設税 宅地開発税 国民健康保険税 法定外目的税				

課税ベースによる税収の内訳と税目

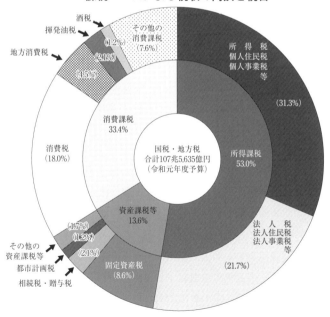

9 租税体系（タックスミックス、その他の税の分類）

例えば所得課税や資産課税は垂直的公平を図る上で優れている一方、消費課税は水平的公平を図る上で優れているなど、各税目は、課税ベースによってそれぞれ長所を持つ反面、何らかの問題点を伴うため、税収が特定の税目に依存しすぎる場合、税負担の公平な配分や経済的中立性を妨げるおそれがあります。そこで、所得・消費・資産等といった課税ベースを適切に組み合わせつつ、全体としてバランスのとれた税体系を構築する必要があるという考え方があります。これは、「タックスミックス」と呼ばれています。

課税ベース以外の分類方法としては、直接税か間接税かという見方があります。納税者と担税者が一致する租税が直接税に、税負担が転嫁され両者が一致しない租税が間接税に分類されますが、実際上転嫁されるかどうかは、税の種類よりも、その時の経済的な諸条件によるとも考えられます。そこで一般的には、法律上の納税義務者と担税者とが一致することを立法者が予定している租税を直接税といい、法律上の納税義務者が税負担を財やサービスの価格に転嫁することにより、最終的な購入者がその税金を負担することを予定している租税を間接税と言っています。

また、税の分類方法には、人税か物税かという見方もあります。個人・法人の人的側面に着目して課税する税が人税、物自体に客観的に課税する税が物税です。人税とされる所得税や法人税等は、人的事情を考慮することが可能であること、物税とされる固定資産税や消費税等は課税対象が明確で仕組みが簡素であることが特徴です。

ほかにも、例えば、租税を徴収する主体による国税と地方税、一般経費を賄う普通税と特定の歳出に充てられる目的税、臨時に徴収されるかどうかによる経常税と臨時税といった分類があります。

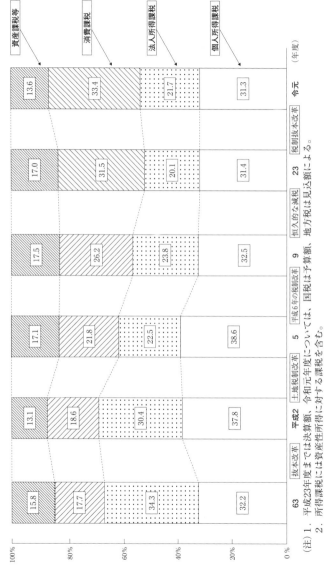

所得・消費・資産等の税収構成比の推移（国税＋地方税）

（年度）	63	平成2	5	9	23	令元
	技本改革	土地税制改革	平成6年の税制改革	恒久的な減税	税制抜本改革	
資産課税等	15.8	13.1	17.1	17.5	17.0	13.6
消費課税	17.7	18.6	21.8	26.2	31.5	33.4
法人所得課税	34.3	30.4	22.5	23.8	20.1	21.7
個人所得課税	32.2	37.8	38.6	32.5	31.4	31.3

（注）1. 平成23年度までは決算額、令和元年度については、国税は予算額、地方税は見込額による。
　　　2. 所得課税には資産性所得に対する課税を含む。

10 租税体系（理論）

⑴ **包括的所得税論**　個人の担税力の基準となる経済力を測る指標としては、所得が最も適切であり、また、その指標としての所得はできる限り包括的であるべきである、というのが包括的所得税論です。したがって、労働所得も資本所得も、所得はすべて合算して総合課税をするのが水平的公平性から望ましく、垂直的公平性からは、これに累進課税をするのが望ましいということになります。

⑵ **支出税論**　本来の経済力は短期的ではなく長期的に測られるものであるという観点に立ち、各年の所得よりも変動が小さいと考えられる、恒常所得の近似となる消費支出を課税ベースとした方が水平的公平に資する、というのが支出税論です。経済的効率性という観点からも、労働供給が税制によって影響を受けず、貯蓄（将来の消費）に対する二重課税を行わず、つまり、現在と将来の消費に対して中立的であるため、望ましい税制であると言えます。ただし、執行可能性の担保といった課題も指摘されています。

⑶ **最適課税論**　資源配分の効率性と所得分配の公平性の基準に基づいて、ある所与の大きさの税金を得る際に、どういう課税体系が最も経済的に合理的なのかということを検討するものです。最適課税論においては、どのような社会厚生関数を設けるか、どの程度の複雑さを持った税体系を想定するか等によって、望ましい税体系は変化します。

北欧諸国で導入されている「二元的所得税」は、資本は労働よりも流動的であることを前提にして、海外への資本逃避の防止等の観点から、すべての所得を「勤労所得」と「資本所得」とに二分した上で、「勤労所得」に対しては累進税率を適用する一方、「資本所得」には「勤労所得」に適用する最低税率と等しい比例税率で分離課税するものであり、この最適課税論の考え方の影響を受けています。

所得税と消費税の特徴

	所　得　税	消　費　税
垂直的公平	・税率の累進構造により、高い所得水準を有する人ほど多くの税負担を求めることができる。	・消費水準に応じて比例的に税負担を求めることができるが、所得水準に対する税負担の逆進性が生じかねない。
水平的公平	・所得の種類等によって課税ベースの把握に差が生ずるおそれがあり、同じ所得水準であっても税負担に差異が生じかねない。	・所得の種類等にかかわらず、同等の消費水準の人には同等の負担を求めることができる。
世代間公平	・税負担が勤労世代に偏りかねない。	・勤労世代だけでなく、広く社会の構成員が税負担を分かち合うことができる。
中　立　性（活　力）	・累進構造によっては（累進度がきつい場合には）、勤労意欲や事業意欲を損いかねない。	・生産活動に伴う所得に対して課税するものでないことや、所得水準に対する累進性が弱い（ない）ことから、勤労意欲や事業意欲に対して中立的である。
簡　素　性	・税率の累進構造や各種控除をはじめとして、種々の例外的な規定があり、複雑である。	・例外的な規定も少なく、比較的簡素である。
税　収　動　向	・景気動向に伴って税収が変動するため、景気の自動安定化機能を果たすと期待される。 ・景気動向に伴って税収が変動するため、安定的な公的サービスの提供が困難となりかねない。	・景気動向に伴う税収の変動が比較的小さいため、景気の自動安定化機能も比較的小さいと考えられる。 ・景気動向に伴う税収の変動が比較的小さいため、比較的安定的な公的サービスの提供が期待できる。

（参考）　資産課税の長所・短所

〈長所〉・経済社会のストック化に対応し、資産格差の是正、所得課税の補完の観点から「垂直的公平」の確保に適する。

　　　　・赤字法人であっても、資産があれば、負担を求めることが可能。

〈短所〉・資産性所得課税の場合、その捕捉の困難さ、勤労性所得との負担のバランスの難しさ等がある。

　　　　・資産保有課税の場合、キャッシュフローがないところに課税する場合がある。

11　転嫁、帰着　　ここでは、租税を論じる上でよく使われる言葉を説明しましょう。

まず、税負担の「転嫁」とは、法律上の納税義務者が税負担の全部または一部を取引価格の引上げまたは引下げを通じて取引の相手方に移しかえることを言います。例えば、ある製品に対して課税がなされる場合に、生産者が価格に税負担分を含めて価格を引き上げ、卸売業者に負担を移す場合や、逆に、生産者が税負担を原材料の仕入価格の引下げによってその供給者に移す場合が、これに当たります。

転嫁がどのように行われるかは、一般的には経済的な条件に依存しますが、例えば、消費税はほとんどの財・サービスに一律に課される税であり、法律上も円滑かつ適正に転嫁すべきものとされています。

このような税負担の転嫁を考えた上で、最終的に誰が税を負担するかを示すのが税負担の「帰着」です。例えば、法人税の負担が消費者、労働者、資本提供者等にどの程度ずつ帰着するかは議論の分かれるところです。税負担の帰着を正確にとらえるには、課税による影響が経済全体に波及する効果を見極める必要があります。

法人税の転嫁と帰着に関する学説

部分均衡論的分析	転嫁否定論	○ 法人税は、短期的にみると、消費者や賃金労働者よりも、主として会社とその株主に帰着する。法人税は、独占市場であるか、競争市場であるかを問わず、一定の設備の下で操業している企業の利潤をもたらす生産量に変化を与えない。(R. グード)
	転嫁肯定論	○ 完全競争や完全独占よりも、不完全競争を前提とするモデルの方が、市場の現実に近い。こうした不完全競争のブレーン=ワークの下では、価格決定に際してのマーク・アップ方式の採用等、いくつかの前提をおけば、製品価格の上昇という形で、少なくとも部分的には法人税の前転ができる。(J.F. デュー)
一般均衡論的分析	静学的帰着論	○ 法人税の帰着を一般均衡論的に分析するために、以下のようなモデルを考える。 (1) 法人・非法人の二部門経済 (2) 生産要素は所与の労働と資本であり、完全雇用が常に達成 (3) 完全競争を前提 法人部門に投資された資本からの所得が課税されれば、資本は法人部門から非法人部門に移動し、この移動は両部門における資本の税引後収益率が均衡するまで行われる。この結果、法人所得税は長期的にみて、法人部門のみならず非法人部門も含めた企業に一般に対して投資を行う投資家一般により負担される。(A.C. ハーバーガー)
	動学的帰着論	○ 資本の存在量と労働力が変化し、経済全体の貯蓄率は税引後収益率に依存するとすれば、法人税は貯蓄率を下げ、長期的には資本蓄積を減少させ、賃金所得の上昇を抑制する可能性がある。(M. フェルドスタイン) ○ 借入による資金調達の可能性と支払利子の損金算入を考慮すれば、法人税は投資決定に影響を与えない。(J.E. スティグリッツ)

12　税収弾性値　　税収と経済動向の関係を考える際に、「税収弾性値」という概念を用いた議論がなされることがあります。「税収弾性値」とは、経済成長に応じて税収がどの程度増加するかをあらわす指標であり、具体的には、税収の伸び率を名目 GDP の成長率で除したものとして計算されます（名目成長率が２％で税収伸び率が2.2％となる場合、税収弾性値は1.1）。

税収弾性値は、単年度ごとに見れば大きくふれる場合があります。近年では、税収弾性値が高くなっている年度も見られますが、この点については、分母である名目 GDP の成長率がゼロ近傍と極めて小さく、極端に大きな弾性値が算出されることが理由の一つとして挙げられます。したがって、最近の税収弾性値を単純に平均した場合には、「異常値」の影響を排除できないおそれがあることに留意が必要です。

税制の構造面から税収弾性値について考えると、例えば、主要税目（消費税、所得税、法人税）については、

① 消費税については、その課税ベース（＝消費）が概ね名目 GDP の成長率に連動すると考えられることから、弾性値が「１」に近いと考えられること、また、その税収シェアが拡大してきていること（元年度：6.0％→30年度：29.7％）、

② 所得税については、累進課税をとっているため弾性値は「１以上」と考えられるものの、80年代後半以降の累次の改正で、累進構造は緩和（フラット化）していること、

③ 法人税については、繰越欠損金の影響等により、景気の急激な変動時には弾性値が一時的に大きくなるものの、中長期的には、課税ベースである企業所得が名目成長率に連動と考えられることから、同様に弾性値は「１」に近いと考えられること、

といった点を念頭に置く必要があります。

中長期的な財政の姿を議論するにあたって税収弾性値を考える場合には、こうした観点を踏まえることが適切と考えられます。

税制の構造変化と税収弾性値

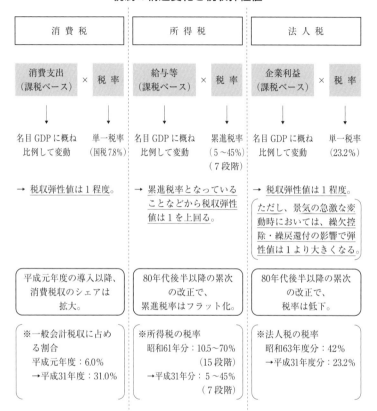

	消　費　税	所　得　税	法　人　税
課税ベース×税率	消費支出（課税ベース）× 税率	給与等（課税ベース）× 税率	企業利益（課税ベース）× 税率
	名目GDPに概ね比例して変動 ／ 単一税率（国税7.8%）	名目GDPに概ね比例して変動 ／ 累進税率（5～45%）（7段階）	名目GDPに概ね比例して変動 ／ 単一税率（23.2%）
	→ 税収弾性値は1程度。	→ 累進税率となっていることなどから税収弾性値は1を上回る。	→ 税収弾性値は1程度。ただし、景気の急激な変動時においては、繰欠控除・繰戻還付の影響で弾性値は1より大きくなる。
	平成元年度の導入以降、消費税収のシェアは拡大。	80年代後半以降の累次の改正で、累進税率はフラット化。	80年代後半以降の累次の改正で、税率は低下。
	※一般会計税収に占める割合 平成元年度：6.0% →平成31年度：31.0%	※所得税の税率 昭和61年分：10.5～70% （15段階） →平成31年分：5～45% （7段階）	※法人税の税率 昭和63年度分：42% →平成31年度分：23.2%

（参考）諸外国の税収弾性値

　内閣府に設置された研究会（座長岩田一政）のレポート「経済成長と財政健全化に関する研究報告書」（平成23年10月17日）では、1981年－2009年のG7各国の税収弾性値を下記のように分析し、「（他のG7諸国では）ほとんどの国・期間で1前後の値をとるのが通常」としている。

国名	カナダ	フランス	ドイツ	イタリア	イギリス	アメリカ
1981－2009の平均弾性値	0.9 程度	1.0 程度	0.8 程度	1.0 程度	1.1 程度	1.0 程度

13 減税の経済効果　　税制は、もともと経済安定化の機能を果たしていますが（3参照）、景気が大きく落ち込んでいるときには、これに加えて、景気刺激のための減税が政策手段として議論されます。

減税を行った場合、単純なケインズモデルでは、短期的には、可処分所得の増加により、消費や投資が拡大するとされます。この際、減税1単位に対してGDPが何単位増加するかを「減税乗数」と言いますが、この大きさについて、様々な議論があります。

まず、経済状況によりその大きさは異なり、例えば、消費性向（可処分所得に対する消費の割合）が小さい場合には、減税のうち貯蓄に回る部分が大きいため、有効需要の増加の効果（乗数）が小さくなります。また、政策手段としては、減税と政府支出（特に公共投資支出）が比較されることが多いのですが、一般的には、減税はその一部が貯蓄に回りすぐには有効需要とならないため、政府支出の方が効果（乗数）が大きい、といわれています。

一方、長期的には、減税の効果はほとんどないという議論もあります。まず、減税による財政赤字の増加により、金利が上昇し、民間の設備投資等の減少を招き（クラウディングアウト）、減税の有効需要増大効果は減じます。更に、減税が将来の増税等で賄われる場合には、家計等は、将来の増税等を予期して現在の消費を抑制してしまい、有効需要は増大しないとも考えられます（「公債の中立命題」、「リカードの中立命題」）。また、減税の財源が政府支出の削減で賄われるとすると、ケインズモデルにおいては、一般的に短期の乗数効果は政府支出の方が大きいことから、有効需要は減少することとなります。逆に、財政収支の増加を増税で賄っても有効需要は増加することとなり、これを「均衡財政乗数」と言います。

このように、減税の経済効果については様々な議論があり、経済状況や短期か長期かという視点等により、評価が分かれています。

所得減税及び公共投資追加を名目 GDP の 1 ％相当額
継続的に実施した場合の経済効果

個人所得税を名目 GDP の 1 ％相当額だけ継続的に減税した場合の経済効果

	名目 GDP （%）	実質 GDP （%）	財政収支対名目 GDP 比（%ポイント）
1 年目	0.32	0.30	▲0.94
2 年目	0.51	0.37	▲0.94
3 年目	0.74	0.45	▲0.95

（備考）　個人所得税を標準ケースの名目 GDP の 1 ％に相当する額だけ減税し、その
　　　　変化がシミュレーション期間中継続するものと想定した。

公共投資を名目 GDP の 1 ％相当額だけ継続的に拡大した場合の経済効果

	名目 GDP （%）	実質 GDP （%）	財政収支対名目 GDP 比（%ポイント）
1 年目	1.17	1.04	▲0.66
2 年目	1.41	0.90	▲0.66
3 年目	1.74	0.84	▲0.69

（備考）　名目公的固定資本形成が標準ケースの名目 GDP の 1 ％に相当する額だけ増
　　　　加し、それがシミュレーション期間中継続するものと想定した。

○　減税乗数が公共投資乗数に比べて小さいのは、公共投資が公的部門の支出という
　形で需要を直接的に拡大するのに対し、減税の場合、家計の支出行動によってその
　効果が左右されることによる。

（資料）　内閣府経済社会総合研究所「短期日本経済マクロ計量モデル（2015年版）の
　　　　構造と乗数分析」（平成27年 1 月発表）

14 （参考）乗数について

(1) **乗数とは**　乗数とは、政府支出等が1単位増加するとき、どれだけ総生産が変化するかを表したものです。

(2) **乗数の導出**　まずは海外部門を考えない簡単なケインズモデルを考えましょう。総生産を Y、消費を C、投資を I、政府支出を G とし、貯蓄を S、税負担を T、総需要を AD とすると、

$$AD = C + I + G \qquad ①$$

となり、一方、総生産は総所得に等しいことから、

$$Y = C + S + T \qquad ②$$

となります。可処分所得の一定割合が消費されるとする（消費性向を c とする）と、C＝c（Y－T）と表すことができるので、均衡においては、総需要は総生産に等しくなることにより、AD＝Y として、

$$Y = c（Y - T） + I + G$$

$$（1 - c）Y = I + G - cT \qquad ③$$

となります。変化量を Δ で表すと、③より、

$$\Delta Y / \Delta G = 1 /（1 - c）\quad「政府支出乗数」$$

$$\Delta Y / \Delta T = c /（1 - c）\quad「減税乗数」$$

となります。

(3) **乗数の大きさの解釈**　ここで、通常、0＜c＜1ですから、政府支出乗数は1以上になり、政府支出の増加以上に総生産は増加します（それゆえ「乗数」と呼ばれています）。これは、総需要に含まれる消費は総生産の増加に応じて増加するので、総需要は、政府支出の増加以上に増加することとなり（誘発需要の発生）、これと均衡するように総生産も増加することになるからです。

　この均衡への収束の過程を辿って乗数を求めることもできます。例えば、政府支出が増加した場合には、総生産は、1、c、c^2、c^3…と増加していくので、これを合計すると、

$$1 + c + c^2 + c^3 + \cdots = 1 / (1 - c)$$

となり、先程と同じ値の政府支出乗数が導出できます。政府支出乗数が減税乗数よりも大きいのは、政府支出の増加の場合は、上記のプロセスが需要が1単位直接増えるところから始まるのに対して、減税の場合は、可処分所得の1単位の増加から始まるため、最初の需要増が c から始まるからです（$c + c^2 + c^3 + \cdots = c / (1 - c)$）。

(4) **均衡財政乗数**　均衡財政乗数については、③より、Y、G、T の変化量をとると

$$(1 - c) \ \Delta Y = \Delta G - c \Delta T \qquad ④$$

となります。均衡財政の条件から、$\Delta G = \Delta T = 1$ を代入すると、

$$\Delta Y = 1$$

となり、すなわち、政府支出増の財源を増税で賄っても、総生産は増加します。

（備考）　IS バランス

上記のモデルに海外部門を加えて、輸出を E、輸入を M としましょう。すると、総需要を表す式は、①を書き換えて、

$$AD = C + I + G + (E - M) \qquad ①'$$

となります。均衡においては、総需要と総生産が等しくなるので、

$$(S - I) = (E - M) + (G - T) \qquad ⑤ \ (①' = ②より)$$

が得られます。⑤は、「均衡においては、民間部門の貯蓄超過は、経常収支の黒字と政府部門の赤字の合計に等しくなる」ということを意味しています。こうした関係を IS バランスと呼んでいます。

日本の IS バランスは、90年代半ばまで個人が貯蓄超過、企業が投資超過であり、これがわが国の戦後経済を支えた資金の流れでした。しかし、今や国内の貯蓄超過のかなりの部分は、政府部門の赤字が吸収している状況に至っています。これ以上財政赤字が拡大することは、市場金利に上昇圧力を与え、企業の投資を抑制（クラウディングアウト）するおそれがあることに注意が必要です。

第2編　わが国の租税制度の変遷と今後の課題

1　概　説　租税制度は他の社会制度と同様にその国の歴史や経済・社会情勢と密接不可分の関係を持っています。

わが国の租税の歴史を見ると、古代の共同社会は各成員が労役を提供し合うことによりそれぞれの共同体を支えていました。その後、大和朝廷といった強大な政権が誕生すると租税制度に若干の統一性が見られるようになり、さらに7世紀半ばには、「大化の改新」によって律令国家の建設が目指され、「租・庸・調」という租税制度が統一的に全国に施行されるようになりました。中世の封建社会においては生産力の源泉である土地の収益（米など）の一定部分を当該土地の領主に納める租税（年貢）が中心となり、近代に至るまでの長い間、中核的な租税として領主の財政需要を支えました。

明治維新により、近代的な国家が成立すると、旧来の諸税に代わり、統一的な租税制度が整備されました。中でも近代日本の初期において重要だったのは地租であり、地租改正は土地所有権の確認を行うとともに、安定的な税収を政府にもたらし、全国にわたり統一的に施行されたという意味で画期的なことでした。

その後、欧米の影響もあり、財政需要の逼迫の中で、19世紀末から20世紀前半にかけて所得税・相続税・法人税が導入されます。また、日本経済の中心が農業から商工業に移行するにつれ、地租に代わり酒税をはじめとする間接税が国税収入の中で大きなウェイトを占めるようになり、さらに所得税の課税対象・範囲の拡大により、そのウェイトが高まりました。

第二次世界大戦後は、アメリカの影響の下、申告納税制度や所得税の総合課税を中心とする税制（いわゆるシャウプ税制）が施行され、現在のわが国の税制の基礎が形成されました。

昭和62・63年（1987・88年）にかけて行われた抜本的税制改革は、高齢化、国際化、価値観の多様化などの経済・社会の構造変化に合わせ、所得・消費・資産等の間でバランスのとれた、公平、簡素で中立的・安定的な税体系の構築を目指したものです。具体的には、

所得税や法人税の減税とともに、消費税の導入をはじめとする間接税制度の抜本的見直しなどが行われました。

その後も経済・社会の変化を背景とする様々な税制改正が行われてきました。平成6年（1994年）11月の税制改革においては、高齢化の急速な進展や中堅所得者層を中心とする税負担の累増感の強まりを背景に、所得税・個人住民税の税率構造の累進緩和や消費税の中小事業者に対する特例措置等の改革とともに、消費税率引上げと地方消費税の創設が行われました。

このように、わが国の税制については、その時々の社会経済情勢に応じて改革が行われてきましたが、そうした抜本的な改革以降、わが国は経済・社会の全般にわたる激しい構造変化に遭遇しています。

そうした中、平成16年の年金制度改正において、年金制度を持続可能なものとする等の観点から、平成19年度を目途に、所要の安定した財源を確保する税制の抜本的な改革を実施した上で、基礎年金国庫負担割合を平成21年度までに段階的に2分の1へ引き上げていくことが法律に規定されました。これを受け、平成16年以降、税制抜本改革の検討が進められましたが、景気悪化など様々な事情から改革は実現に至りませんでした。

その後、平成20年9月のリーマン・ショックによる経済の混乱から国民生活を守るため、短期的には大胆な経済活性化策を実施していく一方、中長期的には社会保障の安定財源確保等の観点から、税制抜本改革を実施していく方針が同年12月の「中期プログラム」で示されました。これを踏まえ、平成21年度税制改正法附則104条の中で、経済状況を好転させることを前提に、平成23年度までに必要な法制上の措置を講ずることとされました。

平成24年8月に成立した消費税率の引上げを含む税制抜本改革法は、これら一連の経緯を踏まえたものですが、このように、法律が制定されるまでに約8年もの期間を要したことになります。

2　明治期以前における租税制度

わが国における租税の発祥は、上古の「みつぎ」「えだち」にあるといわれますが、大化の改新により律令国家が成立し、諸制度の大改革がなされた際に、唐に倣って「租・庸・調」が租税制度として採用されました。「租」は田畑（口分田）の収益を、「庸」は個人の労働力を、「調」は地方の特産物を課税物件としていましたが、その他にも雑徭兵役など重い労働負担が課せられていたことから、農民の逃亡等を招き、結局うまく機能しなかったといわれています。奈良時代以後は、律令制の解体に伴い私有地＝荘園が拡大し、各領主は国家とは別に、荘園を基礎に年貢を課す状況となりました。

鎌倉時代には封建制度が確立し、領主の財政需要を賄うため農民が収穫した稲の一部を現物で納める「年貢」が中心的な租税でした。しかし、当時は田地の所領関係が錯綜していたため税負担は非常に重かったようです。室町時代には商業の発達に伴い、これまでの年貢に加え倉役、酒屋役といった商工業者に対する新たな税が生まれ、幕府財政を支えました。

安土桃山時代には豊臣秀吉の行った太閤検地により、土地に関する税制が整備されました。太閤検地では、度量衡の統一をし、耕地の実地調査により土地の生産力を玄米の生産量（石高）で表しました。そして、その石高に応じて年貢を課すこととされたのです。また、検地帳に土地の直接耕作者を登録し、その者を租税負担の責任者としました。

江戸時代は、年貢を中心とした農民に対する税が中心で、田畑・屋敷を課税対象とし収穫の約40％（四公六民）程度を納付する本年貢、山林や副業などの収益に対する小物成、労役の一種の助郷役などが課されました。その他、商工業者に対する税として運上金・冥加金といった営業税や免許税を含め、各藩ごとに種類・名称・課税方法等を異にした雑税が存在しました。

明治以前の日本の租税の歴史

時代	歴史上の事件	社会経済情勢等	租　税　制　度
世紀			労役提供 みつぎ・えだち（労役）
7	大化の改新	律令制度導入	租・庸・調
8	平城京遷都	墾田永年私財法 荘園の拡大	
	平安京遷都	律令制度の解体	年貢・公事・夫役
12	鎌倉幕府の成立	封建制の成立 地頭と荘園領主の対立	年貢（田地の所有関係が錯綜しており、税負担が二重三重となっていた）
	元寇	農業生産力の上昇	棟別銭（家一棟ごとに課税）
14	室町幕府の成立	貨幣経済の浸透、商工業の発達	倉役、酒屋役、関銭 有徳銭（富裕な者に課税）
16	戦国時代 織田信長の統一事業 豊臣秀吉、天下統一	太閤検地→土地の耕作者の登録（一地一作人の原則） 度量衡の統一	楽市・楽座の制 租税負担の責任者が確定
17	江戸幕府成立 鎖国	田畑永代売買禁止令、分地制限令	⑴　農民に対する税 　　本年貢（四公六民） 　　小物成、助郷役 ⑵　商工業者に対する税 　　運上金、冥加金 年貢の納入は村請制
18	享保の改革	飢饉の発生 一揆の増大	年貢の税率の決定方法を検見法から定免法へ

3　明治初期の税制　　明治維新以後、日本の近代税制の歴史が始まります。維新後しばらくは、税制は旧慣によることとされていたため、種々の租税が存在していました。しかし、版籍奉還・廃藩置県により国内の政治的統一が達成されると、旧藩の債務と藩札等を引き継ぐこととした新政府の財政は困難な状況に陥り、安定した税収を確保するための統一的な租税制度への改革が急務となりました。

　まず、政府は、明治6年（1873年）に地租改正条例を公布し地租（年貢）の改正に着手しました。新地租は、耕作者でなく、地券の発行により確認された土地所有者（地主）を納税義務者とし、収穫量の代わりに収穫力に応じて決められた地価を課税標準とし、豊凶にかかわらず地価の3％で課税するというもので、納税は貨幣で行うこととされました。7年近くを要する大事業であったこの地租改正により、全国を通じた画一的な租税制度が確立し、政府は安定した収入を得ることができるようになりました。それと同時に、所有権が明確化し近代的な土地所有権が確立されたといわれています。

　また、江戸時代から続いていた種々の諸雑税が整理され、税制の簡素化が行われる一方、証券印紙税（明治6年）、煙草税（同8年）、酒類税（同8年）といった税が採用されました。

　明治11年には地方税規則が制定され、地方税の体系も整備されています。

　この時期の国税収入の構成を見ると、地租の比率が圧倒的に高く（明治10年までは約80％）、明治初期の財政は、当時の中心的な産業であった農業の生み出す価値によって賄われていたといえます。

明治初期における国税収入の状況

$$\left(単位 \begin{array}{l} 金　額=円 \\ 百分比=\% \end{array}\right)$$

科　　目	明治3年度		明治6年度		明治8年度		明治10年度	
	決算額	百分比	決算額	百分比	決算額	百分比	決算額	百分比
地　税（地　租）	8,218,969	88.1	60,604,242	93.2	50,345,327	85.0	39,450,551	82.3
開市港場諸税	155,647	1.7	136,968	0.2	2,774	0.0		
蚕種及び生糸雑税	95,223	1.0	360,616	0.6	110,244	0.2	179,618	0.4
運上冥加等諸雑税	103,684	1.1	422,726	0.7				
川々国役金	101,987	1.1	134,303	0.2				
酒　類　税			961,030	1.5	2,555,594	4.3	3,050,317	6.4
証券印紙税			319,302	0.5	498,228	0.8	505,624	1.0
郵　便　税			88,886	0.1	583,267	1.0	809,856	1.7
船　　　税			83,123	0.1	128,514	0.2	194,738	0.4
港湾碇泊税			8,943	0.0	28,020	0.0		
僕婢車駕籠遊船税			19,419	0.0				
銃　　　猟　税			7,840	0.0	46,920	0.1	42,405	0.1
牛馬売買免許税			64,488	0.1	90,833	0.1	62,339	0.1
紋　油　税			73,242	0.1				
琉球藩貢納			43,583	0.1	48,189	0.1	42,814	0.1
鉱山借区税（鉱山税）					7,430	0.0	9,339	0.0
官　　　録					92,620	0.2	70,596	0.1
北海道物産税					342,526	0.6	361,120	0.8
煙　草　税					206,748	0.4	227,080	0.5
訴訟罫紙諸税					63,464	0.1	76,482	0.2
代言免許税					250	0.0	7,400	0.0
車　　　税					213,192	0.4	261,859	0.6
度量衡税					2,019	0.0	1,976	0.0
版権免許料					5,198	0.0	3,377	0.0
秩録ならびに賞典録税					2,075,118	3.5		
生糸印紙代その他					28,913	0.0		
会　社　税							113,728	0.2
売　薬　税							87,089	0.2
海外旅券その他免許手数料							4,817	0.0
旧　税　追　納							1,396	0.0
内国税合計	8,675,511	93.0	63,328,718	97.4	57,475,388	97.0	45,564,529	95.1
海　関　税	648,453	7.0	1,685,974	2.6	1,718,733	3.0	2,358,653	4.9
総　　　計	9,323,965	100.0	65,014,693	100.0	59,194,121	100.0	47,923,182	100.0

(注)　年度区分は次のとおりである。

　　　明治3年度……明治2年10月から明治3年9月まで

　　　明治6年度……明治6年1月から同年12月まで

　　　明治8年度及び明治10年度……その年の7月から翌年6月まで

4　明治中後期の税制　　明治中後期は、わが国の税制の確立期であり、多くの現行租税の原型が作られた時期です。増大する財政需要に対応する必要から、各種租税の増徴のほか地租に代わる新しい財源が求められるようになりました。

中でも明治20年に所得税が創設されたことは特筆に値します。創設の背景は、財政需要の増大への対応のほか、地租と酒税の納税者に税負担が偏っていた当時の税制における業種間の不公平を是正することにありました。創設当時の所得税は、1年300円以上の所得を有する限られた数の高額所得者（明治20年に12万人）に対して、5段階の単純累進税率（1％～3％）で課税するというものでした。明治32年にこの所得税は分類所得税として全面的に改正され、個人の納税者数が拡大するとともに（明治32年に34万人）、法人に対しても所得税が課税されるようになりました。ただし、銀行定期預金利子、配当や譲渡所得などの資産性所得は非課税であり、現在の所得課税に比べて、課税ベースはなお限定されていたといえます。また、明治29年に登録税及び営業税、明治38年には相続税というように種々の新税の創設が行われ、酒税の増徴も繰り返されました（酒税は明治32年度に租税収入構成比で首位になりました（35.5％））。

地方税については、地方税規則の定めを基本とする府県税が整備される一方、市制・町村制により市町村税が創設されました。

なお、この時期は、日本が、近代的な法治国家への道を歩み始め、様々な法制が整備された時期でもあります。明治22年の大日本帝国憲法制定に伴い、租税に関する法制も整備され、国税徴収法や国税滞納処分法、間接国税犯則者処分法が制定されました。

徴税機構の整備も進み、税務署が全国各地に置かれ、国税の徴収にあたりました。

明治中後期における国税収入状況

$$\left(単位\ \genfrac{}{}{0pt}{}{金\ \ 額=円}{百分比=\%}\right)$$

科　　目	明治15年度		明治20年度		明治30年度		明治40年度	
	決算額	百分比	決算額	百分比	決算額	百分比	決算額	百分比
地　租　（地　税）	43,342,188	64.0	42,152,171	63.6	37,964,727	37.6	84,973,926	22.6
所　　得　　税			527,724	0.8	2,095,091	2.1	27,291,874	7.2
営　　業　　税					4,416,248	4.4	20,383,940	5.4
酒税（酒造税、酒類税）	16,331,495	24.1	13,069,807	19.7	31,105,171	30.8	78,406,323	20.8
醬　　油　　税			1,252,721	1.9	1,532,100	1.5	5,474,690	1.5
砂　糖　消　費　税							16,178,234	4.3
織　物　消　費　税							19,114,902	5.1
石　油　消　費　税							53,077	0.0
売薬営業税（売薬税）	364,942	0.5	424,033	0.7	932,380	1.0	214,051	0.1
鉱業税（鉱山税）	18,806	0.0			421,380	0.4	2,173,554	0.6
取　引　所　税 （米商会所税、株式取引所税）			189,761	0.3	1,106,207	1.1	3,154,929	0.7
兌換銀行券発行税					560,974	0.5	3,329,915	0.9
通　　行　　税							2,773,549	0.7
相　　続　　税							1,822,297	0.5
酒　精　営　業　税					15,331	0.0		
煙　　草　　税	280,849	0.4	1,590,751	2.4	4,935,172	4.9		
証　券　印　税	872,794	1.3	564,305	0.9	1,211,978	1.2		
沖縄県酒類出港税					56,831	0.1		
国　立　銀　行　税			221,850	0.3	109,531	0.1		
船　　　　　税	135,219	0.2	258,945	0.4	9	0.0		
北　海　道　水　産　税 （北海道物産税）	864,712	1.3	220,273	0.3	359,288	0.4		
狩　猟　免　許　税 （銃猟税、銃猟免許税）	85,892	0.1	57,550	0.1	123	0.0		
薈　麹　営　業　税	47,200	0.1	26,122	0.0				
車　　　　　税	453,869	0.7	577,390	0.9				
牛馬売買免許税	87,720	0.1	69,369	0.1				
度　量　衡　税	2,429	0.0	2,476	0.0				
訴　訟　用　印　紙　税 （訴訟罫紙諸税）	166,916	0.3	313,929	0.5				
菓　　子　　税			595,737	0.9				
郵　　便　　税	1,612,985	2.4						
代　言　免　許　料	10,270	0.0						
会　　社　　税	435,974	0.6						
版　権　免　許　料	4,376	0.0						
海　外　旅　券　その他 免　許　手　数　料	4,050	0.0						
旧　税　追　納	2,557	0.0	4,770	0.0	19,787	0.0	411	0.0
関税（海　関　税）	2,613,291	3.9	4,135,652	6.2	8,020,512	8.0	50,027,304	13.3
屯　　　　　税							610,458	0.2
印　紙　収　入					5,970,689	5.9	25,155,994	6.6
専　　売　益　金							35,607,902	9.5
総　　　　　計	67,738,535	100.0	66,255,345	100.0	100,883,539	100.0	376,747,310	100.0

(注)　年度区分は次のとおりである。

　　　明治15年度……明治15年7月から明治16年6月まで

　　　明治20年度以降……その年4月から翌年3月まで

5 **大正・昭和初期の税制**　　大正から昭和初期にかけては、経済変動や戦争に伴う財政需要の増大を背景に、既存の租税に対して様々な改正が行われた時期です。

まず、所得税については相次いで改正が行われました。大正2年の所得税法の改正で、超過累進税率が導入（2.5%～22%、14段階）されるとともに、勤労所得控除が設けられるなど社会政策的配慮が行われるようになりました。大正9年の所得税法の改正では、銀行定期預金利子、配当、賞与が課税されるようになり、課税ベースの拡大が行われました。また、税率の累進度の強化（0.5%～36%、21段階）とともに扶養控除が創設されるなど、制度の整備も図られました。依然大部分の国民は非課税限度以下ではあったものの、大正14年には、所得税（個人）の納税義務者は、既に180万人に達しています。

昭和6年には地租の課税標準が、従来の法定地価（収穫力に応じて決められた評価額）から賃貸価格（土地の賃貸料の評価額）に変更され、地租の収益税としての性格が明確になりました。

その他、主に戦時の財政需要を賄うために、揮発油税、物品特別税（昭和12年）、入場税（昭和13年）等が創設されました。

地方税については、地方公共団体の財政需要の増加を背景に、付加税の税率制限の緩和がなされたほか、いくつかの独立税の創設、府県と市町村の間の税源移動が行われました。

この時期は、日本経済の中心が農業から商工業に移った時代で、地租に代わり、所得税と酒税が国税収入の中で大きなウェイトを占めるようになりました。

大正及び昭和初期における国税収入状況

$\left(\begin{array}{l}\text{単位}\begin{array}{l}\text{金}\quad\text{額}=\text{円}\\\text{百分比}=\%\end{array}\end{array}\right)$

科　目	大正２年度 決算額	百分比	大正10年度 決算額	百分比	昭和５年度 決算額	百分比	昭和10年度 決算額	百分比
所　　得　　税	35,591,348	7.6	200,938,503	20.1	200,616,410	18.2	227,339,500	18.9
地　　　　　租	74,635,513	15.9	74,130,516	7.4	68,035,368	6.2	58,042,446	4.8
営　　業　　税	27,392,618	5.8	68,453,901	6.8	56,772	0.0	3,187	0.0
営　業　収　益　税					54,286,406	4.9	57,133,940	4.8
相　　続　　税	3,351,336	0.7	9,311,577	0.9	32,904,625	3.0	30,255,402	2.5
鉱区税（鉱業税）	2,890,475	0.6	6,465,347	0.6	4,997,553	0.4	4,633,828	0.4
酒　　　　　税	93,223,982	19.9	176,085,900	17.6	218,854,671	19.8	209,327,766	17.4
砂　糖　消　費　税	21,049,660	4.5	54,966,322	5.5	77,889,448	7.1	84,817,505	7.1
織　物　消　費　税	19,964,443	4.3	61,736,905	6.2	33,884,189	3.1	40,922,069	3.4
取　引　所　税	3,471,777	0.7	14,406,968	1.4	9,123,623	0.8	14,732,158	1.2
醤　　油　　税	4,963,900	1.0	6,397,892	0.6				
揮発油税（石油消費税）	1,668,701	0.4	822,547	0.1				
通　　行　　税	4,872,724	1.0	9,608,579	1.0				
兌換銀行券発行税	1,634,147	0.3	208,897	0.0	7,439,874	0.7		
戦　時　利　得　税			5,086,575	0.5	216	0.0	1,371	0.0
清　涼　飲　料　税					3,639,911	0.3	3,580,673	0.3
資　本　利　子　税					15,651,646	1.4	15,048,600	1.2
臨　時　利　得　税							26,183,953	2.2
売　薬　営　業　税	263,687	0.1	334,714	0.0				
関　　　　　税	73,722,378	15.7	100,941,336	10.1	105,379,644	9.6	151,265,228	12.6
屯　　　　　税	782,984	0.2	1,041,834	0.1	2,280,913	0.2	2,797,075	0.2
印　紙　収　入	30,830,978	6.5	86,327,954	8.6	69,704,465	6.3	78,641,282	6.6
専　売　益　金	69,297,423	14.8	124,289,687	12.4	198,339,282	18.0	197,562,530	16.4
総　　　　　計	469,608,081	100.0	1,001,555,955	100.0	1,103,085,015	100.0	1,202,288,514	100.0

6 **戦時期の税制**　　昭和10年代の戦時期には、戦費調達のため度重なる増税が行われました。昭和12年の日中戦争勃発後、特別税の創設や臨時的な租税の増徴が行われたのをはじめ、昭和16年に太平洋戦争が勃発すると毎年増税が繰り返されました。

昭和15年には所得税の大改正が行われ、従来第1種所得として所得税において課税されてきた法人税が所得税から切り離され、18%の比例税率の独立の租税とされました。

また、所得税の課税は、従来の分類所得税（第2種：公社債利子所得、第3種：その他の個人の所得）から、事業、勤労、配当利子所得等の6種類の所得区分ごとに異なる比例税率で課税する分類所得税と、各種所得の合計が5,000円を超える場合にその超過額に超過累進税率で課税する総合所得税を併用する方式となりました。

この改正による勤労所得控除の比率の引下げや、その後の基礎控除の大幅な引下げにより、所得税の課税範囲の拡大が進み、昭和15年以降4年間で比例税率が適用される所得税（分類所得税）の納税者が245万人から約456万人へと拡大しています。税率の引上げも急で、最高税率は昭和19年に74%にまで引き上げられました。

昭和15年の改正では利子・配当所得に加え、勤労所得や退職所得についても源泉徴収が開始されています。

一方、間接税についても、歳入増と消費の抑制のため、酒税、入場税、砂糖消費税等の度重なる増税が行われたほか、昭和15年には、臨時的措置であった物品特別税が恒久税制として物品税に改組され、課税対象の拡大、税率の引上げが行われました。

地方税制も大幅に改正され、現在の住民税の前身となる市町村民税が導入されました。また、各地方公共団体間の税収の不均衡を是正することなどを目的として地方分与税制度が創設されました。

戦時期における国税収入状況

(単位 金　額＝円
百分比＝％)

科　目	昭和13年度		昭和15年度		昭和19年度	
	決算額	百分比	決算額	百分比	決算額	百分比
租　　　　　　　税						
所　　得　　税	732,790,517	31.4	1,488,678,532	35.3	4,040,580,823	31.4
法　　人　　税			182,133,211	4.3	1,312,275,343	10.2
特　別　法　人　税			739,501	0.0	14,238,819	0.1
配　当　利　子　特　別　税			14,264,645	0.3	5,647,415	0.0
外　貨　債　特　別　税	2,700,573	0.1	9,686,605	0.2	59,004	0.0
相　　続　　税	45,482,803	2.0	56,555,610	1.4	145,612,982	1.1
建　　築　　税			893,235	0.0	13,738,742	0.1
鉱　　業　　税	10,736,257	0.5	10,722,091	0.3	10,277,696	0.1
鉱　　区　　税						
酒　　　　　　税	278,668,928	11.9	285,174,227	6.8	883,942,614	6.9
清　涼　飲　料　税	5,371,085	0.2	8,981,856	0.2	5,007,433	0.0
砂　糖　消　費　税	145,892,046	6.3	141,467,065	3.4	70,114,723	0.5
織　物　消　費　税	46,899,815	2.0	96,167,228	2.3	139,306,457	1.1
物　　品　　税	54,573,460	2.3	110,017,182	2.6	970,060,522	7.6
遊　興　飲　食　税			128,047,354	3.0	553,669,890	4.3
取　　引　　所　　税	25,038,944	1.1	29,817,638	0.7	10,585,474	0.1
有　価　証　券　移　転　税	2,359,354	0.1	3,408,460	0.1	4,162,312	0.0
通　　行　　税	8,087,290	0.3	22,817,010	0.5	143,561,563	1.1
入　　場　　税	8,348,685	0.4	22,784,552	0.5	117,383,030	0.9
電　気　ガ　ス　税					12,303,211	0.1
広　　告　　税					9,374,963	0.1
馬　　券　　税					1,081,546	0.0
特　別　行　為　税					111,874,793	0.9
兌換銀行券発行税	267,221	0.0	19,050,307	0.5		
揮　　発　　油　　税	13,494,953	0.6	22,218,050	0.5		
地　　　　　　租	51,531,236	2.2	3,920,968	0.1	4,628	0.0
営　業　収　益　税	105,280,378	4.5	78,235,959	1.9	417,694	0.0
営　　業　　税	1,636	0.0				
資　本　利　子　税	33,121,633	1.4	7,049,614	0.2	25,751	0.0
法　人　資　本　税	21,942,998	0.9	22,372,497	0.5	103,302	0.0
利　益　配　当　税	35,450,589	1.5	4,696,362	0.1	91,905	0.0
公債及び社債利子税	1,042,673	0.0	444,121	0.0	45	0.0
臨　時　利　得　税	185,992,616	8.0	736,616,674	17.5	2,591,730,513	20.2
戦　時　利　得　税			6,099	0.0		
還　付　税　収　入						
地　　　　　　租					37,822,973	0.3
家　　屋　　税					50,379,242	0.4
営　　業　　税					166,297,622	1.3
地方分与税分与金) 特別会計中租税						
地　　　　　　租			25,402,341	0.6		
家　　屋　　税						
営　　業　　税			51,096,409	1.2		
内　　国　　税　　計	1,815,075,691	77.7	3,583,470,431	85.0	11,421,733,681	88.8
関　　　　　　税	166,422,571	7.1	143,999,382	3.4	15,468,897	0.1
屯　　　　　　税	2,562,387	0.1	2,094,669	0.0	164,543	0.0
租　　税　　合　　計	1,984,060,649	84.9	3,729,564,482	88.4	11,437,366,471	88.9
印　　紙　　収　　入	91,440,110	3.9	135,607,315	3.2	227,779,201	1.8
租税及び印紙収入計	2,075,500,759	88.8	3,865,171,797	91.6	11,665,145,672	90.7
専　　売　　益　　金	261,307,908	11.2	352,170,348	8.4	1,197,681,986	9.3
総　　　　　　計	2,336,808,667	100.0	4,217,342,145	100.0	12,862,827,658	100.0

7　戦後混乱期の税制　　第二次世界大戦直後の日本経済は、国土の荒廃、企業の倒産、更には深刻なインフレに見舞われ、混乱を極めており、税制もそのような事態への対応を迫られていました。戦時下に創設された種々の臨時的な租税が廃止される一方で、戦後の経済情勢に対応するため、財産税や戦時補償特別税が創設されました。前者はインフレ防止と富の再分配を目的として最低25％から最高90％という超過累進税率で１回限りの税を課すもので、後者は政府に対する軍需会社などの戦時補償請求権に対して100％の税率で課税することで債務の打切りを図るものでした。

　また、戦後の占領軍による「民主化」の流れの中で税制についてもアメリカ税制の顕著な影響の下で様々な改革が行われ、まず、所得税において申告納税制度が採用されたほか、課税単位も従来の世帯単位主義から個人単位主義に改められ、相続税に関しても家制度の廃止に伴い、家督相続とその他の遺産相続とを区別して取り扱ってきた制度が廃止されました。

　所得税制の改革では、まず、従来、分類所得税、総合所得税の２本立であった制度が総合所得税に一本化されたほか、譲渡所得（キャピタル・ゲイン）等の一時的所得が課税対象に組み入れられました。また、給与所得の源泉徴収に年末調整が導入されました。

　昭和23年には国税として多段階累積型の消費税である取引高税（物品販売業他39の業種を対象に税率１％で課税）が創設されましたが、納税手続が煩雑であったこともあり、翌年廃止されました。

　地方税制については、自主的地方財政の確立を図るため、昭和21年に都道府県民税の創設、昭和22年には国税であった地租や営業税、遊興飲食税等の地方税への移管などが行われ、昭和23年には営業税の事業税への改組や様々な法定独立税の採用などが行われました。

戦後における国税収入状況

$$\left(\begin{array}{l}\text{単位　金　額＝千円}\\\text{　　　百分比＝　\%}\end{array}\right)$$

科　　目	昭和21年度		昭和23年度		昭和25年度	
	決算額	百分比	決算額	百分比	決算額	百分比
所　　　得　　　税	12,240,677	32.7	190,831,800	42.6	220,134,192	38.6
源　　泉　　分			76,407,000	17.1	127,515,641	22.4
申　　告　　分			114,425,000	25.5	92,618,552	16.2
法　　　人　　　税	1,273,233	3.4	27,900,319	6.2	83,790,196	14.7
相　　　続　　　税	359,284	1.0	2,300,245	0.5	2,693,737	0.5
富　　　裕　　　税					516,386	0.1
再　　評　　価　　税					6,402,999	1.1
酒　　　　　　　税	2,378,118	6.4	54,793,616	12.2	105,375,665	18.4
砂　糖　消　費　税	109,042	0.3	4,382,614	1.0	748,481	0.1
揮　　発　　油　　税					7,371,805	1.3
物　　　品　　　税	2,254,533	6.0	17,507,153	3.9	16,499,521	2.9
取　　引　　所　　税					(取引税)1,319	0.0
通　　　行　　　税	297,757	0.8	2,492,378	0.6	1,079,402	0.2
旧　　　　　　　税	47	0.0	3,468	0.0	68,759	0.0
日 本 銀 行 券 発 行 税					6,272	0.0
非 戦 災 者 特 別 税			595,673	0.1	14,231	0.0
清　涼　飲　料　税	28,002	0.1	1,423,008	0.3	43,464	0.0
織　物　消　費　税	1,165,167	3.1	11,545,149	2.6	96,377	0.0
有 価 証 券 移 転 税	5,553	0.0	511,412	0.1	28,916	0.0
取　　引　　高　　税			20,813,147	4.7	683,153	0.1
還　付　税　収　入	240,122	0.6	74,008	0.0	4,724	0.0
増　加　所　得　税	5,893,107	15.7	622,192	0.1		
特　別　法　人　税	43,030	0.1	207,287	0.1		
入　　　場　　　税	1,060,560	2.8	4,143,304	0.9		
馬　　　券　　　税	71,595	0.2	431,770	0.1		
臨　時　利　得　税	1,260,890	3.4	208,493	0.1		
配 当 利 子 特 別 税	84	0.0				
建　　　築　　　税	3,563	0.0				
鉱　　　区　　　税	21,152	0.1				
遊　興　飲　食　税	857,459	2.3				
電　気　・　ガ　ス　税	181	0.0				
広　　　告　　　税	57	0.0				
特　別　行　為　税	126,454	0.3				
関　　　　　　　税	15,199	0.0	260,520	0.1	1,625,620	0.3
屯　　　　　　　税	0	0.0				
印　紙　収　入	407,354	1.1	4,783,811	1.0	9,207,682	1.6
専　　売　　益　　金	7,325,970	19.6	101,914,238	22.8	114,456,978	20.1
総　　　　　　　計	37,438,190	100.0	447,745,604	100.0	570,849,879	100.0
財 産 税 等 特 別	18,115,224	—	7,814,754	—	871,665	—
会 計 中 租 税						

8　シャウプ勧告による税制　　シャウプ勧告は、連合国軍最高司令官の要請により昭和24年5月10日に来日したカール・シャウプ博士を中心とする使節団により作成され、同年9月15日に日本税制の全面的改革案として発表されたものです。この包括的な税制改革提案は、昭和24、25年の税制改正においてその勧告内容の多くが実現し、現在までの日本の税制に大きな影響を与えています。

シャウプ勧告の理念は、恒久的、安定的な税制を確立し、直接税を中心に据えた近代的な税制を構築することでした。

所得税については、キャピタル・ゲインへの全額課税や利子所得の源泉選択課税廃止により課税ベースを包括的にしつつ、税率が引き下げられました。他方、基礎控除等の控除の充実が図られました。

法人税については、35%の単一税率を導入する一方、昭和23年に創設された配当税額控除に関して、法人は個人の集合体であるという法人擬制説の立場からこれを所得税との二重課税を調整する制度と位置づけるとともに控除率の引上げが行われました。

その他、富裕税の導入、相続税・贈与税を一本化した累積的取得税制度の採用、租税特別措置の縮減が行われたほか、インフレによる名目的価値に課税を行うことを避けるため臨時的に資産再評価が行われ、再評価益には再評価税が課されました。

地方税では、地租の廃止及び固定資産税の創設等が行われました。なお、シャウプ勧告において、事業税を廃止する代わりに世界で初の付加価値税を地方税として創設することが提案され、これが立法化までされていたことは特筆に値します（ただし、執行上の困難から実施が再三延期され、結局、実施されないまま廃止）。

また、申告納税制度の下で帳簿書類に取引を記帳する慣行を定着させるため、青色申告制度もこの時に設けられました。

シャウプ勧告の主な内容

1　国税関係

(1) 所得税の見直し
- ① 課税単位の変更（同居親族合算課税→所得稼得者単位課税）
- ② 包括的な課税ベースの構成（キャピタル・ゲインの全額課税、利子の源泉選択課税廃止）
- ③ 最高税率の引下げ（20〜85％、14段階→20〜55％、8段階）

(2) 法人税の見直し
- ① 単一税率の導入〔法人普通所得（35％）・超過所得（10〜20％）→35％単一税率〕
- ② 所得税との二重課税の調整の促進〔配当税額控除（15％→25％）、留保利益に利子付加税〕

(3) 事業用固定資産の再評価
時価で再評価し、再評価益に対しては6％で課税

(4) 相続税・贈与税の見直し
- ① 両税の一本化（累積課税方式の採用、遺産取得課税への移行）
- ② 税率の引上げ（10〜60％、19段階→25〜90％、14段階）

(5) 富裕税の創設
500万円超の純資産に対し、0.5〜3％の累進税率で課税

(6) 間接税の見直し
織物消費税の廃止、取引高税の条件付（歳出削減）廃止、物品税の税率引下げ等

(7) 申告納税制度の整備等
青色申告制度の導入、協議団の創設等

2　地方税関係

(1) 住民税の見直し
- ① 課税団体を市町村に限定し、総額を充実
- ② 均等割以外の住民税の課税標準を所得に限定等

(2) 地租、家屋税の見直し（固定資産税の創設）
- ① 課税団体を市町村に限定し、総額を充実
- ② 課税標準を賃貸価格の年額から資本価格へ
- ③ 課税客体を償却資産に拡大

(3) 事業税の見直し（付加価値税の創設）
- ① 課税団体を都道府県に限定
- ② 課税標準の改正（所得→付加価値）
- ③ 税率（上限8％）

(4) その他の地方税
特別所得税の廃止（付加価値税に吸収）、酒消費税の廃止（国税に移譲）、船舶税等の廃止、入場税の税率引下げ、鉱区税等の課税団体の区分の明確化等

9　昭和中後期の税制　　シャウプ勧告に基づく税制は、理論的に首尾一貫した税体系の実現を目指したものでしたが、執行上いろいろ困難な面があり、また戦後復興期の社会・経済の実情に必ずしも適合しない面もあって、シャウプ税制導入直後から修正が行われました。たとえば、執行上の困難から昭和28年に富裕税、累積的取得税制度、有価証券譲渡益課税が廃止されたほか、付加価値税も昭和29年に一度も実施されないまま廃止され、事業税が引き続き課されることになりました。他方で、貯蓄奨励、企業設備の近代化及び輸出振興等を目的とする政策税制が導入されました。

　昭和30年代には、経済の高度成長に伴う年度間増収を背景に所得税の減税等が行われたほか、資本蓄積促進税制、輸出促進税制といった租税特別措置が拡充されていきました。また、道路等の社会インフラの充実を図る観点から、揮発油税等の税率引上げ等も行われました。

　所得税はその累進構造ゆえに所得水準の上昇に応じて自動的に適用税率が高くなる性質を有していることから、高度経済成長、物価上昇に応じて、昭和40年代にも所得税減税が毎年行われました。

　昭和40年代後半にはドル・ショック、石油危機の影響下に、不況対策のための所得税減税も行われました。また、輸出振興税制等の政策税制の縮減・見直しが行われる一方で、土地、住宅、公害対策、福祉等の観点から新たな政策税制が導入されました。

　昭和50年代には、50年不況による歳入欠陥の発生以降、財政危機を打開するため、間接税の増税、法人税率の引上げや租税特別措置の整理・合理化などが行われました。

　また、この時期には、国民に広く薄く負担を求める一般消費税の導入等が議論されましたが、結局実現されず、抜本的な税制改革は後の課題として残されることとなりました。

昭和中後期及び平成29年度における国税収入状況

区　　分	昭和26年度		昭和40年度		昭和61年度		平成30年度（予算）	
	金　額	構成比	金　額	構成比	金　額	構成比	金　額	構成比
	百万	％	百万	％	億円	％	億円	％
所　　　得　　　税	225,672	31.2	970,359	27.6	168,267	39.3	190,200	30.3
｜源　泉　分	150,230	20.8	712,233	21.7	131,264	30.6	157,250	25.0
｜申　告　分	75,441	10.4	258,126	7.9	37,003	8.6	32,950	5.2
法　　　人　　　税	183,881	25.4	927,120	28.3	130,911	30.6	121,670	19.4
相　　　続　　　税	2,881	0.4	44,042	1.3	13,966	3.3	22,400	3.6
旧　　　　　　　税	59	0.0	0	0.0				
再　評　価　税	11,532	1.6						
富　　　裕　　　税	962	0.1						
消　　　費　　　税							175,580	27.9
酒　　　　　　　税	122,830	17.0	352,873	10.8	19,725	4.6	13,110	2.1
た　　ば　　こ　　税					9,965	2.3	8,740	1.4
砂　糖　消　費　税	7,144	1.0	28,943	0.9	410	0.0		
揮　発　油　税	9,016	1.2	254,476	7.8	16,025	3.7	23,300	3.7
石　油　ガ　ス　税			1	0.0	155	0.0	80	0.0
航　空　機　燃　料　税					541	0.1	520	0.1
石　油　石　炭　税					1,616	0.4	7,090	1.1
電　源　開　発　促　進　税							3,230	0.5
物　　品　　税	15,233	2.1	137,929	4.2	16,105	3.8		
ト　ラ　ン　プ　類　税			484	0.0	4	0.0		
取　引　所　税	94	0.0	2,536	0.1	112	0.0		
取　引　高　税	145	0.0						
有　価　証　券　取　引　税			8,166	0.2	13,664	3.2		
通　　行　　税	1,166	0.2	4,241	0.1	765	0.2		
入　　場　　税			10,376	0.3	54	0.0		
自　動　車　重　量　税					5,097	1.2	3,950	0.6
国　際　観　光　旅　客　税							60	0.0
旧　　　　　　　税	8	0.0						
関　　　　　　　税	12,441	1.7	221,977	6.8	5,546	1.3	10,220	1.6
と　　　　ん　　　　税	150	0.0	2,854	0.1	82	0.0	100	0.0
日　本　銀　行　券　発　行　税	293	0.0	425	0.0				
印　紙　収　入	10,524	1.5	82,714	2.5	15,758	3.7	10,540	1.7
日　本　専　売　公　社　納　付　金	119,112	16.5	180,447	5.5				
そ　　　の　　　他								
地　方　道　路　税（特）			46,078	1.4	3,084	0.7		
地　方　揮　発　油　税（特）							2,493	0.4
石油ガス税（譲与分）（特）			0	0.0	155	0.0	80	0.0
航空機燃料税（譲与分）（特）					98	0.0	149	0.0
自動車重量税（譲与分）（特）					1,699	0.4	2,711	0.4
特　別　と　ん　税（特）			3,567	0.1	103	0.0	125	0.0
地　方　法　人　特　別　税（特）							20,260	3.2
地　方　法　人　税（特）							6,533	1.0
原　油　等　関　税（特）					1,159	0.3		
電　源　開　発　促　進　税（特）					2,321	0.5		
揮　発　油　税（特）					1,123	0.3		
た　ば　こ　特　別　税（特）							1,288	0.2
復　興　特　別　所　得　税（特）							4,003	0.6
復　興　特　別　法　人　税（特）								
計	723,144	100.0	3,279,652	100.0	428,510	100.0	628,432	100.0

10　抜本的税制改革　　シャウプの税制改革以来と称される抜本的な税制改革が昭和62年9月及び昭和63年12月の税制改正により実現しました。これは公平・中立・簡素を基本理念としつつ、経済社会に適合し、高齢化社会や国際化など将来を展望した税制の確立等を目的として、所得・消費・資産等の間でバランスのとれた税体系を構築することを目指したものです。

　まず、勤労者を中心とする税負担の累増感に対処するため、高い累進性を有する所得税の税率構造が見直され、昭和62年及び昭和63年の改正により、従来10.5%～70%（15段階）であった税率は10%～50%（5段階）に改められるとともに、配偶者特別控除の創設（昭和62年）、基礎控除、扶養控除等の人的控除の引上げ（昭和63年）など過去最高の大幅な所得税・住民税減税が行われました。

　また、昭和62年9月改正で「マル優」制度等の原則廃止及び利子所得の源泉分離課税化が、更には昭和63年12月改正で株式等譲渡益の原則課税化が行われるなど資産性所得に対する課税が強化されました。

　法人税については、従来42%であった税率を平成2年までに段階的に37.5%に引き下げるなどの改正が行われました。

　相続税については、最高税率の引下げ（75%→70%）、課税最低限の引上げ等が行われ、税負担が軽減・合理化されました。

　一方、間接税制度の改革では、価値観の多様化や経済のサービス化にあわせ旧来の個別間接税を廃止する一方、社会共通の費用をその構成員全体で負担するという考え方を背景に消費全般に広く薄く負担を求める消費税が創設されました。消費税は、世界各国で既に実施されている付加価値税の系譜に属するもので、国際化にも対応した税制といえます。その他、酒税やたばこ税を従量税に一本化し、その税率を引き下げるなどの改正が行われました。

抜本的税制改革の概要

	税制改革の概要
昭和62年 9月改正	○　所得税 ・税率構造の緩和（10.5～70％、15段階 ⇒ 10.5～60％、12段階）、 　配偶者特別控除の創設等による所得税の減税 ・利子課税制度の見直し（マル優等の原則廃止、源泉分離課税の 　導入）
昭和63年 12月改正	○　所得税 ・税率構造の簡素化（10～50％、5段階）、人的控除の引上げ ・株式等の譲渡益の原則課税化 ・資産所得の合算課税制度の廃止 ・社会保険診療報酬の所得計算の特例の適正化 ○　法人税 ・税率の引下げ（42％ ⇒ 40％ ⇒ 37.5％） ・配当軽課税率の廃止 ・法人間の受取配当の益金不算入割合の引下げ ・外国税額控除制度の見直し ・土地取得に係る借入金利子の損金算入制限 ○　相続・贈与税 ・諸控除の引上げ ・税率適用区分の拡大及び最高税率の引下げ（75％ ⇒ 70％） ・配偶者の負担軽減措置の拡充 ・法定相続人の数に算入する養子の制限 ・相続開始前3年以内に取得した土地等についての課税価格計算 　の特例の創設 ○　間接税制度 ・物品税、トランプ類税、砂糖消費税、入場税及び通行税の廃止 　　　　　　　　　　　　　　　　　　　　　　　　　　　（国税） ・電気税、ガス税及び木材引取税の廃止　　　　　　　　（地方税） ・消費税（税率3％、多段階累積排除型）の創設 ・酒　税　従価税・級別制度の廃止、酒類間の税負担格差の縮小及 　　　び税率調整 ・たばこ消費税　名称の変更（新名；たばこ税）、従量課税への一 　　　本化及び税率引下げ ○　その他 ・有価証券取引税の税率引下げ ・印紙税　物品小切手等の5文書を課税対象から除外

11 税制改革（平成6年11月）　　昭和63年12月の抜本的税制改革以降のわが国の経済社会の状況を見ると、人口構成の高齢化が急速に加速・進展していること、所得水準の上昇とともに中堅所得者層を中心に税負担の累増感が強まっていることなどがあり、これらに対応した更なる税制の総合的な見直しが求められていました。

これらを背景とした議論の結果、平成6年11月に関連法が成立し、以下のような税制改革が実現されることとなりました。

まず、活力ある福祉社会の実現を目指す視点に立ち、働き盛りの中堅所得者層の負担累増感を緩和するため、所得税・個人住民税の税率構造の累進緩和等による負担軽減が実施されました。

次に、歳出面の諸措置を安定的に維持するため社会の構成員が広く負担を分かち合うよう、消費税について、中小事業者に対する特例措置等を改革し、税率を引き上げることにより、消費課税の充実が図られました。

さらに、地方分権の推進、地域福祉の充実等のため、地方税源の充実を図ることとし、消費譲与税に代えて、「地方消費税」を創設することとされました。

なお、経済状況に配慮して、平成6年～8年に特別減税が実施され、所得税・個人住民税の制度減税が平成7年より実施された一方、消費税に係る改正は平成9年4月から実施されました。

税制改革（平成6年11月）のポイント

1. 活力ある福祉社会の実現を目指す視点に立ち、中堅所得者層を中心に税負担の累増緩和のため、所得課税の税率構造の累進緩和等による負担軽減（3.5兆円）を実施。

1. 累進構造の緩和
　　中間段階の税率、所得税で言えば20%のブラケットを中心に拡大し、中低所得者層の負担軽減に重点のあった前回の税制改革の減税と相まって、累進構造をなめらかにする。
2. 課税最低限の引上げ
　　既に国際的に高い水準にあるものの、少額納税者への配慮から、ある程度の引上げを行う（夫婦2人：所得税327.7 ⇒ 353.9万円、個人住民税284.9 ⇒ 303.1万円）。

2. 歳出面の諸措置を安定的に維持するため社会の構成員が広く負担を分かち合うよう、消費税について現行制度を抜本的に改革し税率の引上げにより消費課税の充実を図る。

1. 消費税の改革
　(1) 事業者免税点制度
　　・資本金1千万円以上の新設法人の設立当初2年間は、納税義務を免除しない。
　　・免税事業者の価格転嫁のあり方については、消費者の理解を求めるとともに、事業者による適正な転嫁が行われるよう適切な対応を指導する。
　(2) 簡易課税制度の適用上限を2億円（改正前4億円）に引き下げる。
　(3) 限界控除制度を廃止する。
　(4) 仕入税額控除の要件として、インボイスの保存を求めることとする。
2. 消費税の税率を4%に引き上げる（地方消費税とを合わせた負担率は5%となる）。
(注) 消費税率（5%）については、社会保障等に要する費用の財源を確保する観点、行財政改革の推進状況、租税特別措置等及び消費税に係る課税の適正化の状況、財政状況等を総合的に勘案して検討を加え、必要があると認めるときは、平成8年9月30日までに所要の措置を講ずる旨の規定を置く。

3. 地方分権の推進、地域福祉の充実等のため、地方税源の充実を図ることとし、消費譲与税に代えて、「地方消費税」（道府県税）を創設する。

4. 年金等の物価スライド（0.1兆円）に加え、少子・高齢社会に対応するため、当面緊急に整備すべき老人介護対策と必要最小限の少子対策（0.4兆円）を実施。

5. 経済状況に配慮して、特別減税を実施するほか、消費税に係る改正は平成9年4月1日から実施。

(注) 平成7・8年度の特別減税（各年2.0兆円）
　　制度減税後の税額から15%相当額（上限：所得税5万円、個人住民税2万円）を控除。

12　平成11年度税制改正　　平成11年度税制改正においては、厳しい経済情勢の中、景気対策等の観点から、個人所得課税及び法人課税について以下のような減税が実施されました。

個人所得課税については、①国民の意欲を引き出すこと等を目的とした最高税率の引下げ（所得税50％、個人住民税15％、国税・地方税あわせて65％から所得税37％、個人住民税13％、国税・地方税あわせて50％へ）、②扶養控除額の加算、③暫定的な景気対策として、中堅所得者層に配慮して控除額に上限を設けた定率減税が行われました。その後、厳しい経済状況を脱したこと等を踏まえ、定率減税は縮減廃止されましたが、日本の個人所得課税の実効税率は引き続き諸外国と比べて低い水準となっています。

法人課税については、企業活動の活性化や外国の負担水準との均衡の観点から、平成10年度税制改正に引き続き、税率の引下げが行われました。この結果、日本の法人課税の実効税率は、当時では国際水準並みとなりました（第6編6参照）。

このように、個人所得課税及び法人課税について、国税・地方税合わせて6兆円を上回る大幅な減税が実施されましたが、これらは、昭和62・63年の抜本改革時、平成6年11月の税制改革時とは異なり、見合いの増収措置を伴わないものでした。

個人所得課税の実効税率の国際比較（夫婦子2人（片働き）の給与所得者）

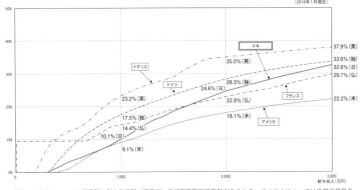

（2018年1月現在）

(注)1．日本については所得税、個人住民税（所得割）及び復興特別所得税が含まれる。アメリカについては連邦所得税及びニューヨーク州所得税が含まれる。なお、別途地方政府（郡・市等）により所得税が課されるが、本資料においてはこれを加味していない。ドイツについては所得税及び連帯付加税（算出税額の5.5%）が含まれる。フランスについては所得税及び社会保障関連諸税（一般社会税等：所得税とは別途、収入に対して定率（合計9.7%）で課される）が含まれる。なお、同国では2012年1月から財政赤字が解消するまでの措置として、所得に対して0～4%（3段階）の高額所得に対する所得課税が課される（ただし、上記図中においてはこれを加味していない）。各国において負担率を計算するにあたっては、様々な所得控除や税額控除のうち、一般的に適用されているもののみを考慮して計算しているため、アメリカの勤労税額控除や代替ミニマム税、イギリスの勤労税額控除（全額給付措置）等の措置は考慮していない。
2．比較のため、日本は子のうち1人が特定扶養親族、1人が一般扶養親族としている。諸外国は、モデルケースとして第1子が就学中の19歳、第2子が13歳として計算している。
3．邦貨換算レート：1ドル＝113円、1ポンド＝149円、1ユーロ＝132円（基準外国為替相場及び裁定外国為替相場：平成30年（2018年）1月中適用）。
4．表中の数値は、給与収入1,000万円、2,000万円、及び3,000万円の場合の各国の実効税率である。なお、端数は四捨五入している。

法人税率の推移

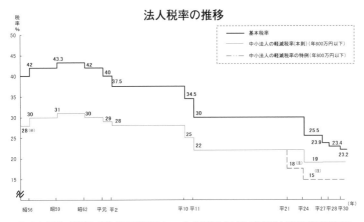

(注1)　中小法人の軽減税率の特例（年800万円以下）について、平成21年4月1日から平成24年3月31日の間に終了する各事業年度は18%、平成24年4月1日前に開始し、かつ、同日以後に終了する事業年度については経過措置として18%、平成24年4月1日から平成31年3月31日の間に開始する各事業年度は15%。
(※)　昭和56年4月1日前に終了する事業年度については年700万円以下の所得に適用。

13　わが国経済社会の構造変化の「実像」（平成16年）　　大きく変化してきている経済社会に、税制が十分に対応しきれていないという問題意識の強まりを背景として、政府税制調査会において、21世紀のわが国にふさわしい税制を構築するための様々な検討が進められてきました。

　こうした中、平成16年の年金制度改正において、年金制度を持続可能なものとする等の観点から、平成19年度を目途に、所要の安定した財源を確保する税制の抜本的な改革を実施した上で、基礎年金国庫負担割合を平成21年度までに段階的に2分の1へ引き上げていくこととされました。平成16年2月以降、今後の税制改革の審議を進める前提として、わが国経済社会の構造変化の「実像」を把握するための取組みが進められました。具体的には、「家族」をはじめ、「就労」、「価値観・ライフスタイル」、「分配」、「少子高齢化（人口）」、「グローバル化」、「環境」、「公共部門」などの分野・テーマについて、関連する基礎的データの収集・分析等が行われました。さらに、こうしたデータに基づき、今後のわが国の社会像についても取り上げられ、同年6月に、政府税制調査会の基礎問題小委員会がとりまとめを行いました。

　そのとりまとめでは、まず、この取組みの趣旨とその基本的な視点を明らかにし、経済社会の構造変化の「実像」と考えられる「10のキー・ファクト（「鍵となる事実」）」を取り上げ、これらのキー・ファクトを通じてみられる特徴を踏まえ、税制などの経済社会の諸制度のあり方を考えていく際の視点等に言及しています。

　これらは税制改革論議の共通の土台となるものとされました。

わが国経済社会の構造変化の「実像」について

～「量」から「質」へ、そして「標準」から「多様」へ(政府税調基礎問題小委員会とりまとめ(平成16年6月22日))

[キーワード 一70年代央の「屈曲」社会]

1 今世紀日本は「人口減少社会・超高齢社会」
- 人口減少社会への突入
- 超高齢化社会の到来-「出生中心の社会・成熟化した成長社会」から「高齢化した生産年齢の縮小社会」-「3人で2人を養う社会」へ

2 右肩上がりの終焉
- 高度経済成長を支えた基礎的条件の消滅(人口ボーナスの消失、家計貯蓄率の低下等)
- 「量的拡大」志向の限界 (潜在成長力の低下等)

3 家族のかたちの多様化
- 「夫婦と子どものみ世帯」の非標準化 (単独世帯の増加)
- 標準的なライフコースの消滅
- ライフコースの不確実性の高まりとケア機能の低下、「空の巣期」の長期化等

4 日本型雇用慣行 のゆらぎと、働き方の多様化
- 雇用形態の多様化-「正規から非正規へ」、フリーターの増加
- 職業観の多様化-帰属意識の低下、専門性志向、余暇志向
- 会社を通じた雇用・生活保障機能の低下

5 価値観・ライフスタイルの多様化・多重化
- 一億「十人一色」から「多様」(「十人十色」から「一人十色」)へ(局らの顔が的許様式)
- 選択の自由と自己責任の拡大
- 未成熟の意識と現代的問題

6 社会や「公共」に対する意識
- 社会貢献意識と他者への依存傾向
- 個人の公共と「公共」への参加-「政府の公共」と「民間の公共」

7 分配構造の変化の兆し
- 均質化・流動化の動きが減退-1億総中流意識のゆらぎ
- 「機会の平等」志向

8 環境負荷の増大、多様化
- 産業廃棄物から「グローバル」及び「都市生活型」環境負荷へ

9 グローバル化の進行
- モノ・資本・ノウハウなど多面的な相互依存関係の深化
- アジア地域との緊密化

10 深刻化する財政状況
- 問われる「持続可能性」

「量的拡大」から「質の充実」へ

「標準」から「多様」へ

[視 点]

- **社会の新しいダイナミズム**
  - 社会の「活力」-技術革新、人的資本・貯蓄の効率的活用
  - 真の意味での「豊かさ」
  - 「持続可能」な質の高い経済社会の実現等

- **「選択の自由」と「責任」**
  - 複線型のライフコース
  - 個人にとって自由で多様な選択を可能に

- **「機会の平等」志向**
  - 潜在能力の涵養、適切なセーフティネット
  - 世代内・世代間の公平

- **グローバル化を活かす**
  - 海外の人材や資本の活用
  - 日本の強み-ソフトパワー
  - 「多様性」の尊重

- **社会及び公的部門の将来像**
  - 個人、家族、企業、公的部門の役割分担
  - 公的部門に係る国民の受益と負担の在り方
  - 「参加と選択」

引き続き「あるべき税制」の具体化に向けた検討
- どのような形で国民一人一人が社会共通の費用を分担するかを考える必要。
- その際、個人のライフスタイル等が進む中、所得・消費・資産等の多様な課税ベースに適切な税負担を求めていくことが課題。

14　歳出・歳入一体改革（平成18年）

累次の公債発行の結果、平成17年度末には、国の一般会計の公債残高は527兆円程度に達しており、これに国の特別会計や地方公共団体の債務を加えた「国・地方の長期債務残高」も、758兆円、対GDP比で150％程度にもなります。わが国の財政状況は先進国の中でも最悪の水準にあるといえます。

このような財政状況の悪化の最近の主な要因は、今や国の基礎的財政収支対象経費（一般会計の歳出のうち国債費を除いたもの）の4割を占める社会保障関係費の増加といえます。今後、さらに、少子高齢化が急速に進む中で、中長期的に社会保障給付費が経済の伸びを上回って大幅に増加することが見込まれています。このため、将来世代に負担の先送りをせず、また、社会保障制度の持続可能性を確保するためにも、財政健全化に着実に取り組まなければなりません。

平成18年7月、政府は「経済財政運営と構造改革に関する基本方針2006」において、「歳出・歳入一体改革」をとりまとめ、財政健全化の時間軸を目標として、2010年代半ばに向け、債務残高の対GDP比率を安定的に引き下げることを目指し、まずは2011年度には、国と地方を合わせた基礎的財政収支を確実に黒字化するとの目標を示しました。

その実現に向け、歳出全般にわたって削減を行うとともに、なお対応しきれない社会保障や少子化などに伴う負担増に対しては、歳入改革により安定的な財源を確保することとされました。

経済財政運営と構造改革に関する基本方針2006（抄）

$$\left(\begin{array}{c}\text{平成18年 7 月 7 日}\\\text{閣 議 決 定}\end{array}\right)$$

第 3 章　財政健全化への取組
1．歳出・歳入一体改革に向けた取組
⑵　財政健全化の時間軸と目標

財政健全化第Ⅱ期（2007年度～2010年代初頭）
（財政健全化の第一歩である基礎的財政収支黒字化を確実に実現）
- 第Ⅰ期と同程度の財政健全化努力を継続し、2011年度には国・地方の基礎的財政収支を確実に黒字化する。
- 財政状況の厳しい国の基礎的財政収支についても、できる限り均衡を回復させることを目指し、国・地方間のバランスを確保しつつ、財政再建を進める。

財政健全化第Ⅲ期（2010年代初頭～2010年代半ば）
（持続可能な財政とすべく、債務残高 GDP 比の発散を止め、安定的引下げへ）
- 基礎的財政収支の黒字化を達成した後も、国、地方を通じ収支改善努力を継続し、一定の黒字幅を確保する。その際、安定的な経済成長を維持しつつ、債務残高 GDP 比の発散を止め、安定的に引き下げることを確保する。
- 国についても、債務残高 GDP 比の発散を止め、安定的に引き下げることを目指す。
⑷　第Ⅱ期目標の達成に向けて
①　財政健全化に当たっての考え方
- 歳出削減を行ってなお、要対応額を満たさない部分については、歳出・歳入一体改革を実現すべく、歳入改革による増収措置で対応することを基本とする。これにより、市場の信認を確保する。
⑸　歳入改革
- 今回、2011年度に国・地方合わせた基礎的財政収支の黒字化を達成するために策定した要対応額と歳出削減額との差額については、税本来の役割からして、主に税制改革により対応すべきことは当然である。
⑹　第Ⅲ期における歳出・歳入一体改革
①　改革の基本的な方針
- ⑵で述べた第Ⅲ期目標の実現に向け、第Ⅱ期との連続性を確保しつつ、一貫性をもって歳出・歳入一体改革に取り組む必要がある。あわせて、社会保障のための安定財源を確立し、将来世代への負担の先送りから脱却することを目指す必要がある。

15 抜本的な税制改革に向けた基本的考え方（平成19年）①

　平成18年11月、政府税制調査会に対し、総理より、「我が国の21世紀における社会経済構造の変化に対応して、各税目が果たすべき役割を見据えた税体系全体のあり方について検討を行い、中長期的視点からの総合的な税制改革を推進していくことが求められている」といった考え方の下、「あるべき税制のあり方について審議を求める」との諮問がありました。

　この諮問に基づき、政府税制調査会は、平成19年３月以降、税制が経済や財政にどのような影響を与えるかといった調査分析を積み重ねた上で、同年９月以降、税体系全体のあり方について総合的な検討を行い、同年11月、その結果を「抜本的な税制改革に向けた基本的考え方」としてとりまとめました。

　この答申においては、まず、経済・社会における激しい構造変化について論じられています。急速な少子高齢化により人口の減少と超高齢化社会への移行が始まっていること、急速なグローバル化の中で企業のあり方も大きく変化し、国際的競争が激化していること、様様な側面で格差と呼ばれる問題が指摘され、その固定化も懸念されていることが指摘されています。

　こうした構造変化を背景に、厳しい財政状況の中で、税制が対応しなければならない課題として、①少子高齢化を背景とする社会保障制度の持続可能性への疑念が国民各層の将来不安につながっていることを踏まえ、社会保障の安定財源を確保すること、②近年様々な側面で格差と呼ばれる問題が指摘され、その固定化が懸念されていること、③グローバル化による国際競争の激化の中で、成長力を強化する必要があること、を挙げています。

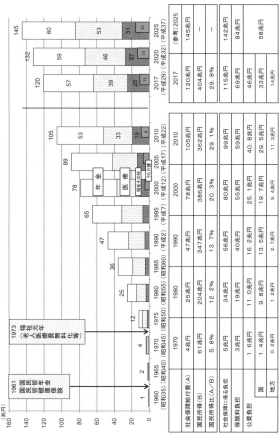

社会保障の給付と負担の推移

（兆円）

	1960 (昭和35)	1965 (昭和40)	1970 (昭和45)	1975 (昭和50)	1980 (昭和55)	1985 (昭和60)	1990 (平成2)	1995 (平成7)	2000 (平成12)	2005 (平成17)	2010 (平成22)	2017 (平成29)	2020 (平成32)	2025 (参考) (平成37)
社会保障給付費（A）			4兆円		25兆円		47兆円		78兆円		105兆円	120兆円	132兆円	145兆円
国民所得（B）			61兆円		204兆円		347兆円		386兆円		362兆円	404兆円		
国民所得比（A／B）			5.8%		12.2%		13.7%		20.3%		29.1%	29.8%		
社会保障に係る負担			5兆円		34兆円		56兆円		80兆円		99兆円	115兆円		142兆円
保険料負担			3兆円		19兆円		40兆円		55兆円		59兆円	69兆円		84兆円
公費負担			1.6兆円		11.0兆円		16.2兆円		25.1兆円		40.8兆円	46兆円		58兆円
国			1.4兆円		9.8兆円		13.5兆円		19.7兆円		29.5兆円	33兆円		
地方			0.2兆円		1.2兆円		2.7兆円		5.4兆円		11.3兆円	14兆円		

（注）1. 社会保障給付費とは、公的な社会保障制度の給付総額を示すものである。
　　　2. 2010年度まで…内閣府「国民経済計算」、国立社会保障・人口問題研究所「平成27年度社会保障費用統計」、
　　　　2017年度：「平成30年度の経済見通しと経済財政運営の基本的態度」（平成30年1月22日閣議決定）、厚生労働省「社会保障の給付と負
　　　　担の現状」（2017年度予算ベース）
　　　　2020年度以降…厚生労働省「社会保障に係る費用の将来推計の改定について」（平成24年3月）
　　　※ 医療介護について充実・重点化・効率化を行わない場合の計数。

所得再分配によるジニ係数の変化

□ 所得分配の均等度を示す指標として「ジニ係数」があります。ジニ係数は 0 から 1 までの値をとり、0 に近いほど分布が均等、1 に近いほど不均等であることを示します。

□ 厚生労働省「所得再分配調査」(平成26年) によると、年金をはじめとする社会保障給付の受取りや税・社会保険料の支払いを行う前の「当初所得」のジニ係数は、所得再分配のばらつきが大きい高齢者世帯の増加や、単独世帯の増加など世帯の小規模化といった社会構造の変化を背景として、緩やかな上昇傾向にあり、平成26年は0.5704となっています。

□ 他方で、社会保障給付の受取りや税・社会保険料の支払を加味した「再分配所得」のジニ係数は、平成26年に0.3759となるなど、近年横ばいで推移してきており、社会保障や税制が所得再分配に大きく寄与していることが分かります。

□ さらに、再分配による改善度について、社会保障によるものと、税によるものの内訳を見ると、税に比べ社会保障の寄与が大きくなっています。

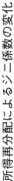

所得再分配によるジニ係数の変化

（備考）「当初所得」…公的年金等の社会保障給付金を除いた所得（雇用者所得等）
「再分配所得」…当初所得＋社会保障給付金－税金＋現物給付（医療・保険・介護等）
なお、所得は世帯単位のもの。
平成２年以前の「社会保障による改善度」及び「税による改善度」は現行の算出方法とは異なるため連続しない。

（出所）厚生労働省「所得再分配調査」

16　抜本的な税制改革に向けた基本的考え方（平成19年）②

　答申においては、前述した課題を踏まえ、「公平・中立・簡素」という基本原則を踏まえつつ、税制改革にあたり必要な以下の3つの視点を述べています。

　まず、「国民の安心を支える税制」として、社会保障制度を皆で支え合うため、安定的な歳入構造の確立が必要であり、その財源として消費税が重要な役割を果たすべきこと、再分配政策においては社会保障が主要な役割を担いつつ、税制も機能を発揮すべきこととしています。

　また、「経済・社会・地域の活力を高める税制」として、経済・社会の活力を高めることと財政健全化は車の両輪であり、税制が経済活動や社会生活の選択を歪めないようにするとともに、法人課税のあり方や中小企業の活性化が課題となること、地方分権の推進とともに、地方間の税源偏在の是正が必要であることなどが述べられています。

　第3の視点として、「国民・納税者の信頼を得る公正な税制」として、簡素・公平な税制の追求、納税者利便の向上などが挙げられています。

　答申では、上述のような3つの視点を踏まえ、個人所得課税、法人課税、国際課税、公益法人課税、消費課税、資産課税及び納税環境整備について、具体的方向性が示されています。

　政府は、「基本方針2006」をはじめとする累次の方針に示された考え方などを踏まえ、消費税を含む税体系の抜本的な改革について、早期に実現を図ることとしていました。

「抜本的な税制改革に向けた基本的考え方」各論の概要

政府税制調査会（平成19年11月）

個人所得課税－所得税の再分配機能のあり方の見直し、個人の多様な選択に対する中立性確保。

- 所得税の税率構造について、他の税目の見直しや課税ベースのあり方と合わせた見直し
- 男女共同参画やライフスタイルの多様化を踏まえた配偶者控除、扶養控除等各種控除の見直し
- 就業構造の変化等を踏まえ、給与所得控除の上限がない仕組み等について、勤務費用の実態を反映した見直し
- 退職所得について、多様な就労選択に中立的な課税制度への見直し
- 年金以外に高額な給与を得ている場合、公的年金等控除について、世代間・世代内の公平性の観点から適正化を図ることを考慮
- 財政的支援の集中化等の観点から、高所得者ほど税負担軽減額が大きい所得控除を改組して、税額控除を導入する考え方を考慮
- いわゆる「給付付き税額控除」について、諸外国の事例も参考にしつつ、政策の必要性、既存給付との関係等の課題について議論
- 個人住民税の寄附金税制のあり方について、新たな公益法人制度の導入、「ふるさと」への貢献・応援の必要性等を踏まえ検討

法人課税－経済活性化の観点から、法人課税の国際的動向、税・社会保険料を含む法人負担の実態を踏まえつつ、対応が必要。

- 法人実効税率の引下げについては、厳しい財政事情の下、課税ベースの拡大を含めた対応が必要
- 当面は、研究開発税制をはじめとする政策税制の効果的な活用に重点を置く必要

国際課税－進展するグローバル化や事業形態の複雑化・多様化の下で、我が国の適切な課税権の確保と、経済活動に対する配慮や我が国経済の活性化とのバランスを保つ必要。

公益法人税制－「民間が担う公益活動」を支える制度の構築が求められる。

消費課税－消費税は、勤労世代に負担が集中しない等の特徴を有し、社会保障財源の中核を担うにふさわしい。

- 消費税は、勤労者に負担が集中せず、簡素で、経済活動を支える歪みも小さい等の特徴
- 「消費税の社会保障財源化」について、選択肢の一つとして幅広く検討を行うべき
- 消費税は、「所得に対して逆進的」との指摘もあるが、社会保障を含む受益と負担を通じた全体で所得再分配に寄与
- いわゆる軽減税率については、制度の簡素化や事業者の事務負担等を考慮すれば、極力単一税率が望ましい。また、「インボイス方式」の導入が検討課題
- 地方消費税は偏在性が小さく、安定的な税目であり、社会保障について地方の果たす役割も重要

資産課税－相続税の資産再分配機能の回復等を図るべき。金融所得課税は一体化の方向に沿った取組みが必要。

- 相続税について、世代を超えた格差固定化の防止や生涯における社会からの給付に対する負担の清算といった考え方から、資産再分配機能の回復等を図るとともに、あわせて事業承継税制も検討
- 上場株式等の配当・譲渡益の軽減税率は廃止し、損益通算の範囲拡大を検討

納税環境整備－国民・納税者の信頼向上のために、税制の簡素化・納税者利便の向上を図り、課税の適正化に向けて有効な施策を講じていく必要。

- 電子申告・電子納税の普及に向けた取組み等の推進、資料情報制度の充実、納税者番号制度の導入に向けた具体的な取組み、罰則整備の検討、広報・租税教育の充実

17　中期プログラムと平成21年度税制改正法附則第104条（平成20年）

平成19年11月に「抜本的な税制改革に向けた基本的考え方」がとりまとめられましたが、平成20年秋以降の厳しい経済情勢の下で、こうした抜本的な税制改革は難しい状況となってしまいました。このため、当面は景気回復を最重要課題としつつ、中長期的には財政再建を行う方針の下、中期的な財政責任を果たし、急速に進む少子・高齢化の下で国民の安心を確かなものとするため、「持続可能な社会保障構築とその安定財源確保に向けた『中期プログラム』」が同年12月に閣議決定されました。

この中で、堅固で持続可能な「中福祉・中負担」の社会保障制度の構築とその安定財源確保及び税制抜本改革の全体像が示されました。

また、社会保障制度については、「社会保障国民会議」の中間報告及び最終報告に基づき、社会保障の機能強化と効率化を図る改革を含んだ工程表が示されるとともに、消費税を社会保障の主要な財源として、その全税収を確立・制度化した年金、医療及び介護の社会保障給付及び少子化対策の費用に充てることにより、すべて国民に還元することとされました。

消費税を含む税制抜本改革については、上記「中期プログラム」を踏まえ、平成21年度税制改正法の附則において法制化され、所得、消費、資産等の税体系全般について、その基本的方向性が示されるとともに、平成20年度を含む3年以内の景気回復に向けた集中的な取組により経済状況を好転させることを前提として、遅滞なく、かつ、段階的に行うため、平成23年度までに必要な法制上の措置を講じることとされました。

○　所得税法等の一部を改正する法律（平成21年法律第13号）（抄）

附　則

（税制の抜本的な改革に係る措置）

第104条　政府は、基礎年金の国庫負担割合の二分の一への引上げのための財源措置並びに年金、医療及び介護の社会保障給付並びに少子化に対処するための施策に要する費用の見通しを踏まえつつ、平成二十年度を含む三年以内の景気回復に向けた集中的な取組により経済状況を好転させることを前提として、遅滞なく、かつ、段階的に消費税を含む税制の抜本的な改革を行うため、平成二十三年度までに必要な法制上の措置を講ずるものとする。この場合において、当該改革は、二千十年代（平成二十二年から平成三十一年までの期間をいう。）の半ばまでに持続可能な財政構造を確立することを旨とするものとする。

2　前項の改革を具体的に実施するための施行期日等を法制上定めるに当たっては、景気回復過程の状況、国際経済の動向等を見極め、予期せざる経済変動にも柔軟に対応できる仕組みとするものとし、当該改革は、不断に行政改革を推進すること及び歳出の無駄の排除を徹底することに一段と注力して行われるものとする。

3　第一項の措置は、次に定める基本的方向性により検討を加え、その結果に基づいて講じられるものとする。

一　個人所得課税については、格差の是正及び所得再分配機能の回復の観点から、各種控除及び税率構造を見直し、最高税率及び給与所得控除の上限の調整等により高所得者の税負担を引き上げるとともに、給付付き税額控除（給付と税額控除を適切に組み合わせて行う仕組みその他これに準ずるものをいう。）の検討を含む歳出面も合わせた総合的な取組の中で子育て等に配慮して中低所得者世帯の負担の軽減を検討すること並びに金融所得課税の一体化を更に推進すること。

二　法人課税については、国際的整合性の確保及び国際競争力の強化の観点から、社会保険料を含む企業の実質的な負担に留意しつつ、課税ベース（課税標準とされるべきものの範囲をいう。第五号において同じ。）の拡大とともに、法人の実効税率の引下げを検討すること。

三　消費課税については、その負担が確実に国民に還元されることを明らかにする観点から、消費税の全額が制度として確立された年金、医療及び介護の社会保障給付並びに少子化に対処するための施策に要する費用に充てられることが予算及び決算において明確化されることを前提に、消費税の税率を検討すること。その際、歳出面も合わせた視点に立って複数税率の検討等の総合的な取組を行うことにより低所得者への配慮について検討すること。

四　自動車関係諸税については、簡素化を図るとともに、厳しい財政事情、環境に与える影響等を踏まえつつ、税制の在り方及び暫定税率（租税特別措置法及び地方税法（昭和二十五年法律第二百二十六号）附則に基づく特例による税率をいう。）を含む税率の在り方を総合的に見直し、負担の軽減を検討すること。

五　資産課税については、格差の固定化の防止、老後における扶養の社会化の進展への対処等の観点から、相続税の課税ベース、税率構造等を見直し、負担の適正化を検討すること。

六　納税者番号制度の導入の準備を含め、納税者の利便の向上及び課税の適正化を図ること。

七　地方税制については、地方分権の推進及び国と地方を通じた社会保障制度の安定財源の確保の観点から、地方消費税の充実を検討するとともに、地方法人課税の在り方を見直すことにより、税源の偏在性が小さく、税収が安定的な地方税体系の構築を進めること。

八　低炭素化を促進する観点から、税制全体のグリーン化（環境への負荷の低減に資するための見直しをいう。）を推進すること。

18　政治家で構成される政府税制調査会の下での税制改正　平成21年秋、政府の責任の下で税制改正の議論を行うため、有識者で構成されていた政府税調が廃止され、政治家から構成される政府税調が設置されました。この政治主導の仕組みの下、税制の検討に当たっては専門的・技術的な見地からの検討も必要なことから、政府税調の下に学識経験者を構成員とする専門家委員会が設置され、中長期的視点から税制のあり方について、政府税調に対して助言することとされました。

　この政府税調で決定された平成22年度税制改正大綱においては、税制改革に当たっての基本的考え方及び各主要課題の中長期的な改革の方向性などが示され、税制全般にわたる改革に取り組むこととされました。この取組の第一歩として、平成22年度税制改正においては、「控除から手当へ」等の観点からの扶養控除の見直し、国民の健康の観点を明確にしたたばこ税の税率の引上げその他の各般の税目にわたる所要の措置が一体として講じられました。

　なお、この政治主導の政府税調は、その後も税制改正の議論をリードしてきましたが、平成24年12月の政権交代を経て、平成25年1月に廃止されました。

税制全般の改革の視点・進め方
【平成22年度税制改正大綱（平成21年12月22日閣議決定）】

税制改革の視点

税制全般の抜本改革を進めるに当たっては、以下の5つの視点に特に重点を置く。
1. 納税者の立場に立って「公平・透明・納得」の三原則を常に基本とする
2. 「支え合い」のために必要な費用を分かち合うという視点を大事にする
3. 税制と社会保障制度の一体的な改革を推進する
4. グローバル化に対応できる税制のあり方を考える
5. 地域主権を確立するための税制を構築する

税制改革の進め方

○中長期的な改革の方向性は下記のとおり。
　　→平成22年度税制改正はこうした取組の第一歩
○今後、専門家委員会の助言を受けながら、内閣官房国家戦略室とも連携しつつ、歳出・歳入一体の改革が実現できるよう、税制抜本改革実現に向けての具体的ビジョンとして、工程表を作成し、国民に提示する。

各主要課題の改革の方向性

○納税環境整備
　　納税者権利憲章（仮称）の制定、国税不服審判所の改革、社会保障・税共通の番号制度導入、歳入庁の設置等について、税制調査会に設置するPT等において検討を行う。
○個人所得課税
　　所得再分配機能を回復し、所得税の正常化に向け、税率構造の改革、所得控除から税額控除・給付付き税額控除・手当への転換等の改革を推進する。
　　個人住民税については、今後の所得税における控除整理も踏まえ、控除のあり方について検討を進める。
○法人課税
　　租税特別措置の抜本的な見直し等により課税ベースが拡大した際には、成長戦略との整合性や企業の国際的な競争力の維持・向上、国際的な協調などを勘案しつつ、法人税率を見直していく。
○国際課税
　　国際課税を巡る状況等を勘案しつつ、適切な課税・徴収を確保するとともに、企業活動活性化のために税務執行に係るルールを明確化・適正化すべく、必要な方策を検討する。また、租税条約について、ネットワークの迅速な拡充に努める。
○資産課税
　　格差是正の観点から、相続税の課税ベース、税率構造の見直しについて平成23年度改正を目指す。
○消費税
　　今後、社会保障制度の抜本改革の検討などと併せて、使途の明確化、逆進性対策、課税の一層の適正化も含め、検討する。
○個別間接税
　　「グッド減税・バッド課税」の考え方に立ち、健康に配慮した税制や地球規模の課題に対応した税制の検討を進める。
○市民公益税制（寄附税制など）
　　「新しい公共」の役割が重要性を増していることに鑑み、市民公益税制に係るPTを設置し、国民に向けた検討を進める。
○地域主権の確立に向けた地方税財源のあり方
　　国と地方の役割分担を踏まえるとともに、地方が自由に使える財源を拡充するという観点から国・地方間の税財源の配分のあり方を見直す。地方消費税の充実など、偏在性が少なく税収が安定的な地方税体系を構築する。

19 社会保障と税の一体改革

少子高齢化が進む中、国民の将来に対する不安を解消するためには、社会保障改革とその財源確保を一体的に検討する必要があるとの考えの下、平成22年10月に「政府・与党社会保障改革検討本部」が設置され、議論が進められることとなりました。その後、同年12月に「平成23年半ばまでに成案を得る」とされたことを受け、引き続き検討が進められ、2010年代半ばまでに段階的に消費税率を10％まで引き上げる等の方針を盛り込んだ「社会保障・税一体改革成案」が平成23年6月に取りまとめられました。

この成案に沿って、更なる具体化に向けた議論が進められ、平成24年2月に「社会保障・税一体改革大綱」が取りまとめられ、これを踏まえて、同年3月末に税制抜本改革法案が社会保障制度改革の法案とともに国会に提出されました。税制抜本改革法案では、消費税率を平成26年4月に8％へ、平成27年10月に10％へ段階的に引き上げることのほか、所得税の最高税率の引上げ、相続税の基礎控除の引下げ等の見直し、消費税以外の事項等の改革の方向性が盛り込まれました。また、消費税率の引上げに当たり、低所得者対策として、「給付付き税額控除」を導入し、それまでの間の暫定的・臨時的措置として、「簡素な給付措置」を実施することや、消費税率の引上げを経済状況を好転させることを条件として実施するため、いわゆる「景気弾力条項」が設けられました。

その後、政党間協議の結果、所得税と相続税の改正については平成24年度中に結論を得る、給付付き税額控除と併せて消費税の複数税率についても検討していく、などの法案の修正が行われ、同年8月10日に成立しました。

また、所得税と相続税の改正については、その内容を一部修正した法案が平成25年3月に成立しました。その後、同年10月1日に、

税制抜本改革法の景気弾力条項に基づき、経済状況等を総合的に勘案した検討を踏まえて、平成26年4月から消費税率を8％へ引き上げることが確認（閣議決定）されました。

　一方、平成27年10月の10％への引上げについては、景気判断条項に基づき、経済状況等を総合的に勘案し、引上げを1年半延期する判断がされました。これに合わせて「景気判断条項」については、削除することとされました。平成27年度税制改正により、消費税率の10％への引上げは平成29年4月とされていましたが、これを2年半延期し、平成31（令和元）年10月とする内容の税制改正法案が平成28年11月に成立しました。

税制抜本改革の経緯①（H16～24年）

＜平成16年＞
平成16年年金改正法附則16条（H16.6.11公布）
・特定年度中金国庫負担割合が2分の1に引き上げることとした上で、その年度について、平成19年度を目途に、政府の経済財政運営の方針との整合性を確保しつつ、社会保障に関する制度全般の改革の動向その他の事情を勘案し、所要の安定した財源を確保する税制の抜本的な改革を行うことを定め、平成21年度までの間のいずれかの年度を定めるものとする。
※公布当時の条文

＜平成19年＞
「抜本的な税制改革に向けた基本的考え方」（H19.11政府税調）

＜平成20年＞
社会保障国民会議（H20.1.29第1回、H20.11.4最終報告）
「持続可能な社会保障構築とその安定財源確保に向けて」「中期プログラム」（H20.12.24閣議決定）
・経済状況を好転させることを前提として、遅滞なく、かつ、段階的に消費税を含む税制の抜本的な改革を行うため、2011年度までに必要な法制上の措置を講じる。
・平成21年度税制改正法附則104条（H21.3.12公布）

＜平成21年＞
安心社会実現会議（H21.4.13第1回、H21.6.15報告）

＜平成22年＞
政府・与党社会保障改革検討本部（H22.10.28）
「税目ごとの論点の深掘り」に関する専門家委員会「中間報告」（H22.12.6民主党）
「税と社会保障の抜本改革調査会「中間整理」（H22.12.8）
「社会保障改革に関する有識者検討会報告書」（H22.12.8）
・23年半ばまでに成案を得、国民的な合意を得た上でその実現を図る。

「社会保障改革の推進について」（H22.12.14閣議決定）

＜平成23年＞
「社会保障改革に関する「集中検討会議」
・H23.2.5 第1回開催 ⇒ 第6回（5/12）「厚生労働省案」 ⇒ 第10回（6/2）「社会保障改革案」
「あるべき社会保障の実現に向けて」（H23.5.26民主党社会保障検討本部決定）
「社会保障・税一体改革成案」（H23.6.30政府・与党社会保障改革検討本部決定）
政府・与党社会保障改革本部（H23.12.5）
「社会保障・税一体改革について（骨子）」（H23.12.29民主党税調）

＜平成24年＞
「税制抜本改革」（H24.1.6政府・与党社会保障改革本部決定）
「社会保障・税一体改革素案」（H24.1.6政府・与党社会保障改革本部決定）
「社会保障・税一体改革大綱」（H24.2.17閣議決定）
「税制抜本改革法案」（H24.3.30国会提出）
・5/8 衆議院審議開始 ⇒ 6/15 3党合意 ⇒ 6/26衆議院可決 ⇒ 7/11参議院審議開始 ⇒ 8/10成立

税制抜本改革の経緯②（H25～）

25年	1月29日	「平成25年度税制改正の大綱」（閣議決定）
	2月20日	与党税制協議会の下に軽減税率調査委員会を設置
	2月22日	自民・公明・民主3党合意（合意を踏まえ平成25年度税制改正法案に附則108条を追加）
	3月29日	平成25年度税制改正法が成立
	8月8日	「中期財政計画」（閣議了解）
	8月26日	今後の経済財政動向等についての集中点検会合（～8月31日まで計7回開催）
	9月9日	4－6月期のGDP2次速報（＋0.9%、年率3.8%）
	9月10日	閣僚懇談会において総理が消費税パッケージの取りまとめを指示
	10月1日	「消費税率及び地方消費税率の引上げとそれに伴う対応について」（経済政策パッケージの確認、経済政策パッケージの策定）　等
	12月5日	「平成26年4月からの消費税率8%への経済対策」（閣議決定）
	12月24日	「平成26年度税制改正の大綱」（閣議決定）
26年	3月20日	平成26年度税制改正法が成立
	6月5日	与党税制協議会が「消費税の軽減税率に関する検討について」（線引き例等）を公表
	11月4日	今後の経済財政動向等についての点検会合（～11月18日まで計5回開催）
	11月17日	7－9月期のGDP1次速報（－0.4%、年率－1.6%）
	11月18日	総理会見（消費税率10%への引上げを平成29年4月に1年半延期、景気判断条項の削除）
	12月27日	「地方への好循環拡大に向けた緊急経済対策」（閣議決定）
27年	1月14日	「平成27年度税制改正の大綱」（閣議決定）
	1月26日	消費税率10%への引上げを平成29年4月に1年半延期、景気判断条項の削除を織り込む改正案
	3月31日	平成27年度税制改正法が成立
	9月10日	軽減税率制度検討委員会において消費税還付付きポイント制度案を提示
	12月24日	「平成28年度税制改正の大綱」（閣議決定）　等
28年	3月16日	国際金融経済分析会合（～5月19日まで計7回開催）
	3月29日	平成28年度税制改正法が成立
	6月1日	総理会見（消費税率10%への引上げを平成31年10月に2年半延期）
	8月24日	「消費税率引上げ時期の変更に伴う税制上の措置」（閣議決定）
	11月18日	消費税率引上げ時期変更法が成立

20　東日本大震災からの復旧・復興財源のための税制措置　平成23年3月に発生した東日本大震災からの復旧・復興については、復興構想会議の提言を踏まえ、同年7月に「復興の基本方針」が策定されました。この中で、「次の世代に負担を先送りすることなく、今の世代全体で連帯して分かち合う」との方針が示されるとともに、平成27年度までの5年間（集中復興期間）に少なくとも19兆円と見込まれる復興費用を歳出削減・税外収入、時限的な税制措置等でまかなうこととされました。

　この方針を踏まえ、同年8月以降、税制調査会で税制措置の検討が進められ、具体的な税目、年度毎の規模等を組み合わせた複数の選択肢として、税制措置の期間を「10年間」とした上で、①所得税・法人税に負担を求める案、②所得税・法人税を中心に個別間接税にも負担を求める案の2案が策定されました。

　この選択肢に基づき、政府・与党で更に検討が進められ、同年10月に所得税付加税（10年間、付加税率4％）・法人税付加税（3年間、付加税率10％）・たばこ臨時特別税（10年間、1本1円）などの政府・与党案がとりまとめられ、この税制措置の内容を盛り込んだ「復興財源確保法案」が国会に提出されました。

　その後、政党間協議の結果、たばこ臨時特別税を除外するとともに、所得税付加税（復興特別所得税）を付加税率2.1％で25年間とする等の法案修正が行われました。同年11月に迅速な国会審議を経て、「復興財源確保法」が成立し、復興費用のうち、10.5兆円程度を時限的な税制措置で確保することとなりました。

　なお、平成26年度の税制改正において、足元の企業収益の改善を賃金の上昇につなげるきっかけとするといった観点から、法人税付加税（復興特別法人税）を1年前倒しで廃止し、2年間、付加税率10％とすることとされました。

東日本大震災に係る復旧・復興のための時限的な税制措置について

税制措置の概要

（1）国税

・基幹税である所得税と法人税に時限的に付加税を課す。

| 復興特別法人税（年10%） | ＋ | 復興特別所得税（年2.1%） | ＝ | 9.7兆円程度 |

[0.8兆円×3年]　　　[0.3兆円×25年]

2年[26年度改正]

※平成23年当時の財源見込額

復興特別所得税

復興特別法人税

平成26年度改正にて前倒し廃止

（2）地方税

　　復旧・復興事業19兆円程度のうち、全国の地方団体で行われることが予定されている緊急防災・減災事業の地方負担分等（0.8兆円程度（推計））については、地方税において復旧・復興のための臨時的な税制上の措置を講じることで、地方団体自ら財源を確保する。

・個人住民税均等割の税率の臨時的な引上げとともに23年度税制改正事項（個人住民税の退職所得10％税額控除廃止による増収約0.02兆円（平年度ベース））を復興財源に充当。

| 個人住民税均等割の引上げ（年1,000円） | ＋ | 個人住民税の退職所得10％税額控除廃止からの充当 | ＝ | 0.8兆円程度 |

[約0.06兆円×10年＝0.6兆円]　　　[約0.02兆円×10年＝0.17兆円]

個人住民税の退職所得10％税額控除廃止からの充当　　**個人住民税均等割**［年1,000円増］

	約0.02兆円	約0.02兆円	約0.02兆円	約0.02兆円	約0.02兆円	約0.02兆円	約0.02兆円	約0.02兆円	約0.02兆円	約0.02兆円
		約0.05兆円	約0.06兆円	約0.06兆円	約0.06兆円	約0.06兆円	約0.06兆円	約0.06兆円	約0.06兆円	約0.06兆円
0.02兆円	0.07兆円	0.08兆円	0.08兆円	0.08兆円	0.08兆円	0.08兆円	0.08兆円	0.08兆円	0.08兆円	0.06兆円
H24年度	25年度	26年度	27年度	28年度	29年度	30年度	令和元年度	2年度	3年度	4年度	5年度	R6年度 (2024)

※個人住民税均等割の引上げ　年1,000円の内訳は、都道府県　年500円、市町村　年500円
※個人住民税均等割の引上げは平成26年6月より実施
※個人住民税の退職所得10％税額控除の廃止は平成25年1月より実施

21　経済・財政一体改革

　わが国の財政状況は、債務残高が対GDP比で2倍程度に膨らみ、なおも更なる累増が見込まれるなど、引き続き極めて厳しい状況にあり、経済再生とともに財政健全化を達成することは、最重要課題となっています。長期にわたり赤字が継続しているわが国の財政とその大宗を占める社会保障制度が、現状のままでは立ち行かないことも明らかであり、人口減少・高齢化等が2020年代半ば頃から一層進展することが見込まれる中で、こうした状況を脱却し、次世代への責任の視点に立って改革を進め、社会保障制度を持続可能なものとし、財政を健全化する必要があります。

　平成27年6月の「経済財政運営と改革の基本方針2015」において、政府は、2020年度の財政健全化目標（国・地方を合わせた基礎的財政収支について、2020年度までに黒字化、その後の債務残高対GDP比の安定的な引下げを目指すことをいいます。）の達成に向けた「経済・財政再生計画」を策定し、「経済・財政一体改革」を断行すること、具体的には、「デフレ脱却・経済再生」、「歳出改革」、「歳入改革」の3本柱の改革を一体として推進することとされました。

　このうち、「歳入改革」においては、
・経済成長を阻害しない安定的な税収基盤を構築する観点から、税体系全般にわたるオーバーホールを進める
・その中で、将来の成長の担い手である若い世代に光を当てることにより経済成長の社会基盤を再構築する
との観点から、「税制の構造改革」を進めることとされました。
　また、
・具体的な制度設計について速やかに検討に着手し、税制の見直しを計画期間中(注)、できるだけ早期に行う
・今後の改革の中心となる個人所得課税については、税収中立の考え方を基本として、総合的かつ一体的に税負担構造の見直しを行う
とされ、こうした「税制の構造改革」に係る議論は政府税制調査会を中心に行われていくことになりました。

(注)　2016年度～2020年度：「経済・財政再生計画」の対象期間

第２編　わが国の租税制度の変遷と今後の課題

経済財政運営と改革の基本方針2015（抄）

（平成27年６月30日
閣　議　決　定）

第３章　「経済・財政一体改革」の取組－「経済・財政再生計画」

２．計画の基本的考え方
　（歳入改革）
　　中　略
　経済再生に寄与する観点から、現在進めている成長志向の法人税改革をできるだけ早期に完了する。持続的な経済成長を維持・促進するとともに、経済成長を阻害しない安定的な税収基盤を構築する観点から、税体系全般にわたるオーバーホールを進める。その中で、将来の成長の担い手である若い世代に光を当てることにより経済成長の社会基盤を再構築する。また、ⅰ）低所得若年層・子育て世代の活力維持と格差の固定化防止のための見直し、ⅱ）働き方・稼ぎ方への中立性・公平性の確保、ⅲ）世代間・世代内の公平の確保など、経済社会の構造変化を踏まえた税制の構造的な見直しを計画期間中のできるだけ早期に行うこととし、政府税制調査会を中心に具体的な制度設計の検討に速やかに着手する。

５．主要分野ごとの改革の基本方針と重要課題
　［５］　歳入改革、資産・債務の圧縮
　（１）　歳入改革
①　歳入増加に向けた取組み
　　略

②　税制の構造改革
　（基本的考え方）
　人口動態、世帯構成、働き方・稼ぎ方など、経済社会の構造が大きく変化する中、持続的な経済成長を維持・促進するとともに、経済成長を阻害しない安定的な税収基盤を構築する観点から、税体系全般にわたるオーバーホールを進める。その中で、将来の成長の担い手である若い世代に光を当てることにより経済成長の社会基盤を再構築する。特に、ⅰ）夫婦共働きで子育てをする世帯にとっても、働き方に中立的で、安心して子育てできる、ⅱ）格差が固定化せず、若者が意欲をもって働くことができ、持続的成長を担える社会の実現を目指す。
　このため、以下の基本方針を踏まえ、具体的な制度設計について速やかに検討に着手し、税制の見直しを計画期間中、できるだけ早期に行う。その際、今後の改革の中心となる個人所得課税については、税収中立の考え方を基本として、総合的かつ一体的な税負担構造の見直しを行う。

　（改革の基本方針）
ⅰ）成長志向の法人税改革
・現在進めている成長志向の法人税改革をできるだけ早期に完了する。
ⅱ）低所得若年層・子育て世代の活力維持と格差の固定化防止のための見直し
・年齢ではなく経済力を重視する一方、成長の担い手である若い世代を含む低所得層に対しては、社会保障給付制度との整合性を勘案しつつ総合的な取組の中で、勤労意欲を高め、安心して結婚し子どもを産み育てることができる生活基盤の確保を後押しする観点から税負担構造及び社会保険の負担・適用構造の見直しを進める。
ⅲ）働き方・稼ぎ方への中立性・公平性の確保
・女性の活躍推進・子ども子育て支援の観点等を踏まえつつ、多様化する働き方等への中立性・公平性をより高めるため、早期に取り組む。
ⅳ）世代間・世代内の公平の確保等
・年齢ではなく所得や資産の経済力を重視しつつ、世代間・世代内の公平を確保する。
・資産格差が次世代における子女教育などの機会格差につながることを避ける必要があること、また、老後扶養の社会化が相当程度進展している実態の中で遺産の社会還元といった観点が重要となっていること等を踏まえた見直しを行う。
ⅴ）地域間の税財源の偏在是正
・地方が自らの責任で地方創生に取り組むためには税財源が必要との考えの下、引き続き税源の偏在性が小さく税収が安定的な地方税体系を構築する。

一般会計税収、歳出総額及び公債発行額の推移

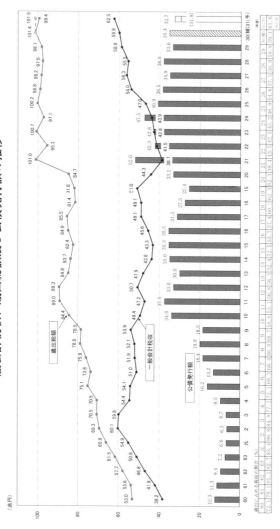

(注1) 平成29年度以前は決算額、平成30年度は補正後予算額、平成31年度は予算額による。
(注2) 公債発行額は、平成2年度は湾岸地域における平和回復活動を支援するための財源を調達する臨時特別公債、平成6〜8年度は消費税率3％から5％への引上げに先行して行った減税による租税収入の減少を補うための減税特例公債、平成23年度は東日本大震災からの復興のために充てる臨時の財源を調達する復興債、平成24年度及び平成25年度は基礎年金国庫負担2分の1を実現する財源を調達する年金特例公債を除いている。
(注3) 平成31年度の一般会計歳出については、点線が臨時・特別の措置に係る計数を含んだもの、実線が臨時・特別の措置に係る計数を除いたもの。
　　　 平成31年度の公債発行額については、棒グラフは臨時・特別の措置に係る計数を含んだもの、( )内は臨時・特別の措置に係る建設公債発行額を除いたもの。
　　　 平成31年度の歳出に占める税収の割合は、臨時・特別の措置に係る計数を除いたもの、( )内は臨時・特別の措置に係る計数を除いたもの。

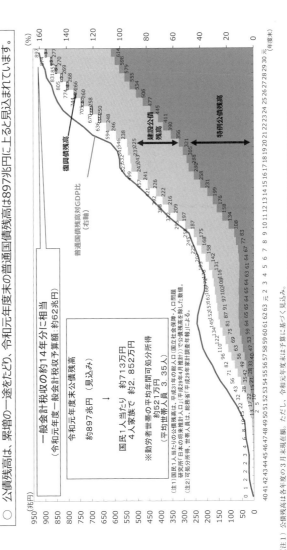

公債残高（普通国債残高）の累増

○ 公債残高は、累増の一途をたどり、令和元年度末の普通国債残高は897兆円に上ると見込まれています。

一般会計税収の約14年分に相当
（令和元年度一般会計税収予算額：約62兆円）

令和元年度末公債残高
約897兆円（見込み）
↓
国民1人当たり　約713万円
4人家族で　約2,852万円

勤労者世帯の平均年間可処分所得
約521万円
（平均世帯人員 3.35人）

（注1）国民1人当たりの公債残高は、平成31年度の総人口（国立社会保障・人口問題研究所「日本の将来推計人口」（平成29年4月推計））で公債残高を割った数値。
（注2）可処分所得は、総務省「平成29年家計調査年報」による。

復興債残高

普通国債残高対GDP比
（右軸）

建設公債残高

特例公債残高

（注1）公債残高は各年度の３月末現在額。ただし、令和元年度末は予算に基づく見込み。
（注2）特例公債残高は、国鉄長期債務、国有林野累積債務等の一般会計承継による借換国債、臨時特別公債、減税特例公債及び年金特例公債を含む。
（注3）東日本大震災からの復興のために実施する施策に必要な財源として発行される復興債（平成23年度は一般会計において、平成24年度以降は東日本大震災復興特別会計において負担）を公債残高に含めている（平成24年度末：10.7兆円、平成25年度末：9.0兆円、平成26年度末：8.3兆円、平成28年度末：6.7兆円、平成29年度末：5.5兆円、平成30年度末：5.4兆円、令和元年度末：5.4兆円）。
（注4）令和元年度末の翌年度借換のための前倒債限度額を除いた見込額は844兆円程度。

22 経済社会の構造変化を踏まえた税制の構造改革 前述21における平成27年6月の「経済財政運営と改革の基本方針2015」において示された通り、経済社会の構造変化を踏まえた税制の構造的な見直しについて、政府税制調査会では、平成27年7月以降、まずは、この四半世紀の間の我が国経済社会の構造変化の「実像」を把握すべく、諸データの分析や有識者のヒアリングが行われました。その上で、改革の中心となる個人所得課税や資産課税に関し、社会の構造的特徴の把握や、課題を浮き彫りにするための多角的な議論を重ね、同年11月、「経済社会の構造変化を踏まえた税制のあり方に関する論点整理」がとりまとめられました。

この論点整理においては、税制のあり方の検討に当たって、個人所得課税については、①結婚して、子どもを産み育てようとする若年層・低所得層に配慮する観点からの所得控除方式の見直し、②働き方の多様化や家族のセーフティネット機能の低下を踏まえた「人的控除」の重要性、③老後の生活に備えるための自助努力を支援する公平な制度の構築、資産課税については、④資産再分配機能の適切な確保、⑤「老後扶養の社会化」の進展を踏まえた遺産の社会還元等といった基本的な考え方が挙げられました。

その後、平成29年度税制改正において、就業調整を意識しなくて済む仕組みを構築する観点から、配偶者控除・配偶者特別控除の見直しが行われたほか、平成30年度税制改正においては、働き方の多様化を踏まえ、「働き方改革」を後押しする観点から、給与所得控除や公的年金等控除の一部を基礎控除に振り替えるなどの個人所得課税の見直しが行われました。

経済社会の構造変化を踏まえた税制のあり方に関する論点整理について（政府税制調査会（平成27年11月））

【 この四半世紀の経済社会の構造変化 】

・人口構造の変容
・グローバル化・ICT化と経済のサービス化
・非正規雇用の増加による若年層を中心とする低所得化と少子化
　家族モデルの変容

⇒

・家族のセーフティネット機能の低下
　（一人世帯の増加、家族の経済力の低下）
・会社のセーフティネット機能の低下
　（終身雇用等による生活保障の弱まり）
・公的セーフティネットの新たな課題
　（若年層の低所得化、高齢世代内の経済格差）

　⇒『生活基盤』が脆弱化するリスク

・生産年齢人口の減少
　（潜在成長力への下押し圧力）
・非正規雇用の増加による働き手の能力向上の阻害
　（生産性向上への悪影響）

　⇒『成長基盤』が損なわれるおそれ

【 今後への視点 】

若い世代に先立って、以下の３つの視点から、『成長基盤』と『生活基盤』を再構築

○ 基盤づくりを通じた生活基盤の確保

・希望すれば誰もが結婚し子どもを産み育てられる生活基盤の確保
・少なくとも夫婦で働ける子どもを産み育てられる生活基盤の確保
・人口減少の抑制や女性の就労拡大等に寄与

○ 就労等を通じた社会とのつながりの回復

・多様な人材が、自らのライフスタイルやニーズに応じて働くことができ、その努力が報われる社会環境の整備
　個々人の能力発揮や能力形成に寄与

○ 経済力を踏まえた再分配機能の再構築

・年齢ではなく、経済力を踏まえた再分配機能の再構築
・貧困化による個々人の能力形成の阻害を防止
・公的年金等を補完する、老後に備えた自助努力の支援の必要性

税制改革に加え、社会保障制度を含めた関連する諸制度における総合的かつ整合的な対応が必要

【 税制のあり方の検討にあたっての論点 】

○ 個人所得課税

・結婚して子どもを産み育てようとする若年層・低所得層に配慮する観点からの所得再分配機能の回復
　⇒諸外国の制度等を参考にしながら、所得控除方式の見直しを検討
・社会全体での家族の形成の支援
　⇒一次レポート①の選択肢（※）についてさらに検討を深化

※ A案＝扶養控除の額を上乗せし子育て世帯を支援
B案＝いわゆる移動的基礎控除の導入と子育て支援の拡大
C案＝夫婦世帯・子育て世帯などに手厚くする扶養控除の拡大
と子育て支援の拡大

・働き方の違いによって不利益に扱われること
　⇒家族構成等の多様な事情に応じた負担調整を行う人的控除の役割を高める方向で控除全体のあり方について検討

・老後の生活に備えるための自助努力に対する支援
・働き方・ライフコースに影響されない公平な税制の構築を念頭に幅広く検討

○ 資産課税

・資産再分配機能の適切な確保
・老後扶養の社会化の進展を踏まえた遺産の社会還元
　⇒25年度改正の影響を見極めつつ検討

・老後相続の増加を踏まえた、資産移転の時期の選択により中立的な制度の構築について幅広く検討

79

23 新経済・財政再生計画　先述21における2020年度までに基礎的財政収支を黒字化する等の財政健全化目標については、その達成に向けて、歳出・歳入面の取組みが進められてきたものの、成長低下に伴い税収の伸びが当初想定より緩やかだったことや、消費税率引上げ延期及び補正予算の影響により、当初の想定よりも進捗が遅れていました。また、幼児教育の無償化等によって社会保障制度を全世代型へ転換する「人づくり革命」を実施するために、平成31（令和元）年10月に予定されている消費税率8％から10%への引上げによる増収分の使い道を見直すこととされました。これらに伴い、財政健全化目標の達成は困難となりました。

こうした状況を踏まえ、平成30年6月の「経済財政運営と改革の基本方針2018」における「新経済・財政再生計画」では、2025年度の基礎的財政収支の黒字化を目指し、同時に債務残高対GDP比の安定的な引下げを目指すこととされました。また、この目標の達成に向けた進捗を確認するために、2021年度の中間指標が設定されるとともに、その時点において評価を行い、その後の歳出・歳入改革の取組みに反映することとされました。

このほか、「経済財政運営と改革の基本方針2018」では、税制改革について、

- 　急速な少子高齢化、働き方の変化など、経済社会の構造が大きく変化する中、持続的な経済成長を維持・促進するとともに、経済成長を阻害しない安定的な税収基盤を構築する観点から、税体系全般にわたる見直しを進める。
- 　真に必要な財政需要の増加に対応するための歳入改革努力について、今後歳出改革を進める中で考慮する。

との基本的考え方が示されるとともに、税目分野ごとの改革の方針が示されました。

経済財政運営と改革の基本方針2018（抄）

〔平成30年 6 月15日〕
〔閣　議　決　定〕

第 3 章　「経済・財政一体改革」の推進

3 ．新経済・財政再生計画の策定

(2)　財政健全化目標と実現に向けた取組

（財政健全化目標）

　　財政健全化目標の設定に当たっては、歳出面・歳入面でのこれまでの取組を緩めることなく、これまで以上に取組の幅を広げ、質を高める必要がある。

　　中長期の経済財政に関する試算（以下「中長期試算」という。）で示された成長実現ケースの下、着実な収支改善を実現することにより、2024年度の PB 黒字化が視野に入る。

　　しかしながら、今後、景気回復が鈍化する可能性や社会保障関係費の増大も想定される。必要な場合には、景気を腰折れさせないよう機動的に対応し、経済成長を確実に実現する対応を取る必要がある。また、団塊世代が75歳に入り始めるまでに、社会保障制度の基盤強化を進め、全ての団塊世代が75歳以上になるまでに、財政健全化の道筋を確かなものとする必要がある。

　　このため、財政健全化目標については、

○　経済再生と財政健全化に着実に取り組み、2025年度の国・地方を合わせた PB 黒字化を目指す。

○　同時に債務残高対 GDP 比の安定的な引下げを目指すことを堅持する。

（社会保障改革を軸とする「基盤強化期間」の設定）

　　2025年度の PB 黒字化に向けては、社会保障改革を軸として、社会保障の自然増の抑制や医療・介護のサービス供給体制の適正化・効率化、生産性向上や給付と負担の適正化等に取り組むことが不可欠である。2020、2021年度は75歳に入る高齢者の伸びが鈍化するが、2022年からは団塊世代が75歳に入り始め、社会保障関係費の急増が見込まれる。それまでの2019〜2021年度を「基盤強化期間」と位置付け、経済成長と財政を持続可能にするための基盤固めを行う。社会保障制度の持続可能性確保が景気を下支えし、持続的な経済成長の実現を後押しする点にも留意する。

（中間指標の設定）

　　財政健全化目標の達成に向けた取組の進捗状況を確認するために、直近の2017年度実績を起点とし、2025年度の PB 黒字化目標年度までの中間年である2021年度に中間指標を設定し、進捗を管理するためのメルクマールとする。PB 赤字の対 GDP 比については、2017年度からの実質的な半減値（1.5％程度）とする。債務残高の対 GDP 比については、180％台前半、財政収支赤字の対 GDP 比については、 3 ％以下とする。

4 ．主要分野ごとの計画の基本方針と重要課題

(5)　税制改革、資産・債務の圧縮等

（基本的考え方）

　　デフレ脱却・経済再生を加速することにより、経済成長を実現し、税収増をより確実なものとする。また、公共サービスの産業化等を進め、経済活動に占める民間シェア向上による課税ベースの拡大等を通じた新たな税収増を生み出す。

　　急速な少子高齢化、働き方の変化など、経済社会の構造が大きく変化する中、持続的な経済成長を維持・促進するとともに、経済成長を阻害しない安定的な税収基盤を構築する観点から、税体系全般にわたる見直しを進める。また、真に必要な財政需要の増加に対応するための歳入改革努力について、今後歳出改革を進める中で考慮する。

（税制改革）

　　個人所得課税や資産課税について、働き方改革や人生100年時代を見据え、再分配機能の向上や働き方の多様化への対応、格差の固定化防止等の観点から、累次の改正の効果も見極めつつ、引き続き丁寧に検討を進める。

　　企業に対し、これまで進めてきた成長志向の法人税改革の活用等により、賃上げや生産性向上への取組を促すとともに、租税特別措置について、毎年度、適用状況や政策効果を見極めながら必要な見直しを行う。

　　国際協調を通じた「BEPS プロジェクト」の勧告の着実な実施を通じて、グローバルな経済活動の構造変化及び多国籍企業の活動実態に即した国際課税制度の再構築を進めていく。あわせて、税務当局間の情報交換を一層推進する。

　　ICT の更なる活用等を通じて、納税者が簡便・正確に申告等を行うことができるよう納税環境の利便性を高めるとともに、社会全体のコスト削減及び企業の生産性向上を図る観点から、税務手続の電子化を一層推進する。グローバル化や ICT 化が急速に進展する中で、適正・公平な課税を実現し、税に対する信頼を確保するため、制度及び執行体制の両面からの取組を強化する。

24　社会保障の安定的な財源の確保　　2019年10月１日の消費税率の10％への引上げについて、2018年10月15日に安倍総理より臨時閣議にて、引上げに伴う対応とあわせて、「消費税率については、法律で定められたとおり、平成31年10月１日に現行の８％から10％に２％引き上げる予定です。（略）今回の引上げ幅は２％ですが、前回の３％引上げの経験を活かし、あらゆる施策を総動員し、経済に影響を及ぼさないよう、全力で対応します。」との発言がありました。

2018年12月20日の諮問会議においては、内閣府茂木大臣提出資料にて、「今回の消費税率引上げによる経済への影響は、幼児教育無償化等の措置により２兆円程度に抑えられる。これに対し、新たな対策として2.3兆円程度を措置。経済への影響を十二分に乗り越える対策とする。」こととされました。2.3兆円の内訳は、予算面では、臨時・特別の措置として、令和元年度当初予算において、２兆円程度、税制面では0.3兆円程度、となっています。

0.3兆円の税制上の支援としては、具体的には、住宅ローン減税の拡充、自動車の取得時及び保有時の税負担の軽減となっています。また、消費税率引上げに当たっては、低所得者に配慮する観点から、酒類及び外食を除く飲食料品と定期購読契約が締結された週２回以上発行される新聞について軽減税率（８％）が適用されることとなります。

その後、令和元年６月に閣議決定された「経済財政運営と改革の基本方針2019」において、「2019年10月には、全世代型社会保障の構築に向け、少子化対策や社会保障に対する安定的な財源を確保するため、また、社会保障の充実と財政健全化にも資するよう、消費税率の８％から10％への引上げを予定している。今回は、前回2014年４月の引上げ後に景気の回復力が弱まったという経験を十分にい

かし、需要変動の平準化に万全を期すこととしている。」とされています。

　このほか、「経済財政運営と改革の基本方針2019」では、税制改革について、急速な少子高齢化、働き方の変化など、経済社会の構造が大きく変化する中、持続的な経済成長を維持・促進するとともに、経済成長を阻害しない安定的な税収基盤を構築する観点から、引き続き税体系全般にわたる見直しを進めるとともに、国・地方の資産・債務の圧縮等を推進する。

　との基本的考え方が示されるとともに、税目分野ごとの改革の方針が示されました。

　これらの方針の下で、2019年10月1日から消費税率が10%に引き上げられました。

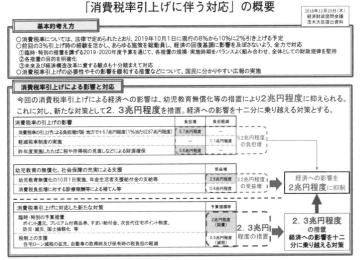

「消費税率引上げに伴う対応」の概要

（注）計数精査中

第3編 わが国の税制の現状（国税）

1 概 説 現在わが国の税金は、国、都道府県、及び市町村がそれぞれ課税主体となっています。こうした課税主体の区分に着目し、国が課税主体である税金を国税、都道府県又は市町村が課税主体である税金を地方税と呼んでいます。本編では、国税のそれぞれの税目について見ていきます。

各税目は、課税ベースの違いによって、所得課税、消費課税、資産課税等に分類することができます（右頁参照）。まず所得課税として、所得税、法人税等が挙げられます。所得税、法人税はそれぞれ個人、法人の所得に課せられる税金です。所得課税には、利子所得、配当所得、土地譲渡などに係る所得税も含まれていますが、これらを、資産をベースとした税金ととらえて、資産課税等のカテゴリーに含める考え方もあります。

次に、消費課税に移ります。消費課税のカテゴリーに分類される税目は多様ですが、このうち最も皆さんにとって関わりが大きいのは消費税でしょう。消費税は、一部の例外的な品目を除き、物品、サービス等の消費一般を課税対象とする課税ベースの広い間接税です。ちなみに、消費税導入の際には、物品税、入場税といった特定の物品、サービスを課税対象とする税目の一部が、消費税に吸収される形で廃止されています。他には、酒税、たばこ税、揮発油税や自動車重量税などが消費課税のカテゴリーに分類されています。

最後に資産課税等です。相続税、贈与税、印紙税、登録免許税といった税目がこのカテゴリーに属します。

なお、以上の税目を第1編の9で触れたように直接税・間接税という区別で見ると右頁のとおりです。

国税の税目

所 得 課 税	所得税★　地方法人税★ 法人税★ 地方法人特別税★ 復興特別所得税★	消 費 課 税	消費税　　　　自動車重量税 酒税　　　　　航空機燃料税 たばこ税　　　石油石炭税 たばこ特別税　電源開発促進税 揮発油税　　　関税 地方揮発油税　とん税 石油ガス税　　特別とん税 国際観光旅客税
資産課税等	相続税・贈与税★ 登録免許税 印紙税		

(注)　★印は直接税、無印は間接税等

国税の内訳（令和元年度予算額）

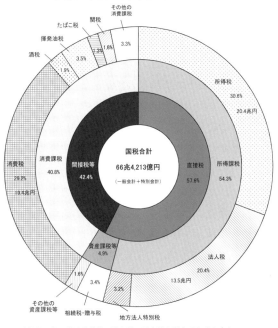

※所得税は復興特別所得税、法人税は地方法人税をそれぞれ含む。

2 所得税

(1) **負担状況等**　　所得税は、暦年中の個人の所得、すなわち給料・賃金や商売の利益、あるいは土地や株式を売って得た利益などに対して課される税金で、消費税とともに、私たちにとっては身近な税金といえます。

まず、その負担の状況をみてみます。

国家全体での所得税の負担状況をみるために、内閣府の「国民経済計算」における「家計の受取」を個人の総所得としてとらえてみると、平成29年度における「家計の受取」341兆2,288億円に対し、所得税収は18兆8,816億円（個人住民税収は12兆8,465億円）で、その負担割合は約5.5％（個人住民税込みで約9.3％）となっています。

次に、個人ベースでの所得税の負担状況について、給与所得者を例にとってみてみます。国税庁の「民間給与実態統計調査」（平成29年分）によると、わが国では、約5,811万人の人がサラリーマン、すなわち給与所得者として所得税の対象となっています。また、総務省の「平成26年全国消費実態調査」によると標準世帯（夫婦子2人の世帯）の平均収入額は749万円となっています。そこで700万円の給与収入の標準世帯を例にとってみますと、右の図表のように所得税額は約17万円（個人住民税込みで約46万円）で負担割合は2.5％（同6.6％）となっています。なお、後述するように、所得税では累進的な税率構造がとられているため、例えば1,500万円の給与収入がある場合には、所得税額は約189万円（個人住民税込みで約294万円）、負担割合は12.6％（同19.6％）と上昇することとなります。

収入階層別所得税・住民税負担の状況（令和元年分）
（夫婦子2人の給与所得者の場合）

給与収入	所得税	割　合	住民税	割　合	計	割　合
万円	万円	％	万円	％	万円	％
400	3.4	0.9	8.1	2.0	11.5	2.9
500	6.7	1.3	14.6	2.9	21.3	4.3
600	10.2	1.7	22.3	3.7	32.4	5.4
700	17.2	2.5	29.2	4.2	46.4	6.6
800	26.0	3.2	36.7	4.6	62.6	7.8
900	41.3	4.6	44.2	4.9	85.4	9.5
1,000	59.1	5.9	52.9	5.3	111.9	11.2
1,200	104.6	8.7	74.5	6.2	179.1	14.9
1,500	188.9	12.6	104.7	7.0	293.5	19.6
2,000	354.3	17.7	153.8	7.7	508.0	25.4
3,000	742.5	24.7	253.8	8.5	996.2	33.2

(注) 1．子2人のうち1人が特定扶養親族、1人が16歳未満として計算している。
　　 2．一定の社会保険料が控除されるものとして計算している。
　　 3．復興特別所得税を加味して計算している。
　　 4．四捨五入の関係で合計額が一致しないところがある。

(2) **基本的仕組み、課税最低限、所得の種類**　　所得税法では、所得の発生形態によって10種類の所得分類を設け、それぞれの収入又は経済的利益から必要経費や給与所得控除等を差し引く、所得金額の計算方法を定めており、原則として、これら10種類の所得金額を合計した金額から、基礎控除、配偶者控除などの所得控除額を差し引き、その残額に対して超過累進税率を適用して所得税額を計算する総合課税の仕組みをとっています。したがって、所得税は、各人の得た所得の大きさに応じた負担を求めることができ、また、家族の構成など、各人の状況に応じたキメ細かな配慮を行うことのできる税といえます。

　所得税では各種の控除により、所得金額が一定額以下の人には税金がかからないようになっており、これを課税最低限といっています。この課税最低限は基礎控除等の水準によってその額が変動しますが、現在、夫婦子2人の標準的なサラリーマン世帯で285万円となっています。

　所得をその源泉ないし性質によって10種類に分類しているのは、所得はその性質によって担税力が異なるという前提に立ち、公平負担の観点から、担税力の相違に応じた計算方法を定めるためです。

　これらの所得ごとにその所得金額を計算して、これを基礎として課税標準である総所得金額、退職所得金額及び山林所得金額を計算します。「総所得金額」とは、退職・山林所得を除く8種類の所得金額（長期譲渡所得及び一時所得については、これらの所得金額を2分の1にした額）を合計したものです。退職所得及び山林所得については分離課税とされ、総所得金額には含めないで計算します（(4)参照）。なお、例えば遺族の受ける恩給や年金、サラリーマンが受け取る出張旅費などのように非課税とされている所得もあります。

所得税の課税最低限の内訳（給与所得者の場合）

区　　　　分		独　身	夫　婦	夫婦子2人
課　税　最　低　限		1,211千円	1,688千円	2,854千円
内訳	給与所得控除	650	650	965
	基礎控除	380	380	380
	配偶者控除	－	380	380
	扶養控除	－	－	－
	特定扶養控除	－	－	630
	社会保険料控除	182	253	428

(注) 1. 夫婦子2人の場合、子のうち1人が特定扶養親族、1人が16歳未満として計算している。

2. 一定の社会保険料が控除されるものとして計算している。

所得の種類（10分類）

種　　　　類	内　　　　容
利　子　所　得	預貯金、国債などの利子の所得
配　当　所　得	株式、出資の配当などの所得
事　業　所　得	商工業、農業など事業をしている場合の所得
不　動　産　所　得	土地、建物などを貸している場合の所得
給　与　所　得	給料、賃金、ボーナスなどの所得
退　職　所　得	退職手当、一時恩給などの所得
譲　渡　所　得	土地、建物、ゴルフ会員権などを売った場合の所得
山　林　所　得	山林の立木などを売った場合の所得
一　時　所　得	クイズの賞金、生命保険契約の満期返戻金など、一時的な所得
雑　　所　　得	恩給、年金などの所得
	営業でない貸金の利子など、上記所得に当てはまらない所得

(3) **所得金額の計算**　　課税標準たる総所得金額などを計算する
際の基礎となる各種所得の所得金額の計算に当たっては、一般的に
は収入金額から必要経費を差し引いて計算されることになっていま
す。

利子所得については必要経費の控除がなく収入金額そのものが所
得金額となり、また、配当所得については株式その他配当所得を生
ずべき元本を取得するための負債の利子の額を収入金額から控除し
た残額が所得金額となります。なお、利子所得、配当所得に対する
課税については種々の特例があります（⒀参照）。

給与所得、退職所得については、必要経費に代えて特別の控除が
あります。すなわち、給与所得については給与所得控除、退職所得
については退職所得控除という概算的な控除が設けられています。
前者は勤務に伴う概算的な経費を控除するというもので、収入金額
に応じた控除額が定められており（⑾参照）、後者は退職所得の長期
性や退職後の生活の原資となることなどによる担税力の低さが考慮
されているものです。

雑所得のうち、公的年金等に係るものについては、収入金額から
公的年金等控除額を差し引いた額が公的年金等に係る雑所得の金額
となります（⑿参照）。

譲渡所得については、収入金額から譲渡資産の取得価額などを控
除して計算しますが、土地・建物等に係るものについては特別控除
などの所得計算の特例もあります（5　土地税制⑴参照）。また、株式
等の譲渡益に対しても特別な課税方式がとられています（⒁参照）。

所得金額の計算方法

種　　　類	計　算　方　法
利　子　所　得	収入金額＝所得金額
配　当　所　得	（収入金額）－ $\left(\begin{array}{l}\text{株式などを取得}\\ \text{するための借入}\\ \text{金の利子}\end{array}\right)$
事　業　所　得	収入金額－必要経費
不 動 産 所 得	収入金額－必要経費
給　与　所　得	収入金額－給与所得控除額（⑾参照）
退　職　所　得	（収入金額－退職所得控除額）$\times \dfrac{1}{2}$
譲　渡　所　得	$\left(\begin{array}{l}\text{収入}\\ \text{金額}\end{array}\right)$ － $\left(\begin{array}{l}\text{売却した}\\ \text{資産の取}\\ \text{得費・譲}\\ \text{渡費用}\end{array}\right)$ － $\left(\begin{array}{l}\text{特}\\ \text{別}\\ \text{控}\\ \text{除}\\ \text{額}\end{array}\begin{array}{l}\text{上}\\ \text{限}\\ 50\\ \text{万}\\ \text{円}\end{array}\right)$
山　林　所　得	収入金額－必要経費－特別控除額（上限50万円）
一　時　所　得	$\left(\begin{array}{l}\text{収入}\\ \text{金額}\end{array}\right)$ － $\left(\begin{array}{l}\text{収入を得}\\ \text{るために}\\ \text{支出した}\\ \text{費用}\end{array}\right)$ － $\left(\begin{array}{l}\text{特}\\ \text{別}\\ \text{控}\\ \text{除}\\ \text{額}\end{array}\begin{array}{l}\text{上}\\ \text{限}\\ 50\\ \text{万}\\ \text{円}\end{array}\right)$
雑　　所　　得	（公的年金等）　収入金額－公的年金等控除額
	（上記以外）　収入金額－必要経費

（参考）　退職所得控除額

　　　　　$\left[\begin{array}{ll}\text{勤続年数20年まで} & \text{1年につき40万円}\\ \text{勤続年数20年超} & \text{1年につき70万円}\end{array}\right.$

（例）　勤続年数30年の場合

退職一時金2,000万円

退職所得控除額
1,500万円
〔40万円×20年＋70万円×（30年－20年）〕

500万円×$\frac{1}{2}$

退職所得の金額
250万円
195万円×5％
＋（250万円－
195万円）×10％
≒15.3万円
（所得税額）

（注）　平成24年度税制改正において、勤続年数5年以下
の法人役員等の退職金について、2分の1課税が
廃止された。

(4) **所得税の計算の仕組み**　　所得税の計算の仕組みは右頁の図のようになっています。所得税法上は、前述のようにすべての所得（退職・山林所得を除きます）を総合して超過累進税率を適用して税額を算出するのが原則です。

　退職所得及び山林所得については、長期性などその所得の特殊性から分離して課税することとされています。退職所得については、勤続年数に応じた退職所得控除額控除後の金額の2分の1に対して累進税率が適用され、税額が算定されます。また、山林所得については、植林費などの必要経費の控除のほか、特別控除（50万円）があり、これらの控除後の残額に対して5分5乗の方法によって累進税率を適用し、税額が算定されます。

　現実には、租税特別措置法の規定により各種の所得が他の所得とは分離して課税されることとされています。

　まず、利子所得については、障害者等に対する少額貯蓄の利子非課税制度等の対象となるものを除き、所得税15％（他に地方税5％）の源泉徴収のみで課税関係が終了する源泉分離課税の方式がとられるほか、平成28年1月1日以後は、特定公社債等の利子等について申告分離課税の方式がとられています。また、上場株式等の配当等や譲渡益についても源泉徴収のみで課税関係が完了する場合があります（⒀参照）。

　不動産業者等が土地等を譲渡した場合の事業所得、雑所得や個人が土地・建物等を譲渡した場合の譲渡所得についても他の所得と分離して課税することとされています（5土地税制⑴参照）。

所得税計算の仕組み（イメージ）

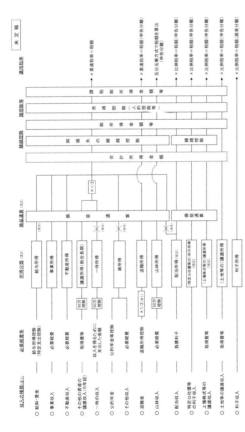

⑸　**人的控除**　　所得税法は、課税所得を計算する上で総所得金額等から各種の控除を行うことができることを定めていますが、これらの控除を所得控除といいます。所得控除は、大別して、人的な諸控除と雑損控除や社会保険料控除などのその他の諸控除（⑺及び⑻参照）とに分けることができます。

　人的な諸控除もその趣旨から、基礎・配偶者・扶養控除などのいわば基礎的な控除ともいうべきグループと、障害者など通常の人と比較して生活上追加的な費用が必要な人への配慮を主としたグループの二つに分けることが可能です。

　第一のグループのうち、基礎控除は要件なく一律に適用されるものであり、配偶者控除及び扶養控除は納税者が生計を一にする配偶者又は扶養親族を有し、かつ一定の要件を満たす場合に控除が適用されます。この他、配偶者控除に関連して配偶者特別控除があります（⑹参照）。また、扶養控除においては、特定扶養控除、老人扶養控除など年齢等に応じた控除額の加算等があります。

　第二のグループの人的控除は、（特別）障害者控除、寡婦（夫）控除及び勤労学生控除です。これらの控除は、基本的には納税者本人が障害者などに該当する場合に認められていますが、（特別）障害者控除については、納税者と生計を一にする配偶者又は扶養親族が（特別）障害者に該当する場合にも認められます。寡婦（夫）・勤労学生控除については、所得要件などの一定の要件を満たしている必要があり、また、寡婦控除においては、特定の要件を満たしている場合には控除額が加算されるケースもあります。

　なお、平成23年分から、当時の子ども手当の創設（平成24年4月より児童手当）とあいまって、年少扶養親族（～15歳）に対する扶養控除（38万円）が廃止されました。また、高校の実質無償化に伴い、16～18歳までの特定扶養親族に対する扶養控除の上乗せ部分（25万円）も廃止されました。また、平成30年分から、就業調整を意識しなくて済む仕組みを構築する観点から、配偶者控除及び配偶者特別控除について見直しが行われました（⑹参照）。

人的控除の種類及び概要

種類		創設年（所得税）	対象者	控除額		本人の所得要件
				所得税	住民税	
基礎的な人的控除	基礎控除	昭和22年（1947年）	・本人	≦8万円【最高48万円】	33万円【最高43万円】	【合計所得金額2,500万円以下（2,400万円超から控除額が逓減）】
	配偶者控除（一般の控除対象配偶者）	昭和36年（1961年）	・生計を一にし、かつ、合計所得金額が38[48]万円以下である配偶者（控除対象配偶者）を有する者・年齢が70歳未満の控除対象配偶者を有する者	最高38万円	最高33万円	合計所得金額1,000万円以下（900万円超から控除額が逓減）
	老人控除対象配偶者	昭和52年（1977年）	・年齢が70歳以上の控除対象配偶者を有する者	最高48万円	最高38万円	（900万円超から控除額が逓減）
	配偶者特別控除	昭和62年（1987年）	・生計を一にし、かつ、合計所得金額が38[48]万円を超え123[133]万円以下である配偶者を有する者	最高38万円	最高33万円	合計所得金額1,000万円以下（900万円超から控除額が逓減）
	扶養控除（一般の扶養親族）	昭和25年（1950年）	・生計を一にし、かつ、合計所得金額が38[48]万円以下である親族等（扶養親族）を有する者・年齢が16歳以上19歳未満又は23歳以上70歳未満の扶養親族を有する者	38万円	33万円	—
	特定扶養親族	平成元年（1989年）	・年齢が19歳以上23歳未満の扶養親族を有する者	63万円	45万円	—
	老人扶養親族	昭和47年（1972年）	・年齢が70歳以上の扶養親族を有する者	48万円	38万円	—
	（同居老親等加算）	昭和54年（1979年）	・直系尊属である老人扶養親族と同居を常況としている者	+10万円	+7万円	—
特別な人的控除	障害者控除	昭和25年（1950年）	・障害者である者・障害者である同一生計配偶者又は扶養親族を有する者	27万円	26万円	—
	（特別障害者控除）	昭和43年（1968年）	・特別障害者である者・特別障害者である同一生計配偶者又は扶養親族を有する者	40万円	30万円	—
	（同居特別障害者控除）	昭和57年（1982年）	・特別障害者である同一生計配偶者又は扶養親族と同居を常況としている者	75万円	53万円	—
	寡婦控除	昭和26年（1951年）	①夫と死別した者②夫と死別又は離婚したもので、かつ、扶養親族を有する者	27万円	26万円	①の場合 合計所得金額500万円以下
	（特別寡婦加算）	平成元年（1989年）	・寡婦で、扶養親族である子を有する者	+8万円	+4万円	合計所得金額500万円以下
	寡夫控除	昭和56年（1981年）	・妻と死別又は離婚をして扶養親族である子を有する者	27万円	26万円	合計所得金額500万円以下
	勤労学生控除	昭和26年（1951年）	・本人が学校教育法に規定する学校の学生、生徒等である者	27万円	26万円	合計所得金額65[75]万円以下かつ①給与所得以外が10万円以下

（注）【　】内は平成30年度改正（令和2年（2020年）分以後の所得税（令和3年度（2021年度）分以後の住民税）について適用）。

(6) **配偶者控除、配偶者特別控除**　　配偶者控除は、納税者（年間所得が1,000万円以下である場合に限ります）が生計を一にする配偶者を有し、その配偶者の所得金額の合計が38万円以下である場合に、納税者の所得金額から最大38万円を控除できる制度です。

配偶者特別控除は、納税者（年間所得が1,000万円以下である場合に限ります）が生計を一にする配偶者を有し、その配偶者の所得金額の合計が38万円超123万円以下（給与収入では103万円超201万円以下）である場合に、配偶者の所得金額に応じた一定額を、納税者の所得金額から控除できる制度です。

また、配偶者控除及び配偶者特別控除において、納税者の所得金額が900万円超である場合において控除額が逓減し、1,000万円を超える場合は控除の適用ができません。納税者の所得金額が900万円以下である場合に配偶者の給与収入が150万円以下であれば、38万円の控除を受けることができます。

配偶者特別控除は、昭和62年に、パート等で働く主婦の年間所得が一定額（38万円）を超える場合に、配偶者控除が適用されなくなり、かえって世帯全体の税引き後手取り額が減少してしまうという逆転現象を解消するために設けられたものです。

配偶者控除・配偶者特別控除の見直しについて（平成29年度改正）

（平成30年分以後の所得税について適用）

○ 納税者本人の給与収入が1,120万円以下の場合（合計所得金額が900万円以下の場合）

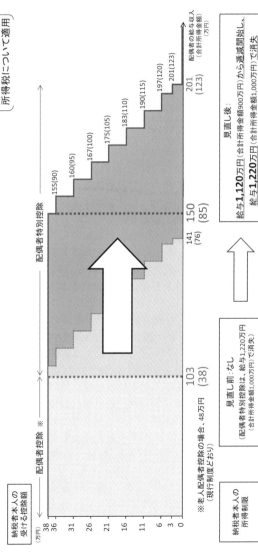

（注）　納税者本人の給与収入（合計所得金額）が1,120万円（900万円）以下の場合でも控除が受けられる控除額は、以下の場合の「控除額」を適用する。具体的には、納税者本人の給与収入（合計所得金額）が1,120万円（900万円）超1,220万円（1,000万円）以下の場合には、その控除額の2/3、②1,170〜1,220万円（950〜1,000万円）の場合には、その控除額の1/3、③1,220万円（1,000万円）を超える場合には消失することとする。（控除額は1万円未満切り上げ）

（※）　上記の給与収入及び給与所得の金額は、平成30年度改正による給与所得控除についての基礎控除への振替及び控除額の上限の引下げ（令和2年（2020年）分以後の所得税について適用）の適用前の数字である。

(7)　**雑損控除、医療費控除、寄附金控除**　　雑損控除は、災害、盗難又は横領により、本人又は生計を一にする配偶者その他の扶養親族の有する住宅家財などについて受けた損失額及びその災害などに関連する支出の金額（保険金、損害賠償金等により補てんされた金額を除きます）を控除の対象とするものです。控除額の計算は、右頁のようになっています。その年で控除しきれない部分の金額については、翌年以降3年間繰越控除ができることとされています。

医療費控除は、本人又は生計を一にする配偶者その他の親族に係る医師又は歯科医師による診療又は治療のための費用などの医療費の支出額（保険金などにより補てんされる金額を除きます）のうち、総所得金額等の5％と10万円とのいずれか低い金額を超過する場合のその超過額（最高限度額200万円）を控除するものです。

このほか、適切な健康管理の下で医療用医薬品からの代替を進める観点から、医療費控除の特例（セルフメディケーション税制）として、その年中に一定の健康診査等を行っている場合は、特定一般用医薬品等購入費の合計額（保険金などで補てんされる部分を除きます。）から1万2千円を差し引いた金額（最高8万8千円）の控除を、通常の医療費控除に代えて適用することができます。

寄附金控除は、国や地方公共団体、特定公益増進法人に対する寄附金や特定公益増進法人などに対する寄附金で特定のものを控除（所得控除）の対象とし、寄附金額（総所得金額の40％が上限）から2,000円を控除した金額が所得から控除されます。なお、政治活動に関する寄附金、認定NPO法人等に対する寄附金及び公益社団法人等に対する寄附金のうち一定のものについては、所得控除に代えて税額控除を選択適用することができます。この税額控除額は、政治活動に関する寄附金及び公益社団法人等に対する寄附金の場合は寄附金額（総所得金額の40％が上限）から2,000円を控除した金額の30％相当、認定NPO法人等に対する寄附金の場合は寄附金額（総所得金額の40％が上限）から2,000円を控除した金額の40％相当額とされています。

雑損控除、医療費控除については、一定の金額を超える雑損失や医療費の支出は納税者の担税力を弱めるという考え方に基づくものであり、寄附金控除については、公益目的事業を行う法人への個人の寄附の奨励を目的としています。

雑損・医療費・寄附金控除制度の概要

控除の種類	概　要	控除額の計算方式（——適用下限額）
雑損控除	住宅家財等について災害又は盗難若しくは横領による損失を生じた場合又は災害関連支出の金額がある場合に控除	次のいずれか多い方の金額 ①（災害損失の額＋災害関連支出の金額） 　－年間所得金額×10％ ②災害関連支出の金額－5万円
医療費控除（選択適用）　通常の医療費控除	納税者又は納税者と生計を一にする配偶者その他の親族の医療費を支払った場合に控除	［支払った医療費の額］－［次のいずれか低い方の金額 ①10万円 ②年間所得金額×5％］ ＝医療費控除額（最高限度額200万円）
セルフメディケーション税制（医療費控除の特例）	納税者又は納税者と生計を一にする配偶者その他の親族の特定一般用医薬品等購入費を支払った場合において、その年中に納税者が一定の健康診査等を行っているときに控除	［支払った特定一般用医薬品等購入費の額］－12,000円 ＝医療費控除額（最高限度額88,000円）
寄附金控除（所得控除）	特定寄附金を支出した場合に控除（注）	［次のいずれか低い方の金額 ①特定寄附金の合計額 ②年間所得金額×40％］－2,000円＝寄附金控除額

（注1）　特定寄附金とは、次のものをいう（3．法人税⑫参照）。
① 国又は地方公共団体に対する寄附金
② 指定寄附金
③ 特定公益増進法人に対する寄附金
④ 認定NPO法人に対する寄附金（平成13年10月から適用）
⑤ 政治活動に関する寄附金（特定の政治献金）
（注2）　公益社団法人と公益財団法人については、すべて特定公益増進法人として取り扱われる。
（注3）　一定の特定新規中小企業者に投資した場合、投資額について、1,000万円を限度として、寄附金控除を適用できる。

(8) **生命保険料控除、地震保険料控除等**　　前述の(5)〜(7)で述べた控除以外の所得控除としては、社会保険料控除、小規模企業共済等掛金控除、生命保険料控除及び地震保険料控除があります。

　厚生年金保険の保険料や国民健康保険の保険料などの社会保険料を支払った場合（給与から控除される分を含みます）には、その全額が社会保険料控除として控除されます。

　また、小規模企業共済契約に基づく掛金や確定拠出年金の個人型年金加入者掛金についても、その全額が小規模企業共済等掛金控除として控除されます。

　生命保険料控除は、一般の生命保険契約に係る控除、個人年金保険契約に係る控除及び介護医療保険契約に係る控除の3本立てとなっています。一般の生命保険契約に係る控除は、保険金等の受取人を本人又は配偶者その他の親族とする生命保険契約や生命共済契約などについて、その支払った保険料のうち一定額（最高4万円）を控除するものです。また、個人年金保険契約に係る控除は、個人年金保険契約等のうち、年金の受取人や保険料の払込期間などの所定の要件を満たすものについて、保険料の一定額（最高4万円）を控除するものです。さらに、介護医療保険契約に係る控除は、介護医療保険契約等のうち、医療費等支払事由に基因して保険金等を受け取る契約について、保険料の一定額（最高4万円）を控除するものです。

　なお、平成23年12月31日以前に締結した生命保険契約等に係る生命保険料控除については、一般生命保険料控除と個人年金保険料控除の2本立てとなっており、それぞれの適用限度額が5万円となっています。

　地震保険料控除は、居住者が、その有する居住用家屋・生活用動産を保険等の目的とし、かつ、地震等を直接又は間接の原因とする火災等による損害（地震等損害）で生じた損失の額をてん補する損害保険契約等に係る地震等損害部分の保険料等を支払った場合には、その支払った保険料等の金額の合計額（最高5万円）を控除するものです。

生命保険料控除の改組

○　生命保険料控除を改組し、各保険料控除の合計適用限度額を12万円（改正前：10万円、住民税は7万円の現行の
　水準を維持）とする。
　(1)　平成24年1月1日以後に締結した保険契約等（新契約）に係る生命保険料控除
　　　新たに介護医療保険料控除を設け、一般生命保険料控除、介護医療保険料控除、個人年金保険料控除のそれぞ
　　れの適用限度額を4万円（住民税：2.8万円）とする。
　(2)　平成23年12月31日以前に締結した保険契約等（旧契約）に係る生命保険料控除
　　　従前と同様の一般生命保険料控除、個人年金保険料控除（それぞれの適用限度額5万円（住民税：3.5万円））
　　を適用する。

〔適用限度額12万円（住民税7万円）〕

［新契約］

一般生命保険料控除
所：4万円　住：2.8万円
【遺族保障等】

介護医療保険料控除
所：4万円　住：2.8万円
【介護保障、医療保障】

個人年金保険料控除
所：4万円　住：2.8万円
【老後保障】

新契約と旧契約の両方について
控除の適用を受ける場合は4万
円（住民税は2.8万円）を限度

新契約と旧契約の両方について
控除の適用を受ける場合は4万
円（住民税は2.8万円）を限度

［旧契約］

一般生命保険料控除
所：5万円　住：3.5万円
【遺族保障、介護保障、医療保障等】

個人年金保険料控除
所：5万円　住：3.5万円
【老後保障】

(9)　**税率構造と税額の計算**　　わが国の所得税法では、応能負担の原則の実現を図るため、納税者の個人的事情を考慮した所得控除の規定が設けられているほか、税額の計算に当たっては、原則として、各人のすべての所得を総合して、これに所得の増加に応じて適用する税率を累進的に増加させていく超過累進税率を適用することにより、所得金額の多寡に応じた負担力の差異に適応した税負担となるような仕組みになっています。

　税率構造は、昭和63年12月の抜本的税制改革により、それまでの最高税率60%（昭和61年以前は70%）、12段階（昭和61年以前は15段階）というものが緩和され、さらに、平成6年11月の税制改革により20%の税率を中心として限界税率の適用所得区分（ブラケット）が拡大されています。

　さらに平成11年分より最高税率は50%から37%に引き下げられ、10%から37%までの4段階とかなり薄く簡素なものとなりました。また、平成19年分からは、所得税から住民税への税源移譲に伴い、5%から40%までの6段階となりました。その後、平成27年分からは、格差是正及び所得再分配機能の回復の観点から、最高税率が45%に引き上げられたことにより、現行の所得税率は、5%から45%までの7段階となっています。

　一般的な所得税率は以上のとおりですが、山林所得については5分5乗方式で税額を計算することとされているほか、土地建物等の譲渡所得などのように分離課税とされている所得については別途特別な税率が定められているなど、様々な税額の計算方式があります。

　また、東日本大震災からの復旧・復興のための財源に係る税制措置として、復興特別所得税が創設されました。これは所得税額に対して、平成25年1月から令和19年12月までの時限的な措置として、2.1%の付加税を課するものです。負担額については、一般労働者（パートを除く）の平均年収である年収500万円程度の場合、夫婦子2人で年間1,300円、月額108円と試算されています。

所得税の主な税率改正の推移

	昭和25年		昭和28年		昭和44年		昭和59年		昭和62年		平成元年		平成7年		平成11年		平成19年		平成27年	
	税率	課税所得階級	税率	課税所得階級	税率	課税所得階級	税率	課税所得階級	税率	課税所得階級	税率	課税所得階級	税率	課税所得階級	税率	課税所得階級	税率	課税所得階級	税率	課税所得階級
	%	万円	%	万円	%	万円	%	万円	%	万円	%	万円	%	万円	%	万円	%	万円	%	万円
					10	30	10.5	50	10.5	150	10	300			10	330	10	330	5	195
							12	120	12	200									10	330
					14	60	14	200												
			15	2					16	300										
							17	300												
	5		20	7	18	100			20	500	20	600	20	900	20	900	20	695		695
					21			400												
					22	150													23	900
	8		25	12	25		25	600	25	600										
	10		30	20	30	250	30	800	30	800	30	1,800	30	1,800			33	1,800	33	1,800
					34	300														
	12		35	30	35	400	35	1,000	35	1,000					37	1,800〜				
	15		40	50	38		40	1,200	40	1,200	40	2,000	40	3,000			40	1,800〜	40	4,000
					42	500														
	20		45	100	46	700	45	1,500	45	1,500									45	4,000〜
	50		50	200	50	1,000	50	2,000	50	3,000	50	2,000〜	50	3,000〜						
	50〜		55	300	55	2,000	55	3,000	55	5,000										
			60	500	60	3,000	60	5,000	60	5,000〜										
			65	500〜	65	4,500	65	6,500												
					70	6,500	70	8,000												
					75	6,500〜	75	8,000〜												

〔刻み数〕											
8	11	16	15	12	5	5	4	6	7

(シャウプ勧告)	(富裕税廃止)	(長期税制答申)	(最高税率の引下げ)	(抜本改革)	(税制改革)	(最高税率の引下げ)	(税源移譲後)	(最高税率の引上げ)

所得税の限界税率ブラケット別納税者（又は申告書）数割合の国際比較

(2019年1月現在)

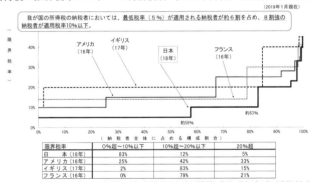

我が国の所得税の納税者においては、最低税率（5％）が適用される納税者が約6割を占め、8割強の納税者が適用税率10％以下。

限界税率	0%超～10%以下	10%超～20%以下	20%超
日　　本（18年）	83%	12%	5%
アメリカ（16年）	25%	42%	33%
イギリス（17年）	2%	83%	15%
フランス（16年）	0%	79%	21%

（注）1．日本のデータは、平成30年度予算ベースの推計値に、平成30年度改正における個人所得課税の見直し（令和2年1月1日施行）を加味している。
　　　2．諸外国のデータは各国の税務統計に基づいて作成（ただし、日本と異なり、一部分離課税に係るものが含まれる）。
　　　3．アメリカは個人単位と夫婦単位課税の選択制であり、フランスは世帯単位課税であるため、納税者数の割合は推計が困難である。このため、ここでは申告書数の割合を掲げている。
　　　4．上表中のイギリスの「0%超～10%以下」の欄には、便宜的に、「給与所得等が無く、利子所得に対して20%の税率が課されている者及び/又は配当所得に対して7.5%の税率が課されている者」の割合を記載している。
　　　　なお、データは、OBR（予算責任局）が2017年3月に公表した経済財政見通しを前提とした、2014年度の個人所得調査に基づく推計値である。また、フランスについては最低税率0%適用の世帯が存在し、分母から除かれている。
　　　　なお、これらの世帯の多くは、所得課税である社会保障関連課税（一般社会税等：所得税とは別途、収入に対して定率（合計9.7%）で課される）を支払っている。
　　　5．ドイツは課税所得に応じて税率が連続的に変化するため、ブラケット別納税者割合は不明。
　　　6．各国の税率構造について、表中の課税期間においては、日本は7段階（5・10・20・23・33・40・45%）、アメリカは7段階（10・15・25・28・33・35・39.6%）、イギリスは3段階（20・40・45%）、フランスは5段階（0・14・30・41・45%）である。なお、2018年1月以降、アメリカはブラケット内の税率を改正し、7段階（10・12・22・24・32・35・37%）となっている。
　　　7．構成割合については、端数処理の関係で、合計値は一致しないことがある。

⑽　**税額控除**　　税額控除は、課税所得の算出の段階で控除される所得控除とは異なり、課税所得に税率を適用して算出された所得税額から控除を行うものです。

　所得税本法では、所得税と法人税との間の二重負担の調整のための配当控除（右頁参照）及びわが国の所得税と外国の所得の二重負担の調整のための外国税額控除（外国税額控除制度・第5編2参照）という二つの税額控除の規定が設けられています。

　この他、租税特別措置法で、住宅借入金等を有する場合の税額控除（⒅参照）や試験研究費に対する税額控除などが設けられています。

　納税者の負担という側面から所得控除と税額控除を比較すると、所得控除は、家族構成等の納税者の担税力の減少に配慮するものであり、一定額を所得から差し引くため、高所得者ほど税負担軽減額が大きくなる一方、税額控除は、財政支援としての性格が強く、一定額を税額から差し引く負担調整の仕組みであるため、基本的に所得水準にかかわらず税負担軽減額は一定となります。

　今後、所得税における控除のあり方を考える上では、担税力との関係、税額控除を設ける政策の必要性、関連する給付との役割の整理等、様々な論点が考えられます。

配　当　控　除

⑴　配当控除とは

　　納税者が内国法人から受ける配当所得を有する場合に、その者の算出税額から一定額を控除できる仕組み。

⑵　控除額

区　　　分	配　当　控　除　額
課税総所得金額が1,000万円以下の場合	（配当所得の金額）× $\dfrac{10}{100}$
課税総所得金額が1,000万円を超える場合	$\left(\begin{array}{l} \text{配当所得の金額のうち、課税総所得金額} \\ \text{から1,000万円を差し引いた金額に達する} \\ \text{までの部分の金額（A）} \end{array} \right) \times \dfrac{5}{100}$ $+ \left(\begin{array}{l} \text{配当所得の金額のうち} \\ \text{（A）以外の部分の金額} \end{array} \right) \times \dfrac{10}{100}$

(11)　**給与所得に対する課税**　　給与所得に係る所得税額の計算の概要は右頁の図のとおりです。まず、給与等の収入金額から給与所得控除額を控除して給与所得の金額が算出され、各種の所得控除の適用後の金額に税率を適用して所得税額が算出されます。

　給与所得控除には、①給与所得者が勤務ないし職務の遂行のために支出する費用を概算的に控除するという要素と、②給与所得の特異性に基づいた他の所得との負担調整という要素があるとされています。

　給与所得控除の額については、給与収入の額に応じた制度になっていましたが、給与所得者の必要経費が収入に応じて増加するとは必ずしも考えられないこと、また、主要国においても定額又は上限があることなどを踏まえ、平成25年分から上限が漸次引き下げられました。平成29年分以降は、給与収入が1,000万円を超える場合、上限が220万円とされています。

　一方、給与所得者が通勤費、転任に伴う引越し費用などの特定支出をした場合において、その合計額が給与所得控除額の2分の1を超えたときは、その超えた金額も控除することができるという特例（特定支出控除）が設けられています。

　給与所得に対する所得税については源泉徴収制度が採用され、雇用主が給与等を支払う時に、その支払額に応じた所得税を天引きして国に納付します。さらに、その年の最後の給与等の支払いが行われる際に、天引きされた所得税の合計額と、その年中の給与総額に対する年税額を対比して過不足額の清算（年末調整）を行います。このように、給与所得者が自ら申告納税をする手間を省く仕組みになっています。

年収700万円のサラリーマン（夫婦子2人）の場合の年収の内訳

控除（課税されない額）434万円					課税所得266万円
給与所得控除 190万円	社会保険料控除 105万円	特定扶養控除 63万円 （子のうち1人は特定扶養親族1人は16歳未満であると仮定 （63万円））	配偶者控除 38万円	基礎控除 38万円	266万円 — 195万円×5％＋（266万円 －195万円）×10％ ≒16.9万円 （所得税額）

（注）1．社会保険料は全額が控除されるが、ここでは収入900万円以下に係る社会保険料の割合を　　　給与収入の15％として試算している。

給与所得控除制度の概要（現行）

給　与　収　入	控　除　率
	（最低65万円）
180万円以下の部分	40％
360　〃	30〃
660　〃	20〃
1,000　〃	10〃
1,000万円超の部分	0〃
	（最高220万円）

（付）給与所得控除額の割合

給与収入	控除額	割　合
万円	万円	％
50	50	100.0
100	65	65.0
150	65	43.3
200	78	39.0
300	108	36.0
500	154	30.8
800	200	25.0
1,000	220	22.0
1,200	220	18.3
2,000	220	11.0

給与所得者の特定支出控除の特例制度

① 制度の概要

　　給与所得者が特定支出をした場合において、その年中の特定支出の額の合計額が給与所得控除額の2分の1を超えるときは、給与所得の金額は給与等の収入金額からその給与所得控除額及びその超える部分の金額を控除した残額とすることができる。

② 控除対象となる特定支出の範囲

項　　目	内　　容
・通勤費	通勤のために通常必要な運賃等の額
・転任に伴う転居のための引越し費用	転任に伴う転居のために通常必要な運賃、宿泊費及び家財の運送費の額
・研修費	職務の遂行に直接必要な技術又は知識を習得することを目的として受講する研修費
・資格取得費	職務に直接必要な資格を取得するための費用
・単身赴任者の帰宅旅費	転任に伴い単身赴任をしている者の帰宅のための往復旅費（月4回を限度とする。）
・勤務必要経費	職務に関連するものとして必要な図書費、衣服費、交際費（65万円までの支出を限度とする。）

③ 適用手続

　　確定申告書に特定支出の額の支出に関する明細書や勤務先の証明書を添付するとともに、その額を証する領収書等の書類を添付し、又は提示する。

⑿　**公的年金等に対する課税**　　公的年金等とは、国民年金法や厚生年金保険法などの規定に基づく年金、恩給（一時恩給を除きます）、確定給付企業年金法の規定などに基づいて支給を受ける年金などをいいます。公的年金等は雑所得として扱われ、その雑所得金額は、公的年金等の収入金額から公的年金等控除額を控除して算出されます。

　また、年金所得者には年末調整制度がないことから確定申告を行う必要がありますが、その事務負担を軽減するため、年金収入が400万円以下で、かつ、年金以外の他の所得が20万円以下の人については、確定申告が不要とされています。

　公的年金等に対する課税については、公的年金制度が長期間にわたる制度であることを踏まえつつ、高齢化の進展の下で年金受給者が増加し、高齢者の生活実態が多様化していることも勘案しながら、保険料拠出時、運用時、年金受給時を通じた適切な課税のあり方を考えていく必要があります。

公的年金等に係る課税の仕組み

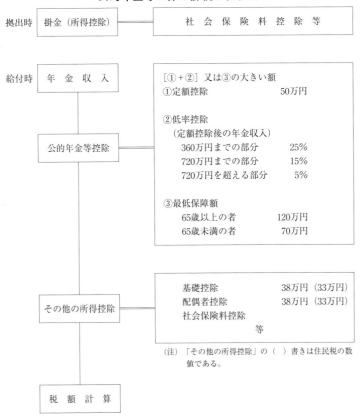

拠出時　掛金（所得控除）　　社　会　保　険　料　控　除　等

給付時　年　金　収　入

［①＋②］又は③の大きい額
①定額控除　　　　　　　　50万円

②低率控除
　（定額控除後の年金収入）
　　360万円までの部分　　25%
　　720万円までの部分　　15%
　　720万円を超える部分　　5%

③最低保障額
　　65歳以上の者　　　　120万円
　　65歳未満の者　　　　 70万円

公的年金等控除

その他の所得控除

基礎控除　　　　　38万円（33万円）
配偶者控除　　　　38万円（33万円）
社会保険料控除
　　　　　　等

(注)　「その他の所得控除」の（　）書きは住民税の数
値である。

税　額　計　算

⒀　**利子・配当所得に対する課税**　　利子所得とは、公社債や預貯金の利子、合同運用信託、公社債投資信託及び公募公社債等運用投資信託の収益の分配などをいいます。利子所得については、他の所得と区分し、その支払の際に、20％（うち地方税5％）の税率により源泉徴収され、課税関係が終了します（源泉分離課税）。なお、障害者等の少額貯蓄非課税制度などの非課税措置が設けられているほか、特定公社債等の利子等については、申告分離課税の方式がとられています。

　配当所得とは、法人から受ける剰余金の配当、利益の配当などに係る所得をいい、原則として総合課税により課税されます。また、配当所得は、源泉徴収の対象であり、原則20％の税率により、所得税が源泉徴収されます。一定の要件を満たす場合には、申告不要の特例により、源泉徴収のみで納税を完了することが可能です。

　これまで上場株式等に係る配当所得については、平成15年分から10％（うち地方税3％）の軽減税率により課税されていましたが、平成26年分からは本則税率である20％（うち地方税5％）で課税されています。

　また、上場株式等に係る配当所得等の確定申告を行う場合は、申告分離課税または総合課税を選択することとなります。申告分離課税による申告では上場株式等の譲渡損失等との損益通算が可能とされているほか、総合課税による申告では配当控除が適用できます（⑽参照）。

利子所得

利子所得	所得税	住民税
・特定公社債の利子・公募公社債投資信託及び公募公社債等運用投資信託の収益の分配	申告分離課税（20%）又は申告不要（15%の所得税の源泉徴収）	（5%の地方税の特別徴収）
・預貯金の利子・特定公社債以外の公社債等の利子（注1）・合同運用信託及び私募公社債投資信託の収益の分配等	源泉分離課税（20%）（15%の所得税の源泉徴収）	（5%の地方税の特別徴収）

配当所得

区分	平成21年～平成25年	平成26年～
公募株式投資信託の収益の分配等		
上場株式等の配当（大口以外）等（注2）	① 申告不要（20%源泉徴収）【軽減税率（～平成25年）（注3）】10%源泉徴収（所7%、住3%） 又は ② 総合課税（配当控除）（所5～40%、住10%） （※）株式譲渡損との損益通算のため、20%申告分離課税（平成22年分からは、特定口座における損益通算も選択可）【軽減税率（～平成25年）（注3）】10%（所7%、住3%）	申告不要（20%源泉徴収）（所15%、住5%）と総合課税との選択 又は 20%申告分離課税（所15%、住5%）も
上記以外	総合課税（配当控除）（所5～40%、住10%）（20%の源泉徴収）（所20%）	
1回の支払配当の金額が、10万円×配当計算期間/12以下のもの		確定申告不要（20%の源泉徴収）（所20%）

（注1）同族会社が発行した社債の利子でその同族会社の役員等が支払を受けるものは、総合課税の対象となる。
（注2）「上場株式等の配当（大口以外）」とは、その株式等の保有割合が発行済株式又は出資の総数又は総額の3％未満である各人が支払を受ける配当をいう。
（注3）【25年度改正】軽減税率の特例措置期限については、適用期限（平成25年12月31日）の到来をもって廃止。

⑭　**株式等の譲渡所得等に対する課税及び金融所得の損益通算**

　個人の株式等に係る譲渡所得等に対する課税については、平成元年4月より、原則非課税から原則課税に改められ、申告分離課税方式と源泉分離課税方式の2方式により課税されていましたが、平成15年分より、原則として、申告分離課税方式に一本化されました。

　個人の株式等に係る譲渡所得等（その収入金額から取得費や負債利子などを控除したもの）は、他の所得と区分され、原則20%（うち地方税5％）の税率により課税されます（申告分離課税）。

　また、納税者の事務負担を軽減するために、証券会社、銀行等の金融商品取引業者等が設定した特定口座を通じて行われる一定の上場株式等の譲渡については、その所得計算又は納税事務が代行されることにより、簡便な申告又は源泉徴収により納税手続が終了する特例が設けられています。

　これまで上場株式等に係る譲渡所得等については、平成15年分から10%（うち地方税3％）の軽減税率により課税されていましたが、平成26年分からは本則税率である20%（うち地方税5％）で課税されています。これに併せて、非課税口座内の少額上場株式等に係る配当所得及び譲渡所得等の非課税制度（NISA）が導入されています。

　また、個人投資家の株式投資リスクを軽減するため、上場株式等の譲渡所得、上場株式等の配当所得（申告分離課税を選択したものに限る）、特定公社債等の利子所得及び特定公社債等の譲渡所得の間で損益通算が可能になっています。

株式譲渡益課税等の沿革

年度	株式譲渡益課税	有価証券取引税
昭和28年度	・総合課税 （回数多、売買株大数大、事業譲渡類似の場合は総合課税）	・導入
平成元年度 （消費税導入）	・原則非課税 → 課税化 　次のいずれかの方式を選択（申告分離課税／源泉分離課税（みなし利益方式））	・税率引下げ
平成10年度	三【1株式等譲渡益課税 （注）有価証券取引税及び取引所税については、平成11年末までに金融システム改革の進展状況、市場の動向等を勘案して見直し、株式等譲渡益課税の適正化と併せて廃止する。	・税率引下げ
平成11年度	・申告分離課税への一本化 ── 一体として法改正 （源泉分離課税の廃止）	・廃止 ［税収2,600億円 ピーク時2兆円弱］
平成13年度 平成13年6月 平成13年11月	・一本化の2年間延期（13年4月→15年4月） ・1年超保有上場株式等に係る100万円特別控除制度の創設（※） ・申告分離課税への一本化前倒し（15年4月→15年1月） 　　［上場株式等　26%→20%（15年～） 　　　　　　　　20%→10%（15年～17年） 　　　　　　　　10%（15年～）　］（※）	
平成14年度 平成14年11月 平成15年度	・特定口座制度の見直し ・上場株式等（源泉徴収を選択した特定口座における源泉徴収方式等の改善（16年～） 　1年超保有上場株式等に係る譲渡益及び配当に係る税率の引下げ　20%→10%（15年～19年） 　1年超保有上場株式等に係る税率の引下げ（10%）の廃止 ・源泉徴収口座（源泉徴収を選択した特定口座）における源泉徴収方式等の改善（16年～）	
平成16年度	・特定口座の取扱範囲の拡大	
平成19年度 平成21年度	・上場株式等に係る優遇措置の1年延長（～20年） ・上場株式等の譲渡所得の減免（21・22年に限り年500万円以下の譲渡益との軽減税率の特例の創設（21年～）	
平成22年度 平成23年度	・上場株式等の優遇措置の延長（～23年） （平成20年度の特例措置の見直し）──21年から23年までに係る譲渡をした場合は、税率を一律10%とする	
平成25年度	・上場株式等の優遇措置の延長（～25年） ・非課税口座内の少額上場株式等に係る譲渡所得の非課税制度の創設（26年～）	
平成27年度	・非課税口座内の少額上場株式等並びに上場株式等に係る譲渡所得等の非課税措置並びに上場株式等に係る譲渡所得等の損益通算範囲の拡大（28年～） ・非課税口座内の少額上場株式等に係る譲渡所得の非課税投資額を120万円（現行：100万円）に引き上げ	
平成29年度	・未成年者口座内の少額上場株式等に係る配当所得及び譲渡所得の非課税措置の創設（30年～） ・非課税期間満了時等の上場株式等の移管に係る金額上限の撤廃	

（※）平成15年度税制改正において税制度の廃止された。

（注）個人住民税における取扱い。平成16年1月以降、源泉徴収口座における上場株式等について（申告不要）を導入（株式等譲渡所得割の創設）。
　　　原則申告分離課税。

上場株式等の譲渡益及び配当の課税について

	～20.12	21.1 ～ 25.12	26.1 ～
税　率	10%	[原則]　20% 　　　　　　　　　　　[軽減税率]　上場株式等の譲渡益　10% 　　　　　　　　　　　　　　　　　上場株式等の配当　　10%	20%
(源泉徴収税率)	10% (申告不要可)	10% (申告不要可)	20% (申告不要可)
損益通算	―	上場株式等の譲渡損と配当の損益通算 　21.1 ～　確定申告による対応 　22.1 ～　源泉徴収口座内における損益通算を可能に 　28.1 ～　公社債等の利子・譲渡損益と損益通算が可能に	

NISA制度（一般NISA）の概要

1. 非課税税対象	非課税口座内の少額上場株式等の配当、譲渡益
2. 非課税投資額	非課税管理勘定の設定年に、次の金額の合計額で120万円（平成27年分以前は100万円）を上限（未使用枠は翌年以降繰越不可）。 ①その年中の新規投資額 ②その口座の他の2年分の非課税管理勘定から移管する上場株式等の時価 (注) 非課税期間終了時に移管する上場株式等については、上限（120万円）を超える移管が可能。
3. 非課税投資総額	最大600万円（120万円×5年間）
4. 保有期間	最長5年間。途中売却は自由（売却部分の枠は再利用不可）
5. 開設者	居住者等（その年1月1日において満20歳※以上である者）
6. 口座開設期間	平成26年（2014年）から令和5年（2023年）までの10年間

※【令和元年度改正】口座の開設をすることができる年齢要件を18歳以上に引下げ（令和5年（2023年）1月1日以後に開設する非課税口座から適用）。

<非課税措置のイメージ（現行）>

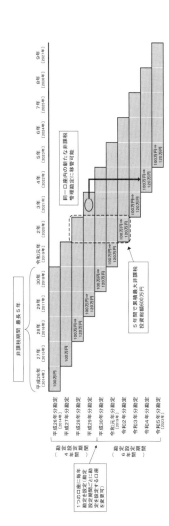

⒂ **エンジェル税制**　投資リスクの高い、創業期のベンチャー企業に対する個人投資家による資金供給を支援する観点から、一定の株式会社が発行する一定の株式（特定株式）について特例措置（いわゆるエンジェル税制）が講じられています。

エンジェル税制は、平成9年度税制改正において創設されて以降、数次にわたる制度改正を経て、現在の制度概要は、以下のとおりとなっています。

〔出資段階の優遇措置〕

①　起業期のベンチャー企業（特定新規中小会社）が発行した株式を取得した場合の課税の特例〔平成20年度税制改正により創設〕

特定新規中小会社に投資した場合、その投資額について1,000万円を限度として、寄附金控除の適用があります（銘柄ごとに②と選択適用）。なお、取得した株式の取得価額は、その取得額からこの控除した額を差し引いた額となります。

②　ベンチャー企業（特定中小会社）が発行した株式の取得に要した金額の控除等

特定中小会社に投資した場合、その投資額をその年分の株式等に係る譲渡所得等の金額から控除できます。なお、取得した株式の取得価額は、その取得額からこの控除した額を差し引いた額となります。

〔出資後の優遇措置〕

③　特定中小会社が発行した株式に係る譲渡損失の繰越控除等

上場等の日の前日までの期間内に特定株式の譲渡等をしたことにより生じた損失の金額のうち、控除しきれない金額については、一定の要件の下で、翌年以後3年内の繰越控除が認められます。

エンジェル税制の概要

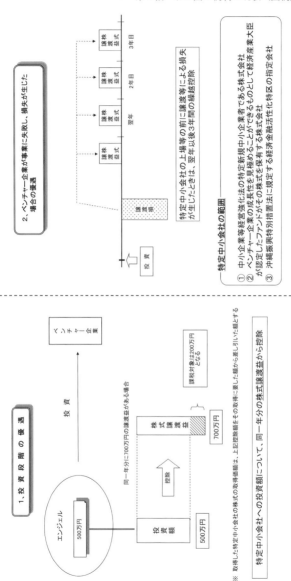

2、ベンチャー企業が事業に失敗し、損失が生じた場合の優遇

特定中小会社の上場等の前に譲渡等による損失が生じたときは、翌年以後3年間の繰越控除

特定中小会社の範囲

① 中小企業等経営強化法の特定新規中小企業である株式会社
② ベンチャー企業の成長を見極めることができるものとして経済産業大臣が認定したファンドがその株式を保有する株式会社
③ 沖縄振興特別措置法に規定する経済金融活性化特区の指定会社

1、投資段階の優遇

エンジェル　500万円

投資

ベンチャー企業

同一年分に700万円の譲渡益がある場合

投資額　500万円

控除

株式譲渡益　700万円

課税対象は200万円となる

※ 取得した特定中小会社の株式の取得価額は、上記控除額をその取得に要した額から差し引いた額とする

特定中小会社への投資額について、同一年分の株式譲渡益から控除

(16)　**事業所得等に対する課税**　　事業所得や不動産所得の所得金額は、総収入金額から必要経費（売上原価、販売費、一般管理費等）の額を控除して計算することとされています。所得金額の計算に当たっては、租税特別措置法等にて、種々の特例が設けられていますが、特に必要経費においては、引当金、準備金、減価償却などの特例が設けられています。こうした特例については法人税の場合とほぼ同様ですので、法人税に関する項（3 (10)(11)）を参照して下さい。

　また、医業又は歯科医業を営む者の社会保険診療報酬に係る所得の計算については、選択により、社会保険診療報酬の収入金額に応じて、右頁の表に掲げる率で計算した額を必要経費の額とすることができる特例措置（社会保険診療報酬の所得計算の特例）が設けられています。

　事業所得者や不動産所得者が、青色申告を行い、一定の要件に該当する場合には、事業所得や不動産所得の計算上、青色申告特別控除（65万円又は10万円）が適用されます（(20)参照）。

　このほか、事業所得や不動産所得の計算上生じた損失は、一定の順序により、他の黒字の各種所得から控除することができます（損益通算）。さらに、青色申告者で、損益通算をしてもなお控除しきれない損失（純損失の金額）が生じた場合には、純損失の金額を翌年以後3年間にわたって繰越控除することができます。

社会保険診療報酬に係る概算経費率

収　　入　　金　　額		概算経費率
		％
	2,500万円以下の部分	72
2,500万円超	3,000　〃	70
3,000　〃	4,000　〃　　〃	62
4,000　〃	5,000　〃　　〃	57

(注)　社会保険診療報酬の収入金額が5,000万円を超える
　　者及び、その年の医業、歯科医業に係る収入金額が
　　7,000万円を超える者（後者について個人は平成26年
　　分以後の所得税、法人は平成25年4月1日以後に開始
　　する事業年度について適用）は、この特例の適用を受
　　けることができない。

青色申告控除とみなし法人課税制度の沿革

適　用　年	青色申告控除
昭和47年	（創　設）　　10万円
〜	

みなし法人関係	適　用　年
青色事業主特別経費準備金制度の創設	昭和46年
制度廃止	昭和47年
みなし法人課税制度創設	昭和48年
事業主報酬額の適正化	昭和62年9月
制度廃止	平成4年

青　色　申　告　特　別　控　除		
〔右記以外の者〕	〔事業所得又は不動産所得（事業的規模）に係る取引を正規の簿記の原則に従い記録している者〕	〔簡易な簿記の方法により記録している者〕（貸借対照表を添付）
		〈経過措置〉
（創　設）　10万円	35万円	35万円
	（10年度改正）45万円	（10年度改正）45万円
	（12年度改正）55万円	
	（16年度改正）65万円	（16年度改正）17年分以降廃止

適用年：平成5年　〜　平成10年　〜　平成12年　〜　平成17年　〜

(17) **住宅ローン減税制度**　持ち家取得の促進等の観点から、マイホームの取得等をし、自己の居住の用に供した場合、一定の要件の下で、その取得等に係る住宅ローン等の年末残高の一定割合が各年分の所得税額から控除されます。また、所得税の住宅ローン控除可能額のうち所得税から控除しきれなかった額が一定の範囲内で個人住民税から控除されます。

　また、累次の税制改正によって次の通り複数の特例措置が設けられています。詳細は右の図表をご参照ください。

〔認定住宅の特例〕

　住宅の質の向上の観点から、長期優良住宅や低炭素住宅として認定された住宅の新築等を行った場合、その新築等に係る住宅ローン等の年末残高の一定割合が所得税額から控除されます。

〔バリアフリー改修促進税制〕

　住宅のバリアフリー改修を促進する観点から、自己の所有する居住用家屋について特定のバリアフリー改修工事を含む増改築等を行った場合、当該増改築等に係る住宅ローン等の年末残高の一定割合が所得税額から控除されます。

〔省エネ改修促進税制〕

　住宅の省エネ改修を促進する観点から、自己の所有する居住用家屋について一定の省エネ改修工事を含む増改築等を行った場合、当該増改築等に係る住宅ローン等の年末残高の一定割合が所得税額から控除されます。

〔三世代同居に対応した住宅リフォームに係る特例〕

　世代間の助け合いによる子育てを支援する観点から、自己の所有する家屋について三世代同居対応改修工事を行った場合、三世代同居対応改修工事を含む増改築等工事に係る住宅ローンの年末残高の一定割合が所得税額から控除されます。

〔耐久性向上改修税制〕

　既存住宅流通・リフォーム市場の活性化に向けて、耐久性等に優れた良質な住宅ストックの形成を促進する観点から、自己の所有する居住用家屋について省エネ改修工事と併せて耐久性向上改修工事を含む増改築等を行った場合、当該増改築等に係る住宅ローン等の年末残高の一定割合が所得税額から控除されます。

住宅ローン減税制度の概要

項目	制度の概要					
	一般	【認定住宅の特例】（認定長期優良住宅・認定低炭素住宅）	バリアフリー改修促進税制	省エネ改修促進税制	三世代同居対応改修税制	耐久性向上改修税制
1 控除対象借入金等の範囲	次の借入金等（償還期間10年以上）の年末残高 (1) 住宅の取得・取得 (2) 住宅の取得とともにする敷地の取得 (3) 一定の増改築等	次の借入金等（償還期間10年以上）の取得 (1) 認定住宅の新築 (2) 認定住宅の取得とともにする敷地の取得	バリアフリー改修工事を含む増改築等・取得（償還期間5年以上、死亡時一括（償還期間5年以上））の年末残高	省エネ改修工事等を含む増改築等・取得（償還期間5年以上、死亡時一括（償還期間5年以上））の年末残高	三世代同居対応改修工事を含む増改築等（償還期間5年以上）の年末残高	耐久性向上改修工事を含む増改築等（償還期間5年以上）の年末残高
2 対象住宅等	（主として居住の用に供する。） (1) 住宅の新築 　① 認定住宅以外 　② 床面積50㎡以上 (2) 新築住宅の取得 　① 認定住宅以外 　② 床面積50㎡以上 (3) 既存住宅の取得 　床面積50㎡以上 (4) 増改築等 　床面積50㎡以上	（主として居住の用に供する。） (1) 住宅の新築 　① 認定住宅 　② 床面積50㎡以上 (2) 新築住宅の取得 　① 認定住宅 　② 床面積50㎡以上	（主として居住の用に供する。） バリアフリー改修工事を含む増改築等 　床面積50㎡以上	（主として居住の用に供する。） 省エネ改修工事等を含む増改築等 　床面積50㎡以上	（主として居住の用に供する。） 三世代同居対応改修工事を含む増改築等 　床面積50㎡以上	（主として居住の用に供する。） 耐久性向上改修工事を含む増改築等 　床面積50㎡以上
3 適用居住年（税制創設）	平成25年（2013年）〜令和3年（2021年）12月居住分		平成25年（2013年）〜令和3年（2021年）4月〜令和3年（2021年）12月居住分	平成28年（2016年）〜令和3年（2021年）12月居住分	平成28年（2016年）4月〜令和3年（2021年）12月居住分	平成29年（2017年）4月〜令和3年（2021年）12月居住分

4 控除率（税制創設）

居住年	借入金等の年末残高の限度額	控除率	各年の控除限度額	控除期間	最大控除額
平成26年（2014年）4月〜令和元年9月・令和3年12月（2021年）	4,000万円（5,000万円）	1.0%	40万円（50万円）	10年間	400万円（500万円）
【令和元年改正】令和元年10月〜令和2年（2020年）12月	4,000万円（5,000万円）	1.0%	〈1〜10年目〉40万円（50万円） 〈11〜13年目〉※ただし、11〜13年目は建物購入価格の2/3%を限度（注3）26.66万円（33.33万円）	13年間	480万円（600万円）
※	2,000万円（3,000万円）	1.0%	20万円（30万円）	10年間	200万円（300万円）

居住年	増改築等の年末残高限度額 特定増改築限度額（※）		控除率	各年の控除限度額	控除期間	最大控除額
平成26年（2014年）4月〜令和3年（2021年）12月	1,000万円	250万円	1.0% 2.0%	12.5万円 5万円	5年間	62.5万円 25万円
※	1,000万円	200万円	1.0% 2.0%	12万円 4万円	5年間	60万円 20万円

(注1) 住宅の対価又は費用の額に含まれる消費税等の税率が8％又は10％である場合の金額となる。
(注2) 住宅の対価又は費用の額に含まれる消費税等の税率が8％である場合の金額であり、8％の場合は平成26年4月〜令和3年12月（2019年）、それ以外の場合は平成26年4月1日〜令和3年（2021年）12月とする。
(注3) 建物購入価格の限度額は、一般住宅の場合は4,000万円、認定住宅の場合は5,000万円。
(注4) （）内の数字は認定住宅の場合の金額。

(注1)・(注2) 増改築等の費用の額に含まれる消費税等の税率が8％又は10％である場合は250万円となる。（※）が特定の改修工事に係る工事費用に相当する金額（補助金等を控除した金額）となる。
(注2) 三世代同居対応改修工事・省エネ改修工事・耐久性向上改修工事を含む増改築等については2.0%の控除率となる。

5 所得要件	合計所得金額 3,000万円以下
6 適用期間	令和3年（2021年）12月31日
7 他制度との調整	居住用財産の買換え等の場合の譲渡損失の繰越控除制度との併用可 ・住宅特定改修特別税額控除及び認定住宅新築等特別税額控除と選択

⒅ **源泉徴収による所得税**　　所得税は一定の課税期間内に稼得された所得を課税対象としているので、課税期間（1暦年）が終了しなければ課税対象となる所得は確定せず、したがって、所得税の納税義務は課税期間の終了の時に成立するものとされています。これが所得税の納税義務の成立に関する原則ですが、源泉徴収に係る特定の所得についてはその支払の時に一定の所得税を徴収して国に納付する義務が成立するものとされています。すなわち、特定の所得については、その所得の発生の段階で、その支払源泉で所得の支払をする者（源泉徴収義務者）が所得税を徴収し、それを国に納付するという方式がとられています。これは、主として徴税の確実性と納税者の煩雑な納税手続を省くために設けられているものです。

　所得税を源泉徴収すべき支払は、利子、配当、給与、報酬、料金など特定されていますが、源泉徴収された所得税額については、原則として、その納税義務者がその年分の所得税につき確定申告をする際に精算すべきこととされています。ただし、給与所得についての源泉徴収には、前述したように「年末調整」の制度が取り入れられ、その年最後の給与を受ける段階で精算が行われることとされています。また、租税特別措置法の規定により分離課税とされている利子所得や一部の配当所得などについては、源泉徴収された所得税のみで最終的に納税額が確定し、確定申告は要しないこととされています（申告分離課税）。

　　（注）　法人についても、利子、配当の支払や金融類似商品の利息などの支払の際に所得税の源泉徴収が行われますが、ここで徴収された所得税は、法人税の計算上、所得税額の控除という形で調整されます。

源泉徴収税額の累年比較

区　分	源泉徴収税額	前　年　比	内 給与所得分	内 利子所得等分
年分	億円	％	億円	億円
61	134,978	107.9	96,832	20,409
62	134,481	99.6	95,651	18,691
63	135,479	100.7	93,122	19,653
平成元	153,645	113.4	98,277	24,756
2	191,831	124.9	112,819	48,916
3	209,501	109.2	128,179	54,057
4	200,633	95.8	137,190	38,003
5	200,993	100.2	140,232	34,777
6	184,238	91.7	120,561	38,533
7	171,093	92.9	114,871	30,782
8	163,061	95.3	118,368	17,735
9	171,626	105.3	131,539	13,224
10	144,339	84.1	107,832	10,949
11	142,928	99.0	103,194	9,250
12	164,733	115.3	101,762	31,616
13	170,840	103.7	101,371	39,863
14	140,844	82.4	97,035	12,580
15	130,609	92.7	94,239	8,373
16	135,398	103.7	98,172	7,612
17	153,109	113.1	101,328	6,151
18	164,273	107.3	113,625	4,838
19	150,181	91.4	98,702	6,325
20	144,320	96.1	97,273	8,195
21	125,926	87.3	86,269	6,620
22	124,032	98.5	85,013	5,482
23	128,477	103.6	90,064	4,679
24	129,430	100.7	89,801	4,318
25	146,260	113.0	93,530	4,391
26	164,070	112.2	97,811	4,807
27	178,243	108.6	101,736	4,302
28	167,218	93.8	103,921	3,479

（備考）「国税庁統計年報書」による。

（注）　ここで、利子所得等は、利子所得、割引債の償還差益、金融類似商品の収益
　　　等をいう。

⒆ **青色申告と白色申告**　　わが国の所得税制度では、納税者が自主的に所得金額を計算し、税務署長に申告納付する申告納税制度がとられていますが、不動産所得、事業所得又は山林所得を生ずる業務を営んでいる人で税務署長の承認を受けている場合には、青色申告をすることができます。それ以外の人は、白色申告をすることになります。

　青色申告者は、原則として、正規の簿記の原則に従い必要な帳簿に記録しなければならないこととされています。なお、前々年分の事業所得等の金額が300万円以下の人については、税務署長へ届け出ることにより、現金主義による記帳及び所得計算ができます。青色申告者については、青色事業専従者給与の必要経費算入や青色申告特別控除（65万円又は10万円）の適用など、所得計算上あるいは申告や納税の手続の上で様々な特典が適用されます。

　　（注）　「青色申告特別控除」は平成 5 年分から、従来の青色申告控除に
　　　　　代わって創設されました。現在、不動産所得又は事業所得を生ずる事
　　　　　業を営む青色申告者のうち、正規の簿記の原則により記帳し確定申告
　　　　　書に賃借対照表を添付した者には65万円、他の者には10万円の青色申
　　　　　告特別控除が適用されます。

　白色申告者についても、青色申告者と比べて右頁の表のような記帳・記録保存制度が設けられています。

　なお、平成30年度税制改正において、青色申告特別控除の控除額について見直しが行われ、取引を正規の簿記の原則に従って記録している者に係る青色申告特別控除の控除額を現行の65万円から55万円に引き下げられ、また、その年分の事業に係る一定の帳簿について電子帳簿保存法の定めるところにより電磁的記録の備付け及び保存を行っているか、もしくはその年分の所得税の確定申告書、貸借対照表及び損益計算書の提出を提出期限までに e-Tax を使用して行うこと、いずれかの要件を満たす場合は青色申告特別控除の控除額を65万円とすることとなりました（令和 2 年分以後の所得税について適用）。

青色申告者と白色申告者の記帳制度の対比

項目　　　　　区分	青 色 申 告 の 場 合	白 色 申 告 の 場 合
1. 記帳義務 (1) 対象者	青色申告者全員	前々年分又は前年分の事業所得等の金額が300万円を超える者（平成26年1月1日以降は白色申告者全員）
(2) 記帳方法	帳簿書類を備え、資産、負債及び資本に影響を及ぼす一切の取引を正規の簿記の原則に従い、記録しなければならない（原則）。ただし、財務大臣の定める簡易な記録の方法及び記載事項によることができる（簡易方式）。また、前々年分の事業所得等の金額が300万円以下の者については、税務署長へ届け出ることにより、現金主義による記帳及び所得計算ができる。	帳簿を備え、総収入金額及び必要経費に関する事項を簡易な方式によりもさらに簡易な方法により、記録しなければならない。
2. 記録保存 (1) 対象者	青色申告者全員	事業所得等で前々年分又は年分の確定申告書又は総収入金額計算書を提出した者及び決定を受けた者
(2) 保存期間	帳簿、決算関係書類　　　　　7年 現金取引等関係書類　　　　　7年（前々年分の事業所得等の金額が300万円以下の者は5年） その他の証ようする書類　　　5年	記録義務に基づき作成した帳簿　7年 その他の帳簿書類　　　　　　5年
(3) 保存方法の特例	電子計算機を使用して作成する帳簿書類については、COMによる保存ができる（平成10年7月1日施行）。6・7年目の保存については、一定の要件の下で、撮影タイプのマイクロフィルムによる保存ができる。追加された要件については、同タイプのマイクロフィル、4・5年目の保存について、一定の記載事項をスキャナにより電子データによる保存ができる（スキャナ保存）。	帳簿書類の保存について、税務署長等の承認を受けたときは、一定の要件の下で、電子データ又は電子計算機出力マイクロフィルムにより、一定の保存ができる（一部の書類がである）（平成10年7月1日施行）。4・5年目の保存であって、税務署長の承認を受けたときは、一定の記載事項をスキャナにより電子データによる保存ができる（スキャナ保存）。
3. 確定申告書に添付 (1) 添付すべき書類	青色申告者全員	事業所得等の金額又は純損失の金額を計算した収支内訳書を提出する者
(2) 添付書類及び記載事項	貸借対照表、損益計算書その他の事業所得等の金額を記載した収支明細書の計算に関する事項を記載した明細書の添付、貸借金額の計算に関する事項を記載した帳簿の添付。ただし、簡易方式により帳簿をしている場合には、貸借対照表の添付は必要としない。	総収入金額及び必要経費の内容を記載した収支内訳書
4. 総収入金額報告書 (1) 提出義務者	事業所得等に係る総収入金額が3,000万円を超える者（確定申告書を提出した者を除く。）	総収入金額に係る総収入金額計算書を提出する者
(2) 記載事項	事業所得等に係る総収入金額の合計額その他政令で定める事項	

（注）住民税においては、事業所得等で前々年又は前年中又は前年の所得等について所得割の対象者とされ、また、市町村長が課税徴収に必要と認めるものについて収支内訳書を添付させることができる。

⑳　**申告・納付**　　その年分の所得金額の合計額が所得控除の合計額を超える場合で、その超える額に対する税額が、配当控除額と年末調整の住宅借入金等特別控除額の合計額を超える人は、原則として、その年の翌年2月16日から3月15日までの間に所轄の税務署長に対して確定申告書を提出しなければなりません。死亡した人や出国した人については、その各々について別の申告期限が設けられています。

　サラリーマンについても、給与の収入金額が2,000万円を超える人や1カ所から給与を受けている人で給与所得及び退職所得以外の所得が20万円を超える人などについては確定申告書を提出する必要があります。また、雑損控除や医療費控除などの適用により税金の還付を受けるためにも確定申告が必要です。

　確定申告により確定した所得税額については、申告期限である3月15日までに納めなければなりません。ただ、その額の2分の1以上を納付期限である3月15日までに納付し、確定申告書にその額及び残額を記載して提出すれば、その残額について5月31日まで納付を延期することができます。この場合には、利子税がかかります。

　なお、所得税では予定納税の制度がとられています。これは、確定申告をして税金を納めている人で前年の税額が一定額以上の人に税務署長が通知して、その年の税金を予め納付してもらうという制度です。予定納税は年2回行いますが、1回目は7月1日から31日まで、2回目は11月1日から30日までが納付期限となっています。

　申告や納付の期限については、災害などがあった場合には延長される場合もあります。

所得税の納税者数の推移

(単位：万人)

区　分	源泉分（給与）	申告分	申告分の内訳		
			営業等	農　業	その他
平成13年度	4,323	708	194	13	500
14	4,239	687	183	13	491
15	4,161	693	178	15	500
16	4,171	744	181	14	549
17	4,257	829	183	14	633
18	4,321	823	176	14	633
19	4,291	777	166	13	597
20	4,212	752	166		586
21	4,249	718	147		570
22	4,250	702	143		559
23	4,358	607	154		453
24	4,454	609	160		450
25	4,465	623	161		461
26	4,547	613	163		449
27	4,545	633	170		462
28	4,600	638	174		464
29	4,655	641	170		471
30	4,734	652	174		478
令和元	4,777	656	174		482

（備考）　「租税及び印紙収入予算の説明」による。

国税収入に占める源泉所得税・申告所得税の割合の推移

区分	国税収入	構成比	所得税	構成比	源泉分	構成比	申告分	構成比
年度	億円	％	億円	％	億円	％	億円	％
昭和30	9,363	100.0	2,787	29.8	2,141	22.9	646	6.9
40	32,785	100.0	9,704	29.6	7,122	21.7	2,581	7.9
50	145,043	100.0	54,823	37.8	39,663	27.3	15,160	10.5
60	391,502	100.0	154,350	39.4	122,495	31.3	31,855	8.1
平成10	511,977	100.0	169,961	33.2	137,658	26.9	32,304	6.3
11	492,139	100.0	154,468	31.4	126,186	25.6	28,282	5.7
12	527,209	100.0	187,889	35.6	158,785	30.1	29,104	5.5
13	499,684	100.0	178,065	35.6	150,301	30.1	27,764	5.6
14	458,442	100.0	148,122	32.3	122,492	26.7	25,631	5.6
15	438,566	100.0	139,146	30.7	113,926	25.1	25,220	5.6
16	481,029	100.0	146,705	30.5	121,846	25.3	24,859	5.2
17	522,905	100.0	155,859	29.8	129,558	24.8	26,301	5.0
18	541,169	100.0	140,541	26.0	114,943	21.2	25,598	4.7
19	526,558	100.0	160,800	30.5	129,285	24.6	31,515	6.0
20	458,309	100.0	149,851	32.7	121,612	26.5	28,239	6.2
21	402,433	100.0	129,139	32.1	104,995	26.1	24,144	6.0
22	437,074	100.0	129,844	29.7	106,770	24.4	23,073	5.3
23	451,754	100.0	134,762	29.8	110,108	24.4	24,654	5.4
24	470,492	100.0	139,925	29.7	114,725	24.4	25,200	5.4
25	512,274	100.0	155,308	30.3	127,592	24.9	27,717	5.4
26	578,492	100.0	167,902	29.0	140,267	24.2	27,635	4.8
27	599,694	100.0	178,071	29.7	147,732	24.6	30,340	5.1
28	589,563	100.0	176,111	29.9	144,860	24.6	31,251	5.3
29	623,803	100.0	188,816	30.3	156,271	25.1	32,544	5.2
30	638,003	100.0	194,750	30.5	161,800	25.4	32,950	5.2
令和元	664,213	100.0	199,340	30.0	166,100	25.0	33,240	5.0

（備考）　平成29年度以前は決算額、平成30年度は補正後予算額、令和元年度は当初
　　　　予算額である。

（注）　　四捨五入の関係で合計等が一致しないところがある。

⑵1 所得税の計算例

給与所得者がその他の所得を有する場合

〈設　例〉
- 給与の収入金額　　　　　　　　　1,000万円（源泉徴収税額　71万円）
- 原稿料収入　　　　　　　　　　　　50万円（源泉徴収税額5.11万円）
- 定期預金の利子　　　　　　　　　　30万円（源泉徴収税額4.59万円）
- 医療費の支払額（保険金等での補てん分なし）　　　　　　45万円
- 社会保険料（給与からの控除額）　　　　　　　　　　　45.7万円
- 旧生命保険料の支払額　　　　　　　　　　　　　　　　　6万円
- 地震等相当部分の保険料等（１年契約）の支払額　　　　　0.3万円
- 家族の状況
　　妻（無職）、長女（学生、17歳）、長男（小学生）

　　　　　　　　　　　　　　　　　　　　　　　　（給与所得控除）
- 給与所得の金額　　　　　　　　　　1,000万円 － 220万円 ＝ 780万円
- 雑所得の金額（必要経費を10万円と仮定）　50万円 － 10万円 ＝ 40万円
- 総所得金額　　　　　　　　　　　780万円 ＋ 40万円 ＝ 820万円
　（利子所得30万円は分離課税のため総所得金額には算入されない）
- 所得控除額
　　医療費控除　　　　　　　　　　　　45万円 － 10万円 ＝ 35万円
　　社会保険料控除　　　　　　　　　　　　　　　　　　45.7万円
　　生命保険料控除　　（６万円 － ５万円）× 0.25 ＋ 37,500円 ＝ 4万円
　　地震保険料控除　　　　　　　　　　　　　　　　　　0.3万円

　　　　　　　　　　　　　　（配偶者控除）（扶養控除）（基礎控除）
　　人的控除　　　　　　　　　38万円 ＋　38万円 ＋ 38万円 ＝ 114万円
　　　　　　　　　　　　　　　　　　　　　　　　　　　計199万円

- 課税総所得金額　　　　　　　　　820万円 － 199万円 ＝ 621万円

　　　　　　　　　　　　　　　　（速算表を適用）
- 申告による所得税額　　　　（621万円 × 20％）－ 42.75万円 ＝ 81.45万円
- 復興特別所得税額　　　　　　　　81.45万円 × 2.1％ ≒ 1.71万円
- 納付する税額　　　81.45万円 ＋ 1.71万円 －（71万円 ＋ 5.11万円）＝ 7.05万円
- (注) 1．結局、この例では、申告による所得税額及び復興特別所得税額の83.16万円と
　　　　源泉分離課税の利子所得に係る所得税額及び復興特別所得税額4.59万円との
　　　　合計額87.75万円が年間に納めた所得税額及び復興特別所得税額となります。
　　　　なお、給与所得に係る年末調整は考慮されていません。
　　　2．平成30年分の計算例

事業所得者（青色申告者）の場合

〈設　例〉
- 事業所得の収入金額（鉄工所経営）　　　　　　　　　　　　1,500万円
- 事業所得の必要経費（専従者給与を除く）　　　　　　　　　1,000万円
- 不動産所得の収入金額（アパート経営）　　　　　　　　　　 200万円
- 不動産所得の必要経費　　　　　　　　　　　　　　　　　　 70万円
- 土地（先祖代々のもの）の譲渡収入金額　　　　　　　　　　7,000万円
- 国民健康保険の保険料　　　　　　　　　　　　　　　　　　 26万円
- 国民年金の保険料　　　　　　　　　　　　　　　　　　　　 10万円
- 旧生命保険料の支払額　　　　　　　　　　　　　　　　　　 12万円
- 家族の状況
　　妻（専従者……専従者給与額96万円）
　　長男（中学生）、次男（小学生）

- 事業所得の金額　　　　　　　　　　1,500万円 − 1,000万円 − 96万円 = 404万円
　　　　　　　　　　　　　　　　　　　　　　　　　　（青色申告特別控除）
- 不動産所得の金額　　　　　　　200万円 − 70万円 − 65万円 = 65万円
- 総所得金額　　　　　　　　　　　　　　　404万円 + 65万円 = 469万円
　　　　　　　　　　　　　　　　　　　　　　　　　　　（概算取得費）
- 土地に係る譲渡所得の金額（分離課税）　7,000万円 − 7,000万円 × 5% = 6,650万円
- 所得控除額
　　社会保険料控除　　　　　　　　　　　　　　26万円 + 10万円 = 36万円
　　生命保険料控除（10万円超なので最高限度額）　　　　　　　　5万円
　　　　　　　　　　　　　　　　　　　　　　　　　　　（基礎控除）
　　人的控除　　　　　　　　　　　　　　　　　　　　　　　　38万円
　　　　　　　　　　　　　　　　　　　　　　　　　　　計79万円
- 課税総所得金額　　　　　　　　　　　　　　469万円 − 79万円 = 390万円
- 課税長期譲渡所得金額　　　　　　　　　　　　　　　　　　6,650万円
- 所得税額　　　　　　　　　　　　　　　　（速算表を適用）
　　総所得金額に係る部分　　　　　（390万円 × 20% − 42.75万円） = 35.25万円
　　土地の譲渡に係る部分　　　　　　　　　6,650万円 × 15% = 997.5万円
- 復興特別所得税額　　　　　（35.25万円 + 997.5万円）× 2.1% ≒ 21.69万円
- 税額　　　　35.25万円 + 997.5万円 + 21.69万円 = 1,054.44万円
　　（注）　平成30年分の計算例

平成30年分　所得税の税額表〔求める税額 = Ⓐ × Ⓑ − Ⓒ〕

Ⓐ　課税される所得金額	Ⓑ　税　率	Ⓒ　控　除　額
1,949,000円以下	5%	0円
1,950,000円を超え　3,299,000円以下	10%	97,500円
3,300,000円を超え　6,949,000円以下	20%	427,500円
6,950,000円を超え　8,999,000円以下	23%	636,000円
9,000,000円を超え　17,999,000円以下	33%	1,536,000円
18,000,000円を超え　39,999,000円以下	40%	2,796,000円
40,000,000円超	45%	4,796,000円

（注）　1. 1,000円未満は切り捨て。
　　　　2. 変動所得や臨時所得に対する平均課税の適用を受ける場合の調整所得に対する税額もこの表で求める。
　　　　3. 別途、所得税額の2.1%が復興特別所得税として課税される。

⑿　**税務手続の電子化等**　　わが国では、政府全体として「e-Japan 重点計画2002」（平成14年6月18日高度情報通信ネットワーク社会推進戦略本部（IT 戦略本部）決定）等により、コンピュータやインターネットの活用による多様かつ質の高い公共サービスの提供を通じた国民生活の全般的な質の向上を図るため、電子政府の実現に向けた施策を推進しています。

　具体的には、電子政府実現の一環として、書面を用いて行われる申告、納税及び申請・届出等について、納税者利便の向上を図る観点から、インターネット等を利用した手続が可能となるよう e-Tax（国税電子申告・納税システム）が導入され、利用範囲も拡大されてきました。

　その際、e-Tax においては、電子証明書等の認証技術や申告等データの暗号化によって、データの改ざん等を防止するなど、セキュリティの確保が図られています。

　電子申告の利用率については、平成29年度において、所得税54.5％、法人税80.0％となっており、年々上昇しています。

　また、手続の電子化については、e-Tax を通じたダイレクト納付や、インターネットバンキングやクレジットカードによる納付など納税手続の多様化も図られているほか、電子帳簿保存制度や、領収証や請求書といった証拠書類のスキャナー保存制度も設けられています。

　なお、平成30年度税制改正において、官民あわせたコストの削減や企業の生産性向上を推進する観点から、申告データを円滑に電子提出できるよう環境整備を進めつつ、まずは大法人について、電子申告の義務化を図ることとなりました（令和2年4月1日以後開始する事業年度について適用）。また、源泉徴収義務者（雇用者）の事務負担を軽減し、給与所得者（被用者）の利便性を向上させる観点から、書面で源泉徴収義務者に提出がされている生命保険料控除、地震保険料控除及び住宅ローン控除に係る年末調整関係書類について、電磁的方法による提供を可能とすることとなりました（令和2年10月1日以後に提出する上記の書類について適用）。

税務手続の電子化促進措置

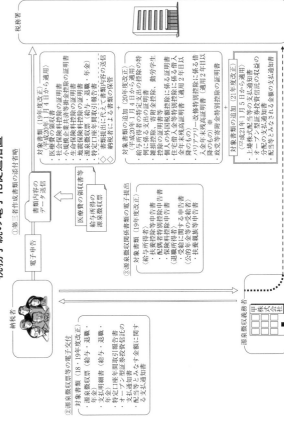

① 第三者作成書類の添付省略

税務署

納税者

電子申告

書類（内容の
データ）送信

医療費の領収書等
給与所得の
源泉徴収票

対象書類（19年度改正）
（平成20年1月4日から適用）
・医療費の領収書
・社会保険料控除等の証明書
・小規模企業共済等掛金控除の証明書
・生命保険料控除の証明書
・地震保険料控除の証明書
・源泉徴収票（給与・退職・年金）
・特定口座年間取引報告書
◇　書類提出に代え書類内容の送信
　　納税者による書類の保存

対象書類の追加（20年度改正）
（平成20年1月4日から適用）
・給与所得者の特定支出控除の特
　例に係る支出の証明書、勤労学生
　控除の証明書
・雑損控除、寄附金控除
・個人の外国税額控除に係る証明書
・住宅借入金等特別控除に係る借入
　金年末残高証明書（適用2年目以
　降のもの）
・バリアフリー改修特別控除に係る借
　入金年末残高証明書（適用2年目以
　降のもの）　※
・政党等寄附金特別控除の証明書

対象書類の追加（21年度改正）
（平成21年1月5日から適用）
・上場株式等の支払通知書
・オープン型証券投資信託の収益の
　分配の支払通知書
・配当等とみなされる金額の支払通知書

③ 源泉徴収関係書類の電子提出

源泉徴収義務者
株式会社

対象書類（19年度改正）
〈給与所得者〉
・扶養控除等申告書
・配偶者特別控除申告書
・保険料控除申告書
〈退職所得者〉
・退職所得の受給者
〈公的年金等の受給者〉
・扶養親族等申告書

② 源泉徴収票等の電子交付

対象書類（18・19年度改正）
・源泉徴収票（給与・退職・
　年金）
・支払明細書（給与・退職・
　年金）
・特定口座年間取引報告書
・オープン型証券投資信託の
　支払通知書
・配当等とみなす金額に関す
　る支払通知書

※平成20年度改正において追加された省エネ改修特別控除に係る借入金年末残高証明書（適用2年目以降のもの）と同様①の措置
の対象となる。

⒇　**所得金額調整控除**　　平成30年度税制改正において、給与所得控除額が頭打ちとなる給与収入の現行の1,000万円超から850万円超への引下げや、給与所得控除や公的年金等控除から基礎控除へ一部振替が行われるとともに、それに伴う負担調整として所得金額調整控除が設けられました。この控除の主な概要は次の二つです。

　一つ目は、給与収入が850万円を超える場合の給与所得控除額を195万円の引き下げに合わせて、子育てや介護に対して配慮する観点から、その年の給与収入が850万円を超える居住者で、特別障害者に該当するもの又は年齢23歳未満の扶養親族を有するもの若しくは特別障害者である同一生計配偶者若しくは扶養親族を有するものの総所得金額を計算する場合には、給与収入（1,000万円を超える場合には、1,000万円）から850万円を控除した金額の10％に相当する金額を、その年分の給与所得の金額から控除することとなりました。

　二つ目は、給与所得と年金の両方を有する者について、給与所得控除と公的年金等控除の両方の減額が生じないように手当てするために、給与所得控除後の給与等の金額及び公的年金等に係る雑所得の金額の合計額が10万円を超えるものの総所得金額を計算する場合には、給与所得控除後の給与等の金額（給与所得控除後の給与等の金額が10万円を超える場合には10万円）及び公的年金等に係る雑所得の金額（公的年金等に係る雑所得の金額が10万円を超える場合には10万円）の合計額から10万円を控除した残額を、その年分の給与所得の金額から控除することとなりました。

　上記の改正は、いずれも令和2年分以後の所得税について適用するものとなります。

子ども・特別障害者である扶養親族等を有する者等の所得金額調整控除

○　給与所得控除について、控除額が頭打ちとなる給与収入を850万円超に引き下げることに伴い、下記の対象者に負担増が生じないように手当てするため所得金額調整控除を措置。
1. 適用対象者：・23歳未満の扶養親族を有する居住者
　　　　　　　　・本人が特別障害者である居住者
　　　　　　　　・特別障害者である同一生計配偶者又は扶養親族を有する居住者
2. 控除額：　　［給与収入（1,000万円を上限）－850万円］× 10%【最大15万円】
3. 控除方法：　総所得金額の計算上、「給与所得の金額」から控除

［令和2年（2020年）分以後の所得税について適用］

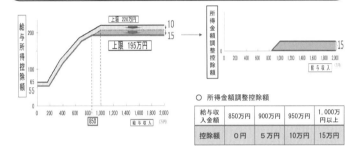

○　所得金額調整控除額

給与収入金額	850万円	900万円	950万円	1,000万円以上
控除額	0円	5万円	10万円	15万円

給与所得と年金所得の双方を有する者に対する所得金額調整控除

○　給与所得と年金所得の双方を有する者について、給与所得控除と公的年金等控除の両方の減額が生じないように手当てするために所得金額調整控除を措置。
1. 適用対象者：給与所得と年金所得の双方を有する居住者で、これらの合計額が10万円を超えるもの
2. 控除額：　　給与所得（10万円を限度）＋年金所得（10万円を限度）－10万円【最大10万円】
3. 控除方法：　総所得金額の計算上、「給与所得の金額」から控除

［令和2年（2020年）分以後の所得税について適用］

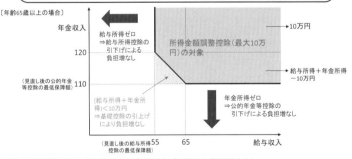

（注）年齢65歳未満の場合は、上記「120万円」は「70万円」と、「110万円」は「60万円」となる。

3 法人税

(1) **法人税制度**　法人税とは、法人の企業活動により得られる所得に対して課される税です。この法人には様々な形態のものがありますが、法人税法では内国法人と外国法人とに分けて納税義務を定めています。内国法人とは、国内に本店又は主たる事務所を有する法人のことで、外国法人とはそれ以外の法人のことをいいます。内国法人は、所得の源泉が国内にあるか国外にあるかを問わず、そのすべてについて納税義務を負いますが、外国法人は国内に源泉のある所得についてのみ納税義務を負います（第5編6参照）。内国法人とされるものには、普通法人、公共法人、公益法人等、協同組合等、人格のない社団等があり、それぞれの法人の性格に応じ法人税の課税所得の範囲が定められています。

普通法人とは、株式会社（特例有限会社を含む）、合名会社、合資会社、合同会社、相互会社等で、すべての所得に対して課税されます。

公共法人とは、地方公共団体、公社、公庫、国立大学法人等で、法人税は課税されません。

公益法人等とは、一般財団法人・一般社団法人（非営利型法人に該当するもの）、社会医療法人、学校法人、公益社団法人・公益財団法人、社会福祉法人、宗教法人等で、基本的に収益事業から生じた所得に限り課税されます（(9)参照）。なお、特定非営利活動法人（いわゆるNPO法人）は、法人税法その他法人税に関する法令の規定の適用については、公益法人等とみなされます。

協同組合等とは、農協、漁協等で、すべての所得に対して課税されます。

人格のない社団等は、法人税法上、法人とみなされ、収益事業から生じた所得に限り課税されます。

法人の種類別の法人数及び所得金額

区　分		申告法人数	所　得　金　額			
			利　益		欠　損	
			事業年度数	金　額	事業年度数	金　額
内国法人	普通法人 会　社　等	社 2,662,762	899,782	百万円 53,041,450	1,783,539	百万円 12,133,612
	うち特定目的会社	985	604	1,993	664	77,407
	企　業　組　合	1,417	462	3,428	969	1,257
	医　療　法　人	52,639	26,436	770,774	26,469	273,941
	小　　　　　計	2,716,818	926,680	53,815,652	1,810,977	12,408,810
	人格のない社団等	20,016	12,745	19,037	7,306	11,659
	協同組合等 農業協同組合及び同連合会	2,981	1,933	594,158	1,082	17,729
	消費生活協同組合及び同連合会	611	319	137,055	293	3,664
	中小企業等協同組合（企業組合を除く）	13,773	7,863	68,495	5,988	15,148
	漁業生産組合、漁業協同組合及び同連合会	1,909	910	15,489	1,001	5,148
	森林組合及び同連合会	2,874	1,308	8,533	1,597	1,831
	そ　　の　　他	21,104	12,359	566,842	8,853	61,684
	小　　　　　計	43,252	24,692	1,390,572	18,814	105,203
	公　益　法　人　等	53,690	22,952	233,518	30,880	195,095
外　　国　　法　　人		5,353	2,995	636,714	2,441	59,577
小　　　　計		2,839,129	990,064	56,095,494	1,870,418	12,780,345
連　　結　　法　　人		1,741	1,167	14,138,538	593	910,448
合　　　　計		2,840,870	991,231	70,234,032	1,871,011	13,690,792

（備考）　1.　この表は、平成29年4月1日から平成30年3月31日までの間に事業年度が終了した法人のうち、平成30年7月31日までに申告のあった法人の申告事績及び平成29年7月1日から平成30年6月30日までの間に処理を行った法人の処理事績を集計したものである。
　　　　　2.　「申告法人数」については、確定申告のあった事業年度数を法人単位に集約した件数を示した。なお、連結申告を行った法人は、1グループを1社として集計している。
　　　　　3.　「所得金額」の金額は、申告に係る事績のほか処理に係る事績（更正・再更正及び決定による所得の増減額）を含んでいる。
（資料）　平成29年度版「国税庁統計年報」

(2) **法人と株主の負担調整・法人税の転嫁と帰着**　　法人は株主
とは別個の独立した主体として経済活動を営む一方で、得られた利
益は配当され株主に帰属するという二面性を有しています。このよ
うな実態から、法人税の性質及び課税根拠については、法人は株主
の集合体と見る「法人擬制説」と、法人は株主とは独立した存在と
見る「法人実在説」の二つの考え方があります。法人段階で利益に
課される税（法人税）と、株主段階で配当所得に課される税（所得
税・法人税）について、前者の考え方によれば負担の調整が必要と
され、後者の考え方によれば何ら調整を要しないということになり
ます。わが国の税制では、個人株主については配当控除（税額控
除）、法人株主については受取配当の益金不算入制度を採用し、税
負担の一部を調整することとされていますが、諸外国でもその取扱
いは様々（第6編5(4)右頁参照）であり、上述したいずれか一方の考
え方によって現代の法人税を説明することは難しくなっています。

　また、法人税は税の転嫁と帰着（第1編11参照）についても様々
な議論があります。法人税の転嫁の度合いは、生産する財・サービ
スの需給関係、資本や労働などの生産要素の組合せをいかに早く変
更できるかなどの様々な点に左右されます。短期的に見ると、消費
者や労働者よりも、主として企業とその株主に帰着し、また、法人
税は利益に対する課税であり、企業の生産量には影響を与えないも
のとも考えられています。しかし、現実の市場や企業行動を踏まえ
ると、法人税の負担は、企業の価格設定や賃金・利潤の分配、さら
には生産活動にも影響を与えており、こうしたことから、法人（あ
るいは株主）のみならず労働者や消費者などにも帰着しているもの
と考えられています。

現行法人税の負担調整に関する仕組み

区　　　　分		制　度　の　概　要
法人段階	──	法人段階での調整は行わない。
個人株主段階	配　当　控　除　制　度	受取配当の10％（配当所得を上積みとし、配当所得以外の所得と合計し、課税総所得金額が1,000万円を超える場合、その超える部分の金額については５％）の税額控除が認められる（総合課税を選択する場合に限る）。
法人間配当	受取配当益金不算入制度	完全子法人株式等に係る配当等の額については、全額益金不算入とされる。 　関連法人株式等（株式保有割合が１／３超のもの）に係る配当等の額については、配当等の額から関連法人株式等に係る負債利子(注)の額を控除した残額が益金不算入とされる。 　非支配目的株式等（株式保有割合が５％以下のもの）に係る配当等の額については、配当等の額の20％が益金不算入とされる。 　その他の株式等（株式保有割合が５％超１／３以下のもの）に係る配当等の額については、配当等の額の50％が益金不算入とされる。

（注）　負債利子とは、その株式等の取得に要した借入金等の利子のことをいう。

(3) **所得計算**　法人の各事業年度の所得金額は、その事業年度の益金の額から損金の額を控除した金額とされています。

ここでいう益金の額とは、商品や製品などの棚卸資産等の販売による売上収入、土地や建物等の固定資産の譲渡による収入、請負その他役務の提供による収入、預金や貸付金の利子収入などのように企業会計でいう決算利益を計算する上での収益に当たるものです。

なお、法人税法においては、無償による資産の譲渡又は役務の提供などによる収益の額についても、益金の額に算入することとされています。これは、いったん譲渡による収益が実現し、同時にそれが贈与されたものとみるべきであるという考え方に基づくものです。

また、損金の額とは、その事業年度の収益に対応する売上原価、完成工事原価、販売費、一般管理費、災害等による損失などの、決算利益を計算する上での費用や損失に当たるものです。

税法と会社法・企業会計原則は、企業の所得あるいは利益を計算するという点で共通するところがありますが、これらは、それぞれ固有の目的と機能を持っており、企業会計の決算利益と税法上の課税所得が一致するとは限りません。これは、企業の会計には、財産・持分をめぐる株主や債権者などの利害関係者の間の利害を調整する機能と、関係者に企業の財政状態と経営成績を開示するという情報を提供する機能の二つの機能があるのに対し、税法は、税負担の公平や税制の経済に対する中立性を確保することなどを基本的な考え方としており、適正な課税を実現するため、国と納税者の関係を律しているものであるためです。

したがって、企業会計による決算利益をもとに益金不算入、益金算入、損金不算入及び損金算入の税務調整を行うことにより、税法上の所得金額を計算することになります。

法人税法上の所得と決算利益の関係

	内　　容	項　　目
益金不算入	決算利益では、収益とされているが、税法上は益金の額に算入されないもの	・受取配当等の益金不算入 ・資産の評価益の益金不算入 ・還付金等の益金不算入
益金算入	決算利益では、収益とされていないが、税法上は益金の額に算入されるもの	・法人税額から控除する外国子会社の外国税額の益金算入 ・内国法人に係る特定外国子会社等の留保金額の益金算入
損金不算入	決算利益では、費用とされているが、税法上は損金の額に算入されないもの	・減価償却超過額の損金不算入 ・資産の評価損の損金不算入 ・特定の役員給与、過大な使用人給与等の損金不算入 ・寄附金の損金不算入 ・交際費等の損金不算入 ・不正行為等に係る費用等の損金不算入 ・法人税額等の損金不算入 ・海外親会社等へ支払う過大な利子の損金不算入
損金算入	決算利益では、費用とされていないが、税法上は損金の額に算入されるもの	・各種の特別償却の損金算入 　　　（償却限度額の増額） ・圧縮記帳による圧縮額の損金算入 ・繰越欠損金の損金算入 ・特定の基金に対する負担金等の損金算入 ・各種準備金の損金算入 ・協同組合等の事業分量配当等の損金算入 ・収用換地等の場合の所得の特別控除など

⑷ **税　率**　　法人税の税率は、普通法人又は人格のない社団等については23.2％（資本金1億円以下の普通法人又は人格のない社団等の所得の金額のうち年800万円以下の金額については15％）、公益法人等については法人の区分等に応じて19％又は23.2％（年800万円以下の金額については15％）、協同組合等については19％（年800万円以下の金額については15％）とされています。

法人税の税率は、国の税収の確保を目的として所得税等の他の税とのバランスを図りながら、その時々における財政事情や経済情勢等を反映して決定されています。基本税率は、昭和59年度には43.3％でしたが、国際競争力の向上や法人課税を成長志向型の構造に変えるなどの観点から、累次の改正により引き下げられ、平成30年度以降は23.2％となっています。

このほかに、同族会社の留保金額に対する特別の税率と、土地の譲渡がある場合の特別の税率の規定があります（⑻及び5参照）。

また、法人税のほか、国税としての地方法人税、地方税としての法人住民税と事業税がありますが、これらのすべてを合計した場合の法人の税負担の割合を法人実効税率と呼びます。平成30年度以降の法人実効税率は29.74％です。

　　（注）　国・地方合わせた法人実効税率の計算方法
　　　　　（事業税込所得を100とした場合）
　　　① 事業税引後所得　　　100 ÷（1＋0.036）　＝ 96.525…
　　　② 法人税額　　　　　　96.525…　×　23.2 ％　＝ 22.393…
　　　③ 道府県民税額　　　　22.393…　×　 1.0 ％　＝　0.223…
　　　④ 市町村民税額　　　　22.393…　×　 6.0 ％　＝　1.343…
　　　⑤ 地方法人税額　　　　22.393…　×　10.3 ％　＝　2.306…
　　　⑥ 事業税額　　　　　　96.525…　×　 3.6 ％　＝　3.474…
　　　　国・地方合わせた法人実効税率（②～⑥計）　　　　　29.742…
　　国・地方合わせた法人実効税率は、法人事業税が損金算入されることを調整した上で②～⑥の税率を合計したものであり、上記の数値は外形標準課税の対象となる資本金1億円超の法人の場合です（令和元年10月1日以降に開始する各事業年度の数値）。

法　人　税　率

区　分		昭和63年度(抜本改正前)	平成2年度(抜本改正後)	平成10年度(法人税制改革後)	平成11年度(改正後)	平成21年度(改正後)	平成22年度(改正後)	平成24年度(改正後)	平成27年度(改正後)	平成28年度(改正後)	平成29年度(改正後)	平成30年度(改正後)	令和元年度(改正後)
普通法人	留保分	42	37.5	34.5	30	30	30	25.5	23.9	23.4	23.4	23.2	23.2
	配当分	32											
法人の軽減税率所得800万円(以下の部分)	留保分	30	28	25	22	18	18(注1)	15(注1)	15(注1)	15(注1)	15(注1)	15(注1)	15(注1)
	配当分	24											
協同組合等	留保分	27	27	25	22	22(注2)	22(注2)	19(注2)	19(注2)	19(注2)	19(注2)	19(注2)	19(注2)
	配当分	22											
公益法人等特定医療法人		27	27	25	22	22又は30(注2)	22又は30(注2)	19又は25.5(注2)	19又は23.9(注2)	19又は23.4(注2)	19又は23.4(注2)	19又は23.2(注2)	19又は23.2(注2)

（注1）　資本金の額等が5億円以上である法人等との間にその法人等による完全支配関係があるもの等を除く。
（注2）　年所得800万円までは15％。

適用事業年度	普通法人の法人税率				
	基　本　税　率		軽　減　税　率		
	留保分	配当分	所得区分	留保分	配当分
昭25. 4以降終了	35%		──	──	
27. 1〃	42		──	──	
30. 7〃	40				
30. 10〃	〃		年50万円以下	35%	
32. 4〃	〃		年100万円以下	〃	
33. 4〃	38		年200万円以下	33	
36. 4〃	38	28		33	24
39. 4〃	〃	26	年300万円以下	〃	22
40. 4〃	37	〃	〃	31	〃
41. 1以降開始	35	〃	年300万円以下(資本金1億円以下の法人のみ)	28	〃
45. 5以降終了	36.75	〃	(〃)	〃	〃
49. 5〃	40	28	年600万円以下(〃)	〃	〃
50. 5〃	〃	30	年700万円以下(〃)	〃	〃
56. 4〃	42	32	年800万円以下(〃)	30	24
59. 4〃	43.3	33.3	〃(〃)	31	25
62. 4〃	42	32	〃(〃)	30	24
平元. 4以降開始	40	35	〃(〃)	29	26
2. 4〃	37.5		〃(〃)	28	
10. 4〃	34.5		〃(〃)	25	
11. 4〃	30		〃(〃)	22	
21. 4以降終了	30		〃(〃)	18	
22. 4以降開始	30		年800万円以下(資本金1億円以下の法人のみ(資本金の額等が5億円以上である法人等との間にその法人等による完全支配関係があるもの等を除く。))	18	
24. 4以降開始	25.5		〃(〃)	15	
27. 4以降開始	23.9		〃(〃)	15	
28. 4以降開始	23.4		〃(〃)	15	
29. 4以降開始	23.4		〃(〃)	15	
30. 4以降開始	23.2		〃(〃)	15	

⑸ **連結納税制度**　　近年、わが国企業の経営環境が大きく変化する中で、連結を主体とする企業会計への移行、独占禁止法における持株会社の解禁、会社分割や株式交換についての商法改正等により、企業の柔軟な組織再編を可能とするための法制等の整備が進められてきました。これらを踏まえ、税制においても、平成14年度税制改正において連結納税制度が創設されました。

この制度は、実質的に一つの法人とみることができる企業グループを一つの納税単位として課税することにより、実態に即した適正な課税を行うことを可能にするほか、企業の組織再編をより柔軟に行うことを可能とし、わが国企業の国際競争力の強化と経済の構造改革に資することを目的として導入されたものです。

制度の適用は選択性で、親法人とその親法人が直接又は間接に100％の株式を保有するすべての子法人が対象となります。法人税の申告・納付は親法人が行い、子法人は連帯納付責任を負うこととなります。

連結法人税額については、連結グループ内の各法人の所得金額に所要の調整を行った連結所得金額に税率を乗じ、さらに必要な調整を行って計算されます。

その他、包括的な租税回避行為防止規定、質問検査権、罰則等について所要の規定が整備されています。

連結納税制度の概要

1　適用対象

○　親会社と、それが直接又は間接に100
％の株式を保有するすべての子会社
（外国法人を除く）

○　選択制（一旦選択した場合は、原則と
して継続適用）

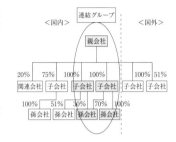

2　申告・納付

○　親会社が法人税の申告・納付（子会社
は連帯納付責任を負い、個別帰属額等を
提出）

3　所得、税額の計算

○　連結グループ内の各法人の所得金額に所要の調整を行った連結所得金額に税率
を乗じ、さらに必要な調整を行い連結税額を算出

○　税率は、23.2%

⑹ **資本に関係する取引等に係る税制の整備**　企業グループを対象とした法制度や会計制度が定着しつつある中、税制においても持株会社制のような法人の組織形態の多様化に対応するとともに、課税の中立性や公平性等を確保する観点から、グループ法人の一体的運営が進展している状況や、資本に関係する取引についての実態を踏まえて、100％グループ内の法人間の取引、大法人の100％子法人の範囲とその中小企業向け特例措置の適用、繰越欠損金に関する取り扱い、連結納税制度の整備、清算所得課税、組織再編税制など、多岐にわたって見直しが進められています。

資本に関係する取引等に係る税制の見直しの主な事項

① 100％グループ内の法人間の譲渡取引の損益の繰延べ

【改正の内容】
　資産のグループ内取引により生ずる譲渡損益については、その資産がグループ外に移転する等の時まで、計上を繰り延べる
　※　連結納税においては、既に同様の仕組みである連結法人間取引の損益調整制度が導入済

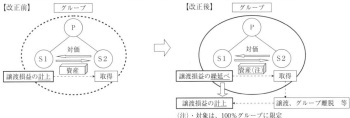

(注)・対象は、100％グループに限定
　　・棚卸資産、帳簿価額1,000万円未満の資産等は対象外

② 大法人の100％子法人に対する中小企業向け特例措置の適用の見直し

【改正の内容】
　大法人の100％子法人である中小法人は、それ以外の中小法人と資金調達能力など経営実態が異なることから、中小企業向け特例措置（資本金の額が1億円以下の法人に係る次の制度）については、資本金の額が5億円以上の法人又は相互会社等の100％子法人には適用しない
（中小企業向け特例措置）
・軽減税率　　　　　　　　　　　　　・特定同族会社の特別税率の不適用
・貸倒引当金の法定繰入率　　　　　　・交際費等の損金不算入制度における定額控除制度
・欠損金の繰戻しによる還付制度

③ 連結子法人の連結開始前欠損金の持込制限の見直し

【改正の内容】
　連結納税の開始・加入に伴う資産の時価評価制度の適用対象外となる連結子法人のその開始・加入前に生じた欠損金額を、その個別所得金額を限度として、連結納税制度の下での繰越控除の対象に追加

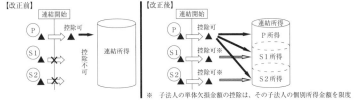

　※　子法人の単体欠損金額の控除は、その子法人の個別所得金額を限度

（7）　**企業組織再編税制**　　平成13年度税制改正において、改正商法（平成13年4月施行）による会社分割法制の創設にあわせ、合併、分割、現物出資、事後設立を中心として、企業組織再編成全般にわたる抜本的な見直しが行われました。この見直しに当たっては、企業組織再編成により資産の移転を行った場合、その取引の実態に合った課税を行うとともに、企業組織再編成全体を通じてバランスのとれた税制を整備することなどが考慮されました。具体的には、組織再編成により資産を移転する法人に係る移転資産の譲渡損益の繰延べや組織再編成を行う法人の株主に係る株式の譲渡損益の繰延べ等の措置が講じられるとともに、引当金等の引継ぎについても組織再編成の形態に応じた所要の措置が講じられています。

平成19年度税制改正では、会社法における合併等対価の柔軟化（平成19年5月施行）により親会社の株式を交付する合併（三角合併）が可能となったことから、組織再編税制においても合併対価の要件を緩和し、100％親法人の株式のみを交付する場合について譲渡損益の繰延べが可能となりました。なお、その他の適格要件については、現行の組織再編税制の枠組みに沿って、合併等における当事者間（合併法人等と被合併法人等）で判定されます。

また、従来、組織再編成を租税回避の手段として乱用されることを防止する組織再編成に関する包括的な租税回避防止規定が設けられていましたが、新たに可能となる三角合併を利用した国際的な租税回避を防止するための措置も設けられました。

こうした企業組織再編成に係る税制の整備により、課税要件等が従前に比べて一層詳細に規定され、より透明性の高い税制の構築が図られています。これは、近時、企業活動が多様化・複雑化している中で、税制に求められる納税者の税負担に係る予見可能性と法的安定性の確保に資するものといえます。

会社分割・合併等の企業組織再編に係る税制上の措置

1. 組織再編成の当事者である法人の課税の取扱い

✓ 資産が移転する際にはその移転資産の譲渡損益に課税するのが原則。

✓ 組織再編成（合併、分割、現物出資、現物分配）についても同様。

　ただし、組織再編成により資産を移転する前後で経済実態に実質的な変更が少ない、すなわち「移転資産に対する支配が再編成後も継続している」と認められる場合は移転資産の譲渡損益の計上を繰り延べ、との考え方に基づき、次の組織再編成で、対価として合併法人等の株式のみの交付（※）をするものについては、適格組織再編成として課税繰延べ、非適格の組織再編成には時価評価課税。

　※　合併、分割及び株式交換については、合併法人、分割承継法人又は株式交換完全親法人の100％親法人の株式の交付を含む。

　※　持株割合3分の2以上の関係法人間の合併又は株式交換については、対価の制限なし。

　※　無対価の組織再編成についても、一定の場合には課税繰延べ。

適格要件	企業グループ内の組織再編成	共同事業を行うための組織再編成	独立して事業を行うための分割・株式分配（スピンオフ）
	○ 100％関係法人間で行う組織再編成 ・[100％関係の継続] ・50％超関係の法人間で行う組織再編成 ① 50％超関係の継続 ② 主要な資産・負債の移転 ③ 移転事業従業者の概ね80％が移転 [株式移転] ④ [先事業に従事]（株式交換等・株式移転の場合は完全子法人の従業者の継続従事） ⑤ 移転事業の継続（株式交換等・株式移転の場合は完全子法人の事業の継続）	① 事業の関連性があること ② （ィ事業規模（売上、従業員、資本金等）が概ね5倍以内　又は ロ特定役員への就任（株式交換・株式移転の場合は完全子法人の特定役員の継続） ③ [左の①～④] ④ 支配株主（分社型分割・現物出資法人）による対価株式の継続保有 ⑤ 関係継続（株式交換・株式移転のみ）	① 他の者による支配関係がないことの継続 ② 特定役員への就任（株式分配の場合は完全子法人の特定役員の継続） ③ 主要な資産・負債の移転 ④ 移転事業従業者の概ね80％が移転（株式分配の場合は完全子法人の従業者の継続従事） ⑤ 移転事業の継続（株式分配の場合は完全子法人の事業の継続）

2. 株主の課税の取扱い

✓ 株主が、合併法人等の株式のみの交付（※）を受けた場合は、旧株の譲渡損益課税を繰延べ。

　※　合併、分割及び株式交換については、合併法人、分割承継法人又は株式交換完全親法人の100％親法人の株式のみの交付を含む。

(8) **特定同族会社の留保金課税制度**　　特定同族会社の各事業年度の留保金額が留保控除額を超える場合には、その同族会社の各事業年度の所得に対する法人税の額は、通常課される各事業年度の所得に対する法人税額に加え、その超える部分の留保金額の区分に応じ、10～20％の累進税率による課税が行われます。これが特定同族会社の留保金課税制度といわれるもので、間接的に配当支払の誘因としての機能を果たしつつ、法人形態と個人形態における税負担の差を調整するために設けられています。

　一般的に、法人企業は受け入れた資本に対して利益が生じた場合には、利益に応じた分配が行われることを経済的に要請されており、適正な配当が行われることになりますが、会社と株主の意思決定が同一であるような同族会社においては、少数の特定の株主が思いのままに配当額を決定したり、自己の都合の良い時期に配当を行ったりすることが可能であるため、利益を内部留保する傾向が強くなっています。

　個人企業形態の場合には、利益を得た時期に所得税が課され、その所得金額に応じて超過累進税率が適用されて税額が算出されることになっていますから、同族会社の過大な内部留保をそのまま放置した場合には、個人企業形態との課税のバランスにおいて問題が生じます。そこで、特定同族会社において一定の限度額を超えて所得の留保を行ったときには、通常の法人税額のほかに特別の税率による税額が加算される制度がとられています。

　一方で、この制度は、同族会社の資本蓄積としての内部留保に対して抑制的であり、大企業に比べ、資金調達面での制約の強い中小企業にとって、設備投資資金などを確保するための資本蓄積を阻害する要因となっているともいわれていました。そこで、平成19年度税制改正において、中小企業の資本蓄積を促進するため、資本金1億円以下の中小企業はこの制度の対象外となりました。

特定同族会社の留保金課税制度

【制度の概要】
○　適用対象　　：特定同族会社（1株主グループ（その同族関係者を含む）による持株割合等が50％を超える会社（資本金又は出資金の額が1億円以下の会社にあっては、資本金の額等が5億円以上である法人等との間にその法人等による完全支配関係があるものに限る））

○　制度の概要：課税留保金額に対し、次の税率により課税を行う。
　　課税留保金額＝所得－（配当＋法人税等）－留保控除

留保控除（以下最も多い額）
①　所得基準：所得等×40％
②　定額基準：2,000万円
③　積立金基準：資本金×25％－利益積立金

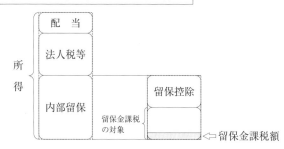

○　税率
　　課税留保金額3,000万円以下の部分…10％
　　　　〃　　　　1億円以下の部分……15％
　　　　〃　　　　1億円超の部分………20％

(9)　**公益法人等及び協同組合等に対する課税**　　公益法人等については、昭和24年のシャウプ勧告以来、公益性の高い事業の遂行を主目的とするその性格を踏まえつつ、一般法人や個人と競合する事業もあることから、各事業年度の所得のうち収益事業から生じた所得に対してのみ法人税が課税されていました。なお、ここでいう収益事業の範囲は、物品販売業、不動産販売業など法令に列挙されています（次頁参照）。

　公益法人等のうち社団法人及び財団法人については、主務官庁の許可主義の下、法人設立が簡便でない、公益性の判断基準が不明確であるなどの批判が見受けられたことを踏まえるとともに、民間非営利部門の活動を促進するため、平成18年度に改革が行われ、新しい公益法人制度が平成20年12月から施行されています。税制についても、民間が担う公益活動を推進する観点から、収益事業課税を基本としつつ、新たに認定される公益目的事業から生じる所得を非課税とするとともに、収益事業から公益目的事業の実施のために支出した金額については、全額損金算入の対象とされました。

　次に、協同組合等については、普通法人と同じように全所得に対して法人税が課税されます。しかし、協同組合等については適用する税率が低く定められており（19%）、また事業分量配当等の損金算入が認められています。

　事業分量配当等は、本来剰余金の分配であり損金ではないのですが、協同組合等は組合員のための共同販売、共同仕入れ等の協同事業を目的とすることから、組合員に対する事業分量配当等は一種の値引きや割戻しと考えるべきであり、損金の額に算入することとされているものです。

非営利法人に対する課税の取扱い

	公益社団法人 公益財団法人	学校法人 社会福祉法人 更生保護法人	その他の公益法人等（日本赤十字社等）	認定NPO法人 特例認定NPO法人	NPO法人	非営利型の一般社団法人 一般財団法人（注1）	一般社団法人 一般財団法人
課税対象	収益事業課税 ただし、公益目的事業に該当するものは、収益事業であっても非課税	収益事業課税	収益事業課税	収益事業課税	収益事業課税	収益事業課税	全所得課税
みなし寄附金損金算入限度額（注2）	次のいずれか多い金額 ①所得金額の50％ ②公益目的事業の実施に必要な金額	次のいずれか多い金額 ①所得金額の50％ ②年200万円	所得金額の20％	次のいずれか多い金額 ①所得金額の50％ ②年200万円 ※特例認定NPO法人には適用なし	なし	なし	なし
法人税率	23.2％（所得年800万円まで15％）	19％（所得年800万円まで15％）	19％（所得年800万円まで15％）	23.2％（所得年800万円まで15％）	23.2％（所得年800万円まで15％）	23.2％（所得年800万円まで15％）	23.2％（所得年800万円まで15％）
金融資産収益（注3） 法人税	収益事業から生じるもののみ課税	収益事業から生じるもののみ課税	収益事業から生じるもののみ課税	収益事業から生じるもののみ課税	収益事業から生じるもののみ課税	収益事業から生じるもののみ課税	課税
所得税（源泉徴収）	非課税（なし）	非課税（なし）	非課税（なし）	課税（あり）	課税（あり）	課税（あり）	課税（あり）
寄附者に対する寄附優遇	あり	あり	あり（一部の法人）	あり	なし	なし	なし

（注1）　非営利型の一般社団法人・一般財団法人：①非営利性が徹底された法人、②共益的活動を目的とする法人。
（注2）　「みなし寄附金」とは、収益事業に属する資産のうち収益事業以外の事業のために支出した金額がある場合には、その支出した金額を寄附金の額とみなして、寄附金の損金算入限度額の範囲内で損金算入を認めるもの。
（注3）　法人税の課税対象となる利子・配当等の金融資産収益については、所得税額控除又は所得税額の還付の規定の適用あり。

収益事業の範囲

収　益　事　業		
1．物品販売業	13．写　真　業	27．遊　技　所　業
2．不動産販売業	14．席　貸　業	28．遊　覧　所　業
3．金銭貸付業	15．旅　館　業	29．医療保健業
4．物品貸付業	16．料理店業その他の飲食店業	30．洋裁、和裁、着物着付、編物手芸、料理、理容、美容、茶道、生花、演劇、演芸、舞踊、デザイン（レタリングを含む）、自動車操縦又は一定の船舶操縦（技芸）の教授を行う事業又は入試、補習のための学力の教授若しくは公開模擬学力試験を行う事業
5．不動産貸付業	17．周　旋　業	
6．製　造　業	18．代　理　業	
（電気、ガス又は熱の供給業及び物品の加工修理業を含む）	19．仲　立　業	
	20．問　屋　業	
7．通　信　業	21．鉱　　　業	
8．運　送　業	22．土石採取業	31．駐　車　場　業
9．倉　庫　業	23．浴　場　業	32．信用保証業
10．請　負　業	24．理　容　業	33．無体財産権の提供等を行う事業
11．印　刷　業	25．美　容　業	34．労働者派遣業
12．出　版　業	26．興　行　業	

上記の収益事業のうち、その業務が法律の規定に基づいて行われる等特に公共・公益的な一定の事業は収益事業から除外しています。

（備考）　次に掲げる事業は、事業の種類を問わず収益事業から除外しています。
　　①　身体障害者及び生活保護者等が従業員の1／2以上を占め、かつ、その事業がこれらの者の生活の保護に寄与しているもの。
　　②　母子・父子福祉団体が行う事業で、母子福祉資金等の貸付期間内に行われるもの及び公共施設内において行われるもの。
　　③　保険契約者保護機構が、破綻保険会社の保険契約の引き受け及びその引き受けに係る保険契約の管理等の業務として行うもの。

⑽　**引当金・準備金**　　引当金の繰入れ、準備金の積立ては、将来において発生又は発生する見込みのある費用や損失のために行うもので、税法上、当期に損金算入を認めているものです。

引当金の繰入れは、適正な期間損益計算上、費用収益対応の立場から当期の費用として計上すべきもので、損金経理が前提とされ、準備金の積立ては、将来発生する可能性のある損失又は将来の投資や利益処分たる支出に対して備えておくためのもので、損金経理のほかに利益処分経理による計上も税法上の損金算入が認められます。

企業会計上は数多くの引当金が認められていますが、法人税法においては貸倒引当金のみが規定されており、資本金１億円以下の普通法人（資本金の額等が５億円以上である法人等との間にその法人等による完全支配関係があるもの等を除く。）、公益法人等及び協同組合等並びに銀行・保険会社等に限って損金算入を認めるなど、損金算入が認められている範囲は多くありません。

準備金の積立ては特定の政策目的のためで、租税特別措置法に規定されています。

積み立てられた引当金・準備金の取崩し方法は、その引当金・準備金ごとに個別に定められています。例えば、貸倒引当金などは翌期に全額を、海外投資等損失準備金などは翌期以降の一定の期間内に毎年均等額を取り崩し、益金の額に算入されます。

上記のような企業会計上と税法上の引当金・準備金の取扱いの違いは、企業会計においては、財政状態や経営成績の把握を目的としているために費用収益の対応を重視することにより将来の特定の費用や損失はできる限り見越し計上して引当金の設定を行うこととしているのに対し、税法においては、課税の公平の見地から会計慣行の確立しているもの等について限定的に法令に規定し、一定限度額までの範囲内で損金算入を認めていることによるものです。

引当金及び主な準備金の種類と内容

〔引 当 金〕

種　　　類	内　　　容
貸　倒　引　当　金	法人がその有する売掛金・貸付金その他これらに準ずる債権の貸倒れにより見込まれる損失のための引当金

〔主な準備金〕

種　　　類	内　　　容
特　別　修　繕　準　備　金	法人の有する資産で周期的に修繕を要し、かつ、その周期が相当の期間にわたると認められるものの特別な修繕に充てるための準備金
海 外 投 資 等 損 失 準 備 金	資源開発事業法人など一定の法人の株式等を取得した場合において、その株式等の価格の低落による損失に備えるための準備金

⑾　**減価償却制度**　　減価償却制度とは、建物、機械及び装置等の減価償却資産の取得価額をその使用される年数にわたって費用配分することをいいます。減価償却資産は、事業の用に供され、時の経過あるいは使用することによりその価値が減少していきます。そこで、適正な期間損益計算を行うためには、減価償却資産の取得価額が資産の種類に応じた費用配分の方法により各事業年度に配分されなければならず、そのために減価償却制度が設けられています。

　法人税法は、減価償却の計算の基礎となる取得価額の算定方法、償却方法、耐用年数などを詳細に規定しています。これは、減価償却が内部取引であるため、他の外部取引と異なり、法人の恣意に委ねると課税の公平が期せられないと考えられるからです。そこで法人が償却費として損金経理をした金額のうち法人税法で定める償却方法により計算した金額（償却限度額）の範囲内で損金の額に算入することとしています。

　近年、税制における国際的なイコールフッティングを確保し、投資の促進を図る観点から、減価償却制度の抜本的な見直しが行われています。その見直しの中で、従来定められていた減価償却をすることができる限度額（償却可能限度額）と耐用年数経過時に見込まれる処分価額（残存価額）が廃止されました。また、項目数の多い機械・装置を中心に資産区分を整理するとともに、使用実態を踏まえ、法定耐用年数が見直されています。さらに定率法の算定方法も、現在では200％定率法が採用されており、償却率についても国際的に遜色のない水準となっています（第6編6⑶右頁参照）。

　なお、設備等の取得促進といった特定の政策目的を実現するために、通常の減価償却額と比較して、取得時から短期間で多額の損金算入を認める特別償却などもあります。

減価償却資産の償却方法

区	分		償　却　方　法	法定償却方法
有形減価償却資産	一般資産	建物	定　　額　　法	
		建物附属設備 構築物 機械及び装置 船舶 航空機 車両及び運搬具 工具、器具及び備品	定　　額　　法 定　　率　　法 （注1）	定　　率　　法
	鉱業用資産	鉱業経営上直接必要で鉱業の廃止により著しくその価値を減ずる資産	定　　額　　法 定　　率　　法 生産高比例法 （注2）	生産高比例法
無形減価償却資産	一般資産	（物権的財産権） 漁業権、ダム使用権、水利権 （工業所有権） 特許権、実用新案権、意匠権、商標権 （利用権） 水道施設利用権、電気ガス供給施設利用権、公共施設等運営権等	定　　額　　法	
	鉱業用資産	鉱業権（租鉱権及び採石権その他土石を採掘し又は採取する権利を含む）	定　　額　　法 生産高比例法	生産高比例法
	営業権		5年間均等償却	
	ソフトウエア	複写して販売するための原本 その他のもの	3年間均等償却 5年間均等償却	
生物		（動物） 牛、馬、豚、綿羊、やぎ （果樹） かんきつ樹、りんご樹等 （果樹以外の植物） 茶樹、オリーブ樹等	定　　額　　法	

（注1）平成28年4月1日以後に取得した建物附属設備及び構築物については、定額法
（注2）平成28年4月1日以後に取得した建物、建物附属設備及び構築物については、定額法又は生産高比例法

⑿　**寄附金の損金不算入制度**　　法人が支出する寄附金について
は、特定の寄附金を除き、一定の限度額を超える部分の金額は、損
金の額に算入されないこととされています。これは、寄附金は本来
反対給付のない任意の財産の出捐であり、利益処分に近い性格を有
するものもあると考えられるためです。寄附金をすべて損金とみる
とすれば、寄附金相当額の課税所得が減少し、結果的に国が寄附金
の一部を補助するのと同じことになってしまいます。

　しかし、寄附金には事業活動の円滑化やある種の広報活動の必要
性、公益的な慈善事業等に対する寄附など、社会通念上必要と認め
るべきものもあることから、その損金性を全く否定することはでき
ません。そこで、国・地方公共団体に対する寄附金や公益性が高い
と指定される指定寄附金については限度額なしに全額損金算入され
るとともに、特定公益増進法人の主たる目的である業務に関する寄
附金や認定NPO法人の行う特定非営利活動に関する寄附金につい
ても、一般の寄附金とは異なる特例措置が設けられています（次頁
参照）。

　なお、平成29年度分の法人企業の寄附金の支出額は7,610億円で
すが、このうち指定寄附金等は1,106億円、特定公益増進法人等に
対する寄附金は1,005億円となっています。

寄附金に関する税制の概要

寄附金の区分		損金算入額
公益性の高い寄附金	国又は地方公共団体に対する寄附金 ・公立高校 ・公立図書館　など	支出額の全額を損金に算入する。
	指定寄附金 ・国宝の修復 ・オリンピックの開催 ・赤い羽根共同募金 ・私立学校の教育研究等 ・国立大学法人の教育研究等　など	
	特定公益増進法人に対する寄附金 ・独立行政法人、一定の地方独立行政法人、日本赤十字社など ・公益社団法人、公益財団法人 ・学校法人 ・社会福祉法人　など	下記の一般寄附金の損金算入枠を使用できるほか、次の額を限度として損金に算入する。 損金算入限度額＝（所得金額の6.25％＋資本金等の額の0.375％）×1／2
	認定NPO法人等の特定非営利活動に対する寄附金 ・特定非営利活動を行う法人（NPO法人）のうち一定の要件を満たすものとして所轄庁の認定又は特例認定を受けたもの	
一般の寄附金		次の額を限度として損金に算入する。 損金算入限度額＝（所得金額の2.5％＋資本金等の額の0.25％）×1／4

⒀　**租税特別措置**　　租税特別措置は、経済政策、社会政策その他の政策的理由に基づき、税負担の公平・中立・簡素という税制の基本理念の例外措置として設けられているものです。

　法人税法の特例は、わが国産業の競争力強化、中小企業等の投資の促進・経営基盤の強化などの政策目的により設けられており、これらの法人税に関する特別措置はその性質から大きく三つに分類することができます。

　第一は、法人税を軽減するもので、税額控除や所得控除によるものがあります。

　第二は、法人税の課税の繰延べを行うもので、普通償却額を超えて償却を行う特別償却によるもの、積立額の一定限度内の損金算入を認める準備金の形によるもの、資産の取得価額の圧縮を認めるいわゆる圧縮記帳の制度などがあります。

　第三は、課税の適正化を通じ増収効果をもつもので、交際費課税制度、移転価格税制及びタックス・ヘイブン対策税制などが挙げられます。

　第一と第二の類型に属する特別措置は、一定の条件に該当する行為に対するインセンティブとしての意味が付されていますが、個人・企業の自由な経済活動を尊重し、それらの経済活動に中立的な税制とすることが求められる経済社会の中で、特定の政策目的のために税制上の優遇措置という手段を用いることは極力回避されるべきであること、また、税制によって経済社会を誘導しようとすることにはおのずと限界があることから、その政策目的・効果や政策手段としての適正性を十分に吟味する必要があります。そこで、平成22年度税制改正において、租税特別措置の適用状況を透明化するとともに適切な見直しを推進し、国民が納得できる公平で透明な税制の確立に寄与する目的から、いわゆる「租特透明化法」（租税特別措置の適用状況の透明化等に関する法律）が制定されました。この法律により、租税特別措置の適用状況等を記載した報告書が会計年度ごとに作成され、翌年の通常国会に提出されることになっており、最初の報告書が平成25年の通常国会に提出されました。

租税特別措置の例

【法人税関係】
- ○試験研究を行った場合の法人税額の特別控除（研究開発税制）
- ○給与等の引上げ及び設備投資を行った場合の法人税額の特別控除
- ○退職年金等積立金に対する法人税の課税の停止
- ○中小企業者等が機械等を取得した場合の特別償却又は法人税額の特別控除（中小企業投資促進税制）
- ○中小企業者等の法人税率の特例
- ○交際費等の損金不算入

【所得税関係】
- ○住宅借入金等を有する場合の所得税額の特別控除（住宅ローン減税）
- ○確定申告を要しない配当所得
- ○公的年金等控除の最低控除額等の特例
- ○青色申告特別控除

【その他】
- ○石油化学製品の製造のため消費される揮発油の免税等（ナフサ免税）
- ○地価税の課税の停止
- ○自動車重量税の免税等（エコカー減税）
- ○小規模宅地等についての相続税の課税価格の計算の特例
- ○土地の売買による所有権の移転登記等の税率の軽減
- ○農地等についての相続税の納税猶予等及び特定貸付けを行った農地又は採草放牧地についての相続税の課税の特例
- ○直系尊属から住宅取得等資金の贈与を受けた場合の贈与税の非課税及び住宅取得等資金の贈与に係る相続時精算課税制度の特例
- ○引取りに係る石油製品の免税
- ○自動車重量税率の特例
- ○揮発油税及び地方揮発油税の税率の特例

「租税特別措置の適用状況の透明化等に関する法律（租特透明化法）」について（平成22年3月成立）

目的

　租税特別措置について、その適用状況の透明化を図るとともに、適宜、適切な見直しを推進し、もって国民が納得できる公平で透明性の高い税制の確立に寄与する。

対象とする租税特別措置

　租税特別措置法に規定する措置のうち、特定の行政目的の実現のために設けられたもの（政策税制措置）とする。

適用実態調査の実施等

(1)　法人税関係特別措置（減収効果のあるもの）の適用を受ける法人は、適用額明細書を法人税申告書に添付しなければならない（平成23年4月1日以後終了する事業年度の申告から適用）。
(2)　財務大臣は、法人税関係特別措置について、適用額明細書の記載事項を集計し、措置ごとの適用法人数、適用額の総額等を調査する（国税庁長官に委任）。
(3)　上記のほか、財務大臣は、租税特別措置の適用実態を調査する必要があるときは、税務署長に提出される調書等を利用できるほか、行政機関等に対し資料の提出及び説明を求めることができる。

報告書の作成と国会への提出等

(1)　財務大臣は、毎会計年度、租税特別措置の適用状況等を記載した報告書を作成。内閣は、これを国会に提出する（翌年1月に開会される国会の常会に提出することを常例とする）。
(2)　行政機関の長等は、政策評価を行うため、財務大臣に対し、適用実態調査により得られた情報の提供を求めることができる。

⒁　**交際費課税制度**　　法人が支出する交際費は、企業会計上は
その全額が費用とされますが、税法の上では租税特別措置法により
損金算入が制限されています。これが昭和29年に創設された、いわ
ゆる交際費課税制度です。

　創設当時、役員や従業員に対する給与が所得課税を免れるために
遊興費・交際費等の形で支給される傾向が生じ、また、役員・従業
員の私的関係者に対する会社の経費での接待や、事業関係者に対し
ても事業上の必要を超えた接待をする傾向があり、そのために企業
の資本蓄積が阻害されていました。このことから、仮装の給与等の
支給に対しては、これを給与所得として把握し所得課税の適正化を
図るとともに、交際費の濫費を抑制し、経済の発展に資するために
交際費課税制度が設けられました。

　創設当初の制度は、一定金額を超える部分の50％を損金不算入と
していましたが、その後、損金不算入割合も順次引き上げられ、大
法人（資本金が1億円を超える法人等）についてはその支出額の全
額、中小法人（資本金が1億円以下の法人）についてはその支出額
が800万円を超える部分はその全額が損金不算入とされていました。
しかし、平成26年度税制改正では、消費の拡大を通じた経済の活性
化を図る観点から、大法人・中小法人を問わず、飲食のための支出
（社内接待費を除く。）の50％が損金算入できることとなりました
（中小法人については、従来の定額控除（800万円）との選択制）。
また、1人当たり5,000円以下の一定の飲食費については、交際費
に該当せず、全額損金算入されることとされています。

　平成30年度税制改正では、この適用期限がさらに2年間（令和2
年3月31日まで）延長されました。

　なお、所得税法上は、個人事業者が事業を行うために支出する接
待・交際費は全額必要経費に算入することが認められています。

業種別交際費支出状況等

業　　　種	交際費等支出額（百万円）	損金不算入額（百万円）	損金不算入割合（％）	営業収入（百万円）	営業収入1,000円当たり交際費（円・銭）
農 林 水 産 業	18,779	1,204	6.4%	5,702,665	3.30
鉱　　　　　業	6,187	1,398	22.6%	4,189,730	1.48
建　　設　　業	743,268	112,595	15.1%	111,227,990	6.68
繊 維 工 業	9,800	1,759	17.9%	3,469,859	2.82
化 学 工 業	101,325	51,670	51.0%	51,338,120	1.97
鉄 鋼 金 属 工 業	85,439	22,662	26.5%	34,647,040	2.47
機 械 工 業	137,181	41,564	30.3%	92,008,635	1.49
食 料 品 製 造 業	64,770	27,028	41.7%	36,438,723	1.78
出 版 印 刷 業	46,733	14,460	30.9%	15,319,153	3.05
その他の製造業	97,920	22,715	23.2%	34,050,201	2.88
卸　　売　　業	417,386	126,090	30.2%	240,777,813	1.73
小　　売　　業	259,290	39,555	15.3%	139,086,370	1.86
料 理 飲 食 旅 館 業	103,406	12,270	11.9%	22,797,983	4.54
金 融 保 険 業	122,345	67,781	55.4%	81,829,931	1.50
不 動 産 業	253,466	42,156	16.6%	43,579,550	5.82
運 輸 通 信 公 益 事 業	181,892	61,262	33.7%	89,431,395	2.03
サ ー ビ ス 業	877,397	127,781	14.6%	189,515,507	4.63
連 結 法 人	283,808	235,431	83.0%	324,054,441	0.88
合　　　　計	3,810,413	1,009,381	26.5%	1,519,465,105	2.51

（資料）　平成29年度分「会社標本調査結果報告」（国税庁）

⒂ **圧縮記帳**　　圧縮記帳とは、一定の理由に基づき取得した資産について一定額までその帳簿価額を減額（圧縮記帳）し、その金額を損金の額に算入する制度です。

法人税法においては、国庫補助金や保険金などについて圧縮記帳が認められています。法人税法上、国庫補助金自体は益金とされますが、国庫補助金は特定の目的のために交付されるものであり、これに課税が行われるとすれば対応する税額分だけ補助金の額が削られるのと同様の結果となり、補助金の目的を実現することができなくなります。また、保険金についても火災などの災害により滅失又は損壊した資産の代替資産を取得するためのものであることから、保険差益（保険金と滅失直前の資産の帳簿価額の差額）に課税するとすれば従前の資産と同等の代替資産の取得が困難となります。

そこで、国庫補助金や保険金で取得した資産の一定額を圧縮し、その圧縮額を損金の額に算入して補助金、保険差益などの益金と相殺することにより、その段階では課税しないこととしているのです。

また、租税特別措置法において、特定の資産の買換えや収用等により取得した資産等について圧縮記帳を認めていますが、これは土地政策ないし国土政策のうえで積極的にプラスになる特定の土地等の買換えや収用等について圧縮記帳により課税の繰延べを認めているものです。

圧縮記帳を行った資産の帳簿価額は実際の取得価額ではなく圧縮記帳後の金額となることから、実際の取得価額を基礎とする場合に比べて、圧縮記帳による損金算入の額に対応する部分の金額だけ譲渡原価、減価償却費が少なくなります。つまり、圧縮記帳の制度は、課税を免除するものではなく課税を繰り延べるものなのです。

圧縮記帳の分類

区　　　分	法　人　税　法	租　税　特　別　措　置　法
補助金等を受けた場合の圧縮記帳	• 国庫補助金等で取得した固定資産 • 工事負担金で取得した固定資産 • 保険金等で取得した固定資産	• 賦課金で取得した試験研究用資産 • 転廃業助成金等で取得した固定資産
交換の場合の圧縮記帳	• 交換により取得した資産	• 換地処分等に伴い取得した資産 • 特定の資産の交換により取得した資産
有償譲渡の場合の圧縮記帳		• 収用等に伴い取得した代替資産 • 特定の資産の買換えにより取得した資産

── 圧 縮 記 帳 の 仕 組 み ──

国庫補助金等で取得した固定資産等の圧縮記帳

交付を受けた金額

益　金
（補助金）

取得金額

損　金
（圧縮損）

改訂取得価額(注)
（帳 簿 価 額）

国 庫 補 助 金　　　　　　　取 得 資 産

(注)　圧縮記帳により、帳簿価額がゼロとなる場合には、備忘価額として１円を付することになります。

(16) **申告・納付**　　法人は、事業年度の終了の日の翌日から2カ月以内に税務署長に対し、法人税の申告書（連結子法人は連結法人税の個別帰属額等を記載した書類）を提出しなければなりません。これを確定申告書といいますが、法人税の確定申告書は、所得税の確定申告書と違って、利益又は欠損のいずれであっても提出しなければなりません。

ただし、災害その他やむを得ない場合や会計監査のために決算が申告期限内に確定しないときは、一定期間の申告期限の延長が認められます。

また、事業年度が6カ月を超える法人は、事業年度開始の日以後6カ月分について、6カ月を経過した日から2カ月以内に中間申告書を提出しなければなりません。

中間申告には、①前事業年度の法人税額の実績額による方法（予定申告）と②仮決算による方法があります。原則的な方法は①予定申告であり、前事業年度の確定法人税額を前事業年度の月数で除し、これに6を乗じて計算した金額を申告・納付することになりますが、納付金額が10万円以下の場合は中間申告書を提出する必要はありません。なお、中間申告書を提出しなければならない法人がその中間申告書を提出期限までに提出しなかった場合、①予定申告があったものとみなされます。また、確定申告による中間納付額の還付金に付される還付加算金を利殖目的に利用する行為を防止する観点から、②仮決算による方法の場合、中間申告書に記載すべき法人税額が①予定申告の金額を超える場合、及び前年度基準額が10万円以下である場合には、仮決算による中間申告はできないこととされています。

中間申告書及び確定申告書を提出した法人はその申告書の提出期限までに申告書に記載された法人税額を納付しなければなりません。確定申告では、中間申告による納付がある場合、中間納付額を差し引いた税額を納付することになります。

法人税についても所得税と同様に青色申告制度があり、法人が帳簿を備えてその記録に基づき正確な所得の計算や税額を申告する場合には、各種の準備金、減価償却資産の特別償却、特別税額控除等の課税上の特例措置を受けることができるとされています。

法　人　数　の　内　訳

区　　分	青白区分		同非区分				組織区分				計
資本金階級	青色	白色	特定同族会社	同族会社	非同族会社	株式会社	合名会社	合資会社	合同会社	その他	
100万円以下	374,562	5,775	9	360,438	19,890	292,825	2,158	8,566	58,678	18,110	380,337
100万円超	62,052	672	4	60,216	2,504	51,317	499	2,447	6,140	2,321	62,724
200万円 〃	1,146,024	8,800	7	1,138,740	16,077	1,129,789	625	3,118	13,286	8,006	1,154,824
500万円 〃	722,638	3,881	5	700,849	25,665	700,957	359	1,449	3,924	19,830	726,519
1,000万円 〃	147,297	541	—	138,116	9,722	140,044	89	271	213	7,221	147,838
2,000万円 〃	149,530	508	1	138,429	11,608	141,614	64	225	221	7,914	150,038
5,000万円 〃	50,578	172	23	46,712	4,015	49,019	18	29	158	1,526	50,750
1億円 〃	12,581	59	3,821	6,788	2,031	11,914	—	—	108	618	12,640
5億円 〃	1,659	9	305	877	486	1,580	—	—	9	79	1,668
10億円 〃	3,100	10	291	1,779	1,040	2,849	1	1	5	254	3,110
50億円 〃	739	4	33	395	315	663	—	—	1	79	743
100億円 〃	1,038	1	32	471	536	899	—	3	2	135	1,039
計	2,671,798	20,432	4,531	2,593,810	93,889	2,523,470	3,813	16,109	82,745	66,093	2,692,230

（資料）平成29年度分「会社標本調査結果報告」（国税庁）

4 相続税・贈与税

⑴ **基本的仕組み**　　相続税は、相続、遺贈（遺言による贈与）又は死因贈与（贈与者の死亡により効力を生じる贈与）により財産を取得した者に対して、その財産の取得の時における時価を課税価格として課される税です。相続税を課税する根拠については、遺産課税方式を採るか遺産取得課税方式を採るかにより位置付けは若干異なりますが、基本的には、遺産の取得（無償の財産取得）に担税力を見出して課税するもので、所得の稼得に対して課される個人所得課税を補完するものと考えられます。その際、累進税率を適用することにより、富の再分配を図るという役割を果たしています。

　わが国の現行相続税制度は、相続人その他の者が取得した財産の価額を課税物件とする遺産取得課税方式を基礎としながらも、これに、被相続人の遺産額を課税物件とする遺産課税方式を加味したものとなっています。すなわち、相続税の総額を算定するに際しては、実際の遺産分割にかかわりなく、遺産総額及び法定相続人の数とその法定相続分という客観的基準によります。その上で、各人の納付税額の算定に当たっては、相続税の総額を実際の相続割合に応じて按分した算出税額から、配偶者の税額軽減など個人的事情を考慮した各種の税額控除等を行うこととされているのです。

　これに対し、個人から贈与（遺贈、死因贈与以外）により財産を取得した者に対しては、その取得財産の価額を課税価格として、贈与税（法人からの贈与は所得税）が課されます。贈与税は、相続課税の存在を前提に、生前贈与による相続課税の回避を防止するという意味で、相続課税を補完するという役割を果たしています。

相続税の仕組み

（相続人が配偶者＋子2人の場合）

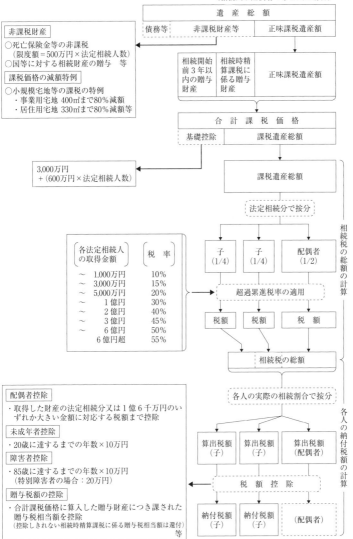

遺　産　総　額		
債務等	非課税財産等	正味課税遺産額

非課税財産
○死亡保険金等の非課税
　（限度額＝500万円×法定相続人数）
○国等に対する相続財産の贈与　等

課税価格の減額特例
○小規模宅地等の課税の特例
　・事業用宅地 400㎡まで80%減額
　・居住用宅地 330㎡まで80%減額等

相続開始前3年以内の贈与財産	相続時精算課税に係る贈与財産	正味課税遺産額

合　計　課　税　価　格	
基礎控除	課税遺産総額

3,000万円
＋（600万円×法定相続人数）

課税遺産総額

法定相続分で按分

各法定相続人の取得金額	税　率
〜　1,000万円	10%
〜　3,000万円	15%
〜　5,000万円	20%
〜　1億円	30%
〜　2億円	40%
〜　3億円	45%
〜　6億円	50%
6億円超	55%

子（1/4）　子（1/4）　配偶者（1/2）

超過累進税率の適用

税額　　税額　　税　額

相続税の総額

相続税の総額の計算

各人の実際の相続割合で按分

配偶者控除
・取得した財産の法定相続分又は1億6千万円のいずれか大きい金額に対応する税額まで控除

未成年者控除
・20歳に達するまでの年数×10万円

障害者控除
・85歳に達するまでの年数×10万円
　（特別障害者の場合：20万円）

贈与税額の控除
・合計課税価格に算入した贈与財産につき課された贈与税相当額を控除
　（控除しきれない相続時精算課税に係る贈与税相当額は還付）
　　等

算出税額（子）　算出税額（子）　算出税額（配偶者）

税　額　控　除

納付税額（子）　納付税額（子）　（配偶者）

各人の納付税額の計算

(2)　**基礎控除及び課税状況**　　相続税は、被相続人の遺産額が一定の金額に達しなければ課税されませんが、この金額が相続税の課税最低限たる遺産に係る基礎控除額で、3,000万円に法定相続人1人につき600万円を加算した金額とされています。

　相続税の基礎控除額は、昭和63年12月の抜本改革において、昭和50年以後の個人財産の増加及び地価の上昇、更には一般的な物価水準の上昇などが考慮され、定額控除が2,000万円から4,000万円に、法定相続人比例控除が400万円から800万円にそれぞれ引き上げられました。その後、土地の相続税評価の適正化（平成4年分から実施）に伴い、定額控除が4,800万円に法定相続人比例控除が950万円にそれぞれ引き上げられました。

　さらに、平成6年度税制改正により、制度の簡明化の観点等から定額控除が5,000万円に、法定相続人比例控除が1,000万円にそれぞれ引き上げられました。

　こうしたことなどによって、昭和62年には7.9％となっていた死亡者のうちに占める課税被相続人の割合は、平成20年では4.2％にまで低下していましたが、平成25年度税制改正により、資産再分配機能を回復し、格差の固定化を防止する観点から定額控除が3,000万円に、法定相続人比例控除が600万円に引き下げられています（平成27年1月1日以後の相続に適用）。

　贈与税の基礎控除額は、平成13年以降110万円とされています（(8)参照）。なお、平成15年度に創設された相続時精算課税制度の適用を受ける場合には、2,500万円の特別控除が適用されます。

基礎控除額の推移（暦年課税）

年	相　　　　　続　　　　　税	贈 与 税
昭和33年	150万円＋（30万円×法定相続人数）	20万円
昭和37年	200万円＋（50万円×法定相続人数）	
昭和39年	250万円＋（50万円×法定相続人数）	40万円
昭和41年	400万円＋（80万円×法定相続人数） 　＋配偶者控除最高額200万円	
昭和46年	400万円＋（80万円×法定相続人数） 　＋配偶者控除最高額400万円	
昭和48年	600万円＋（120万円×法定相続人数） 　＋配偶者控除最高額600万円	
昭和50年	2,000万円＋（400万円×法定相続人数）	60万円
昭和63年	4,000万円＋（800万円×法定相続人数）	
平成4年	4,800万円＋（950万円×法定相続人数）	
平成6年	5,000万円＋（1,000万円×法定相続人数）	
平成13年		110万円
平成27年	3,000万円＋（600万円×法定相続人数）	

課税状況の推移

年分	相　　　　　続　　　　　税					贈　　　与　　　税			
	死亡者数① 千 人	被相続人（課税分）② 千 人	課税価格 億円	相続税額 億円	②／① ％	課税件数 千件	財産価額 億円	贈与税額 億円	
昭和62	751	59	82,509	14,343	7.9	506	14,185	1,809	
平成8	896	48	140,774	19,376	5.4	512	14,586	1,335	
9	913	49	138,635	19,339	5.3	487	14,129	1,299	
10	936	50	132,468	16,826	5.3	455	13,010	1,166	
11	982	51	132,699	16,876	5.2	445	12,942	1,143	
12	962	48	123,409	15,213	5.0	415	11,974	955	
13	970	46	117,035	14,771	4.7	376	13,457	811	
14	982	44	106,397	12,863	4.5	361	12,685	692	
15	1,015	44	103,582	11,263	4.4	404	23,081	877	
16	1,029	43	98,618	10,651	4.2	404	23,101	966	
17	1,084	45	101,953	11,567	4.2	405	23,760	1,159	
18	1,084	45	104,056	12,234	4.2	370	20,288	1,183	
19	1,108	47	106,557	12,666	4.2	359	20,538	1,074	
20	1,142	48	107,482	12,517	4.2	325	17,581	1,039	
21	1,142	46	101,230	11,632	4.1	311	16,299	1,018	
22	1,197	50	104,630	11,753	4.2	310	15,291	1,292	
23	1,253	52	107,468	12,516	4.1	340	16,248	1,362	
24	1,256	53	107,718	12,446	4.2	356	15,798	1,338	
25	1,268	54	116,381	15,366	4.3	402	18,592	1,747	
26	1,273	56	114,881	13,904	4.4	437	21,604	2,852	
27	1,290	103	145,554	18,116	8.0	452	21,028	2,432	
28	1,308	106	148,021	18,679	8.1	432	20,044	2,284	
29	1,340	112	155,884	20,185	8.3	429	19,787	2,117	

（3）　**法定相続人及び法定相続分**　　相続税額計算の際、課税価格の合計額から遺産に係る基礎控除額を差し引いた課税遺産額は、各法定相続人に対して、それぞれの法定相続分に応じ按分することとなります。按分された課税遺産額にそれぞれ税率を適用して税額を計算したものの合計が相続税の総額となるのです。

　法定相続人及び法定相続分は民法に規定されています。相続税額の計算においては、法定相続人の数は、相続の放棄をした者がいても、放棄がなかったものとして取り扱われます。法定相続分は、①配偶者と子が相続人の場合は配偶者１／２、子１／２（子同士では均分）、②子がなく、配偶者と直系尊属（父母、祖父母など）が相続人の場合は配偶者２／３、直系尊属１／３（直系尊属同士では均分）、③子と直系尊属がなく、配偶者と被相続人の兄弟姉妹が相続人の場合は配偶者３／４、兄弟姉妹１／４（兄弟姉妹同士では均分）、④配偶者のみが相続人の場合は全額配偶者となっています。

　①と③の場合、子や兄弟姉妹が相続の開始以前に死亡したとき又は相続権を失ったときは、その者の直系卑属（孫、甥など）がこれらを代襲して相続人となります。

　なお、相続税の税額計算上、法定相続人の数に含める養子の数は、実子のいる場合は１人、実子のいない場合は２人までとする措置が講じられています。これは、遺産に係る基礎控除額と相続税の総額の計算の仕組みから明らかなように、法定相続人の数によって相続税額が異なることから節税目的の養子縁組が見受けられるようになり、課税の公平の観点から、昭和63年の抜本改革で措置されたものです。

相続税額計算上の法定相続人及び法定相続分の具体例

系図（被相続人は甲）	法 定 相 続 人 ： 法 定 相 続 分
A´ ┬ a 　 X ┴ b 甲 ┬ B 乙 └ C（放棄）	乙（配偶者）：$\frac{1}{2}$ B、C（子）：$\frac{1}{2} \times \frac{1}{3} = \frac{1}{6}$ a、b（孫）：$\frac{1}{2} \times \frac{1}{3} \times \frac{1}{2} = \frac{1}{12}$
X B ┬ 兄 　 X ┼ 甲 C ┤ 乙 　 X D	乙（配偶者）：$\frac{2}{3}$ B、C、D（祖父母）：$\frac{1}{3} \times \frac{1}{3} = \frac{1}{9}$
X ┬ 乙 　 ├ 甲 X ┤ 　 ├ A 　 └ B	乙（配偶者）：$\frac{3}{4}$ A、B（兄弟）：$\frac{1}{4} \times \frac{1}{2} = \frac{1}{8}$

(4) **相続税の課税範囲**　　相続税は、相続等により取得した経済的価値のあるすべての財産を課税の対象とします。また、結果として相続等により財産を取得したのと同様の経済的効果があると認められる財産もみなし相続財産として課税の対象とされており、代表的なものとしては死亡保険金、死亡退職金などがあります。

また、相続等により財産を取得した者が、相続開始前3年以内に被相続人から生前贈与により財産を取得していた場合には、その贈与財産（贈与を受けた時における価額）も相続税の課税価格に算入することとされています（これに対応し(5)で説明する贈与税額控除があります）。ただし、その中に贈与税の配偶者控除を受けた財産が含まれている場合は、その価額を差し引いた残りの価額が相続税の課税価格に加算されます。

一方、相続税においては、非課税とされている財産があります。具体的には墓地、神棚、仏壇や、宗教、慈善、学術その他公益を目的とする事業の用に供されることが確実な一定の財産のほか、被相続人の死亡により相続人が取得した死亡保険金、死亡退職金のうち法定相続人の数に500万円を乗じて得た金額までの部分などがあります。

さらに、相続税額計算の際、正味課税遺産額の算定に当たっては、被相続人の債務と葬式費用を遺産総額から差し引くことができます。差し引くことのできる債務は、相続開始の時点で現に存するものに限られており、被相続人の借入金や未払金などのほか、公租公課も含まれます。また、差し引くことのできる葬式費用は、社会通念上いわゆる葬式に要する費用の額であり、埋葬、火葬、納骨などに要した費用などがあります。

相続税法上の納税義務者

被相続人 贈与者 ＼ 相続人 受遺者 受贈者		国内に 住所あり	国内に住所なし		
			日本国籍あり		日本国籍 なし
			10年以内に 国内に住所 あり	10年を超えて 国内に住所 なし	
国内に住所あり		国内・国外財産ともに課税	国内・国外財産ともに課税		
国内に住所なし	10年以内に国内に住所あり （国籍の有無を問わない）				
	10年を超えて国内に住所なし （国籍の有無を問わない）				国内財産のみに課税

保険金の課税関係

契約者	被保険者	保険料の 負担者	保険金 受取人	保険事故等	課　税　関　係
A	A	A	A	満　期	Aの一時所得となる。
				Aの死亡	Aの相続人が相続により取得したものとみなされる。
A	A	A	B （Aの子）	満　期	BがAから贈与により取得したものとみなされる。
				Aの死亡	Bが相続により取得したものとみなされる。 （Bが相続を放棄した場合は遺贈による取得）
A	A	C	B （Aの子）	満　期 Aの死亡	BがCから贈与により取得したものとみなされる。
A	A	A　1/2 C　1/2	B （Aの子）	満　期	BがAとCから贈与により取得したものとみなされる。
				Aの死亡	Bは①Aから2分の1を相続により、②Cから2分の1を贈与により取得したものとそれぞれみなされる。
B	B	A （Bの父）	B	Aの死亡	Bが生命保険契約に関する権利を相続により取得したものとみなされる。

（5）　**相続税の税額控除等**　　相続税額計算の際、各人の納付税額の算定に当たっては、各人の算出税額から個人的事情を考慮した各種の税額控除等を行うこととされており、具体的には次のようなものがあります。

①　相続税額の2割加算……財産の取得者が、被相続人の一親等の血族及び配偶者以外の者（被相続人の養子となった被相続人の孫は含まない）の場合には、その者の税額は20％増額されます。

②　贈与税額控除……財産の取得者が、相続開始前3年以内に被相続人から財産の贈与を受けている場合には、その財産を相続税の課税価格に算入することに対応し、既に納付した贈与税額が納付すべき相続税額から控除されます。

③　配偶者の税額軽減……その配偶者が遺産分割により実際に取得した遺産額と、課税価格の合計額のうち配偶者の法定相続分相当額（その額が1億6,000万円を下回る場合は1億6,000万円）とのいずれか少ない金額に対応する税額が配偶者の相続税額から控除されます。つまり、配偶者の取得財産について全相続財産に占める割合がその法定相続分以下あるいは1億6,000万円以下である場合は課税されません。

④　未成年者控除・障害者控除……法定相続人に該当する財産の取得者が20歳未満である場合にはその者が20歳に達するまでの年数に、財産の取得者が障害者である場合にはその者が85歳に達するまでの年数に、それぞれ10万円を乗じた金額（特別障害者の場合は20万円）が相続税額から控除されます（対象年齢は令和4年より20歳から18歳となる）。

⑤　その他の税額控除……10年以内に複数の相続が発生した場合の相次相続控除、外国にある財産を相続し、わが国の相続税に相当する税金を課税された場合の外国税額控除があります。

相続税の税額控除の適用状況の推移

年分	課税相続人数 (被相続人の数)	配偶者の軽減		未成年者控除		障害者控除	
		適用数	控除額	適用数	控除額	適用数	控除額
	人	人	億円	人	億円	人	億円
平成6	130,298 (45,335)	26,094	9,868	3,054	12	2,073	31
7	143,937 (50,729)	28,097	9,929	2,897	12	2,137	28
8	133,832 (48,476)	27,082	8,847	2,739	15	2,247	67
9	134,324 (48,605)	27,297	8,371	2,657	11	2,122	24
10	158,184 (49,526)	26,991	7,689	2,340	11	2,030	27
11	136,271 (50,731)	27,848	7,805	2,574	15	2,475	26
12	128,940 (48,463)	26,460	7,117	2,418	12	2,397	26
13	120,657 (46,012)	24,657	7,258	2,208	10	2,030	22
14	115,275 (44,370)	23,436	5,737	2,059	12	1,930	22
15	114,723 (44,438)	23,255	4,806	1,922	14	2,051	22
16	111,820 (43,488)	22,364	4,408	1,844	7	2,099	22
17	116,309 (45,152)	23,110	4,439	1,691	8	2,030	21
18	115,389 (45,177)	22,777	4,818	1,566	5	1,918	20
19	118,582 (46,820)	22,842	4,745	1,586	6	1,958	20
20	120,038 (48,016)	22,753	4,772	1,482	5	2,194	22
21	115,574 (46,439)	21,680	4,114	1,402	5	2,197	21
22	122,705 (49,891)	22,863	3,818	1,248	4	3,019	39
23	125,033 (51,559)	22,800	3,912	1,364	4	3,546	47
24	126,371 (52,572)	22,814	3,679	1,210	3	3,768	48
25	130,438 (54,421)	23,083	4,011	1,317	4	4,179	51
26	133,141 (56,239)	23,458	3,712	1,298	4	4,092	52
27	233,255 (103,043)	39,984	4,977	1,971	9	7,748	127
28	238,287 (105,880)	39,993	4,802	1,982	9	7,763	125
29	249,191 (111,728)	41,431	4,859	1,936	8	8,221	134

(6) **相続税額の計算**　　相続税額の計算は、課税価格の合計額の計算、課税遺産額の計算、相続税の総額の計算、各人の算出税額の計算及び各人の納付税額の計算の5段階に分けて考えることができます（(1)の右頁参照）。

① 課税価格の合計額の計算‥‥遺産総額から非課税財産を控除した上、財産の取得者ごとにその負担する被相続人の債務、葬式費用を差し引き、これに相続開始前3年以内の贈与財産を加算して各人の課税価格を算出し、それらを合計します。この課税価格の合計額が遺産に係る基礎控除額以下であれば、相続税の申告・納付は必要ありません。

② 課税遺産額の計算‥‥課税価格の合計額から遺産に係る基礎控除額を差し引いて課税遺産額を求めます。

③ 相続税の総額の計算‥‥課税遺産額を各法定相続人がそれぞれの法定相続分に従って取得したものと仮定した場合の各人ごとの取得額にそれぞれ税率を適用して仮の税額を算出し、それらを合計して相続税の総額を求めます。

④ 各人の算出税額の計算‥‥相続税の総額を課税価格の合計額に占める各人の課税価格の割合で按分して各人の算出税額を求めます。

⑤ 各人の納付税額の計算‥‥各人の算出税額から配偶者の税額軽減などの税額控除等を行って各人の納付税額を求めます。

なお、相続税の申告期限までに相続財産の一部又は全部が分割されていない場合、その未分割財産については法定相続分の割合により財産を取得したものとして計算を行うこととされています。ただし、この場合、申告期限後一定の期間内（原則3年）に相続財産の分割が行われない限り、配偶者の税額軽減の適用を受けることができないことに留意する必要があります。

相続税額計算の具体例

　被相続人の遺産2億円を、妻1億円、長男6,000万円、長女（18歳）4,000万円ずつ相続し、債務・葬式費用500万円は、長男が負担した場合。なお、この他、被相続人が保険料を支払っていた保険契約に係る死亡保険金3,000万円と死亡退職金2,500万円を妻が取得している。

1．課税価格の合計額の計算

　　妻　　1億円＋（3,000万円－1,500万円）＋（2,500万円－1,500万円）＝1億2,500万円

　　長男　6,000万円－500万円＝5,500万円

　　長女　4,000万円

　　合計　1億2,500万円＋5,500万円＋4,000万円＝2億2,000万円

2．課税遺産額の計算

　　2億2,000万円－（3,000万円＋600万円×3）＝1億7,200万円

3．相続税の総額の計算

　　妻　　　　　1億7,200万円×1／2＝8,600万円

　　　　　　　　8,600万円×30％－700万円＝1,880万円（速算表による）

　　長男・長女　1億7,200万円×1／2×1／2＝4,300万円

　　　　　　　　4,300万円×20％－200万円＝660万円（速算表による）

　　合計　　　　1,880万円＋660万円×2＝3,200万円

4．各人の算出税額の計算

　　妻　　3,200万円×1億2,500万円／2億2,000万円＝1,818万円

　　長男　3,200万円×　　5,500万円／2億2,000万円＝　800万円

　　長女　3,200万円×　　4,000万円／2億2,000万円＝　582万円

5．各人の納付税額の計算

　　妻　　0（課税価格が1億6,000万円以下であるため全額が税額控除される）

　　長男　800万円

　　長女　582万円－10万円×（20歳－18歳）＝562万円

（備考）上記の計算においては、便宜上、万円単位で端数処理を行っている。

相続税の速算表

法定相続分に応ずる取得金額	税率	控除額
1,000万円以下	10％	―
3,000万円以下	15％	50万円
5,000万円以下	20％	200万円
1億円以下	30％	700万円
2億円以下	40％	1,700万円
3億円以下	45％	2,700万円
6億円以下	50％	4,200万円
6億円超	55％	7,200万円

⑺ **財産の評価** 　相続税及び贈与税においては、相続、遺贈又は贈与によって取得した財産の価額の合計額が課税価格となりますが、いずれも資産の無償移転に課税するものですから、その財産の評価が税負担の軽重に直結する重要な問題となります。

　財産評価は、相続税法に特別の定めのあるものを除くほかは、課税時期における「時価」によることとされています。特別に評価方法が定められているのは、地上権、永小作権、定期金に関する権利など数種の財産であり、他の大部分の財産については、国税庁が定めた「財産評価基本通達」において、評価方法に関する原則や各種の評価単位ごとの評価方法を具体的に定めその取扱いを統一し、課税の公平を期すとともに、それを公表することにより申告時における納税者の便宜に供しています。

　評価通達では、「時価とは、課税時期において、それぞれの財産の現況に応じ、不特定多数の当事者間で自由な取引が行われる場合に通常成立すると認められる価額」をいうものとされています。

　主な財産の評価方法は右のとおりですが、相続税の課税上、小規模宅地等については一定の要件のもとで、評価額から特定事業用等宅地等（400m² 以下）及び特定居住用宅地等（330m² 以下）で80%、貸付事業用宅地等（200m² 以下）で50%が控除されるという課税の特例が設けられています。

主な財産の評価方法の概要

財産の種類	評　価　方　法	備　　　　　　　考
宅　　　地	市街地等……路線価方式又は倍率方式 郊外地等……倍率方式又は路線価方式	路線価方式とは、評価する宅地の面する道路に付された1m²当たりの路線価を基とし、その宅地の位置、形状に応じ一定の補正を行って評価する方法である。
純農地、中間農地	倍率方式	倍率方式とは、その土地の固定資産税評価額に一定の倍率を乗じて計算した価額により評価する方法である。
市街地周辺農地	（宅地比準価額－宅地造成費） 　　　×0.8 又は倍率方式×0.8	宅地比準価額とは、その農地の付近にある宅地について評価した価額を基とし、その宅地とその農地との位置、形状などの条件の差を考慮して評価した価額をいう。
市街地農地	宅地比準価額－宅地造成費 又は倍率方式	
家　　　屋	倍率方式	家屋の倍率は1.0とされているため自用家屋の場合は固定資産税評価額がそのまま相続税評価額となる。
上 場 株 式	金融商品取引所が公表する課税時期における終値と課税時期の属する月以前3カ月間の各月の終値の月平均額とを比べて、最も低い価額	負担付贈与により取得したものは、課税時期における終値
取引相場のない株式	①原則的評価方式 イ．大会社…類似業種比準方式 　　　　（純資産価額方式による頭打ち） ロ．中・小会社 　　　……イと純資産価額方式の併用（0.6、0.75、0.9 ただし小会社にあっては0.5）（純資産価額方式による頭打ち） ハ．株式保有特定会社、土地保有特定会社など 　　　……純資産価額方式 ②特例的評価方式 イ．配当還元方式 ロ．イの価額が①の価額を超える場合は①の価額	類似業種比準方式とは、評価しようとする株式の発行会社と事業の種類が類似する複数上場会社の株価の平均値に会社の規模により評価の安全性に対するしんしゃく率（大会社は0.7、中会社0.6、小会社は0.5）を比準してその株式の価額を求める方法である。 　純資産価額方式とは、課税時期における評価会社の1株当たりの純資産価額をもって評価額とする方法である。 　配当還元方式は、その株式に係る2年間の平均配当金額を基とし、非同族株主等で持株数の少ないものを評価する場合に採用される。
預　貯　金	預入残高＋[既経過 源泉所得税／利子 相 当 額]	定期預金、定期郵便貯金及び定額郵便貯金以外は、既経過利子が少額のときは加算しない。

(8) **贈与税の課税範囲及び計算**　　相続時精算課税を選択しない暦年課税の場合、贈与税は、原則として、個人間における贈与により取得したすべての財産を課税の対象としていますが、それ以外にも、実質的に本来の贈与と同様の経済的利益を伴うものについては、贈与があったものとみなして課税される場合があります。具体的には、生命保険契約の期間が満了して保険金を受け取った者がその保険料を負担していなかった場合や、著しく低い価額で財産を譲り受けた場合のほか、不動産や株式などの名義変更の際、当事者間に金銭授受のなかった場合などがあります。

　一方、扶養義務者相互間で通常必要と認められる生活費や教育費に充てるために財産の贈与があった場合、あるいは社会通念上相当と認められる範囲内での香典や見舞金などについては贈与税は課税されません。さらに、特別障害者を受益者とする一定の信託受益権についても6,000万円までの金額が非課税とされています。また、親の土地を無償で借り受け子が家を建てるような場合（使用貸借）、その土地の使用権の価額は、零として取り扱うこととされています（贈与税の課税はない）。

　贈与税額は、その年1月1日から12月31日までの間に受けた贈与財産の価額から基礎控除額110万円を差し引いた後の残額に税率を乗じて計算します。ただし、婚姻期間が20年以上の配偶者から、居住用不動産又は居住用不動産を取得するための金銭の贈与を受けた場合には、一定の要件の下で、基礎控除額のほかに最高2,000万円までの配偶者控除が適用されます。

　なお、相続税と同様、外国にある財産の贈与を受け、わが国の贈与税に相当する税金を課税された場合は、その外国税額を控除することができます。

贈与税（暦年課税）の仕組み

受贈財産額	→	課税財産額	→	税　額

その年中に贈与により取得した財産の合計額

控除等

超過累進税率

非課税財産
①法人からの受贈財産（所得税課税）
②扶養義務者相互間の生活費又は教育費に充てるための受贈財産
　　　　　　　　　　　　　　等

基礎控除
110万円

配偶者控除
居住用不動産：最高2,000万円

課税価格	直系卑属 （20才以上）	一　般
～　200万円	10%	10%
～　300万円	15%	15%
～　400万円	15%	20%
～　600万円	20%	30%
～1,000万円	30%	40%
～1,500万円	40%	45%
～3,000万円	45%	50%
～4,500万円	50%	55%
4,500万円超	55%	55%

※平成15年度税制改正において「相続時精算課税制度」が導入され、暦年課税との選択制となっている。

申告手続
・申告期限　贈与を受けた翌年の2月1日から3月15日
・納税地　　贈与を受けた人の住所地

贈与税額計算の具体例

① 父から現金150万円、祖父から土地250万円の贈与を受けた場合
　　150万円＋250万円＝400万円
　　（400万円－110万円）×15％－10万円＝33.5万円（速算表による）
② 知人から時価1,000万円の土地を400万円で譲り受けた場合
　　1,000万円－400万円＝600万円
　　（600万円－110万円）×30％－65万円＝82万円（速算表による）

贈与税（暦年課税）の速算表

基礎控除後の課税価格	直系卑属（20才以上）		一　般	
	税　率	控　除　額	税　率	控　除　額
200万円　以下	10%	0円	10%	0円
300万円　以下	15%	10万円	15%	10万円
400万円　以下	15%	10万円	20%	25万円
600万円　以下	20%	30万円	30%	65万円
1,000万円　以下	30%	90万円	40%	125万円
1,500万円　以下	40%	190万円	45%	175万円
3,000万円　以下	45%	265万円	50%	250万円
4,500万円　以下	50%	415万円	（3,000万円超）	
4,500万円　超	55%	640万円	55%　400万円	

(9) **相続時精算課税制度**　　生前贈与を容易にして、高齢者の保有する資産の次世代への移転を円滑化するために、平成15年度税制改正において、相続時精算課税制度が創設されました。現在、この制度は、生前贈与について、受贈者の選択により、贈与時に贈与財産に対して従来の贈与税より軽減、簡素化された贈与税を支払い、その後の相続時にその贈与財産と相続財産とを合計した価額を基に計算した相続税額から、既に支払った贈与税額を控除することにより贈与税・相続税との間の精算を行うことができるものです。この制度の適用対象となる贈与者は60歳以上の親及び祖父母、受贈者は20歳以上の子及び孫です（対象年齢は令和4年より20歳から18歳となる）。この制度は、適用対象である受贈者が別々に贈与者（親又は祖父母）ごとに選択することができます。贈与財産の種類、金額、贈与回数には制限はありません。

　贈与時には、贈与財産の価額から、複数年にわたり利用できる非課税枠2,500万円（特別控除）を控除した後の金額に、一律20％の税率を乗じて贈与税額を計算します。

　また、相続時には、それまでの贈与財産と相続財産とを合算して現行と同様の課税方式により計算した相続税額から、既に納付した贈与税相当額を控除して相続税額を計算します。その際、相続税額から控除しきれない金額は、還付を受けることができます。

　なお、住宅取得等のための資金の贈与を受けた場合には、60歳未満の親からの贈与であっても当該制度を選択することができます。

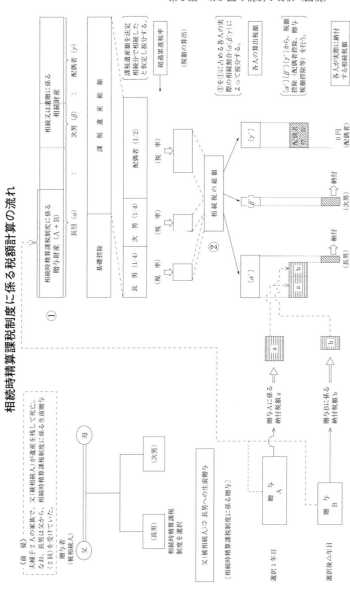

第3編　わが国の税制の現状（国税）

相続時精算課税制度に係る税額計算の流れ

〔前提〕
夫婦子2人の家族で、父（被相続人）が遺産を残して死亡。なお、長男は父から、相続時精算課税制度に係る生前贈与（2回）を受けていた。

183

⑽　**申告・納付**　　相続又は遺贈により財産を取得した者及び相続時精算課税適用者は、納付すべき税額がある場合や配偶者の税額軽減などの適用を受けようとする場合には、原則として、相続の開始があったことを知った日（通常は被相続人の死亡日）の翌日から10カ月以内に、被相続人の死亡時の住所地の所轄税務署長に申告書を提出し、あわせて納付しなければなりません。

　ただし、納付すべき税額が10万円を超え、かつ、納期限までに金銭で納付することが困難な事由がある場合には、担保の提供を条件として、年賦延納が認められます。その場合の延納期間は、土地等の不動産が相続財産中に占める割合や財産の種類などに応じて定められています。延納の適用を受ける場合には、一定の割合（年0.2％〜1.4％（貸出約定平均金利の年平均が0.8％の場合））の利子税を納付することが必要です。また、延納によっても現金で納付することが困難な場合には、国債、不動産、株式等による物納が認められています。

　なお、相続時精算課税適用者は、前述したように還付を受けることができる場合もあります。

　また、贈与により財産を取得した者は、納付すべき税額がある場合や、配偶者控除などの特例を受けようとする場合には、贈与を受けた年の翌年の2月1日から3月15日までの間に、住所地の所轄税務署長に申告書を提出し、あわせて納付しなければなりません。

　ただし、相続税と同様に、納付すべき税額が10万円を超え、かつ、納付困難事由がある場合には、担保の提供を条件として、5年以内の年賦延納が認められています。この場合、年1.6％（貸出約定平均金利の年平均が0.8％）の利子税を納付することが必要です。

　さらに、平成21年度改正により、中小企業の事業承継を円滑化するため、非上場株式に係る相続税及び贈与税の納税猶予制度が導入されました。

相続税の負担状況

（法定相続分により遺産を取得した場合の仮定計算例）

課税価格の合計額	配偶者と子2人の場合		子2人の場合	
	税　　額	負担割合	税　　額	負担割合
	千円	%	千円	%
1億円	3,150	3.2	7,700	7.7
2　〃	13,500	6.8	33,400	16.7
3　〃	28,600	9.5	69,200	23.1
5　〃	65,550	13.1	152,100	30.4
10　〃	178,100	17.8	395,000	39.5
20　〃	434,400	21.7	932,900	46.6

贈与税（暦年課税）の負担状況

（特例の適用がない場合の仮定計算例）

贈与額	税　　　額		負　担　割　合	
	直系卑属 （20才以上）	左記以外	直系卑属 （20才以上）	左記以外
300万円	190 千円	190 千円	6.3 %	6.3 %
500万円	485	530	9.7	10.6
700万円	880	1,120	12.6	16.0
1,000万円	1,770	2,310	17.7	23.1
1,500万円	3,660	4,505	24.4	30.0
2,000万円	5,855	6,950	29.3	34.8

(11)　**農地等に係る納税猶予の特例**　　農地等に係る納税猶予の特例は、贈与税の納税猶予の特例と相続税の納税猶予の特例の二つから成り立っています。これらの特例は、農地の特殊性を考慮し、農地の細分化防止などを目的とする農業政策の観点から設けられているものです。

　贈与税の納税猶予の特例は、農業を承継する推定相続人の1人に農地の全部並びに採草放牧地及び準農地のそれぞれ3分の2以上を贈与した場合の贈与税について、担保の提供を条件として贈与者の死亡の日までその納税を猶予し、贈与者が死亡した場合は贈与税を免除するとともに、相続税の課税に当たっては、その農地等は贈与者から相続により取得したものとして課税するというものです。

　また相続税の納税猶予の特例は、農地等の相続人が引き続き農業を営む場合等に、一定の要件の下に、その取得した農地等の価格のうち恒久的に耕作又は養畜の用に供されるものであるとした場合に通常成立すると認められる取引価格（農業投資価格）を超える部分に対する相続税について、担保の提供を条件としてその納税を猶予し、①その相続人が死亡した場合、又は②その相続人が農地等を農業後継者に生前一括贈与した場合には、その納税を免除するというものです（ただし、三大都市圏の特定市以外の市街化区域における生産緑地等を除いた農地については、その相続税の申告期限後20年間農業を継続した場合にも、猶予税額の免除制度が適用されます）。

　なお、三大都市圏の特定市の市街化区域農地については、平成3年の土地税制改革により、生産緑地及び田園住居地域等にある農地を除き、相続税及び贈与税の納税猶予の特例の適用が廃止されています。

農地等に係る納税猶予の特例の仕組み

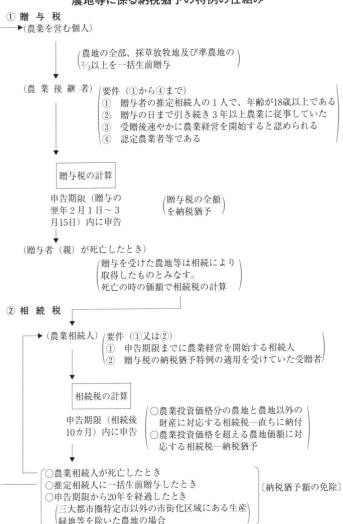

① 贈 与 税

→（農業を営む個人）

（農地の全部、採草放牧地及び準農地の
$\frac{2}{3}$ 以上を一括生前贈与）

（農 業 後 継 者）要件（①から④まで）
① 贈与者の推定相続人の1人で、年齢が18歳以上である
② 贈与の日まで引き続き3年以上農業に従事していた
③ 受贈後速やかに農業経営を開始すると認められる
④ 認定農業者等である

贈与税の計算

申告期限（贈与の
翌年2月1日〜3
月15日）内に申告　　（贈与税の全額
を納税猶予）

（贈与者（親）が死亡したとき）

（贈与を受けた農地等は相続により
取得したものとみなす。
死亡の時の価額で相続税の計算）

② 相 続 税

→（農業相続人）要件（①又は②）
① 申告期限までに農業経営を開始する相続人
② 贈与税の納税猶予特例の適用を受けていた受贈者

相続税の計算

申告期限（相続後
10カ月）内に申告　　（○農業投資価格分の農地と農地以外の
財産に対応する相続税─直ちに納付
○農業投資価格を超える農地価額に対
応する相続税─納税猶予）

┌○農業相続人が死亡したとき
├○推定相続人に一括生前贈与したとき
└○申告期限から20年を経過したとき　　〔納税猶予額の免除〕
（三大都市圏特定市以外の市街化区域にある生産
緑地等を除いた農地の場合）

(12)　**事業承継税制**　　事業承継税制は、円滑化法に基づく認定の もと、会社や個人事業の後継者が取得した一定の資産について、贈 与税や相続税の納税を猶予する制度です。この事業承継税制には、 会社の株式等を対象とする「法人版事業承継税制」と、個人事業者 の事業用資産を対象とする「個人版事業承継税制」があります。

　法人版事業承継税制は、後継者である受贈者・相続人等が、円滑 化法の認定を受けている非上場会社の株式等を贈与又は相続等によ り取得した場合において、その非上場株式等に係る贈与税・相続税 について、一定の要件のもと、その納税を猶予し、後継者の死亡等 により、納税が猶予されている贈与税・相続税の納付が免除される 制度です。

　また、令和元年度税制改正により創設された個人版事業承継税制 は、青色申告に係る事業を行っていた事業者の後継者として円滑化 法の認定を受けた者が贈与又は相続等により、特定事業用資産を取 得した場合は、①その青色申告に係る事業の継続等、一定の要件の もと、その特定事業用資産に係る贈与税・相続税の全額の納税が猶 予され、②後継者の死亡等、一定の事由により、納税が猶予されて いる贈与税・相続税の納税が免除されるものです。

5　土地税制

　日本における土地そのものへの課税は、明治初期の地租改正に始まります。地租は後に固定資産税となり、その他の取得及び譲渡段階の課税も整備され、現在の土地税制が形成されました。

　土地税制とは、一般には、種々の税目による土地に対する保有、譲渡及び取得時の課税の総称という意味で用いられます。

　土地税制については、経済・社会情勢を踏まえた改革が実施されてきました。バブル期には、地価の高騰や平成元年12月の土地基本法の制定を踏まえた検討が行われ、平成2年10月に「土地税制のあり方についての基本答申」が政府税制調査会によってとりまとめられました。同答申においては、「土地の公共性」に照らし、土地の私的な保有、譲渡又は取得により土地の便益を享受する場合には、他の資産や所得との均衡上、一層の税負担を求める必要があること、また、資産格差の拡大への対応や土地譲渡益の公共への還元という観点から、土地の資産としての適切な税負担を求める必要があるとされました。このような考え方から、平成3年度改正により、地価税の創設、個人・法人の土地譲渡益に対する税負担の適正化など、抜本的な土地税制改革が行われました。

　この土地税制改革以降、急激かつ継続的な地価の下落により、土地保有の有無による資産格差の縮小、法人の土地の含み益の大幅な減少、投機的な土地取引の沈静化など、土地を巡る状況には変化が生じていました。そこで、平成8年度に、土地の保有、譲渡、取得の各段階の税負担のあり方が見直され、一定の調整が行われました。さらに、平成10年度には、長期にわたる地価の下落、土地取引の状況などの土地を巡る状況や現下の極めて厳しい経済情勢にかんがみ、臨時緊急的な措置として、地価税の課税停止、個人・法人の土地譲渡益の課税緩和などの措置が講じられました。

　また、平成15年度改正では、不動産の登記に係る登録免許税について税負担が軽減され、平成16年度改正では、土地・建物等の譲渡益に対する税率が引き下げられました。

　(1)　**譲渡時の課税**　　土地の譲渡益に対しては、国税として所得税又は法人税、地方税として住民税が課されており、土地の所有者が個人、法人の別、土地の所有期間の長短などにより、その課税方法は異なります。

　具体的には、個人の場合には、長期所有（5年超）の土地・建物等を譲渡した場合、一律15％（他に住民税5％）、短期所有（5年以内）の土地・建物等を譲渡した場合には、一律30％（他に住民税9％）の所得税が課されます。なお、土地・建物等の譲渡所得と他の所得との損益通算は、個人に係る土地・建物等の譲渡所得の税率を現在の水準に引き下げた平成16年度改正の際、廃止されました。

　法人の場合には、所有期間の長短を問わず、通常の法人税が課されます。さらに、長期所有の場合には5％、短期所有の場合には10％を追加課税されますが、令和2年3月31日まで適用停止となっています。

　なお、特定の政策目的に応じた譲渡には特別控除、軽減税率の特例が、特定の事業用資産の買換え等には課税の繰延べが認められています。また、平成21年度改正により、①平成21年、22年に取得する土地を5年超所有して譲渡する際の譲渡益について1,000万円の特別控除制度及び②事業者が平成21年、22年に土地を先行取得して、その後10年間に他の土地を売却した場合、その譲渡益課税を繰り延べることを可能とする制度が創設されました。

　(2)　**保有時の課税**　　土地の保有に対しては、第4編の固定資産税及び都市計画税が課されています（いずれも市町村税）。

　なお、土地税制改革の一環として、資産価値に応じた税負担を求

めるとの趣旨で、地価税（国税）が平成4年より導入され、個人又は法人がその年の1月1日に所有する土地等の価額に対し、税率0.15%（平成4年は0.2%、平成5～7年は0.3%）で毎年課税（一定水準以下の資産価値の土地保有については課税対象から除外することが適当との考えで基礎控除や非課税措置などが設けられていました）されていましたが、平成10年度改正により、当分の間、その課税が停止されています。

また、投機的土地取引の抑制と土地の有効利用の促進を目的とした政策税制として、その年の1月1日現在における土地（保有期間が10年を超えるものを除く）の所有者及び土地の取得者を納税義務者とする特別土地保有税（市町村税）がありますが、保有に係る同税（税額は、課税標準額（取得価額）に税率1.4%を乗じた額から、固定資産税相当額（固定資産税の課税標準となるべき価格に1.4%を乗じた額）を控除した額）については、平成15年度改正により、当分の間、停止されました。

(3) **取得時の課税**　土地の取得に対しては、不動産取得税（道府県税）、土地の登記をする際の登録免許税（国税）、土地を含めた相続財産に課される相続税（国税）により税負担が求められています。

なお、取得に係る特別土地保有税（税額は、課税標準額（取得価額）に税率3%を乗じた額から、不動産取得税相当額を控除した額）もありますが、これも、平成15年度改正により、当分の間、課税を行わないものとされています。

土地譲渡益課税制度の概要

【個人の場合】

○ 譲渡益に対する課税

5 年 以 内	5 年 超	10 年 超
譲渡益×30%（住民税9％）	［基本的な課税］ 一律15%（住民税5％） （適用期限なし） ［特例措置］ ○優良住宅地の造成等のために土地を譲渡した場合の軽減税率の特例（平成31年12月31日まで） 2,000万円以下の部分……10%（住民税4％） 2,000万円超の部分……15%（住民税5％）	［特例措置］ ○居住用財産を譲渡した場合の軽減税率の特例（適用期限なし） 6,000万円以下の部分……10%（住民税4％） 6,000万円超の部分……15%（住民税5％） ○特定の居住用財産の買換え等の特例（平成31年12月31日まで）

○ 譲渡損の取扱い

損益通算

土地建物等の譲渡による所得
以外の所得との通算は不可
［ただし、特定の居住用財産の譲渡
損失は他の所得と損益通算可能］

○ 特別控除・課税の繰延べ措置

　○ 軽減税率との重複適用不可

○○○収用等のための譲渡　5,000万円
○○○特定土地区画整理事業等のための譲渡　2,000万円
○○○特定住宅地造成事業等のための譲渡　1,500万円
○○○平成21年及び平成22年に取得した土地等の長期譲渡　1,000万円
○○○農地保有合理化等のための譲渡　800万円
○○○居住用財産の譲渡　3,000万円
○○○収用交換等により代替資産を取得した場合の課税の特例
○○○平成21年及び平成22年に土地等の先行取得をした場合の課税の特例　等

（注）優良住宅地の造成等のための軽減税率との重複適用不可。

【法人の場合】

○ 譲渡益に対する課税は、その年の1月1日における所有期間が5年以内のものは譲渡益×10%、5年超のものは譲渡益×5％を通常の法人税額に追加して課税する制度があるが、平成32年3月31日までの譲渡については適用が停止されている。
○ 特別控除・課税の繰延べ措置については、個人と同様の制度がある。

6 消費税

(1) **消費税の創設とその意義**　消費税は、昭和63年12月の税制の抜本的な改革の大きな柱の一つとして創設され、平成元年4月から3％の税率で実施されました。

改革の背景には、シャウプ勧告を原点とする当時の税制がわが国の経済社会の変化にうまく対応しきれていないのではないか、という問題意識がありました。

当時の税制は所得課税にウエイトが偏っており、税負担の水平的公平に対する関心が高まっていました。

消費税は、物品間の課税のアンバランスやサービスに対する課税の不存在、消費課税制度の違いにも起因する諸外国との貿易摩擦など、当時の個別間接税制度が直面していた問題点を根本的に解決し、税体系全体を通じた税負担の公平を図るとともに、国民福祉の充実などのために必要な歳入構造の安定化に資するため、消費一般に広く公平に負担を求める税として創設されました。

その後、平成3年5月の消費税法改正（議員立法）による非課税範囲の拡大や簡易課税制度の見直し、個人所得課税の負担軽減と消費課税の充実を内容とする平成6年秋の税制改革による消費税率の5％への引上げ（地方消費税を含む）や中小事業者に対する特例措置の見直しを経て、平成15年度税制改正では中小事業者に対する特例措置の縮減等が図られています。

平成24年8月には、税制抜本改革法が成立し、国・地方を合わせた消費税の税率を平成26年4月以降8％、平成27年10月以降10％へと段階的に引き上げるとともに、引上げ分は全額社会保障財源に充当することとされ、平成26年4月に税率が8％へと引き上げられました。平成27年10月に予定されていた消費税率10％への引上げについては、2度の延期判断を経て、令和元年10月に実施されました。

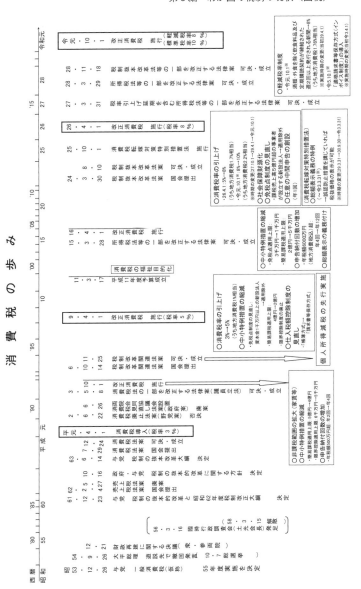

消費税の歩み

消費税創設前に指摘されていた物品税等の問題点

課税のアンバランス ＜物品税の例＞

	課　税	不　課　税
贅沢品か否か	普通の家具（けやき製等）、食器棚、金貨、ゴルフ用具	桐製・うるし塗りの家具、システムキッチン、金地金、テニス用具、スキー
新商品と旧商品	白黒テレビ、ラジオ	液晶テレビ、留守番電話、自動車電話、電器パン製造機、パソコン、ワープロ
同じように普及しているもの	扇風機、ストーブ、冷蔵車、掃除機、コーヒー、ココア、ウーロン茶	こたつ、アイロン、ミシン、紅茶、緑茶
サービス課税の欠如	化粧品、ビデオテープ、航空運賃、揚除機	美容サロン、ビデオレンタル、宅配便、家政婦サービス

(注) このほか、免税点制度については、価格体系を歪める等の問題点が指摘されていた。

サービス課税の欠如

	昭和63年度 (%)
サービス課税の税収（国税・地方税合計）に占める割合	1.0
サービス課税の間接税収に占める割合	4.7
消費支出に占めるサービス支出の割合	54.4

(備考) サービス課税：旧入場税、旧通行税、旧娯楽施設利用税、旧料理飲食等消費税、入湯税。

貿易摩擦の原因 ＜物品税の例＞

国名等	品　目	批　判　の　内　容
アメリカ EC	乗　用　車	大型乗用車に高い税率が適用されるため、輸入車が不利
カナダ	金　貨	金地金（非課税）に比べ不利
スイス	貴金属時計	一般の時計（税率10%）に比べ貴金属時計（税率30%）が不利

消　費　税　の　使　途
（令和元年度予算）

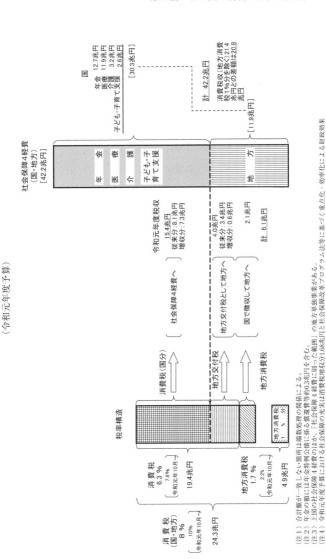

社会保障4経費（国・地方）
[42.2兆円]

		国
年　金		12.7兆円
医　療		11.9兆円
介　護		3.2兆円
子ども・子育て支援		2.6兆円

[30.3兆円]

計　42.2兆円

消費税収（地方消費税1%分を除く）21.4兆円との差額は20.8兆円

地　方

[11.9兆円]

令和元年度税収
15.4兆円
従来分・8.1兆円
増収分・7.3兆円

社会保障4経費へ

4.0兆円
従来分・3.4兆円
増収分・0.6兆円

地方交付税として地方へ

2.1兆円
国で徴収して地方へ

計　6.1兆円

消費税（国分）

地方交付税

地方消費税

税率構造

地方消費税
1　％　分

消費税
6.3 %
7.8%
〔令和元年10月～〕

19.4兆円

地方消費税
1.7 %
2%
〔令和元年10月～〕

4.9兆円

消費税
（国・地方）
8 %
10%
〔令和元年10月～〕

24.3兆円

（注1）合計額が一致しない箇所は端数処理の関係による。
（注2）年金の財源には年金特例公債に係る償還費等分の0.3兆円を含む。
（注3）上図の社会保障4経費のほか、「社会保障4経費に関った範囲」の地方単独事業がある。
（注4）令和元年度予算における社会保障の充実は消費税増収分1.68兆円と社会保障改革プログラム法等に基づく重点化・効率化による財政効果0.51兆円を活用し、合計2.19兆円の財源を確保している。

(2) **消費税の仕組みと性格**　　消費税は、消費一般に対して広く公平に負担を求めるため、次のような仕組みを採っています。すなわち、消費税制度においては、

① 　原則としてすべての財貨・サービスの国内における販売、提供などを課税対象とし、

② 　生産、流通、販売などの全段階において、財貨・サービスの販売、提供などに関わる事業者を納税義務者とし、その売上げ及び一定の仕入れに対して課税を行うとともに、

③ 　税の累積を排除するために、事業者は、売上げ等に係る税額から仕入れに係る税額を控除（仕入税額控除）し、その差引税額を納付する（控除額が売上げ等に係る税額を上回る場合には控除不足額の還付が行われる）こととされており、

④ 　事業者に課される税相当額は、コストとして財貨・サービスの販売価格に織り込まれて転嫁され、最終的には消費者が負担することが予定されています。

⑤ 　また、国内における消費に負担を求める税（内国消費税）としての性格上、輸入取引については、保税地域から課税貨物を引き取る者（事業者だけでなく、消費者たる個人を含む）を納税義務者として課税を行い、輸出取引については、売上げに対して課税を行わないとともに、仕入税額控除と控除不足額の還付が行われることにより、いわゆる国境税調整が行われます。

　このように、消費税は、ヨーロッパ諸国などにおいて「付加価値税」と呼ばれているタイプの税と同様、多段階累積排除型の課税ベースの広い間接税として構築されています。

消費税の仕組み

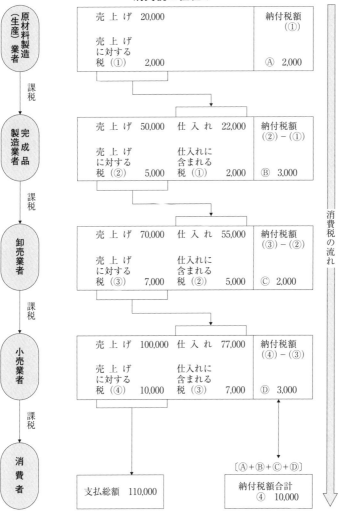

原材料製造業者（生産）

課税

完成品製造業者

課税

卸売業者

課税

小売業者

課税

消費者

売上げ　20,000

売上げに対する税（①）　2,000

納付税額（①）

Ⓐ　2,000

売上げ　50,000　　仕入れ　22,000

売上げに対する税（②）　5,000　　仕入れに含まれる税（①）　2,000

納付税額（②）－（①）

Ⓑ　3,000

売上げ　70,000　　仕入れ　55,000

売上げに対する税（③）　7,000　　仕入れに含まれる税（②）　5,000

納付税額（③）－（②）

Ⓒ　2,000

売上げ　100,000　　仕入れ　77,000

売上げに対する税（④）　10,000　　仕入れに含まれる税（③）　7,000

納付税額（④）－（③）

Ⓓ　3,000

消費税の流れ

〔Ⓐ＋Ⓑ＋Ⓒ＋Ⓓ〕

支払総額　110,000

納付税額合計
④　10,000

(3) **課税対象**　原則として国内におけるすべての財貨・サービスの販売・提供等を課税対象としています。また、この国内取引との税負担のバランスから、輸入取引にも消費税が課されます。

① 国内取引

国内取引の課税対象は、国内において事業者が行った資産の譲渡等及び特定仕入れであり、その内容は以下の通りです。

イ　資産の譲渡等とは、資産の譲渡、資産の貸付け及び役務の提供をいい、特定仕入れとは、国外事業者が行う事業者向け電気通信利用役務の提供及び芸能・スポーツ等の役務の提供を受けることをいいます。

ロ　原則として、資産の譲渡又は貸付けについてはその資産の所在場所、役務の提供については役務の提供が行われた場所が内外判定基準となります。なお、電気通信利用役務の提供については役務提供を受ける者の住所等が内外判定基準となります。

ハ　「事業者」とは、個人事業者と法人をいい、「事業」とは、同種の行為を反復、継続かつ独立して遂行することをいいます。

ニ　対価を得て行うものであることが必要です（無償取引は原則として課税対象から除外されます。ただし、個人事業者の棚卸資産等の家事消費や法人の自己の役員に対する贈与は、みなし譲渡として課税対象となります）。

② 輸入取引

輸入取引の課税対象は、保税地域から引き取られる外国貨物であり、有償取引であるか無償取引であるかを問わず課税対象です。

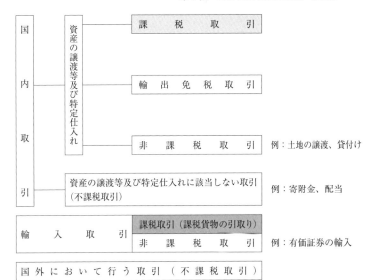

⑷　納税義務者

①　国内取引の納税義務者

　課税資産の譲渡等及び特定課税仕入れを行う事業者（個人事業者及び法人）が納税義務者です。なお、非居住者及び外国法人であっても国内において課税資産の譲渡等及び特定課税仕入れを行う限り、消費税の納税義務者となります。ただし、小規模零細事業者の納税事務負担や税務執行面に配慮する必要があることから、一定の事業規模以下の小規模事業者については、納税義務を免除することとなっています（事業者免税点制度）。

　なお、国外事業者が行う事業者向け電気通信利用役務の提供及び芸能・スポーツ等の役務の提供（特定資産の譲渡等）に関しては、リバースチャージ方式がとられ、サービスの受け手たる国内事業者に申告納税義務が課されます。

　免税事業者はその課税期間には消費税の納税義務が免除されますが、課税仕入れに係る消費税額及び引き取った課税貨物に係る消費税額の控除もできません（控除できない課税仕入れに係る消費税額に相当する額を価格に転嫁する必要があります）。しかし、免税事業者であっても、輸出取引を行っていることにより、仕入れに係る税額の控除をし、還付を受けようとする事業者（（6）参照）等については、課税選択の届出書を所轄税務署長に提出して、納税義務者になることを選択することもできます。この届出書を提出した事業者は、2年間は継続適用することが必要となります。

②　輸入取引の納税義務者

　外国貨物を保税地域から引き取る者が納税義務者となります。したがって、事業者だけでなく、消費者たる個人が輸入する場合にも納税義務者になります。

納税義務者 ┬ 国内取引の場合 ……… 課税資産の譲渡等（特定資産の譲渡等を除く）及び特定課税仕入れを行う事業者

└ 輸入取引の場合 ……… 課税貨物を保税地域から引き取る者

(注)　「課税資産の譲渡等」とは、資産の譲渡等のうち、消費税を課さないこととされているもの以外のものをいい、また「課税貨物」とは、保税地域から引き取られる外国貨物のうち、消費税を課さないこととされるもの以外のものをいう。

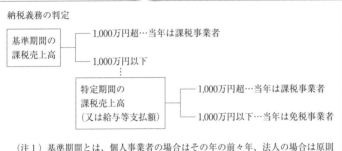

納税義務の判定

基準期間の課税売上高 ┬ 1,000万円超…当年は課税事業者

└ 1,000万円以下
　　⋮
特定期間の課税売上高（又は給与等支払額） ┬ 1,000万円超…当年は課税事業者

└ 1,000万円以下…当年は免税事業者

(注1)　基準期間とは、個人事業者の場合はその年の前々年、法人の場合は原則としてその事業年度の前々事業年度をいう。
(注2)　特定期間とは、個人事業者の場合は、その年の前年の1月1日から6月30日までの期間、法人の場合は原則としてその事業年度の前事業年度開始の日以後6か月の期間をいう。
(注3)　特定期間における1,000万円の判定をいずれの基準で判定するかは納税者の任意。

(5) **非課税取引**　　消費税は、原則として国内におけるすべての財貨・サービスの販売・提供等及び貨物の輸入を課税対象としています。しかし、これらの財貨・サービスの中には、消費に対して負担を求める税の性格上、課税対象とならないものと、政策上課税とすることが不適当と考えられたものがあります。これらの取引は非課税取引として消費税を課税しないこととされています。

なお、政策的配慮に基づく非課税取引については、消費一般に広く負担を求めるというこの税の性格上極めて限定されています。

消費税の性格から非課税取引とされるのは、①土地（土地の上に存する権利を含みます）の譲渡及び貸付け（一時的に使用させる場合等を除きます）、②有価証券等及び支払手段（収集品として譲渡する場合を除きます）の譲渡（資金決済に関する法律第2条第5項に規定する仮想通貨の譲渡を含みます）、③預貯金の利子及び保険料を対価とする役務の提供等、④郵便切手類、印紙及び証紙の譲渡、⑤物品切手等の譲渡、⑥国、地方公共団体等が法令に基づき徴収する手数料等に係る役務の提供、⑦外国為替及び外国貿易法に規定する外国為替業務に係る役務の提供です。

政策的配慮に基づき非課税とされるのは、⑧健康保険法等の医療保険各法等に基づいて行われる医療の給付等、⑨介護保険法に基づく居宅介護サービス費の支給に係る居宅サービス等、⑩社会福祉事業及び更生保護事業として行われる資産の譲渡等、⑪助産に係る資産の譲渡等、⑫埋葬料及び火葬料を対価とする役務の提供、⑬一定の身体障害者用物品の譲渡、貸付け等、⑭学校教育法上のいわゆる1条学校（小学校、中学校、高等学校、幼稚園等）、専修学校、各種学校及び職業訓練学校等の授業料、入学金、施設設備費等、⑮学校教育法に規定する教科用図書の譲渡、⑯住宅の貸付け（一時的に使用させる場合等を除きます）です。

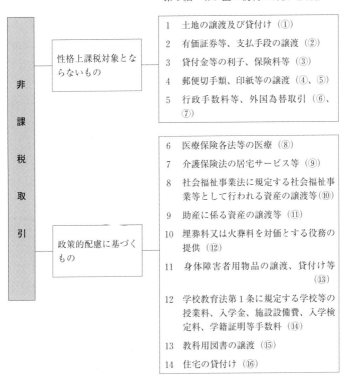

非課税取引

性格上課税対象とならないもの

1　土地の譲渡及び貸付け（①）

2　有価証券等、支払手段の譲渡（②）

3　貸付金等の利子、保険料等（③）

4　郵便切手類、印紙等の譲渡（④、⑤）

5　行政手数料等、外国為替取引（⑥、⑦）

政策的配慮に基づくもの

6　医療保険各法等の医療（⑧）

7　介護保険法の居宅サービス等（⑨）

8　社会福祉事業法に規定する社会福祉事業等として行われる資産の譲渡等（⑩）

9　助産に係る資産の譲渡等（⑪）

10　埋葬料又は火葬料を対価とする役務の提供（⑫）

11　身体障害者用物品の譲渡、貸付け等（⑬）

12　学校教育法第1条に規定する学校等の授業料、入学金、施設設備費、入学検定料、学籍証明等手数料（⑭）

13　教科用図書の譲渡（⑮）

14　住宅の貸付け（⑯）

(6)　**輸出免税**　　消費税は、国内で消費される物品やサービスについて負担を求める内国消費税ですので、事業者が輸出取引や国際輸送等の輸出に類似する取引として行う課税資産の譲渡等については、国際慣行に従い消費税が免除されます。

前述した非課税取引は、売上げには課税されない一方、その売上げに対応する仕入税額が控除されないのに対し、輸出取引等については、売上げに課税されないのに加え、その売上げに対応する仕入税額の控除が認められており、この点で両者の性格は基本的に異なっています。

国内で消費される輸入品には輸入価格に消費税が課されることとあわせて、内国消費税としての性格を貫徹させるような仕組みとなっているのです。このように、消費課税については一般に生産・輸出国では課税せず、消費国で課税する「消費地課税主義」が国際的な原則となっています。

免税とされる輸出取引等の範囲は右頁のとおりです。なお、輸出免税の適用を受けるためには、輸出許可書、税関長の証明書又は輸出の事実を記載した帳簿や書類を整理し、納税地等に7年間保存することにより、その取引が輸出取引等に該当するものであることを証明することが必要です。

また、輸出物品販売場を経営する事業者が、外国人旅行者などの非居住者に対して、所定の免税販売の手続により輸出物品（通常生活の用に供する物品が対象）を販売する場合には、消費税が免除されます。「消耗品」と「一般物品」を免税販売するためには、それぞれで下限額（5,000円以上）を満たす必要があります。もっとも、外国人旅行消費のより一層の活性化を図るとともに、外国人旅行者や免税店における利便性を向上させる観点から、平成30年7月1日より、一定の要件を満たす場合にはこれらを合算して下限額を判定することが可能となりました。

免税とされる輸出取引等の範囲

① 国内からの輸出として行われる資産の譲渡又は貸付け

② 外国貨物の譲渡又は貸付け（①に該当するものを除く）

③ 国内と国外との間の旅客や貨物の輸送（国際輸送）、国際通信又は国際郵便

④ 船舶運航事業者等に対する外航船舶等の譲渡、貸付け又は修理

⑤ 国際輸送に用いられるコンテナー等の譲渡、貸付け又は修理で、船舶運航事業者等に対するもの

⑥ 外航船舶等の水先、誘導、その他入出港もしくは離着陸の補助又は入出港、離着陸、停泊もしくは駐機のための施設の提供に係る役務の提供等で船舶運航事業者等に対するもの

⑦ 外国貨物の荷役、運送、保管、検数又は鑑定等の役務の提供

⑧ 国内及び国内以外の地域にわたって行われる郵便

⑨ 非居住者に対する一定の無形固定資産の譲渡又は貸付け

⑩ 非居住者に対する役務の提供（国内に所在する資産の運送、保管、国内における飲食、宿泊等を除く）

⑺ **課税標準及び税率**　　消費税の課税標準は、課税対象の区分に応じ、右頁のようになります。

課税標準である「課税資産の譲渡等の対価の額」とは、対価として収受し、又は収受すべき一切の金銭や金銭以外の物又は権利その他経済的な利益の額をいいますが、課税資産の譲渡等につき課されるべき消費税及び地方消費税に相当する額を除きます（「税抜きの売上げ」）。

一方、特定課税仕入れに係る消費税の課税標準は、対価として支払い、又は支払うべき一切の金銭又は金銭以外の物や権利その他経済的な利益の額をいいます。

酒税、たばこ税、揮発油税、石油石炭税等の「個別消費税」は課税標準に含まれます。なお、利用者等が納税義務者となっている軽油引取税、ゴルフ場利用税及び入湯税は原則としてここでの「個別消費税」には含まれません。

また、個人事業者が事業用の資産を家事のために消費した場合や、法人が資産をその役員に対して贈与した場合などは、前述のようにみなし譲渡とされ、課税対象となりますが、これらの場合の課税標準は、その時における資産の価額に相当する金額（時価）です。さらに、法人が資産をその役員に対して著しく低い対価により譲渡した場合にも、その資産の時価が課税標準になります。

平成24年8月に成立した税制抜本改革法に基づき、平成26年4月より、消費税の税率は6.3％（地方消費税（消費税額の17/63）と合わせた税率は8％）となっています。

また、消費税の税率は令和元年10月より7.8％（地方消費税（消費税額の22/78）と合わせた税率は10％）となりました。その際、軽減税率制度が導入され、「酒類・外食を除く飲食料品」及び「定期購読契約が締結された週2回以上発行される新聞」については、消費税率6.24％（地方消費税（消費税額の22/78）と合わせた税率は8％）が適用されます。

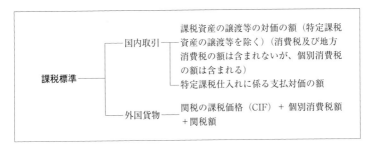

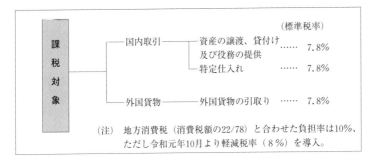

⑻　**納付税額の計算方法**　　事業者は、税抜きの売上げ（課税標準）に税率を乗じた額（売上げに係る消費税額）から、仕入れに含まれている消費税相当額を控除した額を納付することとなります（右頁の算式⒜参照）。

　課税仕入れに係る消費税額については、原則として、その全額が仕入税額控除の対象となります。ただし、課税売上割合（右頁の算式⒝参照）が95％未満又はその課税期間の課税売上高が5億円を超える場合には、課税売上げに対応する部分の仕入税額だけが控除されることになります。この場合の控除税額は、事業者の選択により、個別対応方式又は一括比例配分方式のいずれかの方式により計算します。

　ここで個別対応方式とは、その課税期間の課税仕入れ等の税額を、①課税売上げのみに対応するもの、②非課税売上げのみに対応するもの、③課税売上げと非課税売上げに共通するもの、に区分し、右頁の算式⒞により計算した額を控除税額とする方式です。一括比例配分方式とは、その課税期間の課税仕入れ等の税額に課税売上割合を乗じて計算した額を控除する方式です（右頁の算式⒟参照）。

　仕入税額控除の適用を受ける場合には、課税仕入れ等の事実の帳簿への記録及び保存と課税仕入れ等の事実を証する請求書等の双方を保存することが要件とされています（請求書等保存方式）。

　令和元年10月に軽減税率制度が導入され、売上げ及び仕入れを税率ごとに区分して税額計算を行う必要が生じるため、事業者の準備等の執行可能性に配慮し、現行の請求書等保存方式を維持しつつ、区分経理に対応するための簡素な方法（区分記載請求書等保存方式）及び税額計算の特例が導入されました。

　さらに、令和5年10月からは、複数税率に対応した消費税の仕入れ税額控除の方式として適格請求書等保存方式が導入されます。適格請求書等保存方式の下では、請求書等の保存に代えて、適格請求書発行事業者から交付を受けた「適格請求書」の保存が仕入税額控除の要件となります。税額は「適格請求書」に記載のある消費税額等を積み上げる「積み上げ計算」または、適用税率ごとの取引総額に税率を乗じて計算する「割戻し計算」のいずれかの方法により、計算を行うこととなります。

(a)　納付税額

$$納付税額 = \begin{bmatrix} 課税期間中の \\ 課税売上げに \\ 係る消費税額 \end{bmatrix} + \begin{bmatrix} 課税期間中の \\ 特定課税仕入れに \\ 係る消費税額 \end{bmatrix} - \begin{bmatrix} 課税期間中の \\ 課税仕入れ等に \\ 係る消費税額 \end{bmatrix}$$

(b)　課税売上割合

$$課税売上割合 = \frac{課税期間中の課税売上高（消費税及び地方消費税を除く）}{課税期間中の総売上高（消費税及び地方消費税を除く）}$$

(c)　個別対応方式

控除税額 = 〔①の税額〕 + 〔③の税額〕 × （課税売上割合）

課 税 期 間 中 の 課 税 仕 入 れ 等 の 税 額 の 合 計 額		
①　課税売上げのみに対応するもの	③　①と②の両方に共通するもの（課税売上割合で按分）	②　非課税売上げのみに対応するもの
控除する消費税額	控除できない消費税額	

(d)　一括比例配分方式

控除税額 = （課税仕入れ等の税額の合計額） × （課税売上割合）

課 税 期 間 中 の 課 税 仕 入 れ 等 の 税 額 の 合 計 額	
（課税売上割合で按分）	
控除する消費税額	控除できない消費税額

⑼ **簡易課税制度**　　一定規模以下の中小事業者については、選択によって、売上げに係る消費税額を基礎として仕入れに係る消費税額を簡単に計算することができるという仕組みが採られています。

　具体的には、基準期間における課税売上高が5,000万円以下の事業者（免税事業者を除きます）が、簡易課税制度の適用を受ける旨の届出書を所轄税務署長に提出した場合には、その翌課税期間以後、その課税期間における課税売上げに係る消費税額（売上対価の返還等がある場合にはこれらに係る消費税額の合計額を控除した後の金額）にみなし仕入率（注）を乗じた額を、課税仕入れに係る消費税額の合計額とみなして控除できます。

　　（注）　みなし仕入率は次のようになっています。

　　　　　第一種事業（卸売業）は90%、第二種事業（小売業）は80%、第三種事業（製造業等）は70%、第四種事業（その他）は60%、第五種事業（サービス業等）は50%、第六種事業（不動産業）は40%

　したがって、実際の課税仕入れ等に係る消費税額を計算する必要はなく、課税売上高から納付する消費税額を算出することができます（右頁の算式参照）。

　ここで卸売業とは、他の者から購入した商品をその性質及び形状を変更しないで他の事業者に対して販売する事業をいい、小売業とは、他の者から購入した商品をその性質及び形状を変更しないで販売する事業で卸売業以外のものをいいます。また、製造業等には、農林業、漁業、鉱業、建設業、電気・ガス業、熱供給業及び水道業が含まれます。

　なお、この制度の適用を受ける旨の届出書を提出した場合には、2年間は継続適用することが必要です。

簡易課税制度の仕組み

(1)　**1種類の事業の専業者の場合**

$$
\begin{pmatrix}
\text{課税仕入れ等に} \\
\text{係る消費税額}
\end{pmatrix}
=
\left(
\begin{array}{c}
\text{課税売上げに} \\
\text{係る消費税額}
\end{array}
-
\begin{array}{c}
\text{売上対価の返還等} \\
\text{に係る消費税額の} \\
\text{合計額}
\end{array}
\right)
\times \text{みなし仕入率}
$$

> 第一種事業（卸　売　業）90%
> 第二種事業（小　売　業）80%
> 第三種事業（製造業等）70%
> 第四種事業（そ　の　他）60%
> 第五種事業（サービス業等）50%
> 第六種事業（不動産業）40%

(2)　**2種類以上の事業を営む事業者の場合（原則）**

$$
\begin{pmatrix}
\text{課税仕入れ等に} \\
\text{係る消費税額}
\end{pmatrix}
=
\left[
\begin{array}{c}
\text{課税売上げに} \\
\text{係る消費税額}
\end{array}
-
\begin{array}{c}
\text{売上対価の返還等} \\
\text{に係る消費税額}
\end{array}
\right]
\times
$$

$$
\frac{
\begin{array}{c}\text{第一種事業に}\\\text{係る消費税額}\end{array}\times 90\% +
\begin{array}{c}\text{第二種事業に}\\\text{係る消費税額}\end{array}\times 80\% +
\begin{array}{c}\text{第三種事業に}\\\text{係る消費税額}\end{array}\times 70\% +
\begin{array}{c}\text{第四種事業に}\\\text{係る消費税額}\end{array}\times 60\% +
\begin{array}{c}\text{第五種事業に}\\\text{係る消費税額}\end{array}\times 50\% +
\begin{array}{c}\text{第六種事業に}\\\text{係る消費税額}\end{array}\times 40\%
}{
\begin{array}{c}\text{第一種事業に}\\\text{係る消費税額}\end{array} +
\begin{array}{c}\text{第二種事業に}\\\text{係る消費税額}\end{array} +
\begin{array}{c}\text{第三種事業に}\\\text{係る消費税額}\end{array} +
\begin{array}{c}\text{第四種事業に}\\\text{係る消費税額}\end{array} +
\begin{array}{c}\text{第五種事業に}\\\text{係る消費税額}\end{array} +
\begin{array}{c}\text{第六種事業に}\\\text{係る消費税額}\end{array}
}
$$

(3)　**1種類の事業の課税売上高が全体の75%以上である場合の特例**

　　2種類以上の事業のうち、1種類の事業の課税売上高が全体の75%以上を占める場合には、その75%以上を占める事業のみなし仕入率を全体の課税売上高に対して適用することができる。

(4)　**2種類の事業の課税売上高の合計額が全体の75%以上である場合の特例**

　　3種類以上の事業を営む事業者で、そのうちの2種類の事業の課税売上高の合計額が全体の75%以上を占める場合には、その2種類の事業のうち低い方のみなし仕入率をその2種類の事業以外の課税売上高に対しても適用することができる。

（備考）1．課税売上高とは、その課税期間における課税売上げの合計金額（消費税額及び地方消費税額を除く）をいう。
　　　　2．売上対価の返還等とは、返品、値引きなどを行い、代金を返還することをいう。
　　　　3．「第一種（第二種、第三種、第四種、第五種、第六種）事業に係る消費税額」とは、それぞれの事業ごとの課税資産の譲渡等に係る消費税額の合計額から売上対価の返還等の金額に係る消費税額の合計額を控除した残額をいう。
　　　　4．令和元年10月の軽減税率導入に伴い，第三種事業（製造業等）のうち，「食用の農林水産物を生産する農林水産業」について，みなし仕入率が80%に引き上げられた。

⑽ **申告・納付**　国内取引の場合には、事業者（免税事業者を除きます）は、課税期間の末日の翌日から2カ月以内に、確定申告書を提出するとともに消費税額を納付します（個人事業者については、規定により当分の間は3月末日とされています）。

　また、前課税期間の消費税の年税額が4,800万円を超える場合には、課税期間の初日以後1カ月ごとに区分した各期間につき、その各期間の末日の翌日から2カ月以内に、前課税期間の消費税額（年税額）の12分の1に相当する消費税額を、年税額が400万円を超え4,800万円以下の場合には、課税期間の初日以後3カ月ごとに区分した各期間につき、その各期間の末日の翌日から2カ月以内に、前課税期間の消費税額（年税額）の4分の1に相当する消費税額を、年税額が48万円を超え400万円以下の場合には、課税期間の初日以後6カ月ごとに区分した各期間につき、その各期間の末日の翌日から2カ月以内に、前課税期間の消費税額（年税額）の2分の1に相当する消費税額を、それぞれ中間申告・納付することになっています。年税額が48万円以下である場合には、中間申告・納付は不要（任意の中間申告・納付（年1回）が可能）です。なお、中間申告については、その中間申告対象期間を一課税期間とみなして計算した消費税額によることもできます。

　確定申告の際に、仕入控除税額が売上げに係る消費税額を上回っている場合や、中間納付額が控除しきれない場合には、事業者は、申告書を提出し、還付を受けることができます。

　輸入取引の場合には、申告納税方式が適用される課税貨物を保税地域から引き取ろうとする者は、原則として課税貨物を保税地域から引き取る時までに、その保税地域の所轄税関長に輸入申告書を提出するとともに、引き取る課税貨物に課される消費税額を納付することとされています。

申告・納付の手順

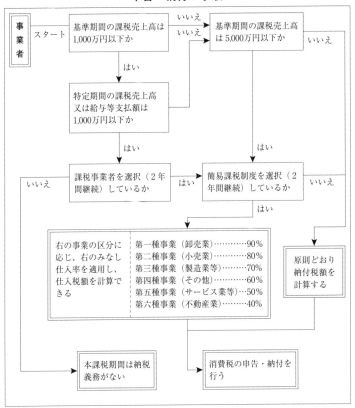

（備考）1．この判定表は、課税期間が1年である事業者を前提に作成しているので、事業年度が1年に満たない法人については、「基準期間の課税売上高」を1年分に換算すること。
　　　　2．令和元年10月の軽減税率導入に伴い，第三種事業（製造業等）のうち、「食用の農林水産物を生産する農林水産業」について，みなし仕入率が80％に引き上げられた。

7　その他の国税

(1)　**酒　税**　　酒類や製造たばこについては、他の物品と異なる特殊なし好品としての性格に着目して、従来から、他の物品に比べ高い税負担を求めています。

酒税は戦前においては国税収入の第1位を占めていた時期もありましたが、戦後は直接税収入が増加し、現在では国税収入の約2％程度となっています。なお、昭和63年12月の抜本改革により、従価税制度及び級別制度の廃止等の簡素合理化が行われるとともに、酒類間の税負担格差の縮小等が行われ、平成18年度税制改正では、酒税の分類を従来の10種類から4種類に大括り・簡素化するとともに、酒類間の税負担格差の縮小が行われました。

平成29年度税制改正では、酒類間の税負担の公平性を回復する等の観点から税率構造の見直し等が行われ、令和2年10月1日から令和8年10月1日まで段階的に税率を見直すことになりました。

酒税は、酒類、すなわちアルコール分1度以上の飲料を課税対象として、酒類の製造場からの移出や輸入（保税地域からの引き取り）の段階で、酒類の製造者又は引取者を納税義務者として課される税です。

課税に当たっては、酒類をその製法や性状により4種類（ビールや発泡酒等の発泡性酒類、清酒や果実酒等の醸造酒類、しょうちゅうやウイスキー等の蒸留酒類、リキュールやみりん等の混成酒類）に大別して、それぞれの酒類に応じた税率が設定されています（右頁参照）。

酒類を製造しようとする者は製造場ごとに、酒類の販売業を営もうとする者は販売場ごとに、それぞれその所在地の所轄税務署長の免許を受けなければなりません。酒類の製造者は、毎月所定の申告書を翌月末日までに所轄税務署長に提出した上で、当該申告に係る酒類を製造場から移出した翌々月末日までに酒税を納付します。保税地域からの引取者は、保税地域から酒類を引き取る時までに提出して酒税を納付します。

区　　　　　　分	税　　　率 （１kl 当たり）	アルコール分 １度当たりの加算額
発　泡　性　酒　類	220,000円	－
発泡酒（麦芽比率25〜50％未満）	178,125円	－
〃　　（麦芽比率25％未満）	134,250円	－
その他の発泡性酒類 　（ホップ等を原料としたもの（一定の 　ものを除く）を除く）	80,000円	－
醸　造　酒　類	140,000円	－
清　　　酒	120,000円	－
果　実　酒	80,000円	－
蒸　留　酒　類	（アルコール分 21度未満） 200,000円	（アルコール分 21度以上） 10,000円
ウイスキー・ブランデー・スピリッツ	（アルコール分 38度未満） 370,000円	（アルコール分 38度以上） 10,000円
混　成　酒　類	（アルコール分 21度未満） 220,000円	（アルコール分 21度以上） 11,000円
合　成　清　酒	100,000円	－
みりん・雑酒（みりん類似）	20,000円	－
甘味果実酒・リキュール	（アルコール分 13度未満） 120,000円	（アルコール分 13度以上） 10,000
粉　　末　　酒	390,000円	－

（備考）発泡性酒類…ビール、発泡酒、その他の発泡性酒類「新ジャンル」（その他の
　　　　醸造酒、リキュール等）
　　　　醸造酒類……清酒、果実酒、その他の醸造酒
　　　　蒸留酒類……連続式蒸留焼酎、単式蒸留焼酎、ウイスキー、ブランデー、原料
　　　　用アルコール、スピリッツ
　　　　混成酒類……合成清酒、みりん、甘味果実酒、リキュール、粉末酒、雑酒
（注）上記の税率は、平成18年５月１日から適用され、平成31年４月１日現在の税率。

(2) **たばこ税**　　たばこ税は、日本専売公社の民営化に伴い、従来の専売納付金に代えて昭和60年に「たばこ消費税」として創設されました。その後、平成元年度の税制の抜本改革において、消費税の導入との関係から名称が「たばこ税」と改められ、従来の税負担水準を原則として維持しつつ、従価・従量併課方式を従量税制度一本化する等の改正が行われました。

　現在、製造たばこについては、消費税及び地方消費税のほかに、国のたばこ税及びたばこ特別税並びに地方のたばこ税（道府県たばこ税・市町村たばこ税）が課されています。

　国のたばこ税及びたばこ特別税は、製造たばこを課税対象として、製造場からの移出時又は保税地域からの引取り時に、製造たばこの製造者又は引取者を納税義務者として課されています。また、地方のたばこ税は、卸売販売業者等が製造たばこを小売販売業者に売り渡す場合において、その売渡しに係る製造たばこに対し、その小売販売業者の営業所所在の地方公共団体において、その売渡しを行う卸売販売業者等を納税義務者として課されています。

　昭和60年に廃止されたたばこ専売制の下で、廃止時に３級品として低価格で販売されていた銘柄の紙巻たばこ（「旧３級品の紙巻たばこ」）については、当分の間の措置として、一般の紙巻たばこよりも低い税率が適用されてきましたが、旧３級品の紙巻たばこを取り巻く状況に大きな変化が生じていることや、WTO協定等との調和の観点からこれが見直され、国及び地方のたばこ税の特例税率は廃止されることとなりました（平成27年度改正）。なお、段階的な税率引き上げを行うための経過的な特例税率が措置されており、その適用期間は令和元年９月30日まで延長されています。

　平成30年度税制改正では、たばこ税の税率を１本あたり３円（国税・地方税合計）引き上げることとなりました。税率の引上げは消費者・葉たばこ農家・たばこ小売店等への影響に配慮し、平成30年10月１日より１本当たり１円ずつ３回に分けて段階的に実施されます。また、近年急速に市場が拡大している加熱式たばこについて、加熱式たばこの課税区分を新設した上で、その製品特性を踏まえた課税方式に見直されることとなりました。これについても、開発努力を行った企業や消費者への影響に配慮し、平成30年10月１日から令和４年10月１日までの５回に分けて段階的に移行されます。

たばこ税等の税率及び税収

税目／区分	国税			地方税			合計
	たばこ税	たばこ特別税	小計	道府県たばこ税	市町村たばこ税	小計	
	（円/千本）	（円/千本）	（円/千本）	（円/千本）	（円/千本）	（円/千本）	（円/千本）
紙巻たばこ 葉巻たばこ パイプたばこ 刻みたばこ かみ用及びかぎ用の製造たばこ 加熱式たばこ	5,802	820	6,622	930	5,692	6,622	13,244
【～令和元年9月30日】 旧3級品の紙巻たばこ	4,032	624	4,656	656	4,000	4,656	9,312

	国税			地方税			合計
令和元年度予算額 令和元年度地方財政計画額	（億円） 8,890	（億円） 1,260	（億円） 10,150	（億円） 1,429	（億円） 8,745	（億円） 10,174	（億円） 20,324

(注) 1．上記は、平成31年4月現在の税率。なお、たばこ税等の税率（国税・地方税合計）は、令和2年（2020年）10月1日から14,244円/千本、令和3年（2021年）10月1日から15,244円/千本となる。
2．たばこ特別税は平成10年12月1日から実施。
3．葉巻たばこ及びパイプたばこは1gを1本に、刻みたばこ、かみ用及びかぎ用の製造たばこは2gを1本に、それぞれ換算する。
4．加熱式たばこは、平成30（2018年）年10月1日から「加熱式たばこ」の区分に分類され、本数換算は次の期間に応じイ～ハの合計本数による。
【～令和元年（2019年）9月30日】
イ　その重量（フィルター等を含む。）1gを1本に換算した本数に0.8を乗じた本数
ロ　その重量（フィルター等を除く。）0.4gを0.5本に換算した本数に0.2を乗じた本数
ハ　その小売定価（消費税抜き）の紙巻たばこ1本当たりの平均価格をもって0.5本に換算した本数に0.2を乗じた本数
【令和元年（2019年）10月1日～令和2年（2020年）9月30日】
イ　その重量（フィルター等を含む。）1gを1本に換算した本数に0.6を乗じた本数
ロ　その重量（フィルター等を除く。）0.4gを0.5本に換算した本数に0.4を乗じた本数
ハ　その小売定価（消費税抜き）の紙巻たばこ1本当たりの平均価格をもって0.5本に換算した本数に0.4を乗じた本数
5．旧3級品の紙巻たばことは、わかば、エコー、しんせい、ゴールデンバット、ウルマ及びバイオレットの6銘柄の紙巻たばこをいう。

たばこ1箱（例：480円、20本入り）当たりの税負担額

たばこ税等の税額 264.88 （税負担割合：55.2%）

消費税 35.55	国税 132.44	地方税 132.44	税抜価格 179.57

(注) 平成31年4月現在のたばこ税等の税率による。

（参考）たばこ税等の税収額（国・地方：令和元年度予算額、令和元年度地方財政計画額）（単位：億円）

20,324

国税　10,150		地方税　10,174	
たばこ税 8,890	たばこ特別税 1,260	道府県たばこ税 1,429	市町村たばこ税 8,745

(注) 平成26年度までは、国たばこ税の税収の25%が地方交付税の財源とされていたが、平成27年度以降は地方交付税の財源から除外された。

（3）　**自動車課税**　　国税である自動車関係諸税として、揮発油税及び地方揮発油税、石油ガス税、自動車重量税があります。

①　揮発油税及び地方揮発油税

揮発油税及び地方揮発油税は揮発油に課税され、製造場から移出された場合は移出者が、保税地域から引き取られた場合は引取者が納税義務を負います。税率は、揮発油 1 kl につき、揮発油税 4 万8,600円、地方揮発油税5,200円、計 5 万3,800円の従量税率となっています。

②　石油ガス税

石油ガス税は、自動車用の石油ガス容器に充てんされている石油ガスに課税されます。納税義務者は、石油ガスの充てん場から移出する場合は充てん者、保税地域から引き取る場合は引取者です。税率は、課税石油ガス 1 kg につき17円50銭の従量税率です。

③　自動車重量税

自動車重量税は道路運送車両法によるいわゆる車検を受ける自動車と、同法による使用の届出をする軽自動車に課税され、自動車検査証の交付等を受ける者（検査自動車）及び車両番号の指定を受ける者（届出軽自動車）が納税義務を負います。税率は、車検の有効期間や自動車の重量等を基本とし、車体の環境負荷に応じて設定されています（税率の概要は右頁の通り）。

なお、一定の排ガス性能・燃費性能等を備えた自動車については、令和元年 5 月 1 日から、令和 3 年 4 月30日までの間における新車の新規車検等の際に、減免措置（いわゆるエコカー減税）が講じられています。

④　消費税率引上げに伴う税制上の支援

令和元年度税制改正においては、令和元年10月の消費税率10％への引上げにあわせ、大型耐久財についてその需要の平準化を図るため、自動車の保有に係る税負担が恒久的に引き下げられます。

具体的には、10月の消費税率引上げ後に購入した新車から、小型自動車を中心に、自家用自動車（登録車）に係る自動車税（地方税）の税率が恒久的に引き下げられます。それに伴う地方税の減収分のうち、地方税の見直しによる増収により確保できない分については、①自動車重量税のエコカー減税の見直し、②自動車重量税の譲与割合の段階的引上げ、③揮発油税から地方揮発油税への税源移譲、等の措置により全額が国費で補てんされます。

自動車に係る課税関係

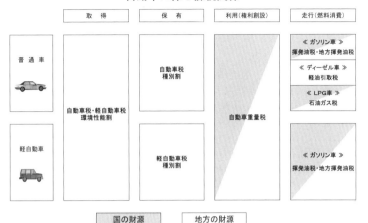

取　得	保　有	利用（権利創設）	走行（燃料消費）

普通車
- 自動車税・軽自動車税　環境性能割
- 自動車税　種別割

軽自動車
- 軽自動車税　種別割

- 自動車重量税

- 《 ガソリン車 》　揮発油税・地方揮発油税
- 《 ディーゼル車 》　軽油引取税
- 《 LPG車 》　石油ガス税
- 《 ガソリン車 》　揮発油税・地方揮発油税

国の財源	地方の財源

○　自動車重量税の税率の概要

（単位：円）

車　種			車検期間	本則税率（注）	当分の間税率					
					13年未満		13年超		18年超	
					自家用	営業用	自家用	営業用	自家用	営業用
検査自動車	乗用自動車		3年	車両重量0.5tごと	7,500	12,300	—	—	—	—	—
			2年	〃	5,000	8,200	—	11,400	—	12,600	—
			1年	〃	2,500	4,100	2,600	5,700	2,700	6,300	2,800
	バ　　　ス		2年	車両総重量1tごと	2,500	4,100	2,600	5,700	2,700	6,300	2,800
	トラック	車両総重量2.5 t 超	2年	〃	5,000	8,200	5,200	—	—	—	—
			1年	〃	2,500	4,100	2,600	5,700	2,700	6,300	2,800
		車両総重量2.5 t 以下	2年	〃	5,000	6,600	5,200	—	—	—	—
			1年	〃	2,500	3,300	2,600	4,100	2,700	4,400	2,800
	特　　種　　車		2年	〃	5,000	8,200	5,200	11,400	5,400	12,600	5,600
			1年	〃	2,500	4,100	2,600	5,700	2,700	6,300	2,800
	小　型　二　輪		3年	定　額	4,500	5,700	4,500	—	—	—	—
			2年	〃	3,000	3,800	3,000	4,600	3,200	5,000	3,400
			1年	〃	1,500	1,900	1,500	2,300	1,600	2,500	1,700
	検査対象軽自動車		3年	〃	7,500	9,900	—	—	—	—	—
			2年	〃	5,000	6,600	5,200	8,200	5,400	8,800	5,600
			1年	〃	2,500	3,300	2,600	4,100	2,700	4,400	2,800
届出軽自動車	検査対象外軽自動車	二輪車	—	〃	4,000	4,900	4,100	—	—	—	—
		その他	—	〃	7,500	9,900	7,800	—	—	—	—

注．燃費等の環境性能に関する一定の基準（燃費基準等の切り替えに応じて変更。：令和元年5月1日～令和3年4月30日の間→2020年度燃費基準達成等）を満たした自動車については，本則税率を適用。

⑷ **特定財源**　航空機燃料税、石油石炭税、電源開発促進税、国際観光旅客税は、その税収を特定の公的サービスに要する費用の財源に充てることとされています。

① 航空機燃料税

航空機燃料税は、航空機に積み込まれた航空機燃料に課税され、航空機の所有者又は使用者が納税義務を負います。税率は1klにつき1万8,000円の従量税率です。税収は国の空港整備財源及び空港関係地方公共団体の空港対策費に充てられます。

② 石油石炭税

石油石炭税は、原油、輸入石油製品、ガス状炭化水素及び石炭に課税され、採取場から移出された場合は採取者が、保税地域から引き取られた場合は引取者が納税義務を負います。税率は原油及び輸入石油製品は1klにつき2,800円、天然ガス及び石油ガス等は1tにつき1,860円、石炭は1tにつき1,370円の従量税率となっています。石油石炭税の税収は燃料安定供給対策及びエネルギー需給構造高度化対策に充てられます。

③ 電源開発促進税

電源開発促進税は、一般送配電事業者（いわゆる電力会社）の販売電気に課される税です。販売電気とは、一般送配電事業者が事務所、事業所や一般家庭の需要に応じ供給する電気及び一般送配電事業者が自家消費した電気です。税率は、販売電気1,000キロワット時につき375円となっています。税収は、電源立地対策、電源利用対策及び原子力安全規制対策に充てられます。

④ 国際観光旅客税

平成30年度改正において、観光先進国の実現に向けた観光基盤の拡充・強化を図るための財源を確保する観点から、国際観光旅客税が創設されました（平成31年1月7日施行）。これは、航空機又は船舶により出国する一定の者（国際観光旅客等）が納税義務を負います。税率は国際観光旅客等の出国1回につき1,000円となっており、国際旅客運送事業を営む者による特別徴収または国際観光旅客等により、納付されます。税収は、国際観光振興施策に必要な経費に充てられます。

特定財源諸税の概要

税	目	課税対象・税率					税収の使途
国	航空機燃料税	航空機燃料：18,000円／kl					・7／9は国の空港整備財源 ・2／9は空港関係市町村及び都道府県の空港対策費として譲与
	電源開発促進税	一般送配電事業者の販売電気：千kw時につき 375円					・電源立地対策、電源利用対策及び原子力安全規制対策
税	石油石炭税	課税物件	本則税率	H24年10/1～	H26年4/1～	H28年4/1～	・燃料安定供給対策及びエネルギー需給構造高度化対策
		原油・石油製品 1kl当たり	(2,040円)	+250円 (2,290円)	+250円 (2,540円)	+260円 (2,800円)	
		ガス状炭化水素 1t当たり	(1,080円)	+260円 (1,340円)	+260円 (1,600円)	+260円 (1,860円)	
		石炭 1t当たり	(700円)	+220円 (920円)	+220円 (1,140円)	+230円 (1,370円)	
	国際観光旅客税	国際観光旅客等の出国：1,000円／回					・ストレスフリーで快適に旅行できる環境の整備 ・我が国の多様な魅力に関する情報の入手の容易化及び地域固有の文化 ・自然等を活用した観光資源の整備等による地域での体験滞在の満足度の向上

⑸ **印紙税**　　印紙税は、契約書や領収書など、経済取引に伴い作成される広範な文書に対して軽度の負担を求める税であり、現在、契約書や領収書などの文書を作成した場合には、これに収入印紙を貼付するということが、取引上の慣習として定着してきています。

契約書や領収書などの文書が作成される場合、その背後には、取引に伴って生じる何らかの経済的利益があるものと考えられます。また、経済取引について文書を作成するということは、取引の当事者間において取引事実が明確となり法律関係が安定化されているという面もあります。印紙税は、このような点に着目し、文書の作成行為の背後に担税力を見出して課税している税ということができます。

なお、印紙税は、金融取引を含む各種の経済取引に対し、文書を課税対象として課税しているものであり、財貨又はサービスの消費を課税対象とする消費税とは基本的に性格が異なるものです。

現行の印紙税法では、経済取引に伴い作成される文書のうち、不動産の譲渡契約書、請負契約書、手形や株券などの有価証券、保険証券、領収書、預貯金通帳など軽度の補完的課税を行うに足る担税力があると認められる特定の文書を20に分類掲名した上、課税対象としています。

印紙税の納税義務は、課税文書を作成した時に成立し、その作成者が納税義務者となります。また、その課税納付制度は、課税文書の作成行為を捉えて、原則として納税義務者が作成した課税文書に印紙税に相当する金額の収入印紙を貼付することによって納税が完結する、客観的で簡素な仕組みとなっています。

印紙税の税率は、定額税率を基本としつつ、より担税力があると認められる特定の文書については階級定額税率を適用するとともに、特定の文書には免税点が設けられ、一定の記載金額以下の文書には印紙税を課税しない仕組みとなっています。

印紙税の税率（主なもの）

号別	課税文書	階級区分		税率
1	不動産の譲渡契約書等 消費貸借契約書	記載された契約金額が1万円未満 10万円以下 10万円を超え　　　　　　　50万円以下 50万円　〃　　　　　　　100万円　〃 100万円　〃　　　　　　　500万円　〃 500万円　〃　　　　　　1,000万円　〃 1,000万円　〃　　　　　　5,000万円　〃 5,000万円　〃　　　　　　　1億円　〃 1億円　〃　　　　　　　5億円　〃 5億円　〃　　　　　　10億円　〃 10億円　〃　　　　　　50億円　〃 50億円を超えるもの 契約金額の記載のないもの		非課税 200円 400円 1,000円 2,000円 1万円 2万円 6万円 10万円 20万円 40万円 60万円 200円
	上記のうち、不動産の譲渡に関する契約書 （平成26年4月1日から令和2年3月31日までの間に作成されるもの）	記載された契約金額が 10万円を超え　　　　　　　50万円以下 50万円　〃　　　　　　100万円　〃 100万円　〃　　　　　　500万円　〃 500万円　〃　　　　　　1,000万円　〃 1,000万円　〃　　　　　　5,000万円　〃 5,000万円　〃　　　　　　　1億円　〃 1億円　〃　　　　　　　5億円　〃 5億円　〃　　　　　　10億円　〃 10億円　〃　　　　　　50億円　〃 50億円を超えるもの		200円 500円 1,000円 5,000円 1万円 3万円 6万円 16万円 32万円 48万円
2	請負契約書	記載された契約金額が1万円未満 100万円以下 100万円を超え　　　　　　200万円以下 200万円　〃　　　　　　300万円　〃 300万円　〃　　　　　　500万円　〃 500万円　〃　　　　　　1,000万円　〃 1,000万円　〃　　　　　　5,000万円　〃 5,000万円　〃　　　　　　　1億円　〃 1億円　〃　　　　　　　5億円　〃 5億円　〃　　　　　　10億円　〃 10億円　〃　　　　　　50億円　〃 50億円を超えるもの 契約金額の記載のないもの		非課税 200円 400円 1,000円 2,000円 1万円 2万円 6万円 10万円 20万円 40万円 60万円 200円
	上記のうち、建設業法に規定する建設工事の請負に係る契約に基づき作成されるもの （平成26年4月1日から令和2年3月31日までのに作成されるもの）	記載された契約金額が 100万円を超え　　　　　　200万円以下 200万円　〃　　　　　　300万円　〃 300万円　〃　　　　　　500万円　〃 500万円　〃　　　　　　1,000万円　〃 1,000万円　〃　　　　　　5,000万円　〃 5,000万円　〃　　　　　　　1億円　〃 1億円　〃　　　　　　　5億円　〃 5億円　〃　　　　　　10億円　〃 10億円　〃　　　　　　50億円　〃 50億円を超えるもの		200円 500円 1,000円 5,000円 1万円 3万円 6万円 16万円 32万円 48万円
3	約束手形 為替手形	記載された金額が100万円以下 100万円を超え　　　　　　200万円以下 200万円　〃　　　　　　300万円　〃 300万円　〃　　　　　　500万円　〃 500万円　〃　　　　　　1,000万円　〃 1,000万円　〃　　　　　　2,000万円　〃 2,000万円　〃　　　　　　3,000万円　〃 3,000万円　〃　　　　　　5,000万円　〃 5,000万円　〃　　　　　　　1億円　〃 1億円　〃　　　　　　　2億円　〃 2億円　〃　　　　　　　3億円　〃 3億円　〃　　　　　　　5億円　〃 5億円　〃　　　　　　10億円　〃 10億円を超えるもの		200円 400円 600円 1,000円 2,000円 4,000円 6,000円 1万円 2万円 4万円 6万円 10万円 15万円 20万円
17	売上代金に係る金銭又は有価証券の受取書	受取金額の記載のない受取書 記載された手形金額が10万円未満 手形金額の記載のない手形 記載された受取金額が5万円未満 営業に関しない受取書		200円 }非課税
4	株券・社債券等	記載された券面金額が500万円以下 500万円を超え　　　　　1,000万円以下 1,000万円　〃　　　　　　5,000万円　〃 5,000万円　〃　　　　　　　1億円　〃 1億円を超えるもの		200円 1,000円 2,000円 1万円 2万円

(6)　**登録免許税**　　登録免許税は、国による登記、登録、免許など
を課税対象に、登記などを受ける者に対して、不動産の価額など
を課税標準として、登記などの区分に応じた比較的低い税率で負担
を求める税です。また、登録免許税は、基本的に、登記などによっ
て生じる利益に着目するとともに、登記・登録などの背後にある財
の売買その他の取引などを種々の形で評価し、その担税力に応じた
課税を行うものです。

　納税義務者は、登記等を受ける者です。登記等を受ける者が2人
以上あるときは、その登記等を受ける者は連帯して納付する義務を
負います。なお、国、地方公共団体等が自己のために受ける登記等
については非課税とされます。

　登録免許税を課税対象からみると、不動産登記に対して課される
もの、商業登記に対するもの、人の資格や事業免許などに対するも
のなどがあります。不動産登記に対する登録免許税は、不動産（土
地、建物など）の所有権の保存・移転登記などに対して課されるも
のです。不動産の価額（基本的に、固定資産税評価額を不動産の価
額とします）を課税標準とし、登記原因ごとに1,000分の4から
1,000分の20までの税率を設定することにより、具体的税負担を決
定する仕組みが採られています。また、商業登記に対する登録免許
税は、会社の設立登記や増資の登記などに課されるもので、商業登
記により会社が営業上の利益を受けることに着目するとともに、そ
れらの登記の背後に担税力の存在を推認して課税するものです。

　納付は、現金納付を原則とし、登記等の申請書を提出する際に、
申請書に領収証書を貼付することにより行います。ただし、税額が
3万円以下の場合は現金納付ではなく印紙納付が認められ、また、
一定の免許等については事後現金納付により行います。

不動産登記に関する主な登記の税率

事　　　　　項	課税標準	税　　率
不動産の所有権の保存の登記	不動産の価額	1,000分の 4
不動産の所有権の移転の登記		
相続・合併による登記	〃	1,000分の 4
遺贈・贈与による登記	〃	1,000分の20
共有物の分割による登記	〃	1,000分の 4
売買による登記	〃	1,000分の20（注）
不動産の抵当権の設定の登記	債権金額等	1,000分の 4

（注）　土地の売買による所有権の移転登記については、令和 3 年 3 月31日までの間、
　　　税率を1,000分の15に軽減する措置が講じられています。

住宅用家屋に係る特例

事　　　　　項	課税標準	本則税率	軽減税率
所有権の保存の登記	不動産の価額	1,000分の 4	1,000分の1.5
所有権の移転の登記 （売買・競売に限る）	〃	1,000分の20	1,000分の 3
抵当権の設定の登記	債権金額	1,000分の 4	1,000分の 1

不動産登記以外の場合の税率の例

事　　　　　項	課税標準	税　　率
株式会社の設立登記	資本金の額	1,000分の 7 （15万円に満たない ときは、15万円）
著作権の移転登録	著作権の件数	1 件につき 18,000円
弁護士の登録	登録件数	1 件につき 6 万円

8　国税の徴収手続等

(1)　**更正及び決定**　　所得税や法人税などの申告納税方式による国税は、納税者による納税申告書の提出によりその納付すべき税額が確定することを原則としています。

　しかし、この申告書に記載された課税標準や税額などが税務官庁の調査したところと異なる場合には、その内容を変更する必要が生じます。この変更を行うために税務官庁が行う手続を「更正」といいます。この「更正」には、既に確定している税額を増額させる、あるいは還付金の額を減額させる増額更正と、その税額を減額させる、あるいは還付金の額を増額させる減額更正とがあります。このように「更正」とは、申告などにより既に確定している課税標準や税額などが過大又は過少の場合にその額を変更するものですが、納税申告書を提出しなければならない者が、その申告書の提出期限までに申告書を提出していないため、まだ課税標準や税額などが確定していない場合には、税務官庁がその課税標準や税額などを確定させるために「決定」という手続を行います。

　なお、更正や決定は、税務署長が更正通知書又は決定通知書を納税者に対して送達して行われますが、法定申告期限から5年、7年等一定の期間を経過した後には行うことができません。

　このように、更正や決定は、税務官庁側から行う課税標準や税額などの変更・確定のための手続ですが、これらの処分が実施されるまでは納税者側から課税標準や税額などを増額させる「修正申告」、課税標準や税額などを確定させる「期限後申告」を行うことができます。また、納税者側から減額更正を求める手続として「更正の請求」があります。税務官庁は、この請求内容を調査し、減額更正等を行います。

更正・決定ができる期間

区　　　　分			単純過少申告又は単純無申告の場合	脱税の場合
更正			法定申告期限から 5 年	それぞれの法定申告期限等から 7 年
決定				
純損失等の金額に係る更正			法定申告期限から 5 年（法人税については平成30年 4 月 1 日以後に開始する事業年度において生じた欠損金額については10年間となる（平成28年改正））	
通常の賦課決定	課税標準申告書の提出を要するもの	提出した場合	当該申告書の提出期限から 3 年	
		提出していない場合	当該申告書の提出期限から 5 年	
	課税標準申告書の提出を要しないもの		納税義務の成立の日から 5 年	
減額賦課決定			当該申告書の提出期限から 5 年	
更正をすることができないこととされる日前 6 月以内にされた更正の請求に係る更正			更正の請求があった日から 6 月	

(2) 附帯税

① 延滞税・利子税

延滞税は、国税を法定納期限までに納付していない場合に、その未納税額に対して課される附帯税で、国税の期限内における適正な納付の担保及び期限内に適正に国税を納付した者と納付しない者との権衡を図るために設けられた制度であり、国税債務の履行遅滞に対する遅延損害金的性格を有するものです。延滞税の額は、法定納期限の翌日から完納する日までの日数に応じて、その未納税額に年14.6%の割合（納期限までの期間又は納期限の翌日から2月を経過する日までの期間については、年7.3%の割合）を乗じて計算した税額です。利子税の額は、所得税の延納税額や法人税の確定申告税額についてはその延納などが認められた期間の日数に応じて年7.3%（年7.3%の延滞税と同様の特例があります。）を乗じて計算した額とされ、相続税や贈与税の延納税額についてはその延納の認められる期間の日数に応じて一定の割合（1.2～6.0%。なお、特例基準割合に応じて軽減されます。）を乗じて計算した額とされています。特例基準割合の具体的な値は、平成30年1月1日から令和元年12月31日までの期間は、1.6%となっています。

利子税は、所得税、相続税及び贈与税の延納制度並びに法人税についての申告書の提出期限の延長制度を利用したりする場合に、その延納税額や期限延長に係る確定申告税額に対して課される附帯税で、約定利息の性質を有するものです。これは、これらの期間中はまだ国税が履行遅滞となったものとはいえないとの考え方によるものです。なお、この延滞税の割合については低金利の状況を踏まえ、特例が設けられています。具体的には、各年の特例基準割合（各年の前々年の10月から前年の9月までの各月における銀行の新規の短期貸出約定平均金利の合計を12で除して計算した割合として各年の前年の12月15日までに財務大臣が告示する割合に、年1％の割合を加算した割合をいいます。）が年7.3%に満たない場合には、年14.6%の割合の延滞税についてはその特例基準割合に年7.3%を加算した割合となり、年7.3%の割合の延滞税についてはその特例基準割合に年1％を加算した割合（その加算した割合が年7.3%を超える場合には、年7.3%の割合）となります。

延滞税は、個人、法人を問わず所得金額の計算上必要経費又は損金の額に算入できませんが、利子税は、延滞税とは性質が異なるため、これが可能となっています。

主な税目の法定納期限等

税　　目	法 定 納 期 限 等
申 告 所 得 税	予定納税　1 期 → 7 月31日、2 期 → 11月30日 確定申告　　→　3 月15日
源 泉 所 得 税	支払の日の属する月の翌月10日 〔特例——10人未満の事業所の給与、退職金等の支払の場合 1 月～6 月支払分 → 7 月10日、7 月～12月支払分 → 翌年1 月20日〕
法 　人 　税	中間申告 → 当該事業年度開始の日以後 6 月を経過した日から 2 月 確定申告 → 当該事業年度終了の日の翌日から 2 月 　　　　　　〔申告期限の延長特例適用の場合 → 3 月〕
相 　続 　税	相続の開始があったことを知った日の翌日から10月 (平成 5 年以降段階的に延長された)
贈 　与 　税	その年の翌年 3 月15日
消 　費 　税	中間申告 → 課税期間開始の日以後 6 月（前期年税が400万円超は 　　　　　　3 月、6 月、9 月。前期年税が4,800万円超は毎月末） 　　　　　　を経過した日から 2 月 確定申告 → 課税期間（課税期間は原則 1 年、選択により 3 月又は 　　　　　　1 月）終了の日の翌日から 2 月（個人は 3 月末日）
酒 　　　　税	移出した月の翌々月末日（申告は翌月末日まで）
た ば こ 税 た ば こ 特 別 税	移出した月の翌月末日
印 　紙 　税	申告納税分 → 翌月末日 その他　　　→　文書作成の時
登 録 免 許 税	現金納付及び印紙納付分 → 登記等を受ける時 新規免許 → 免許等をした日から 1 月以内の登録機関の定める日
修 　正 　申 　告 期 限 後 申 告	申告書を提出した日
更 　正 ・ 決 　定	更正通知書又は決定通知書が発せられた日の翌日から 1 月を経過する日

② **加算税**　　加算税は、所得税などの申告義務や給与などの支払者が行う源泉徴収などの徴収納付義務の履行について、国税に関する法律の適正な執行を妨げる行為や事実の防止さらには制裁措置の性質をもつ負担として課される附帯税です。

加算税には、過少申告加算税、無申告加算税、不納付加算税及びこれらに代えて課される重加算税の四種類があります。

過少申告加算税は、①期限内申告が提出されている場合、②還付申告書が提出されている場合、③期限後申告書が提出された場合において、期限内申告書の提出がなかったことについて正当な理由があると認められる場合又は期限内申告書を提出する意思があったと認められる一定の場合のいずれかの場合に、その修正申告や更正に基づき納付すべき税額に一定の割合で課されるものです。

無申告加算税は、①期限後申告書の提出又は決定があった場合、②期限後申告書の提出又は決定があった後に修正申告書の提出又は更正があった場合のいずれかの場合に、その申告、更正又は決定に基づき納付すべき税額に一定の割合で課されるものです。

不納付加算税は、源泉徴収などにより徴収して納付すべき国税がその法定納期限までに完納されなかった場合に、法定納期限までに納付されなかった税額に一定の割合で課されるものです。

重加算税は、上記の各種加算税が課される事由がある場合において、その事由についてその基礎となるべき事実の全部又は一部を隠蔽し、又は仮装したところに基づいて申告書を提出し、又は法定納期限までに納付しなかった場合などに、それぞれの加算税に代えて一定の割合で課されるものです。たとえば、ニセの帳簿をつけ、そのニセの帳簿に基づいて申告をしていたような場合がこれに当たります。

なお、過少申告や無申告となったこと等について正当な理由があると認められるときは、これらの加算税は課されません。また、平成18年度改正において、無申告加算税については法定申告期限内に申告する意思があったと認められる場合には不適用とすることとされ、不納付加算税についても同旨の不適用制度が創設されました。

各種加算税の割合

区分	加算税を課する要件		割　合
過少申告加算税	修正申告書の提出又は更正があった場合		10％
	期限内申告税額に相当する金額と50万円のいずれか多い金額を超える部分の税額		超える部分の税額の5％を加算
	調査通知前、かつ、更正を予知しない申告		0
	調査通知以後、更正予知前にされた修正申告に基づく場合		5％
	期限内申告税額と50万円のいずれか多い金額を超える部分の税額		10％
	過少に申告したことについて正当な理由があると認められる場合		0
無申告加算税	期限後申告書の提出又は決定があった場合等		15％（注）
	納付すべき税額が50万円を超える部分の税額		超える部分の税額の5％を加算
	調査通知前、かつ、決定又は更正を予知しない申告		5％
	調査通知以後、決定又は更正予知前にされた期限後申告等に基づく場合		10％
	納付すべき税額が50万円を超える部分の税額		15％
	申告がなかったことについて正当な理由があると認められる場合及び法定申告期限内に申告する意思があったと認められる一定の場合		0
不納付加算税	源泉徴収による国税がその法定納期限までに完納されなかった場合		10％
	納税告知を予知しない納付		5％
	納付がなかったことについて正当な理由があると認められる場合及び法定納期限内に納付する意思があったと認められる一定の場合		0
重加算税	隠蔽し、又は仮装したところに基づき申告又は納付等をしていた場合	過少申告加算税に代えて課する場合	35％（注）
		無申告加算税に代えて課する場合	40％（注）
		不納付加算税に代えて課する場合	35％（注）

(注)過去5年内に、無申告加算税（更正・決定予知によるものに限る。）又は重加算税を課されたことがあるときは、10％加算される。

（3）　**国税の滞納処分**　　滞納処分とは、納税者が国税を自主的に納付しない場合にこれを強制的に実現する手続であり、債権者たる国の機関が自ら執行する一種の自力執行をいいます。国税の徴収を確保することは、国家の財政力を確保する上で最も重要性を有するものであることなどから、滞納処分は、国税の優先徴収権とともに国税の徴収確保措置における車の両輪にたとえられる重要な制度といわれます。

　滞納処分は、滞納者の財産の差押え、差し押さえた財産の換価（差し押さえた財産が債権の場合には、その債権の取立て）、換価代金の滞納国税への充当といった一連の手続により執行されます。また、他の執行機関が行う強制換価手続に参加し換価代金の交付を求めることにより、国税債権の実現を図る交付要求や参加差押えの手続もこの滞納処分に含まれます。

　滞納処分は、納税者が督促を受け、その督促状が発せられた日から起算して10日を経過した日までに国税を完納しないときは、いつでも開始することができます。なお、督促は、単なる納付の催告ということにとどまらず、差押えの前提要件としての効果、時効中断の効果等を併せもちます。

　滞納処分の執行に関しては、差し押さえた財産の換価を一時猶予したり、滞納者に差し押さえるべき財産がまったくない場合などにその滞納処分自体を停止するなど納税者の事情に即した執行ができるような種々の緩和措置が設けられています。

国税の滞納処分の流れ

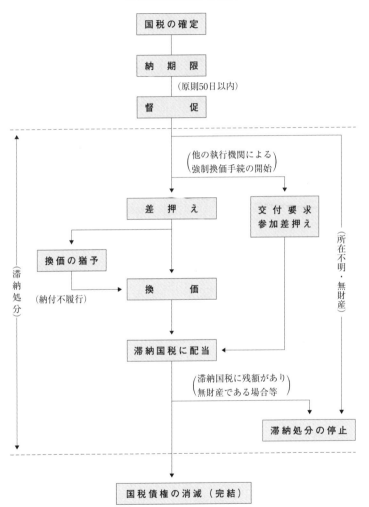

（4）　**国税の不服審査制度**　　国税に関する不服申立ては、国税不服審判所の設置、納税者の選択による再調査の請求などの特色を有する制度が設けられています。

国税に関する処分に不服がある者は、全ての処分につき、直接国税不服審判所長に対して審査請求することができます。ただし、請求人の選択により、審査請求の前に再調査の請求をすることができることとされています。

不服申立てができる者は、不服申立ての対象となる処分について不服がある者で、税務官庁の違法又は不当な処分により直接自己の権利又は法律上の利益を侵害された者に限られています。

納税者等が、税務官庁の処分に不服がある場合には、その処分があったことを知った日から3カ月以内に国税不服審判所に対して直接審査請求を行うか、処分庁に再調査の請求を行います。これについて処分庁は、再調査に対する決定を行います。この決定に異議がある場合には、その決定の処分があってから1カ月以内に審査請求をし、これについて不服審判所は調査・審理をして裁決をします。この裁決に対しても不服がある場合には、その裁決があってから6カ月以内に訴訟を提起することができます。

継続的性質を有する事実行為及び不作為等については国税に関する特殊性が存しないことから、これらに係る不服申立ては国税通則法ではなく、行政不服審査法に基づいて行うことになります。

また、決定及び裁決、不作為に係る不服申立てに対する決定及び裁決、通告処分・差押え・留置等の処分など一定の処分については、不服申立てができないため、これらの処分に不服のある者は直ちに訴訟を提起することができます。

国税の不服申立制度のあらまし

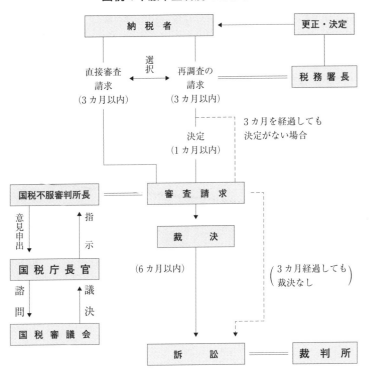

⑸ **書類の送達、端数計算**　書類の送達：税務官庁が行う処分などは、納税者に通知されなければ、法的効力を持ちません。この通知を行うための手続を「送達」といいます。税務官庁が行う書類の一般的な送達手段としては、郵便等による送達と交付送達の二つの方法があります。交付送達とは、税務官庁の職員が送達を受けるべき者に対して、その住所又は居所において書類を直接交付することをいいますが、その例外として、出会送達、補充送達、差置送達があります。

　端数計算：国税の課税標準を計算する場合の端数計算は、一般的には、その額に1,000円未満の端数があるときは、その端数金額を切り捨て、その額の全額が1,000円未満であるときは、全額を切り捨てます。また、国税の確定金額については、一般的には、100円未満の端数があるときは、その端数金額を切り捨て、全額が100円未満であるときは、全額を切り捨てます。

書類送達の一覧

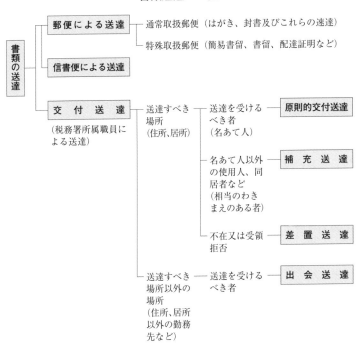

(6) **社会保障・税番号制度** 社会保障・税制度の効率性・透明性を高め、公平・公正な社会を実現するためのインフラ整備として、2016年1月以降、社会保障・税・防災の各分野で利用される社会保障・税番号制度（個人番号・法人番号）が導入されています。

個人番号は、市町村長より住民票コードを基礎として、通知カードによって本人に通知され、法人番号は、会社法人等番号を基礎として、国税庁長官より通知されます。

税務分野においては、税務署に提出される納税申告書や法定調書等に番号の記載を求めることで、より正確な所得把握が可能となり、社会保障や税の給付と負担の公平化や行政事務の効率化が図られることになります。

税務以外の、年金・医療・介護保険・福祉等の分野においては、共通の番号が利用されることで、行政事務の効率化が図られるだけでなく、給付過誤や給付漏れの防止等を通じて、真に手を差し伸べるべき人の把握につながります。

なお、海外の多くの国では、税務分野において番号制度が利用されています（第6編14参照）。

社会保障・税番号制度の概要
～行政手続における特定の個人を識別するための番号の利用等に関する法律～

基本理念
- 個人番号及び法人番号の利用に関する施策の推進は、個人情報の保護に十分に配慮しつつ、社会保障、税、災害対策に関する分野における利用の促進を図るとともに、他の行政分野及び行政分野以外の国民の利便性の向上に資する分野における利用の可能性を考慮して行う。

個人番号
- 市町村長は、法定受託事務として、住民票コードを変換して得られる個人番号を指定し、通知カードにより本人に通知。盗用、漏洩等の被害を受けた場合に限り変更。中長期在留者、特別永住者等の外国人住民も対象。
- 個人番号の利用範囲を法律に規定。①国・地方の機関での社会保障分野、国税・地方税の賦課徴収及び災害対策等に係る事務での利用、②当該事務に係る申請・届出等を行う者（代理人・受託者を含む。）が事務処理上必要な範囲での利用、③災害時の金融機関での利用に限定。
- 番号法に規定する場合を除き、他人に個人番号の提供を求めることは禁止。本人から個人番号の提供を受ける場合、個人番号カードの提示を受ける等の本人確認を行う必要。

個人番号カード
- 市町村長は、顔写真付きの個人番号カードを交付。
- 政令で定めるものが安全基準に従って、ICチップの空き領域を本人確認のために利用。（民間事業者については、当分の間、政令で定めないものとする。）

個人情報保護
- 番号法の規定によるものを除き、特定個人情報（個人番号付きの個人情報）の収集・保管、特定個人情報ファイルの作成を禁止。
- 特定個人情報の提供は原則禁止。ただし、行政機関等は情報提供ネットワークシステムでの提供など番号法に規定するものに限り可能。
- 民間事業者は情報提供ネットワークシステムを使用できない。
- 情報提供ネットワークシステムでの情報提供を行う際の連携キーとして個人番号を用いないなど、個人情報の一元管理ができない仕組みを構築。
- 国民が自宅のパソコンから情報提供等の記録を確認できる仕組み（マイ・ポータル）の提供、特定個人情報保護評価の実施、特定個人情報保護委員会の設置、罰則の強化など、十分な個人情報保護策を講じる。

法人番号
- 国税庁長官は、法人等に法人番号を通知。法人番号は原則公表。民間での自由な利用も可。

検討等
- 法施行後3年を目途として、個人番号の利用範囲の拡大について検討を加え、必要と認めるときは、国民の理解を得つつ、所要の措置を講ずる。
- 法施行後1年を目途として、特定個人情報保護委員会の権限の拡大等について検討を加え、その結果に基づいて所要の措置を講ずる。

税務における「社会保障・税番号制度」の利用

- 納税者が税務当局に提出する申告書等や、取引の相手方が税務当局に提出する法定調書に、「番号」の記載を求める。
- 税務当局が、申告書等の情報と法定調書の情報を、その番号により名寄せ・突合できるようになり、納税者の所得情報をより的確に把握。

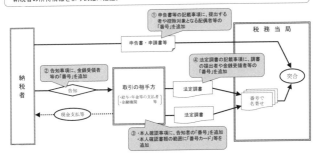

第4編　わが国の税制の現状（地方税）

　1　概　説　　地方税については、地方自治体ごとに地域の事情が様々である中、住民生活に身近な行政サービスを広く担う必要があるため、地域共通の経費を地域の住民全てがその能力と受益に応じて負担し合う負担分任性及び応益性、税収が一部の地域に偏ることない普遍性、並びに税収が景気変動に左右されない安定性を有する税制が望ましいと考えられています。

　その上で、地方税の主な税目を簡単に紹介しましょう。

　まず、所得に対し課される税として、道府県民税、市町村民税及び事業税があります。このうち道府県民税と市町村民税は、一般に「住民税」と呼ばれているものです。

　消費に対し課される税としては、自動車関係の税として自動車税、軽自動車税、自動車取得税があるほか、平成9年4月1日から地方消費税が導入されました。

　このほか、固定資産に関係する税として、固定資産税、都市計画税、不動産取得税などがあります。

　地方税は、国の法律である地方税法にそれぞれの税目の内容が定められており、通常は標準税率による課税が行われますが、一定の税目については、各地方自治体が制限税率までの範囲で税率を定めることができます。

　国税収入の一部を地方自治体へ移転させる地方交付税や地方譲与税について説明を補足しておきましょう（第1編6参照）。地方交付税は所得税、法人税、消費税等の一定割合を地方自治体に対しその財政力に応じて交付するものです。一方、地方譲与税は、地方揮発油税、石油ガス税等の収入の全額又は一部を客観的基準によって地方自治体に譲与するものです。

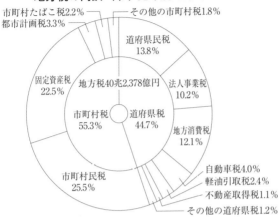

地方税の内訳（令和元年度地方財政計画）

市町村たばこ税2.2%
その他の市町村税1.8%
都市計画税3.3%
道府県民税 13.8%
固定資産税 22.5%
地方税40兆2,378億円
法人事業税 10.2%
市町村税 55.3%
道府県税 44.7%
地方消費税 12.1%
市町村民税 25.5%
自動車税4.0%
軽油引取税2.4%
不動産取得税1.1%
その他の道府県税1.2%

地方税収入の構成比の推移

（単位：％）

区分 \ 年度	昭和25	35	45	55	平成2	12	22	24	25	26	27	28	29	30（見込）	31（見込）
所 得 課 税	44.9	49.6	55.6	57.1	63.7	47.4	48.6	50.0	53.4	51.5	49.5	52.2	50.2	51.0	50.9
個人所得課税	38.9	15.4	20.1	27.6	31.1	27.8	34.0	34.5	32.9	34.0	32.4	30.8	32.7	32.2	32.4
法人所得課税	6.0	34.1	35.5	29.6	32.6	19.6	14.5	15.5	20.5	17.5	17.1	21.4	17.5	18.7	18.5
消 費 課 税	18.1	23.3	24.5	19.2	12.3	20.7	19.4	19.5	18.2	19.2	22.9	21.1	21.9	21.4	21.5
資 産 課 税 等	36.9	27.1	19.9	23.7	24.0	31.9	32.0	30.5	28.4	29.3	27.6	26.7	27.9	27.6	27.6
計	100.0	100.0	100.0	100.0	100.0	100.0	100.0	100.0	100.0	100.0	100.0	100.0	100.0	100.0	100.0

(注) 1．本表は便宜上 OECD 歳入統計の区分基準に従って作成した。
　　 2．平成29年度までは決算額、平成30年度以降は地方財政計画額に計画外収入見込額を加えた額をベースとしている。
　　 3．比率の端数調整はしていない。

2 住民税

⑴ **個人住民税** 一般に、道府県民税と市町村民税を合わせて、住民税と呼んでいます。ここでいう住民には、個人だけでなく法人も含まれます。所得税が所得再分配の機能を有するのに対して、住民税は、地方自治の見地から、地域社会の費用をできるだけ多数の住民に分担させるという性格を有しています。

個人住民税の納税義務者は、①市町村（都道府県）内に住所を有する個人、②市町村（都道府県）内に事務所、事業所又は家屋敷を有する個人（①に該当する者を除く）とされており、①の者に対しては均等割額及び所得割額の合算額によって、②の者に対しては均等割額によって課税することとされています。

均等割の標準税率は、道府県民税が1,500円、市町村民税が3,500円（東日本大震災からの復旧・復興のため、平成26年6月から10年間の時限的な税制措置として道府県民税及び市町村民税にそれぞれ500円ずつ加算）です。また所得割額については、前年中の収入等について、所得税と同様の所得区分に従い所得金額を計算した上で、個人住民税独自の所得控除額を控除して算出した所得割の課税所得金額に税率（右頁）を乗じ、必要な税額控除を行い算出されます。

なお、平成20年度改正では、いわゆる「ふるさと納税」の仕組みが整備されました。平成21年度改正では、個人住民税における住宅ローン特別控除が創設され、平成22年度改正では、扶養控除の見直し（個人住民税における年少扶養親族に係る扶養控除の廃止等）が行われました。

個人住民税の賦課・徴収は、市町村が一括処理しており、一般の事業所得者などの場合は、市町村から交付される納税通知書により、通常年4回に分けて納付します（普通徴収）。また、給与所得者の場合は、給与支払者が毎月の給与から税額を徴収し、徴収した月の翌月の10日までにこれを市町村に納入します（特別徴収）。

個人住民税均等割の標準税率

市町村民税(年額)	道府県民税(年額)
3,500円	1,500円

(注)　平成26年 6 月から10年間の時限的な税制措置として増額
　　　されている。

個人住民税所得割の標準税率

市町村民税		道府県民税	
課税所得 金額階級	税　率	課税所得 金額階級	税　率
一律	6 ％	一律	4 ％

(2) **法人住民税**　　法人住民税の納税義務者は、①市町村（都道府県）内に事務所又は事業所のある法人（継続して事業所を設けて収益事業を行う人格のない社団等を含む）、②市町村（都道府県）内に寮などはあるが事務所又は事業所のない法人、③市町村（都道府県）内に事務所又は事業所があり、法人課税信託の引受けを行うことにより法人税を課される個人です。そして、①に対しては均等割額及び法人税割額の合算額によって、②に対しては均等割額によって、③に対しては法人税割額によって課税することとされています。

　均等割は、所得の有無にかかわらず課税されます（右頁参照）。また法人税割は、法人税額（法人税額から控除される各種税額控除がある場合にはその控除前の額）又は個別帰属法人税額を課税標準としており、その標準税率は、道府県民税が3.2％、市町村民税が9.7％です（制限税率は前者が4.2％、後者が12.1％）。

　法人住民税の納付は、申告納付の方法で行われ、納税義務者である法人は、事業年度又は連結事業年度終了の日から2カ月以内にその申告書を地方団体に提出するとともに、その申告税額を納付しなければなりません。また、事業年度の期間が6カ月を超える法人については、法人税と同様、中間申告を行う必要があります。

　2以上の市町村（都道府県）に事務所又は事業所を有する法人は、それぞれの市町村（都道府県）に均等割の税額を納付するとともに、事業年度末日現在における各事務所等の従業者の数に基づく分割基準に従って法人税割の税額を分割納付することとされています。

(3) **地方法人税**　　地方法人税は、平成26年度税制改正において、地域間の税源の偏在性を是正し、財政力格差の縮小を図るために創設されました。

　法人税額を課税標準としており、その税率は4.4％です。また、国が賦課徴収を行う国税とされています。

　なお、平成28年度税制改正において、平成31（令和元）年10月1日以降開始する事業年度から、地方法人税の税率を10.3％に引き上げることとされました。同時に、法人住民税の標準税率について、道府県民税が3.2％から1.0％へ（▲2.2％）、市町村民税が9.7％から6.0％へ（▲3.7％）それぞれ引き下げることとされました。つまり、法人住民税の引下げ分（▲2.2％＋▲3.7％＝▲5.9％）相当について、地方法人税の税率を引き上げ、これが地方交付税の原資となるという仕組みとなっています。

法人住民税の均等割

区分			市町村内の事務所等の従業者数	市　町　村法人均等割	道　府　県法人均等割
次に掲げる法人 イ　法人税法に規定する公共法人及び公益法人等のうち、均等割を課すことができないもの以外のもの ロ　人格のない社団等 ハ　一般社団法人及び一般財団法人 ニ　保険業法に規定する相互会社以外の法人で資本金の額又は出資金の額を有しないもの			—	5万円 （6万円）	2万円
上記以外の法人	（相互会社については純資産額）資本金等の額	1千万円以下	50人以下	5万円 （6万円）	2万円
			50人超	12万円 （14万4千円）	
		1千万円超～1億円以下	50人以下	13万円 （15万6千円）	5万円
			50人超	15万円 （18万円）	
		1億円超～10億円以下	50人以下	16万円 （19万2千円）	13万円
			50人超	40万円 （48万円）	
		10億円超～50億円以下	50人以下	41万円 （49万2千円）	54万円
			50人超	175万円 （210万円）	
		50億円超	50人以下	41万円 （49万2千円）	80万円
			50人超	300万円 （360万円）	

（備考）1.　（　）書は、制限税率（標準税率×1.2倍）です。

　　　　2.　資本金等の額とは、資本金等の額又は連結個別資本金等の額です。

3 事業税

(1) **個人事業税**　個人事業税は、個人の行う第一種事業、第二種事業及び第三種事業に対し、その事業から生じた前年中の所得を課税標準として課される道府県税です。地方税法において第一種事業として列挙されている事業は、いわゆる営業に属するもので、物品販売業、不動産貸付業、製造業などがあります。第二種事業は、畜産業、水産業などです。また、第三種事業は、おおむね自由業に属するもので、医業、マッサージ業、弁護士業などがあります。課税主体は、これらの事業を行う事務所又は事業所所在の都道府県ですが、事務所などを設けないで事業を行う場合については、事業者の住所又は居所のうち事業と最も関係の深いものを事務所などとみなして課税されます。

　税額は、課税標準に税率を乗じて計算しますが、課税標準となる所得は、具体的には、所得税法に規定する事業所得及び不動産所得の計算の例により算定することとされています。ただし、青色申告者の「青色申告特別控除」などは事業税では適用されないという差異もあります。そして、課税標準の算定に当たっては、低所得者の負担を軽減するため、事業税独自のものとして、年間290万円の事業主控除が設けられています。

　標準税率は、第一種事業が5％、第二種事業が4％、第三種事業が原則として5％となっていますが、第三種事業のうちマッサージ業など特定のものについては、その担税力への配慮が行われ、3％と税率が軽減されています。なお、制限税率は、標準税率の1.1倍となっています。

　個人事業税の納付は、普通徴収の方法で行われ、都道府県知事から交付される納税通知書により、原則として8月及び11月中に納付します。

個人事業税の課税事業

第一種事業	①物品販売業（動植物その他通常に物品といわないものの販売業を含む）、②保険業、③金銭貸付業、④物品貸付業（動植物その他通常に物品といわないものの貸付業を含む）、⑤不動産貸付業、⑥製造業（物品の加工修理業を含む）、⑦電気供給業、⑧土石採取業、⑨電気通信事業（放送事業を含む）、⑩運送業、⑪運送取扱業、⑫船舶定係場業、⑬倉庫業（物品の寄託を受け、これを保管する業を含む）、⑭駐車場業、⑮請負業、⑯印刷業、⑰出版業、⑱写真業、⑲席貸業、⑳旅館業、㉑料理店業、㉒飲食店業、㉓周旋業、㉔代理業、㉕仲立業、㉖問屋業、㉗両替業、㉘公衆浴場業（第三種事業に該当するものを除く）、㉙演劇興行業、㉚遊技場業、㉛遊覧所業、㉜商品取引業、㉝不動産売買業、㉞広告業、㉟興信所業、㊱案内業、㊲冠婚葬祭業…標準税率5％
第二種事業	①畜産業（農業に付随して行うものを除く）、②水産業（小規模な水産動植物の採捕の事業で一定のものを除く）、③薪炭製造業……………………………………………同4％
第三種事業	①医業、②歯科医業、③薬剤師業、④獣医業、⑤弁護士業、⑥司法書士業、⑦行政書士業、⑧公証人業、⑨弁理士業、⑩税理士業、⑪公認会計士業、⑫計理士業、⑬社会保険労務士業、⑭コンサルタント業、⑮設計監督者業、⑯不動産鑑定業、⑰デザイン業、⑱諸芸師匠業、⑲理容業、⑳美容業、㉑クリーニング業、㉒公衆浴場業（温泉、むし風呂その他特殊なものを除く）、㉓歯科衛生士業、㉔歯科技工士業、㉕測量士業、㉖土地家屋調査士業、㉗海事代理士業、㉘印刷製版業………………同5％ ㉙あん摩、マッサージ又は指圧、はり、きゅう、柔道整復その他の医業に類する事業、㉚装蹄師業………………同3％

(2) **法人事業税**　　個人事業税が、個人の行う事業活動のうち一定のものだけを課税対象とするのに対して、法人事業税は、内国法人・外国法人の区別なく、法人の行うすべての事業をその課税対象としています。法人でない社団又は財団で代表者又は管理人の定めがあり、かつ、収益事業又は法人課税信託の引受けを行うものに対しても、法人とみなして法人事業税が課されます。ただし、林業、鉱物の掘採事業、特定の農事組合法人が行う農業に対しては、法人事業税は課されません。

　税額は、課税標準に税率を乗じて計算しますが、電気供給業、ガス供給業又は保険業を行う法人にあっては各事業年度の収入金額を課税標準として課税されます（収入割）。その他の法人にあっては各事業年度の所得を課税標準として課税されます（所得割）。ただし、平成16年度から、資本金１億円超の法人は外形標準課税制度の対象となっており、これらの法人については、所得割の税率が低くなる代わりに、付加価値額や資本金等の額に関しても課税標準となります（付加価値割・資本割）。

　標準税率は、右頁１の通りです（制限税率は標準税率の1.2倍（外形標準課税対象法人の所得割については２倍））。ただし、暫定措置としての地方法人特別税の創設（⑶参照）に対応して、平成20年10月１日以後に開始する事業年度から税率が引き下げられています（右頁２参照）。

　法人事業税の納付は、申告納付の方法で行われ、納税義務者である法人は、事業年度終了の日から２カ月以内に事務所又は事業所の所在地の都道府県に申告書を提出するとともに、その申告税額を納付しなければなりません。

　なお、２以上の都道府県にまたがり事務所などを設けて事業を行う法人は、各事務所などが所在している都道府県に対し、従業者の数や固定資産の価額などに基づく一定の分割基準に従って税額を分割納付することとされています。

　平成26年度税制改正において、地方法人特別税（⑶参照）の規模を1/3縮小し、法人事業税に復元することとされました。

　平成27・28年度税制改正においては、法人実効税率の引下げとあわせて外形標準課税の拡大が行われることとされました。具体的には、外形標準課税適用法人の法人事業税全体の1/4であった外形標準課税を、平成27年度に3/8、平成28年度に5/8に拡大し、これに合わせて所得割の税率の引下げを行うこととされました。

　また、令和元年度税制改正においては、特別法人事業税（国税）を創設することに併せて、法人事業税の税率を引き下げることとされました。

1．法人事業税の税率

　法人事業税の標準税率は次のとおりであり、標準税率を超える場合には標準税率の1.2倍（外形標準課税対象法人の所得割については2倍）（制限税率）を超えることはできない（地方税法72の24の7、地方法人特別税等に関する暫定措置法2）。

(1)　(2)以外の事業を行う法人

(イ)　特別法人　各事業年度の所得のうち年400万円以下の金額　　　　　　　5％
　　　　　　　　各事業年度の所得のうち年400万円を超える金額　　　　　6.6％

(ロ)　資本金の額又は出資金の額が1億円を超える法人（公益法人等、特別法人、人格のない社団等、投資法人及び特定目的会社を除く）。
　　　付加価値割　　　　　　　　　　　　　　　　　　　　　　　　　　　1.2％
　　　資本割　　　　　　　　　　　　　　　　　　　　　　　　　　　　　0.5％
　　　所得割
　　　各事業年度の所得のうち年400万円以下の金額　　　　　　　　　　　1.9％
　　　　　〃　　　　　　年400万円を超え年800万円以下の金額　　　　　2.7％
　　　　　〃　　　　　　年800万円を超える金額　　　　　　　　　　　　3.6％

(ハ)　その他の法人　各事業年度の所得のうち年400万円以下の金額　　　　　5％
　　　　　　　　　　各事業年度の所得のうち年400万円を超え年800万円以下の金額
　　　　　　　　　　　　　　　　　　　　　　　　　　　　　　　　　　　7.3％
　　　　　　　　　　各事業年度の所得のうち年800万円を超える金額　　　9.6％

(2)　電気供給業、ガス供給業又は保険業を行う法人　　　　　　収入金額の1.3％

2．暫定措置としての税率の引下げ

　平成20年度税制改正において、税制の抜本的な改革において偏在性の小さい地方税体系の構築が行われるまでの間の暫定措置として、法人の事業税の税率の引下げを行うとともに、地方法人特別税を創設し、その収入額を地方法人特別譲与税として都道府県に譲与することとされた。

　これにより、各事業年度に係る法人の事業税について、標準税率は引き下げられている（所得割・収入割）。

特別法人
　所得のうち400万円以下の金額　　　　　　　　　　　　　　　　　　　　3.4％
　所得のうち400万円を超える金額　　　　　　　　　　　　　　　　　　　4.6％

資本金の額又は出資金の額が1億円超の法人
　所得のうち400万円以下の金額　　　　　　　　　　　　　　　　　　　　0.3％
　所得のうち400万円を超え、800万円以下の金額　　　　　　　　　　　　0.5％
　所得のうち800万円を超える金額　　　　　　　　　　　　　　　　　　　0.7％

資本金の額又は出資金の額が1億円以下の法人
　所得のうち400万円以下の金額　　　　　　　　　　　　　　　　　　　　3.4％
　所得のうち400万円を超え、800万円以下の金額　　　　　　　　　　　　5.1％
　所得のうち800万円を超える金額　　　　　　　　　　　　　　　　　　　6.7％

電気・ガス供給業又は保険業を行う法人
　収入金額　　　　　　　　　　　　　　　　　　　　　　　　　　　　　　0.9％

(3)　**地方法人特別税・地方法人特別譲与税**　　地域経済の格差の一つの要因として、大企業を有する都市部で法人住民税・法人事業税の税収が大きいのに対し、そうした企業を持たない地方ではこの地方法人二税の税収が小さくなる点が指摘されてきました。

このような地域間の税源の偏在からくる地方団体の間の財政力格差の問題に対応するため、消費税を含む税体系の抜本的改革が行われるまでの間の暫定措置として、平成20年度税制改正では、法人事業税の一部を分離して、地方法人特別税及び地方法人特別譲与税の仕組みを創設することにより、偏在性を是正する取組みが行われました。

地方法人特別税は国税と位置づけられますが、その賦課徴収は、法人事業税と合わせて、都道府県が行うこととされており、納税義務者は法人事業税の納税義務者と同一となります。この制度は、法人事業税の付加税として設計されており、その税額は、課税標準を地方税法の規定により計算した法人事業税額（所得割額・収入割額）として、所定の税率（右頁）を乗じて得た金額となります。なお、この制度の創設とともに、法人事業税の税率は引き下げられており（(2)参照）、個々の納税者の税負担は制度改正の前後で基本的に変動がないことになります。

地方法人特別税の税収は、国（交付税及び譲与税配付金特別会計）に全額収納され、地方法人特別譲与税として、各都道府県に譲与されます。各都道府県への譲与額は、地方法人特別譲与税基本額の2分の1の額を国勢調査の結果による各都道府県の人口で、残りの2分の1の額を事業所統計の結果による各都道府県の従業者数で、それぞれ按分した額の合算額となっています。

これらの制度は平成20年10月1日以後に開始する事業年度から適用されています。

平成26年度税制改正において、地方法人特別税の規模を1/3縮小し、法人事業税に復元することとされました。

また、平成28年度税制改正においては、地方法人特別税・地方法人特別譲与税が廃止され、全額法人事業税に復元することとされました。なお、消費税率の10％への引上げ時期が変更されたことに伴い、地方法人特別税の廃止は平成31（令和元）年10月1日以後に開始する事業年度から適用すること、地方法人特別譲与税は令和3年2月譲与分をもって廃止することとされています。

252

地方法人特別税・譲与税の廃止

> 税制の抜本的な改革において偏在性の小さい地方税体系の構築が行われるまでの間の措置として
> 地域間の税源偏在を是正するための制度として導入
> 　　平成26年度改正　地方法人特別税の規模を1／3縮小し、法人事業税に復元
> 　　平成28年度改正　地方法人特別税を廃止し、法人事業税に復元

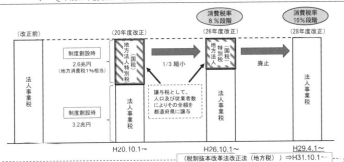

地方法人特別税等に関する暫定措置法(抄)

第一条　この法律は、税制の抜本的な改革において偏在性の小さい地方税体系の構築が行われるまでの間の措置として、法人の事業税(地方税法(昭和二十五年法律第二百二十六号)の規定により法人の行う事業に対して課する事業税をいう。以下同じ。)の税率の引下げを行うとともに、地方法人特別税を創設し、その収入額に相当する額を地方法人特別譲与税として都道府県に対して譲与するために必要な事項を定めるものとする。

地方法人特別税の税率

① 付加価値割額、資本割額及び所得割額の合算額によって法人事業税を課税される法人の所得割額に対する税率（外形対象法人）　　　　　　　　　　　　　　　　　　414.2%

② 所得割額によって法人事業税を課税される法人の所得割額に対する税率（外形対象外法人）　　　　　　　43.2%

③ 収入割額によって法人事業税を課税される法人の収入割額に対する税率（収入金額課税法人）　　　　　　43.2%

4 固定資産税等

⑴ **固定資産税・都市計画税**　固定資産税は、土地、家屋及び償却資産を課税客体とし、その所有者を納税義務者として、当該固定資産の所在する市町村が、当該固定資産の価値に応じて毎年経常的に課す財産税です。固定資産は市町村の規模に応じおおむね普遍的に所在し、また、年度ごとに著しく増減するものでないことから、市町村民税と並んで市町村税の有力な税源となっています。

　また、都市計画税は、都市計画事業や土地区画整理事業を行う市町村において、その事業の財源に充当するため、都市計画区域のうち、原則として市街化区域内に所在する土地及び家屋について、その所有者に課される目的税です。納税義務者、課税標準、納付の方法などは、固定資産税と同様です。

　固定資産税の課税標準は、原則として、固定資産の価格（適正な時価）で固定資産課税台帳に登録されたもので、土地及び家屋については3年ごとの基準年度（平成30年度が該当）に評価替えが行われ、特別の場合を除いて、価格は3年間据え置かれることとなっています。

　税率は、固定資産税が標準税率1.4％、都市計画税が制限税率0.3％となっています。また、免税点制度が設けられており、課税標準額が土地30万円、家屋20万円、償却資産150万円未満の場合には課税されません。また、一定の要件を満たす住宅用地や新築住宅などについては、課税標準や税額の軽減措置が設けられています。

　固定資産税・都市計画税の納付は普通徴収の方法で行われ、市町村から交付される納税通知書により、4月・7月・12月及び2月中において市町村の条例で定める日までに納付します。

住宅用地に対する固定資産税・都市計画税の課税標準の特例の概要

住宅用地の範囲	専用住宅（もっぱら人の居住の用に供する家屋）の敷地	当該土地の面積 （床面積の10倍が限度）	
	併用住宅（その一部を人の居住の用に供する家屋）の敷地	当該土地の面積 （床面積の10倍が限度）	× 家屋の種類及び居住部分の割合に応じた一定率
課税標準の特例	一般住宅用地（住宅の敷地で住宅1戸について200m²を超え、住宅の床面積の10倍までの土地）	評価額の1/3（都市計画税にあっては2/3）の額	
	小規模住宅用地（住宅の敷地で住宅1戸について200m²までの土地）	評価額の1/6（都市計画税にあっては1/3）の額	

新築住宅に対する固定資産税の税額軽減の概要

		普 通 住 宅	中高層耐火建築住宅 （地上階数3以上のもの）
要件	居住部分	居住部分の面積（別荘部分を除く）がその家屋の面積の1/2以上であるもの（区分所有住宅にあっては一の専有部分のうちその人の居住の用に供する部分が1/2以上であるもの）	
	床面積	住宅部分の1戸当たりの床面積が50m²以上280m²以下のもの （区分所有住宅……専有居住部分の床面積が50m²以上280m²以下 　戸建以外の貸家住宅……40m²以上280m²以下）	
軽減	期間	3年間	5年間
	税額	120m²までの部分に相当する税額の1/2が軽減される	

省エネ改修工事を行った既存住宅に対する固定資産税の税額軽減の概要

		既存住宅（平成20年1月1日に存する住宅）
要件	工事内容	次の①～④までの工事のうち、①を含む工事を行うこと ①窓の断熱改修工事②床の断熱改修工事③天井の断熱改修工事④壁の断熱改修工事 ①～④までの改修工事により、各部位が現行の省エネ基準に新たに適合するようになること
	費用	50万円超
軽減	期間	1年間
	税額	120m²までの部分に相当する税額の1/3が軽減される

(2) **不動産取得税**　　不動産取得税は、いわゆる流通税の性格を有しており、不動産の取得を課税客体とし、それを取得した個人又は法人に課される道府県税です。ここにいう不動産とは、土地及び家屋をいい、立木その他の土地の定着物は含まれません。なお、家屋の増築や改築により家屋の価格が増加した場合も課税の対象となります。また取得とは、有償、無償を問わず、売買、交換、贈与、建築などが含まれ、その所有権取得の登記が行われているか否かも問いません。ただし、相続による不動産の取得、法人の合併・分割による不動産の取得、公益社団法人又は公益財団法人がその本来の事業の用に供するための不動産の取得等については非課税とされています。

　課税標準は、不動産の価格ですが、具体的には、固定資産課税台帳に価格が登録されている不動産については、原則としてその価格となります。家屋の新築などによりまだ固定資産課税台帳に価格が登録されていないものについては、固定資産税と同様の評価基準によって評価された価格によります。

　標準税率は４％です。なお、平成18年度から平成32（令和２）年度まで住宅及び土地の取得に係る税率を３％とする特例措置が講じられています。また、免税点制度が設けられており、取得した不動産の価格が土地10万円未満、建築に係る家屋23万円未満、その他の家屋12万円未満の場合には課税されません。住宅建設の促進など一定の政策目的により、種々の特例措置が設けられており、宅地及び宅地比準土地の取得について課税標準を２分の１とする特例措置が講じられています（平成21～32年度）。

　納付は、普通徴収の方法で行われ、都道府県知事から交付される納税通知書により、記載されている期日までに納付します。

不動産取得税の課税標準及び税額の特例措置

1　住宅に関する軽減

適用区分		控除額（一戸につき）	
新築住宅	次の要件に該当する住宅（特例適用住宅）を新築したり、未使用の特例適用住宅を購入した場合 ・床面積が50 m² 以上（賃貸マンションなどは一区画につき40 m² 以上）240 m² 以下	1,200万円	
中古住宅	次の要件すべてに該当する住宅（既存住宅）を取得した場合 (1)　取得者自身が居住すること (2)　床面積が50 m² 以上240 m² 以下 (3)　木造・軽量鉄骨造：新築後20年以内 　　　鉄骨造等一定の耐火構造：新築後25年以内 ※(3)の年数を超える家屋で、新耐震基準を満たす場合は、特例措置が適用される（平成17年4月1日以降の取得から適用）	新築年月日	控除される額
		昭和 51.1.1〜56.6.30	万円 350
		56.7.1〜60.6.30	420
		平成 60.7.1〜元.3.31	450
		元.4.1〜9.3.31	1,000
		9.4.1〜	1,200

2　住宅用土地に関する軽減

適用区分		減額される額
新築住宅用土地	(1)　取得した土地の上に3年以内（令和2年3月31日までの取得に限る）に特例適用住宅が新築された場合（注1） (2)　特例適用住宅の新築後1年以内にその敷地を取得した場合 (3)　新築未使用の特例適用住宅及びその敷地を住宅の新築後1年以内（注2）に取得した場合	①、②のどちらか多い方の額 ①45,000円（150万円×税率） ②土地の評価額（注3）÷土地の面積×住宅の床面積×2×税率（3％） 下線部分については、一戸につき200 m² を限度 （注3）土地の評価額は、令和3年3月31日までに取得した場合、2分の1となります。
中古住宅等用土地	(4)　既存住宅の敷地をその住宅を取得した日の前後1年以内に取得した場合	

(注)1．土地を取得した者がその土地を特例適用住宅の新築の時まで引き続き所有している場合、または土地を取得した者がその土地を譲渡し、直接その土地の譲渡を受けた者が特例適用住宅を新築した場合に限ります。また、土地の取得から3年以内に住宅が新築されることが困難なものとして政令で定める場合には4年以内となります。

　　2．平成10年4月1日以後に新築された住宅（自己の居住用でないもの）で、かつ土地の取得が平成11年4月1日から平成16年3月31日までに行われた場合は2年以内となります。

5　地方消費税

(1)　**創設の趣旨等**　　平成6年の税制改革の一環として、地方税源の充実を図る観点から、消費譲与税に代えて新たに地方消費税が創設され、平成9年4月から実施されました。

(2)　**概　要**　　地方消費税は、国の消費税と同様、消費一般に対して広く公平に負担を求める税であり、消費税の納税義務者をその納税義務者とし、消費税額を課税標準とする税です。平成9年4月から100分の25（消費税率換算1％相当）の税率で実施され、令和元年10月から78分の22（消費税率換算2.2％相当）の税率となっています。

地方消費税の申告納付は、国内取引については、納税義務者の事務負担を考慮して、当分の間、その賦課徴収を国に委ねており、税務署（国）において消費税の例により、消費税と併せて行うこととされています。輸入取引については、税関（国）において、消費税の例により、消費税と併せて行うこととされています。

地方消費税については、消費税のような多段階累積排除型の間接税を各都道府県の消費課税として仕組む場合には最終消費地と税収の帰属を一致させる必要があることから、そのための仕組みとして、いったん地方消費税として各都道府県に納付された税収について、各都道府県間において消費に相当する額に応じて清算を行うこととされています。

なお、地方消費税収の2分の1に相当する額を市町村に交付する交付金制度が設けられています。

地方消費税の概要

1. 課　税　団　体：都道府県
2. 納　税　義　務　者：消費税と同じ
3. 課　税　標　準：消費税額
4. 税　　　　率：消費税額の78分の22（消費税率換算で2.2%）
5. 申　告　・　納　付：譲渡割（国内取引）に係る申告・納付⇒当分の間、税務署に
　　　　　　　　　　　　　　　　　　　消費税と併せて申告・納付
　　　　　　　　　　　貨物割（輸入取引）に係る申告・納付⇒税関に消費税と併せ
　　　　　　　　　　　　　　　　　　　て申告・納付
6. 都道府県間の清算：各都道府県に納付された地方消費税収を、各都道府県の「消
　　　　　　　　　　　費に相当する額」に応じて清算
　　　　　　　　　（注）「消費に相当する額」については、商業統計に基づく
　　　　　　　　　　　　小売年間販売額とサービス業基本調査に基づくサービ
　　　　　　　　　　　　ス業のうちの対個人事業収入額の合算額（2分の1）、
　　　　　　　　　　　　国勢調査に基づく人口（2分の1）により算出
7. 市町村への交付：都道府県間の清算後の金額の2分の1相当額を、「人口・従業
　　　　　　　　　　者数」で按分して市町村に交付
8. 消費譲与税の廃止：地方消費税の創設に伴い、消費譲与税は廃止
9. 施　行　期　日：平成9年4月1日から適用

地方消費税の仕組み

（例）

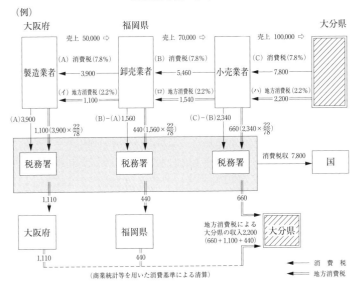

259

6 その他の地方税　　これまで説明した以外にも、地方税法には様々な地方税が規定されており、その概要は右のとおりです。

道府県民税の利子割は、個人に対して利子などの支払を行う金融機関が、その支払の際、特別徴収して都道府県に申告納入することとされており、税率は5％です（所得税・復興特別所得税の15.315％と合わせると20.315％が徴収されます）。

自動車の所有者に対しては、道府県税として自動車税、市町村税として軽自動車税が課されます。これらは毎年4月1日現在の所有者に課されるもので、自動車税の税額は排気量1,500cc超2,000cc以下の自家用乗用車であれば年額39,500円（令和元年10月1日以後に初回新規登録を受けた自家用乗用車から、自動車税の税率を3,500円引き下げます）、軽自動車税の税額は四輪の乗用・自家用・軽自動車であれば年額10,800円などとなっています。ただし、自動車税には燃費等により税率が重課・軽減する措置が設けられています。また、自動車（中古を含む）の取得者に対しては、道府県税として自動車取得税が課されます。自動車取得税の課税標準は、自動車の取得価額であり、税率は2％（ただし、軽自動車以外の自家用自動車については3％）となっています。ただし、取得価額が50万円以下の場合は課税されません。平成28年度税制改正において、自動車取得税は平成29年4月1日に廃止することとされましたが、消費税率の10％への引上げ時期が変更されたことに伴い、廃止時期は平成31（令和元）年10月1日に変更されています。

このほか、ゴルフ場利用税は、施設の経営者が利用者から特別徴収して都道府県に申告納入することとされています。標準税率は1人1日につき800円（制限税率は1,200円）となっていますが、都道府県は、ゴルフ場の整備状況等に応じて税率に差を設けることができます。

なお、地方団体は、地方税法に規定されている税目とは別に、その実情に応じ、総務大臣と協議の上、条例により税目を新設することができます。これを法定外税といいます。現在設けられている主なものとしては、核燃料税、産業廃棄物税などがあります。

その他の地方税一覧

	税　　　　　　　目	納　税　義　務　者
道府県税	道府県民税の利子割	金融機関から利子の支払を受ける者
	自動車税	自動車の所有者
	自動車取得税	自動車の取得者
	軽油引取税	元売業者などからの軽油の引取者
	道府県たばこ税	製造たばこの卸売販売業者など
	ゴルフ場利用税	ゴルフ場の利用者
	鉱区税	鉱区の設定許可を受けた鉱業権者
	狩猟税〔目的税〕	狩猟者の登録を受ける者
	水利地益税〔目的税〕	水利に関する事業等により利益を受ける者
市町村税	軽自動車税	軽自動車などの所有者
	市町村たばこ税	製造たばこの卸売販売業者など
	鉱産税	掘採事業を行う鉱業者
	入湯税〔目的税〕	鉱泉浴場の入湯者
	事業所税〔目的税〕	事業所などにおいて事業を行う者
	水利地益税〔目的税〕	水利に関する事業等により利益を受ける者
	共同施設税〔目的税〕	共同施設により利益を受ける者
	宅地開発税〔目的税〕	宅地開発を行う者
	国民健康保険税〔目的税〕	国保の被保険者である世帯主

第5編　国際課税制度

1　概　説　　国際課税とは、国境を越える経済活動に対する課税をいいます。国境を越える経済活動に対する課税権の行使については、納税者の居住している国（居住地国）が、その者の国外での所得も含めた全世界所得に対して課税するという考え方（居住地国課税）と、所得の源泉のある国（源泉地国）が、その国の居住者はもとより、それ以外の者（非居住者）に対しても源泉地国で生じた所得に対して課税するという考え方（源泉地国課税）があります。各国において、それぞれの考え方に基づいて課税が行われる結果、居住地国と源泉地国の課税権の競合（国際的二重課税）が生じることとなります。

一方で、経済活動がグローバルに展開する中で、タックス・ヘイブンに設立した子会社等を利用した税負担の不当な軽減や移転価格を利用した所得の海外移転などの国際的租税回避行為が増加し、課税の空白（どの国においても課税されない）や課税ベースの浸食も生じています。

このような国際的二重課税や課税の空白などの発生は、経済活動を歪め、税の公平性や中立性を損なうことになります。国際課税の意義は、国際的二重課税を調整しつつ、一方で課税の空白を防止することにより、自国の課税権を確保することにあります。進展する経済のグローバル化や事業形態の複雑化・多様化の下で、国際課税の重要性はますます増してきていると言えるでしょう。

わが国においても、このような背景の下、国際的二重課税を調整するための外国税額控除制度、国際的租税回避へ対応するための移転価格税制や外国子会社合算税制などが整備されてきました。

また、租税条約も、国内法制とともに、二重課税の調整、租税回避への対応、投資交流の促進を図る経済インフラとして、重要であると考えられています。

居住地国課税と源泉地国課税の競合

源泉地 ＼ 居住地	A国居住者	B国居住者
A国国内源泉所得	A国による居住地国課税	A国による源泉地国課税 B国による居住地国課税
B国国内源泉所得	B国による源泉地国課税 A国による居住地国課税	B国による居住地国課税

わが国をめぐる国際課税制度系統図

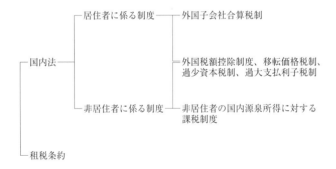

国内法 ─┬─ 居住者に係る制度 ──── 外国子会社合算税制

　　　　 ├──────────── 外国税額控除制度、移転価格税制、
　　　　 │　　　　　　　　　　　 過少資本税制、過大支払利子税制

　　　　 └─ 非居住者に係る制度 ──── 非居住者の国内源泉所得に対する
　　　　　　　　　　　　　　　　　　　 課税制度

租税条約

2 外国税額控除制度

わが国の税制では、居住者又は内国法人の全世界所得及び外国法人及び非居住者が我が国に有する恒久的施設に帰属する所得に対し、所得税、法人税が課されることになっています。他方、国外に源泉がある所得については、源泉地国においても課税が行われることが一般的であることから、国際的二重課税が生じます。

国際的二重課税を排除する方法としては、源泉地国で納めた税金を居住地国で納める税から控除する外国税額控除方式と、国外で稼得した所得については居住地国では免税とする国外所得免除方式があります。一般的に、前者は居住者が投資を国内で行うか国外で行うかについての選択に課税が影響を及ぼさない（資本輸出中立）と考えられており、後者はある国に対して国外から投資を行う者がその国における競争について課税の影響を受けない（資本輸入中立）という特徴があると考えられています。

わが国では、外国税額控除方式を採用し、国外源泉所得に対して国外で課された税を、その国外源泉所得に対応するわが国の税額（控除限度額）を限度として、全世界所得に対するわが国の税額から控除することを認めています。控除限度額の算定に当たっては、全ての国外所得を一括して計算する一括限度額方式を採用しています。

平成21年度税制改正で、外国子会社配当益金不算入制度（親会社が外国子会社からの受取配当を益金不算入とする）が導入されたことに伴い、間接外国税額控除制度（外国子会社等が納付した外国税額のうち内国法人の受取配当に対応する部分を控除する）は廃止されました。対象外国子会社は、内国法人の持株割合が25％（又は租税条約で定められた割合）以上、保有期間が6月以上の外国法人です。外国子会社からの受取配当の額から5％相当額を、その配当に係る費用として控除（配当の95％相当額を益金不算入）します。

二重課税排除方式の概要

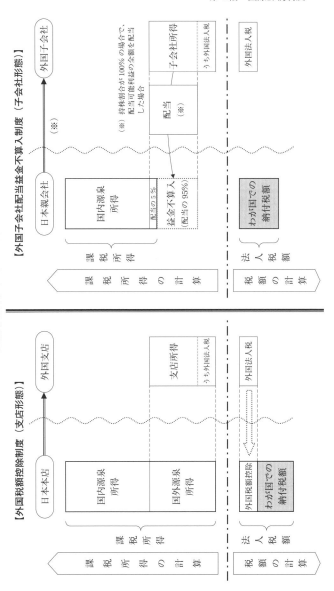

3　外国子会社合算税制　　「外国子会社合算税制」（内国法人（又は居住者）の外国関係会社に係る所得の課税の特例）とは、外国子会社を利用した租税回避を防止するために、一定の条件に該当する外国子会社の留保所得を、日本の親会社の所得とみなして合算し、日本において課税する制度です。かつて「タックスヘイブン対策税制」との通称で呼ばれていた本制度は、わが国では昭和53年度税制改正により導入されました。

外国子会社による租税回避のリスクについて、従来は、税負担率が一定率（いわゆるトリガー税率）未満であるか、会社としての実体があるか等に基づいて外形的に判断してきました。平成22年度税制改正では、国外に進出する企業の事業形態の変化や諸外国における法人税等の負担水準の動向に対応する観点から、このトリガー税率の引下げ等が行われました。また、租税回避を一層的確に防止する観点から、合算課税対象所得の見直しも実施されました。平成27年度税制改正でも、トリガー税率は見直されました（20％以下→20％未満）。

さらに、平成29年度税制改正では、「BEPSプロジェクト」の行動3における合意や「平成28年度与党税制改正大綱」で示された方向性を踏まえて、日本企業の海外展開を阻害することなく、より効果的に国際的な租税回避を抑制できるよう、現行制度の骨格は維持しつつ総合的な制度の見直しが行われました。

まず、このトリガー税率を廃止したうえで、租税回避のリスクを外国子会社の個々の活動内容（所得の種類等）により把握することとしました。これに関して、利子や配当等の一定の金融所得や実質的活動のない事業から得られる「受動的所得」は原則として合算対象となり、経済実体のある事業から得られる「能動的所得」は、外国子会社の税負担率にかかわらず、合算対象外にすることとしました。このほか、所得を「能動／受動」に分類する事務負担が発生しないようにするため、会社単位の税負担率が20％以上の場合、租税回避に関与していない外国子会社であるとして、制度の適用が免除されることになりました。

外国子会社合算税制　改正のイメージ

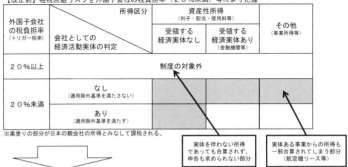

【改正前】租税回避リスクを外国子会社の税負担率（２０％未満）等により把握

外国子会社の税負担率（トリガー税率）	所得区分　会社としての経済活動実体の判定	資産性所得（利子・配当・使用料等）		その他（事業所得等）
		受領する経済実体なし	受領する経済実体あり（金融機関等）	
２０％以上	制度の対象外			
２０％未満	なし（適用除外基準を満たさない）			
	あり（適用除外基準を満たす）			

※黒塗りの部分が日本の親会社の所得とみなして課税される。

実体を伴わない所得であっても合算されず、申告も求められない部分

実体ある事業からの所得も一部合算されてしまう部分（航空機リース等）

【改正後】租税回避リスクを外国子会社の所得の種類等により把握

所得区分　会社としての経済活動実体の判定	『受動的所得』	『能動的所得』			適用免除基準（外国子会社の税負担率）
	異常所得（注1）	利子・配当・使用料等		その他（事業所得等）	
		受領する経済実体なし	受領する経済実体あり（金融機関等）		
ペーパーカンパニーに該当			※会社としての経済活動実体がなければ能動的所得は基本的に生じない。		３０％以上
キャッシュボックス（注2）に該当					
経済活動基準（注3）を満たさない					２０％以上
経済活動基準（注3）を満たす					２０％以上

外国子会社の所得を「能動／受動」に要仕分け。（税負担率が２０％以上の外国子会社については免除）

(注1) 異常所得：外国子会社の資産規模や人員等の経済実態に照らせば、その事業から通常生じ得ず、発生する根拠のないと考えられる所得。制度上は「経済活動基準」を経て「会社の実体がある」と判定された外国関係会社における、部分合算対象の一項目と位置付けられているが、結果的には、全ての外国関係会社に対して合算対象として適用される。

(注2) キャッシュボックス：総資産に比べ、いわゆる受動的所得の占める割合が高い事業体。具体的には、総資産の額に対する一定の受動的所得の金額の合計額の割合が30％を超える外国関係会社（総資産の額に対する有価証券、貸付金、貸付けの用に供している固定資産及び無形資産等の合計額の割合が50％を超える外国関係会社に限る。）。

4 移転価格税制　移転価格税制（国外関連者との取引に係る課税の特例）は、国内の企業（外国法人の在日支店等を含む）が国外にある関連企業（親会社、子会社等）と取引を行う際に設定する価格（「移転価格」）を、第三者との通常の取引価格（独立企業間価格）とは異なる価額に設定したことにより、その所得が減少している場合、法人税の課税上、その取引価格を独立企業間価格に置き直して課税所得を再計算する制度です。わが国では昭和61年度の税制改正において導入されました。

　たとえば、国内にある親会社が外国にある販売子会社に対して独立企業間価格より低い移転価格で製品を輸出しているような場合には、外国の販売子会社から消費者に販売する際の価格が一定であるとすれば、当該親会社の所得は通常より圧縮され、その分だけ外国子会社の所得が増大することになります。このような場合には、関係企業間で決めた移転価格に基づいて計算された当該国内親会社の申告所得を、法人税に関しては独立企業間価格に基づいて再計算する（増額する）というものです。

　ところで、自国企業の外国にある関連企業が外国の課税当局によって移転価格税制の適用を受けその所得が増額された場合には、関連企業を一体としてみたとき、元の移転価格と独立企業間価格の差に対応する所得が両国によって重複して課税され、いわば国際的に経済的二重課税が生じていることになります。

　そこで、租税条約の相手国が移転価格課税により当該国のわが国関連企業の所得を増額した場合において、両国の税務当局間で独立企業間価格についての合意（増額処分の維持又は減額修正）がなされたときは、租税条約上に基づく措置として、合意された移転価格に基づき自国の関連企業の所得を減額することになっています（「対応的調整」）。

　平成28年度税制改正においては、BEPSプロジェクトの勧告を踏まえ、多国籍企業グループによるグループ内取引を通じた所得の海外移転に対して適正な課税を実現するため、多国籍企業のグローバルな活動、納税実態を把握するための制度を整備することとされました。

　具体的には、多国籍企業グループに対して各国共通の様式に基づき、関連者間取引における独立企業間価格を算定するための詳細な情報を記載する「ローカルファイル」、グループの活動の全体像に関する情報を記載する「マスターファイル」、国別の活動状況に関する情報を記載する「国別報告書」を税務当局に提供（または作成・保存）することを義務付けることとします。

　また、令和元年度税制改正においては、OECD移転価格ガイドラインの改訂内容等を踏まえ、独立企業間価格の算定方法としてディスカウント・キャッシュ・フロー法を加えるとともに、評価困難な無形資産取引に係る価格調整措置を導入することとされました。これは、令和2年（2020年）4月1日以後に開始する事業年度分の法人税及び令和3年（2021年）分以後の所得税について適用されることになっています。

移転価格税制の概要

○　企業が海外の関連企業との取引価格（移転価格）を通常の価格と異なる金額に設定すれば、一方の利益を他方に移転することが可能となる。

○　移転価格税制は、このような海外の関連企業との間の取引を通じた所得の海外移転を防止するため、海外の関連企業との取引が、通常の取引価格（独立企業間価格）で行われたものとみなして所得を計算し、課税する制度。

○　わが国の独立企業間価格の算定方法は、OECD 移転価格ガイドラインにおいて国際的に認められた次の方法に沿ったものとなっている。
　①　伝統的な取引基準法　・独立価格比準法
　　　　　　　　　　　　　・再販売価格基準法
　　　　　　　　　　　　　・原価基準法

　②　その他の方法　　　　・利益分割法
　　　　　　　　　　　　　・取引単位営業利益法

移転価格税制の仕組み

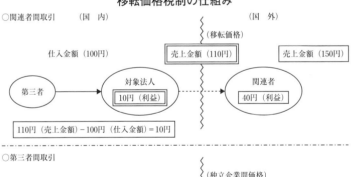

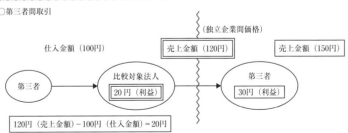

5 過少資本税制　　過少資本税制（国外支配株主等に係る負債の利子の課税の特例）は、いわゆる過少資本を利用した国際的な租税回避行為を防止するための制度であり、わが国では平成4年4月に導入されました。なお、本税制は、既に、アメリカ、フランス等の国々でも何らかの形で規定が設けられており、国際的に認知されたものとなっています。

たとえば、在日の外資系企業（外資系内国法人、外国法人の支店）が資金を調達する場合、親会社からの出資を極力少なめにし、その分、海外関係会社に対する負債を多くすることによって、わが国における税負担を人為的に減らすことが可能です。これは、法人税の課税所得の計算上、支払配当は経費になりませんが、負債の利子の支払は経費として控除できることを利用したものです。

過少資本税制は、このような関係企業グループによる水際の租税回避行為に対処するため、法人の海外関係会社に対する負債が、原則として、これら海外関係会社の保有する当該法人の自己資本持分の3倍を超える場合（ただし、法人全体の負債総額が法人の自己資本の額の3倍以下となる場合には、適用除外となる）には、その超過額に対応する支払利子は法人税の課税所得の計算上、経費として控除できないものとする制度です。なお、平成18年度改正において、海外関係会社に対する負債から、借入れと貸付けの対応関係が明らかな債券現先取引等に係る負債を控除できることとされました（この場合、海外関係会社の保有する自己資本持分は2倍超）。ただし、法人が類似内国法人の負債・自己資本比率に照らし妥当な比率を示した場合には、3倍に代えてその倍率を用いることができます。

なお、本制度は、借入依存企業を一般的に規制するというものではなく、あくまでも、企業グループによる国際的な税負担回避行為に対処するためのものです。

過少資本税制の概要

○　企業が海外の関連企業から資金を調達するのに際し、出資（関連企業への配当は損金算入できない）を少なくし、貸付け（関連企業への支払利子は損金算入できる）を多くすれば、わが国での税負担を軽減することができる。

○　過少資本税制とは、海外の関連企業から過大な貸付けを受け入れることによる企業の租税回避を防止するため、出資と貸付けの比率が一定割合（原則として、外国親会社等の資本持分の３倍）を超える部分の支払利子に損金算入を認めないこととする制度。

過少資本税制の仕組み

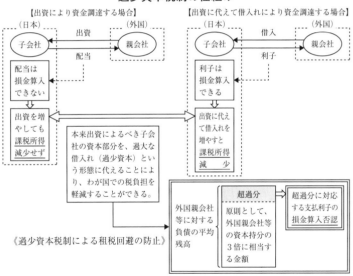

6　**過大支払利子税制**　　過大支払利子税制（対象純支払利子等の課税の特例）は、所得金額に比して過大な利子を関連者間で支払うことを通じた租税回避を防止する制度であり、わが国では平成24年4月に導入されました（平成25年4月1日以後に開始する事業年度について適用）。

過大支払利子税制の導入前は、①利率が過大な支払利子に対しては『移転価格税制』により、また、②資本に比して負債が過大な場合には『過少資本税制』により、それぞれ関連者間での利子を用いた租税回避に対応していましたが、③所得金額に比して過大な利子を支払うことを通じた租税回避に対応する制度が十分でなく、わが国の税制は、支払利子を利用した課税ベースの流出のリスクに対して脆弱でした。

③の例として、企業の所得の計算上、支払利子が損金に算入されることを利用して、関連者間の借入れを恣意的に設定し、関連者全体の費用収益には影響させずに、わが国において過大な支払利子を損金に計上することにより、税負担を圧縮しようとする租税回避行為が挙げられますが、従来はこのようなケースに対処することが困難でした。

このような租税回避を防止するため、関連者への純支払利子等（関連者（直接・間接の持分割合50%以上の親会社・子会社等）への支払利子等の額（利子等の受領者側で我が国の法人税の課税所得に算入されるもの等を除く）からこれに対応する受取利子等の額を控除した残額）の額のうち調整所得金額の一定割合（50%）を超える部分の金額につき当期の損金の額に算入しないこととしました。

令和元年度税制改正においては、利子の損金算入限度額の算定方法の見直し等により、税源浸食リスクに応じて利子の損金算入制限を強化することとなりました。具体的には、①対象とする利子を「関係者への純支払利子等」から「純支払利子等（第三者含む）」へ、②基準値を「50%」から「20%」へ、等の改正が行われました（令和2年4月以降適用）。

過大支払利子税制の概要

○　現行制度上、利率が過大な支払利子や資本に比して負債が過大な場合には『移転価格税制』や『過少資本税制』により対応していたが、所得金額に比して過大な利子の支払いを通じた租税回避に対応する制度が十分でなく、支払利子を利用した課税ベースの流出のリスクに対して脆弱。

○　過大支払利子制度は、所得に比して過大な利子を関連者間で支払うことを通じた租税回避を防止するため、関連者への純支払利子等の額のうち調整所得金額の50%を超える部分の損金算入を認めない制度。

租税回避の想定事例

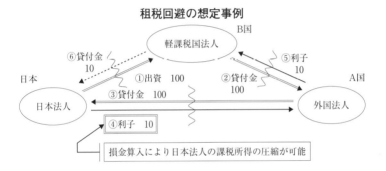

過大支払利子税制のイメージ

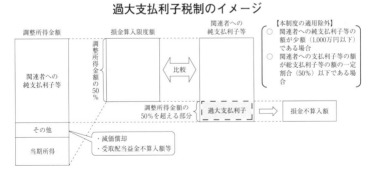

7 非居住者に対する課税制度

わが国の国内法上、非居住者（非居住者（個人）及び外国法人）に対しては、その国内源泉所得に対してのみ所得税、法人税の課税が行われることとされており、非居住者に対する課税についての規定は、国内源泉所得とは何かを規定するいわゆるソース・ルールと、非居住者の恒久的施設（国内の支店、工場その他事業を行う一定の場所。Permanent Establishment：以下「PE」）の有無及び国内源泉所得のPEへの帰属の有無に応じた課税の範囲と課税方法を規定する部分から構成されています。

国内源泉所得の範囲は右頁のとおりです。わが国に設けた支店等の事業活動を通じて得られる所得であるPE帰属所得と、わが国への資産投資等から生ずる国内源泉所得に大別できます。

課税範囲及び課税の方法についても右表に示したとおりです。PEを有する非居住者の場合、その有する国内源泉所得のうちPEに帰属するものについては、わが国で総合課税により税負担を求めることとし、PEに帰属しないものについては、一部を除いて源泉徴収のみで課税関係が終了する仕組みとなっています。PEを有しない非居住者については、PEを有する非居住者のPEに帰属しない国内源泉所得と同様に、一部を除いて源泉徴収のみで課税関係が終了する仕組みとなっています。

なお、非居住者・外国法人の受け取る振替国債等や特定の振替社債等の利子等及び特定のTB・FB等の償還差益について、原則として非課税とされ源泉徴収が免除される等の措置、民間国外債の利子等の非課税措置、いわゆるオフショア勘定からの利子の非課税措置その他の租税特別措置が講じられています。

国内源泉所得の範囲（平成26年度改正後）

① 　PE に帰属する所得（PE の譲渡により生ずる所得を含む。）
② 　国内にある資産の運用・保有により生ずる所得（⑧から⑯までに該当するものを除く。）
③ 　国内にある資産の譲渡により生ずる所得（国内不動産の譲渡による所得等の一定の国内資産の譲渡所得に限る。）
④ 　国内における人的役務の提供事業の対価
⑤ 　国内にある不動産等の貸付けによる対価
⑥ 　組合契約事業から生ずる利益の配分
⑦ 　国内土地等の譲渡対価
⑧ 　わが国の国債・地方債や内国法人の発行する社債の利子等
⑨ 　内国法人から受ける剰余金の配当等
⑩ 　国内業務のために用いられる貸付金から生ずる利子
⑪ 　国内業務のために用いられる工業所有権、著作権、機械・装置等の使用料
⑫ 　国内における勤務等の人的役務の提供に基づき個人が受ける報酬
⑬ 　国内事業の広告宣伝のための賞金
⑭ 　国内営業所で締結された生命保険契約に基づく年金等
⑮ 　国内営業所が受け入れた定期積金に係る給付補塡金等
⑯ 　匿名組合契約等に基づく利益の分配金等
⑰ 　その他源泉が国内にある所得として一定のもの
（注）　法人税における国内源泉所得は、①～⑤及び⑰とされる。

非居住者・外国法人に対する課税の概要（平成26年度改正後）

	PE を有する非居住者及び外国法人		PE を有しない非居住者及び外国法人
	PE に帰属する所得	PE に帰属しない所得	
（事業所得）	ＰＥ帰属所得①　　総合課税（注1）		
国内にある資産の運用・保有（②）		総合課税（注3）	
国内にある資産の譲渡（③）（注2）			
人的役務の提供事業の対価（④）			
国内不動産の賃貸料等（⑤）			
組合契約事業から生ずる利益の配分（⑥）			
国内土地等の譲渡対価（⑦）		源泉徴収のうえ総合課税	
債券利子等の投資所得等（⑧～⑯）		源泉徴収のみ	
その他の国内源泉所得（⑰）		総合課税	

（注1）　④～⑯については、源泉徴収のうえ総合課税。
（注2）　③のうち国内にある土地の譲渡については、その譲渡対価に対して10％の源泉徴収。
（注3）　④及び⑤については、源泉徴収のうえ総合課税。

8　租税条約　　各国の国内法の規定ぶりがまちまちである中、国際的な課税権を調整する際に租税条約が結ばれることがあります。

租税条約は通常所得課税に関して結ばれますが、他の条約と同様、国内法より優先され、条約締結国間における、①国際的二重課税の排除、②課税権の配分、③相手国居住者への課税関係の明確化、④相手国の国内税制変更による不確実性への保護、⑤課税当局の紛争処理及び租税回避防止に係る協力体制といった機能により、締結国間の経済交流に貢献しています。

具体的には、租税条約では、居住地国による課税権を前提として所得の種類ごとに、源泉地国における課税権の範囲を規定し、課税権の競合を最小限に抑えるとともに、居住地国に対し外国税額控除などによる二重課税の排除を義務付けることなどが規定されています。

事業所得については、恒久的施設を有しない限りその国で課税されることはないという原則や恒久的施設の定義が規定されます。

恒久的施設を有しない非居住者の稼得する利子、配当、使用料のいわゆる投資所得については、各国は通常源泉分離課税を行っていますが、租税条約では、条約上の相手国の居住者について相互に一定税率（限度税率）を超えて課税してはならないことを規定しています。なお、日米租税条約等の近年に改正された租税条約では、投資所得について、源泉地国（投資先国）における課税が大幅に軽減されるなどの措置が講じられています。

このように租税条約は源泉地国での課税権を一般的に抑制する内容となっています。これは二重課税のリスクが減少するといった意義を持つのみならず、課税権を源泉地国ではなく、居住国に傾斜配分することにより両国間の投資交流の促進を図ろうとしていることも反映しています。

なお、わが国は、平成23年11月、税務行政執行共助条約を締結（2019年7月1日現在の署名国は97カ国）し、署名国間の情報交換・徴収共助・送達共助を通じて国際的な脱税及び租税回避行為により適切に対処していくことが可能となりました。また、これに合わせ、平成24年度税制改正において、徴収共助・送達共助に係る国内法の整備を行いました。

我が国の租税条約ネットワーク 《74条約等、130か国・地域適用／2019年7月1日現在》（注1）（注2）

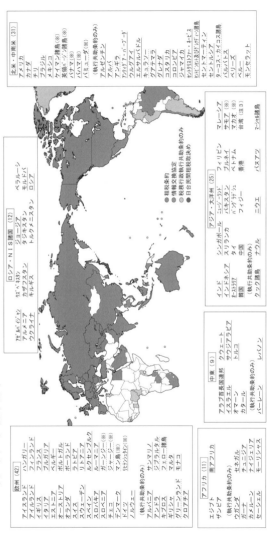

欧州 (42)

アイスランド	ハンガリー
アイルランド	フィンランド
イギリス	フランス
イタリア	ブルガリア
エストニア	ベルギー
オーストリア	ポルトガル
オランダ	ポーランド
スイス	ラトビア
スウェーデン	リトアニア
スペイン	ルクセンブルク
スロバキア	ルーマニア
スロベニア	ガーンジー（※）
チェコ	ジャージー（※）
デンマーク	マン島（※）
ドイツ	
ノルウェー	

（執行共助条約のみ）
アルバニア	サンマリノ
アンドラ	ジブラルタル
キプロス	フェロー諸島
ギリシャ	マルタ
クロアチア	モナコ

ロシア・NIS諸国 (12)

アゼルバイジャン	ジョージア	ベラルーシ
アルメニア	カザフスタン	モルドバ
ウクライナ	タジキスタン	ロシア
	トルクメニスタン	

中東 (9)

アラブ首長国連邦	クウェート
イスラエル	サウジアラビア
オマーン	トルコ
カタール	

（執行共助条約のみ）
バーレーン　レバノン

南アフリカ (11)

エジプト	ザンビア

（執行共助条約のみ）
ウガンダ	セネガル
ガーナ	チュニジア
カメルーン	ナイジェリア（※）
セーシェル	モーリシャス

アジア・大洋州 (25)

インド	シンガポール	ニュージーランド	フィリピン	マレーシア
インドネシア	スリランカ	パキスタン	ブルネイ	サモア（※）
オーストラリア	中国	バングラデシュ	ベトナム	マカオ（※）
韓国		フィジー	香港	台湾（注3）

（執行共助条約のみ）
ナウル　クック諸島

ニウエ　バヌアツ

マーシャル諸島

北米・中南米 (31)

アメリカ
カナダ
チリ
ブラジル
メキシコ

（執行共助条約のみ）
ケイマン諸島（※）
英領バージン諸島（※）
パナマ（※）
バハマ（※）
バミューダ（※）

（執行共助条約のみ）
アルゼンチン
アルバ
アンギラ
アンティグア・バーブーダ
ウルグアイ
エルサルバドル
キュラソー
グアテマラ
グレナダ
コスタリカ
コロンビア
ジャマイカ
セントクリストファー・ネービス
セントビンセント及びグレナディーン諸島
セントルシア
タークス・カイコス諸島
バルバドス
ペルー
モントセラト

● 租税条約
● 情報交換協定
● 税務行政執行共助条約のみ
● 日台民間租税取決め

(注1) 税務行政執行共助条約が多数国間条約であること、及び、旧ソ連、旧チェコスロバキア以下の条約が複数国へ承継されていることから、条約等の数と国・地域数が一致しない。
(注2) 条約等の数及び主な内容は以下のとおり。
・租税条約：二重課税の除去並びに脱税及び租税回避の防止を主たる内容とする条約：61本、71か国・地域
・情報交換協定：租税に関する情報交換を主たる内容とする条約：11本、11か国・地域（図中、（※）で表示）
・税務行政執行共助条約：締約国は我が国を除いて114か国・地域（図中、適用拡張地域名に点線）。このうち我が国と二国間で
　条約が有効になっていない国・地域：47か国・地域
・日台民間租税取決め：１本、１地域
(注3) 台湾については、公益財団法人交流協会（日本側）と公益財団法人亜東関係協会（台湾側）との間の民間租税取決め及びその内容を日本国内で実施するための法令によって、全体として租税
　　　条約に相当する枠組みを構築（現在、公益財団法人交流協会（日本側）は公益財団法人日本台湾交流協会、亜東関係協会（台湾側）は台湾日本関係協会にそれぞれ改称されている）。

第6編　租税制度の国際比較

1　概　説　　第2編でみたように、明治期以降のわが国税制は欧米の影響を受けて発展してきました。第二次世界大戦後は、シャウプ勧告に代表されるアメリカの影響を受け、所得税の総合課税を中心とする税制が採用され、現在のわが国税制の基礎となっています。現在、わが国税制は、少子高齢化や経済のグローバル化への対応が課題となっていますが、多くの先進諸外国も同じような問題に直面しており、諸外国がどのような対策をとってきたのか、またとろうしているのかを知ることは、今後、わが国税制がこうした問題にどのように対応していくべきかを考える際の参考となります。また、情報技術の発展などに後押しされ資本や労働の国境を越えた移動が活発化する中、世界的な競争は様々な分野に広がっており、税制も諸外国の制度と比較して検討することが求められています。

本編では、まず、主要先進国における近年の税制改革の概要について紹介します。各国は、その時々の経済・財政状況に合わせて税制改正を行ってきています。次に国民負担率や税収といったマクロの指標を用いた国際比較を概観した上で、所得税、法人税、相続・贈与税、付加価値税（消費税）といった個別税目の制度比較を紹介します。こうした資料から、日本人が負担する租税が国際的にみて重いのか軽いのか、わが国の制度が諸外国の制度と比較してどのような特徴を持っているのかといったことがみえてきます。

このように租税制度の国際比較をすることは、今後のわが国税制を考えるに当たって大変参考になるのですが、注意しなければならないことは、税制は、各国の歴史、経済社会の状況、財政状況等、それぞれの事情を反映した上で形成されているものであり、各国の制度が、必ずしもわが国にそのまま当てはまるものではないということです。

主要国における最近の主な税制改正

	日 本	ア メ リ カ	イ ギ リ ス	ド イ ツ	フ ラ ン ス
所得税 （国税） の税率と 課税段階	1984 10～75%の19段階 1987 10.5～70%の15段階 1989 10.5～60%の12段階 1989 10～50%の5段階 1999 10～37%の4段階 2007 5～40%の6段階 2015 5～45%の7段階	1986 11～50%の14段階 1986 15,28%の2段階 1991 15,28,31%の3段階（0890430） 1993 15～39.6%の5段階（0890430） 2001 10～38.6%の6段階 2003 10～35%の6段階 2013 10～39.6%の7段階 2018 10～37%の7段階	1979 25～83%の11段階 1988 25～60%の7段階 1992 20,25,40%の3段階 1996 20,24,40%の3段階 1997 20,23,40%の3段階 1999 10,23,40%の3段階 2000 10,22,40%の3段階 2008 20,40%の2段階 2010 20,40,50%の3段階 2013 20,40,45%の3段階	1990 0～56% 1996 0～53% 1999 0～53% 2000 0～51% 2001 0～48.5% 2004 0～45% 2005 0～42% 2007 0～45% 2009 0～45% ※ 税率算出方式による累進課税	1983 0～60%の13段階 1987 0～65%の14段階 1988 0～58%の13段階 1994 0～56.8%の13段階 1997 0～56.8%の7段階 2001 0～54%の7段階 2002 0～53.25%の7段階 2003 0～52.75%の7段階 2004 0～49.58%の7段階 2007 0～48.09%の7段階 2011 0～40%の5段階 2013 0～41%の5段階 2015 0～45%の5段階
法人税 （国税） の税率	1989 留保42%,配当32% 1990 37.5% 1998 34.5% 1999 30.0% 2012 25.5% 2015 23.9% 2016 23.4% 2018 23.2%	1986 46% 1986 34% 1993 35% 2018 21%	1983～86 52% 1991 35% 33% 1997 31% 1999 30% 2008 28% 2011 26% 2012 24% 2013 23% 2014 21% 2015 20% 2017 19%	1990 留保56%,配当36% 1994 留保45%,配当30% 1999 留保40%,配当30% 2001 25% 2003 26.5% 2004 25% 2008 15%	1986 50% 1992 45%（数次改正） 34% 1993 33 1/3% 2019 33 % 1995 法人税の税率引上げ(付加税)10% 2001 法人税の税率引上げ(付加税)6% 2002 法人税の税率引上げ(付加税)3% 2005 法人税の税率引上げ(付加税)1.5% 2006 法人税の税率引上げ(付加税) 2008 法人税の税率引下げ（2022年に25%）
付加価値税 の税率	1989 3% 1997 5%（地方消費税（消費税額の25%）を含む） 2014 8%（地方消費税（消費税額の17/63）を含む） 2019.10 10%（地方消費税（消費税額の22/78）を含む）		1979 8% 1991 17.5% 2008 15% 2010 17.5% 2011 20%	1993 14% 1998 15% 2007 16% 19%	1982 17.6% 1995 18.6% 2000 20.6% 2014 19.6% 20.0%

2 主要先進国における近年の税制改革

（1） **アメリカ**　レーガン政権（共和党）による1981年税制改正では、所得税・法人税の課税ベースを縮小するとともに税率を引き下げましたが、想定した成長は達成できず、大幅な財政・経常収支赤字、長期金利の上昇、ドル高を招きました。歳入中立で行われた86年の税制改正では、所得税の税率構造の簡素化、法人税率の引下げとともに、租税特別措置の縮減をはじめとする課税ベースの拡大により減税財源がまかなわれました。

90年代には、ブッシュ（父）大統領（共和党）、クリントン大統領（民主党）の下で、財政再建を目的とした税制改革が実施されました。包括財政調整法（OBRA90, 93）に基づき、歳出削減と並行して所得税の最高税率の引上げ等が行われました。こうした政策努力に経済成長も加わり、98年度には財政収支を黒字化しました。

2001年に就任したブッシュ大統領（共和党）は、2001年、2003年に財政黒字の国民への還元や景気回復などを目的として大規模な減税（ブッシュ減税）を実施しました。所得税率の段階的引下げ、児童税額控除額の段階的引上げ、配当及び長期キャピタルゲインに対する軽減課税の導入・段階的引下げ、法人税における特別償却制度の拡充、遺産税の段階的廃止（2010年）などを行いました。

2009年に成立したオバマ政権（民主党）下では、サブプライム・ローンの焦げ付きに端を発した金融危機に対応する大規模な景気対策の一環として、勤労世帯向けの定額型減税（時限措置）等が実施されたほか、ブッシュ政権下で廃止された遺産税を復活させました。また、2012年米国納税者救済法により、所得税・遺産税の最高税率の引上げ等の富裕層に対する増税が行われた一方、低中所得者に対してはブッシュ減税が延長されました。

2017年にはトランプ政権（共和党）が成立し、就任から1年を迎

える中で、雇用の創出や、より簡素で公正な税制等を主な柱とした
税制改革が実施されました。所得税の税率構造等の見直し、連邦法
人税率の引下げ及び一部の租税特別措置の廃止や縮減等による課税
ベースの拡大、遺産税の基礎控除額の拡大などが行われました。そ
の後、中間選挙前の2018年9月頃に、特に中所得者層の支持拡大を
念頭に、個人所得税の減税の恒久化などを目指す税制改革第2弾が
下院歳入委員会から発表されました。中間選挙で議会がねじれの状
態になり、税制改正法案はいったん廃案となり、元の案の一部を含
む新たな法案については、2019年5月末に下院を通過している状況
です。当該法案は、家計の貯蓄の促進を柱に据えたものとなってい
ます。

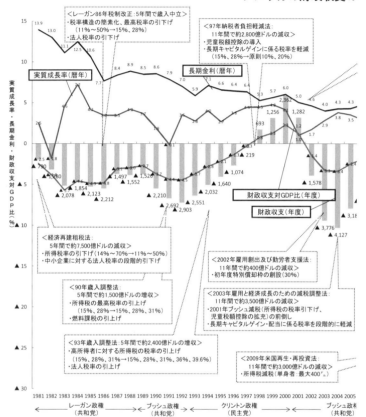

（注）1．財政収支及び財政収支対GDP比については、2018年度までは実績。それ以降は2020年度大統領予算教書による
　　　　見通し。
　　　2．実質成長率については、2018年までは実績、それ以降は2020年度大統領予算教書における見通し。
　　　3．財政収支は連邦政府の予算ベース。
　　　4．長期金利は、米国10年国債金利年平均。
（出所）1．2020年度大統領予算教書（2019年3月）
　　　　2．実質成長率（暦年）については、2018年までは商務省経済分析部「National Economic Accounts」、2019年か
　　　　　らは2020年度大統領予算教書（2019年3月）。
　　　　3．長期金利については、2017年までは連邦準備銀行（FRB）、2018年からは2020年度大統領予算教書（2019年3
　　　　　月）。

推移及び主な税制改革等

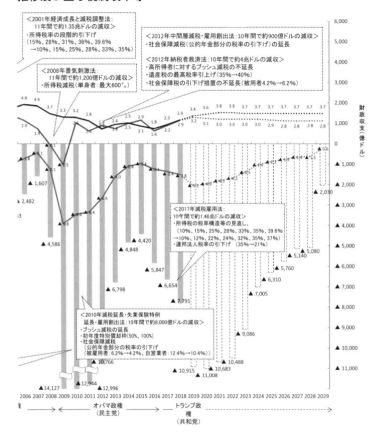

(2) **イギリス**　1979年に登場したサッチャー内閣（保守党）は、民間部門の活力再生のため、労働・投資インセンティブの向上を目的として所得税の税率引下げと税率構造の簡素化、法人税の税率引下げと租税特別措置の整理合理化による課税ベースの拡大などを行うとともに、付加価値税の税率引上げを実施し、所得課税から消費課税へのシフトが図られました。一方財政再建を目的として、国営企業の民営化などの歳出削減措置を行いました。この結果、高インフレの抑制に成功し、88年度には財政黒字が達成されましたが、その後景気の悪化などに伴い、90年度には再び財政赤字に陥りました。

90年に成立したメージャー内閣（保守党）は、サッチャー政権の政策を踏襲し、更なる所得税・法人税の税率引下げを行いつつ、財政規律に基づく歳出削減と並行して、所得税の諸控除の縮小や、付加価値税及び個別間接税の税率引上げ、保険税や航空旅客税といった新税導入による増税を行いました。こうした歳出歳入両面における措置の結果として、財政収支は98年度に黒字化しました。

97年に成立したブレア内閣（労働党）は、従来の労働党の高福祉高負担路線を変更し「第三の道」という政策をとりました。好調な経済状況を背景に、財政規律に基づいた堅実な財政運営が行われてきましたが、教育や社会保障への政府支出の増加などに伴い、2001年以降は再び財政赤字となりました。税制面では、所得税の税率引下げ、税額控除の導入・拡大や法人税率の引下げを行う一方、個別間接税の引上げや気候変動税などの新税の導入を実施しました。

2007年6月にブレア首相の後を継ぎ成立したブラウン内閣（労働党）は、基本的にはブレア政権の政策を継承しつつ、所得税の最低税率の引上げ、法人税率の引下げを行いました。

2008年秋以降の金融・経済危機に際しては、付加価値税率を時限的に引き下げる一方、2010年度以降の個人所得増税等による財政健

全化方針を提示しました。

　2010年5月に成立したキャメロン内閣（保守党・自由民主党連立。2015年の総選挙以降は保守党単独）は、財政赤字の削減を最優先事項として、付加価値税率の引上げとともに、社会保障を中心とした歳出削減を行うなど、歳入・歳出両面からの改革のほか、企業の国際競争力の向上等を目的として、法人税率の段階的な引下げを実施してきました。

　2016年6月に行われたイギリスの欧州連合（EU）離脱の是非を問う国民投票で離脱派が勝利したことを受け、キャメロン首相が辞任し、同年7月にはメイ内閣（保守党）が成立しました。メイ内閣は、EUを離脱するプロセスを進めるにあたって、経済の安定を第一とし、法人税率の段階的な引下げをはじめとするキャメロン内閣の基本政策を継承していました。もっとも、メイ首相は離脱についての再度の国民投票の容認を表明したことにより、離脱を求める与党保守党内で急速に支持を失い、同年6月に保守党党首の辞任に追い込まれました（次期党首が決まるまでは首相を続投）。今後、同年7月下旬には保守党の新党首が選ばれる予定です。税制面では、個人所得税の基礎控除の引上げや企業の設備投資に係る年間投資控除額の引上げ等の減税政策をとる一方で、2020年から特定の電子ビジネスを行う大手デジタル企業の英国での収入に対し2％の課税を行うデジタル・サービス・タックス（DST）を導入する予定です。

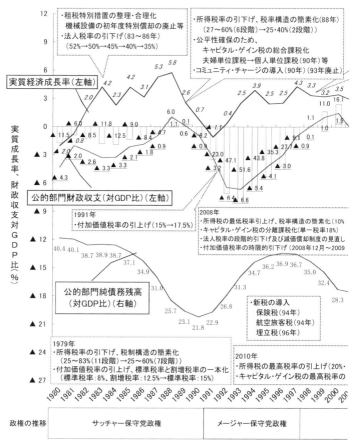

英国の財政

（出典）英国統計庁

（注）1．実質GDP成長率は暦年ベース。2018年までは実績、2019年以降は財政責任庁による見通し。
　　　2．財政収支及び純債務残高は公的部門ベース。2017年度までは実績、2018年度以降は財政責任庁による見通し。
　　　3．公的部門とは、一般政府に公的企業を加えたもの。

収支等の推移

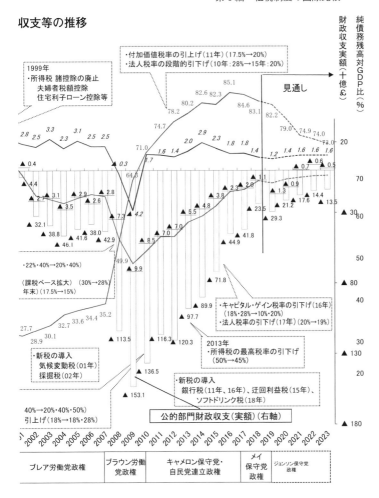

右上：財政収支実額（十億£）　純債務残高対GDP比（％）

・付加価値税率の引上げ（11年）（17.5%→20%）
・法人税率の段階的引下げ（10年：28%→15年：20%）

見通し

1999年
・所得税 諸控除の廃止
　夫婦者税額控除
　住宅利子ローン控除等

上側ライン（純債務残高対GDP比）：
2.8　2.5　3.3　3.1　2.5　2.5　▲0.4　▲0.3　64.3　71.0　74.7　78.2　80.2　82.6　82.3　85.1　84.6　83.1　82.2　79.0　74.9　74.0　73.0

▲4.4　2.7　▲3.1　3.5　2.9　2.6　2.8　7.3　▲4.2　1.7　1.6　1.4　2.0　2.9　2.3　1.8　1.8　1.4　1.1　2.3　2.8　1.3　0.9　1.4　1.6　0.7　1.6　0.6　0.5

▲32.1　▲38.8　41.6　▲38.0　42.9　49.9　▲9.9　8.5　7.0　7.0　5.5　4.8　3.8　23.5　▲29.3　21.2　17.6　14.4　13.5　▲46.1　▲41.8　▲44.9　▲71.8

・22%・40%→20%・40%）
（課税ベース拡大）（30%→28%）
年末）（17.5%→15%）

・キャピタル・ゲイン税率の引下げ（16年）
　（18%・28%→10%・20%）
・法人税率の引下げ（17年）（20%→19%）

2013年
・所得税の最高税率の引下げ
　（50%→45%）

・新税の導入
　気候変動税（01年）
　採掘税（02年）

27.7　28.9　30.1　32.7　33.6　34.4　35.2

▲89.9　▲97.7　▲113.5　116.3　120.3　▲136.5　▲153.1

・新税の導入
　銀行税（11年、16年）、迂回利益税（15年）、
　ソフトドリンク税（18年）

40%→20%・40%・50%）
引上げ（18%→18%・28%）

公的部門財政収支（実額）（右軸）

右軸目盛：20　70　▲30　60　50　40　▲80　30　20　▲130　▲180

2001 2002 2003 2004 2005 2006 2007	2008 2009 2010	2011 2012 2013 2014 2015 2016 2017	2018 2019	2020 2021 2022 2023
ブレア労働党政権	ブラウン労働党政権	キャメロン保守党・自民党連立政権	メイ保守党政権	ジョンソン保守党政権

（3）**ドイツ**　1982年に成立したコール政権（キリスト教民主同盟）は、80年代には、経済成長と雇用の拡大を目的とした所得税・法人税の税率引下げなどを行う一方で、付加価値税の税率引上げを実施しました。90年の東西ドイツ統一後は、旧東ドイツ支援などへの財政負担に対応するため、91年に連帯付加税が1年限りで導入され、95年には恒久的措置として再導入されました。また、付加価値税の標準税率の引上げが93、98年に行われました。こうした取組みにより、財政収支は2000年に黒字化しました。

　98年に成立したシュレーダー政権（社会民主党）の下では、経済成長を促す観点から、所得税・法人税の税率の引下げを含む大規模な減税を内容とする「税制改正2000」が策定されました。しかし「税制改正2000」は期待された効果をもたらすことはできず、2001年のITバブルの崩壊などによる経済の低迷もあり財政状況は急速に悪化し、2002年以降は、マーストリヒト条約に基づく財政赤字対GDP比3％基準に違反することとなりました。

　景気の低迷、失業問題の深刻化を背景として2005年に行われた連邦議会選挙では各党とも過半数を獲得することができず、連立協議の末に、キリスト教民主同盟のメルケル党首を首相とする大連立政権が樹立されました。このメルケル政権の下、2007年には財政健全化などのために付加価値税の標準税率の引上げ・所得税の最高税率の引上げが実施され、同年、財政収支の黒字化を達成しました。また2008年には、ドイツの企業立地上の競争力強化や租税回避抑制の観点から法人実効税率の引下げ・課税ベースの拡大を含む法人税改革が実施されました。

　2009年、2010年には景気対策のため、所得税を中心とした減税が行われましたが、財政収支が悪化したことを受け、2010年6月に財政健全化に向けた基本方針が閣議決定されました。この方針に基づ

き、2011年から航空税、核燃料税が導入されています。

　2017年9月には連邦議会選挙が行われ、メルケル首相が再任されました。連立協議では連帯付加税の将来的な段階的廃止が主張されるなど、今後の動向に注目が集まっています。2018年後半は、新たな自動車の排ガス規制の問題や弱い外需等を背景に実質GDP成長率が鈍化しました。こうした中、低・中所得層を念頭に児童手当及び児童控除の引下げや所得税に累進の緩和、連帯付加税の一部撤廃など、2021年には、直近の10年で最大の減税となる規模の減税政策を実施する予定です。

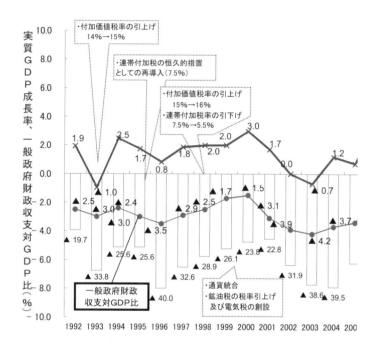

政権の推移	コール政権（保守・中道連立）	シュレーダー政権（中道・左派連立）
	1982.10	1998.10

(注) 連邦政府の財政収支は'17年までは実績、'18年、'19年は予算。一般政府の財政収支及び実質GDP成長率は'18年以降は見通し。

(出典) 1. 連邦政府財政収支：Finanzbericht2019、Monatsbericht des BMF、2019年予算等。

      2. 一般政府財政収支対GDP比及び実質GDP成長率：2017年まで連邦統計局等。2018年以降は安定化プログラム2019等。

収支等の推移

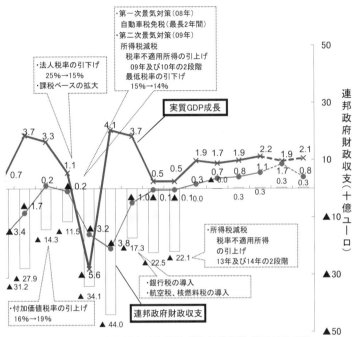

⑷ **フランス**　　1981年に就任したミッテラン大統領（社会党）の下で、富裕税の創設、相続税率の引上げなど、富裕層に対する課税を強化しました。しかし、86年の国民議会選挙で社会党が敗北すると右派のシラク首相（共和国連合）の下で、所得税・法人税の税率引下げなどが実施されました。

95年に就任したシラク大統領は、欧州通貨連合の参加要件であるマーストリヒト基準を達成するため、歳出削減とともに、95年に法人税付加税の導入、付加価値税の標準税率の引上げ等の増税を行うなど、財政再建に取り組みました。また、社会保障財源として個人所得課税である一般社会税を91年に創設し、段階的な税率の引上げ等により、主要な社会保障財源の一つとしました。こうした取組みの結果、97年度にはマーストリヒト基準を達成しました。

2008年以降、世界的な経済状況の悪化を受け、フランスは低・中所得者向けの所得税減税（単年度措置）等の経済対策を行ってきました。その結果、2009年の財政収支は大幅な赤字となりました。その後、大規模な財政再建策を打ち出し、2011年では、経済見通しの下方修正がなされる中、税収の確保に向け個人保有の不動産譲渡益に対する課税強化、大企業に対する法人税付加税の導入といった一連の課税強化措置が発表されました。

2012年に就任したオランド大統領（社会党）は、財政再建に向けた取組みとして、所得税の最高税率の引上げ、資産性所得への適用税率の累進化、高所得者に対する75％課税の時限的導入（憲法院による違憲判決を受けて撤回）、富裕税の最高税率の引上げ、大企業に対する当期利益からの利子控除の上限設定など、主に富裕層や大企業に対する増税を実施しました。一方で、経済対策として、競争力強化・雇用促進のための法人税額控除制度を創設し、その財源として、歳出削減と合わせて、付加価値税率の引上げ等の増税措置を

実施しました。また、2017年には、低所得者向けの措置として所得税の付加的税額控除制度を導入し、企業向けには、2020年にかけて、法人税率を段階的に引き下げる方針を発表しました。

　2017年にはマクロン大統領（共和国前進）が就任し、2018年の税制改正では、家計の購買力を取り戻し、企業の投資と雇用を促すことが目的として掲げられました。個人向けには金融所得への単一税率の適用や住居税の段階的廃止、富裕税の不動産富裕税への改組などが実施され、法人向けには、法人税率の段階的な引下げ（2017年：33.33%→2022年：25%）や給与税の最高税率の廃止などが実施されました。また、給与所得に係る所得税の源泉徴収の開始が1年延期され、2019年1月から実施されることになりました。2018年11月以降燃料税引上げ計画への抗議に端を発して始まった「黄色のベスト運動」対処のため、マクロン大統領は、2018年12月に経済社会緊急対策を表明し、その財源にも活用すべく、デジタル課税について実施する方針が示されました。その後、2019年3月にデジタル大企業課税法案が閣議後、議会に提出され、同年5月に「企業成長転換行動計画法案」にて、成立しました。

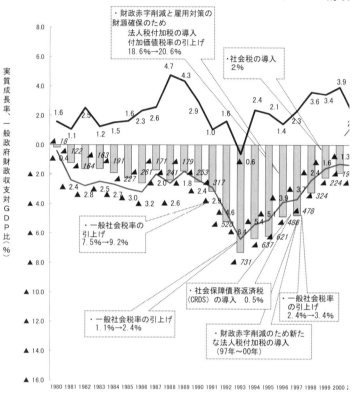

実質成長率、一般政府財政収支対ＧＤＰ比（％）

・財政赤字削減と雇用対策の財源確保のため
　法人税付加税の導入
　付加価値税率の引上げ
　18.6％→20.6％

・社会税の導入
　2％

・一般社会税率の引上げ
　7.5％→9.2％

・一般社会税率の引上げ
　1.1％→2.4％

・社会保障債務返済税
（CRDS）の導入　0.5％

・一般社会税率の引上げ
　2.4％→3.4％

・財政赤字削減のため新た
な法人税付加税の導入
（97年～00年）

1980 1981 1982 1983 1984 1985 1986 1987 1988 1989 1990 1991 1992 1993 1994 1995 1996 1997 1998 1999 2000 2

収支等の推移

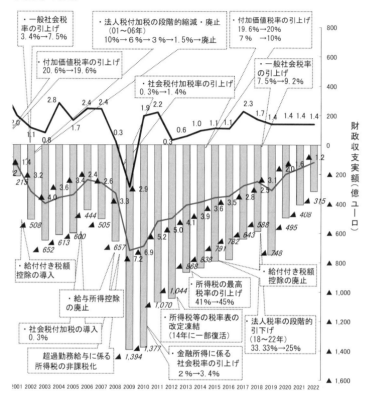

・一般社会税率の引上げ
3.4％→7.5％

・付加価値税率の引上げ
20.6％→19.6％

・法人税付加税の段階的縮減・廃止
（01～06年）
10％→６％→３％→1.5％→廃止

・社会税付加税率の引上げ
0.3％→1.4％

付加価値税率の引上げ
19.6％→20％
７％　→10％

・一般社会税率
の引上げ
7.5％→9.2％

・給付付き税額
控除の導入

・給与所得控除
の廃止

・社会税付加税の導入
0.3％

超過勤務給与に係る
所得税の非課税化

金融所得に係る
社会税率の引上げ
２％→3.4％

所得税の最高
税率の引上げ
41％→45％

・所得税等の税率表の
改定凍結
（14年に一部復活）

・給付付き税額
控除の廃止

法人税率の段階的
引下げ
（18～22年）
33.33％→25％

財政収支実額（億ユーロ）

800
600
400
200
0
▲200
▲400
▲600
▲800
▲1,000
▲1,200
▲1,400
▲1,600

2001 2002 2003 2004 2005 2006 2007 2008 2009 2010 2011 2012 2013 2014 2015 2016 2017 2018 2019 2020 2021 2022

3　租税負担等の国際比較　　国民の租税負担等の水準をみるマクロの指標として、国民負担率と租税負担率があります。

「国民負担率（対国民所得比）」は、一般に国民の経済活動の成果である国民所得に対する国税、地方税、社会保障負担の総額の割合で、租税だけでなく社会保険料等の社会保障負担も含めた公的負担全体の水準を表わす指標として用いられます。

「租税負担率（対国民所得比）」は、このうち国民経済全体としての税の負担水準を表わす指標であって、国民所得に対する国税、地方税の総額の割合をいいます。

G5諸国およびスウェーデンの租税負担率を比較すると右図のようになっており、わが国は25.1%と下から2番目に低い水準にあることがわかります。

租税負担率の内訳をみると、日本は特にヨーロッパ主要国に比べ、個人所得課税及び消費課税負担割合がかなり小さくなっています。消費課税の負担割合はヨーロッパ主要国と比べ低い状況ですが、これは日本の消費税（付加価値税）の税率（2019年10月より10%）がイギリス（20%）、ドイツ（19%）、フランス（20%）と比較してかなり低いことが主な要因と考えられます。また、個人所得課税の負担割合が諸外国に比べて相当低い水準となっているのは累次の負担軽減措置の影響があると考えられます。今後、わが国においては、急速な高齢化に伴う支出の増加に対して負担率の議論が避けられないのではないかと考えられます。

なお、北欧諸国は社会保障が充実している分、租税負担率が先進国の中でも極めて高い水準にあります。また、アジア諸国は国によって租税負担の水準や構造が異なっています。

国民負担率（対国民所得比）の内訳の国際比較

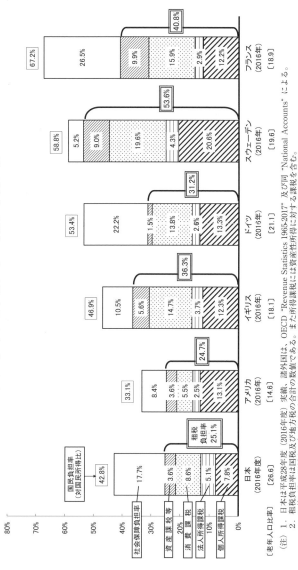

(注)　1.　日本は平成28年度（2016年度）実績、諸外国は、OECD "Revenue Statistics 1965-2017" 及び同 "National Accounts" による。
　2.　租税負担率は国税及び地方税の合計の数値である。また所得課税には資産性所得に対する課税を含む。
　3.　四捨五入の関係上、各項目の計数の和が合計値と一致しないことがある。
　4.　老年人口比率については、日本は2015年の推計値（総務省「人口推計」における10月1日現在人口）であるが、諸外国は2015年の数値（国際連合 "World Population Prospects: The 2017 Revision Population Database" による。なお、日本の2019年の推計値（国立社会保障・人口問題研究所「日本の将来推計人口」（平成29年（2017年）4月推計）による）は28.6％となっている。

4　各国の税収構造　　各国における税収の内訳をみると、国によってその税収構造には大きな違いがあることがわかります。

税収構造を比較するために、国（連邦）税と地方税を合わせ、所得課税、消費課税、資産課税等からの税収が全税収に占める割合（OECD歳入統計の分類による）をみると、アメリカでは、所得課税のウェイトが63.2％と、OECD諸国の中でも高い水準である一方、消費課税のウェイトは22.3％と最も低い水準にあります。ヨーロッパ主要国については、消費課税の比率が、かなり大きくなっています。これは、各国の付加価値税率（イギリス20％、ドイツ19％、フランス20％など）がかなり高率であることや、個別間接税の税負担が重いことなどが原因と考えられます。わが国は、消費税導入後においても、依然、所得課税に対する依存度が51.3％と比較的大きく、消費課税への依存度が34.3％とかなり小さい税体系となっています。

OECD諸国における所得・消費・資産課税等の税収構成比の国際比較（国税＋地方税）

所得課税合計（36か国中11位）

国	割合
アメリカ	63.2%
デンマーク	62.8%
スイス	61.5%
オーストラリア	57.2%
カナダ	56.1%
ニュージーランド	55.6%
ノルウェー	52.3%
アイルランド	51.8%
ルクセンブルク	51.5%
ベルギー	51.5%
日本	51.3%
ドイツ	51.1%
メキシコ	49.1%
イタリア	48.8%
スウェーデン	46.9%
チリ	45.8%
オーストリア	44.0%
アイスランド	44.0%
フィンランド	42.9%
イギリス	42.8%
韓国	42.8%
ポルトガル	42.3%
チェコ	39.2%
スペイン	38.8%
オランダ	38.3%
フランス	37.8%
スロバキア	36.9%
エストニア	36.4%
ギリシャ	36.1%
ラトビア	33.3%
トルコ	32.3%
ポーランド	32.3%
スロベニア	31.1%
ハンガリー	29.7%
リトアニア	28.9%
OECD諸国平均	44.2%

個人所得課税（36か国中18位）

国	割合
デンマーク	56.6%
アメリカ	53.1%
カナダ	45.1%
オーストラリア	43.5%
ドイツ	42.7%
アイルランド	41.7%
アイスランド	40.8%
ニュージーランド	40.2%
スイス	39.1%
ルクセンブルク	38.5%
ノルウェー	38.3%
ベルギー	38.0%
イタリア	38.0%
フィンランド	34.5%
スウェーデン	34.0%
イギリス	34.0%
オーストリア	32.4%
メキシコ	32.4%
スペイン	32.3%
韓国	30.7%
日本	29.9%
ポルトガル	29.8%
ラトビア	28.8%
エストニア	27.0%
オランダ	25.8%
スロベニア	25.2%
スロバキア	23.8%
リトアニア	24.2%
ギリシャ	23.4%
トルコ	23.1%
ポーランド	23.0%
フランス	20.6%
チェコ	20.0%
ハンガリー	19.6%
チリ	10.7%
OECD諸国平均	31.9%

法人所得課税（36か国中3位）

国	割合
チリ	25.5%
メキシコ	24.9%
日本	20.1%
トルコ	19.7%
スロバキア	19.2%
韓国	18.5%
チェコ	17.0%
ルクセンブルク	16.5%
ニュージーランド	16.5%
オーストラリア	16.5%
スイス	16.4%
ノルウェー	14.3%
ポルトガル	14.1%
アイルランド	13.9%
カナダ	12.6%
ドイツ	12.6%
ポーランド	11.4%
アイスランド	10.3%
イギリス	10.0%
スペイン	9.8%
オーストリア	9.3%
ハンガリー	9.1%
オランダ	9.0%
スウェーデン	8.9%
ベルギー	8.8%
スロベニア	8.4%
アメリカ	8.0%
フィンランド	7.7%
ギリシャ	7.6%
デンマーク	7.5%
フランス	7.3%
イタリア	7.1%
ラトビア	6.2%
エストニア	7.7%
リトアニア	9.3%
OECD諸国平均	12.4%

消費課税（36か国中30位）

国	割合
リトアニア	67.2%
エストニア	65.8%
ハンガリー	65.5%
ギリシャ	63.9%
トルコ	61.3%
チリ	59.7%
ポルトガル	59.4%
スロベニア	58.8%
ポーランド	58.6%
スロバキア	58.6%
ラトビア	55.8%
チェコ	54.3%
オランダ	49.2%
スペイン	46.5%
メキシコ	45.3%
アイルランド	45.3%
イギリス	44.5%
ドイツ	44.1%
オーストリア	43.7%
フィンランド	43.2%
アイスランド	40.7%
イタリア	40.4%
ノルウェー	40.4%
フランス	39.8%
ニュージーランド	38.9%
韓国	38.3%
国	38.1%
スウェーデン	36.8%
カナダ	36.7%
オーストラリア	35.3%
日本	34.3%
デンマーク	32.5%
カナダ	28.2%
ベルギー	27.3%
スイス	27.1%
アメリカ	25.1%
スイス	22.3%
OECD諸国平均	45.4%

資産課税等（36か国中10位）

国	割合
アイスランド	38.5%
フランス	24.2%
韓国	19.6%
イスラエル	16.8%
カナダ	16.8%
スウェーデン	16.6%
オーストラリア	15.7%
イギリス	15.6%
ルクセンブルク	14.6%
スイス	14.4%
日本	13.5%
イタリア	13.4%
ルクセンブルク	13.2%
ハンガリー	13.2%
スペイン	11.6%
ギリシャ	11.6%
ポルトガル	11.4%
チリ	10.3%
ニュージーランド	9.0%
アイルランド	8.0%
トルコ	8.0%
ポーランド	7.2%
ドイツ	6.8%
ノルウェー	6.6%
フィンランド	6.4%
ニュージーランド	6.1%
アメリカ	5.1%
フィンランド	4.8%
フランス	4.7%
デンマーク	4.7%
オランダ	4.6%
メキシコ	4.5%
スロバキア	3.1%
チェコ	2.3%
オーストリア	1.9%
エストニア	1.2%
OECD諸国平均	10.4%

（備考）
1. 計数は2016年のものである。
2. OECD "Revenue Statistics" の区分に従って作成しているため、利子、配当及びキャピタル・ゲイン課税は所得課税に含まれる。
3. 資産課税等には、給与労働力課税及びその他の課税が含まれる。
4. 資産課税とは、富裕税、不動産税（固定資産税等）、相続・贈与税及び流通課税（有価証券取引税、不動産取得税及び印紙収入）等を指し、日本の割合は14.0%である。

（出所）OECD "Revenue Statistics 1965-2017"

5　所得税制度

⑴　**税負担水準**　　所得税の歴史は、1799年、ナポレオン戦争に際してイギリスのピット内閣により導入された10％の比例税率に始まります。所得税は、その後、イギリスでは19世紀半ばに定着し、他の主要国でも20世紀初めまでには導入され、産業の発展、財政需要の高まりの中で急速に重要視されるようになり、現在では基幹税の1つとして位置付けられています。

まず、国税収入に占める個人所得課税（国税）の割合をみると、アメリカ（75.5％）が突出して高く、これにドイツ、イギリス、フランスが続き、日本は最も低くなっています。

また，わが国の租税負担率は主要国でも相対的に低い水準にあることはこれまでに述べたとおりですが、これは特に個人所得課税についてあてはまります。国民所得に占める個人所得課税の負担割合は、最高税率が70％であった抜本的税制改革前（昭和61年）においても国税のみで6.3％（地方税を含めると9.0％）と比較的低かったのですが、現在はさらに国税のみで4.7％（地方税を含めると7.8％）まで下がっており、これは他の主要国と比べると極めて低い水準であることがわかります。

このようにわが国の個人所得課税は、主要国との比較において税負担水準が極めて低い状況にあり、本来果たすべき財源調達や所得再分配などの機能を喪失しかねない状況にあると考えられます。なお、こうした状況もふまえ、平成27年（2015年）より所得税の最高税率の引上げを行うなどの措置が実施されています。

個人所得課税の国際比較（日・米・英・独・仏）

国名 区分	日本 （昭和61年度）	日本 （令和元年度）	アメリカ	イギリス	ドイツ	フランス
国税収入に占める個人所得課税（国税）収入の割合	39.3%	30.9%	（連邦） 75.5%	36.3%	40.8%	37.9%
国民所得に占める個人所得課税（国税）の負担割合 [地方税を含めた場合]	6.3% [9.0%]	4.7% [7.8%]	10.7% [含む州・地方政府 13.2%]	12.3%	11.0% [13.2%]	12.2%
税率　最低税率（所得税）	10.5%	5%	10%	20%	0%	0%
税率　最高税率（所得税） [地方税等を含めた場合]	70% [78%]	45% [55%]	37% [約49.7%]	45%	45% [47.475%]	45% [54.7%]
税率　税率の刻み数 [地方税等の刻み数]	15 [14]	7 [1]	7 [8, 4]	3	—	5 [1]

（注）
1. 日本については、令和元年度（2019年度）の「個人所得課税収入の割合」及び「個人所得課税負担割合」は当初予算ベースであり、昭和61年度（1985年度）の「地方税等を含めた最高税率」は課税所得の2.1%により、実質的には45.95%となる。

2. 「個人所得課税（国税）収入の割合」及び「個人所得課税（国税）負担割合」は、個人所得に課される租税に係るものであり、所得税の他、日本については復興特別所得税、ドイツについては連帯付加税（原則として計9.7%）が含まれている。なお、ドイツについては連邦税、州税及び共有税（所得税、法人税及び付加価値税）のうち連邦及び州に配分されるものについての税収を国税収入として算出している。

3. 「税率」・「税率の刻み数」における地方税等については、アメリカはニューヨーク市の場合の州税・市税、ドイツは連帯付加税を含んでいる。フランスは社会保障関連諸税を含んでいる一方、所得に対して0％～4％（3段階）の高額所得に対する所得税額（財政赤字が解消するまでの時限措置）として、2012年1月より導入。また、税率の刻みのアメリカの地方税等の税率の刻み数は、州税が8、市税が4であるなお、ドイツでは、税率は連続的に変動するため、税率ブラケットは存在しない。

4. 諸外国の個人所得課税収入の割合及び個人所得課税負担割合は、OECD "Revenue Statistics 1965-2017" 及び同 "National Accounts" に基づく2016年の数値。なお、端数は四捨五入している。

5. 諸外国は2019年1月適用の税法に基づく。

(2) **税率構造及び税負担額**　　各国において、それぞれの所得層に、どれだけの所得税負担が課されているかをみるためには、課税最低限や課税ベースの広狭などとともに、最高・最低税率や税率の刻み数などの税率構造をみなければなりません。

主要国の所得税の税率構造について、各国においては、2でみたとおり、近年、最高税率の引下げや税率構造の簡素化が行われてきましたが、足元では最高税率引上げの動きがみられます。

アメリカでは、2013年に最高税率が4.6％引き上げられた一方、2018年に最高税率が2.6％引き下げられるとともに、税率構造が見直され、現在では10％～37％の7段階となっています。イギリスでも2010年に最高税率が10％引き上げられた一方、2013年に最高税率が5％引き下げられ、現在20％～45％の3段階の累進税率となっています。

フランスでは、2011年より最高税率が1％、2013年より4％引き上げられた一方、2015年より5.5％の税率が適用されていたブラケットが廃止されました。現在では0％から45％までの5段階となっています。

ドイツでは、課税所得を税額算出式に代入して税額を求めることとされているため、限界税率は連続的に変化し、他の国のように税率の刻みといったものは存在しません。現在、税率は0％～45％となっています。

日本においても、抜本的税制改革以降、最高税率は70％から37％まで引き下げられ、税率構造も15段階から4段階まで簡素化されました。その後、三位一体改革の一環として、所得税から個人住民税への税源移譲が行われ、住民税が一律10％の税率となったこととの関係で、平成19年分から所得税の税率構造は5％～40％の6段階に、平成25年度税制改正により、平成27年分から、最高税率が5％引き上げられ、所得税の税率構造は5％～45％の7段階となっています。

給与収入階級別に、わが国と主要国の個人所得課税（所得税及び個人住民税など）の負担水準を比較してみると、累次の負担軽減措置により、その税負担は諸外国と比べても中低所得層を中心に低い水準となっています。

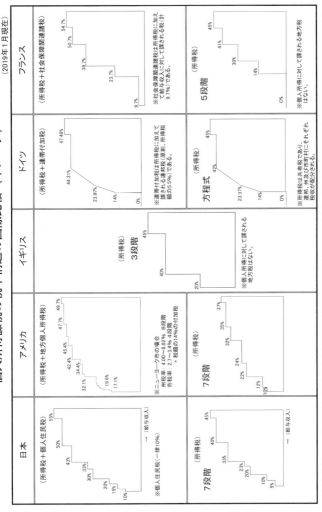

個人所得課税の税率構造の国際比較（イメージ）

（2019年 1 月現在）

（注 1 ）日本については、2013年（平成25年） 1 月から2037年（令和19年）12月までの時限措置として、2.1%の復興特別所得税が課される。
（注 2 ）フランスについては、2012年 1 月から財政赤字が解消するまでの時限措置として、高額所得者の所得税に対して 0 ～ 4 %（ 3 段階）の所得課税が別途課される。

給与収入階級別の個人所得課税税負担額の国際比較

(2019年1月現在)

(単位：万円)

給与収入	区分	日本	アメリカ	イギリス	ドイツ	フランス
500万円	単身	37.4	63.7	65.4	85.0	80.1
	夫婦のみ	30.2	36.3	61.9	37.7	48.6
	夫婦子1人	24.5	9.4	61.9	35.8	47.7
	夫婦子2人	15.8	8.8	61.9	35.7	47.7
700万円	単身	68.2	111.9	110.1	154.1	145.2
	夫婦のみ	57.3	72.3	110.1	89.2	95.1
	夫婦子1人	50.1	45.2	110.1	87.7	83.5
	夫婦子2人	39.2	38.8	110.1	86.3	70.9
1,000万円	単身	140.3	196.9	230.1	275.5	240.5
	夫婦のみ	129.3	127.2	230.1	177.9	164.4
	夫婦子1人	118.2	100.2	230.1	175.1	151.9
	夫婦子2人	100.9	93.8	230.1	174.0	143.0
3,000万円	単身	1,026.5	908.2	1,139.8	1,161.5	1,130.9
	夫婦のみ	1,026.5	695.9	1,139.8	1,035.5	933.9
	夫婦子1人	1,007.6	672.5	1,139.8	1,022.0	913.9
	夫婦子2人	977.4	666.1	1,139.8	1,008.4	893.9
4,000万円	単身	1,534.9	1,326.7	1,589.8	1,619.4	1,649.8
	夫婦のみ	1,534.9	1,009.3	1,589.8	1,478.6	1,415.3
	夫婦子1人	1,516.0	986.0	1,589.8	1,465.1	1,395.3
	夫婦子2人	1,485.8	979.6	1,589.8	1,451.6	1,375.3
5,000万円	単身	2,072.9	1,745.2	2,039.8	2,094.2	2,168.6
	夫婦のみ	2,072.9	1,401.2	2,039.8	1,921.7	1,908.5
	夫婦子1人	2,052.1	1,400.5	2,039.8	1,908.2	1,888.5
	夫婦子2人	2,018.7	1,395.7	2,039.8	1,894.6	1,868.5

(備考) 本資料においては、統一的な国際比較を行う観点から、諸外国の税法から、諸外国の税法に記載されている様々な所得控除や税額控除のうち、一定の家族構成や給与所得を前提として実際の税額計算（全額排除）等は計算に含めていない。

(注) 1. 個人所得課税には、所得税（日本においては、復興特別所得税（現在、合計9.7%）が近年（現在、合計9.7%）及び個人住民税（フランスでは、所得税に加え、給与収入に対して社会保障関連諸税（一般社会税等）が含まれる。なお、フランスでは、2012年1月から財政赤字が解消するまでの時限措置として、高額所得者の所得に対して0％〜4％（3段階）の所得課税が別途課される（ただし、上記表中においてはこれを加味していない。）。

2. 比較のためのモデルケースとして夫婦子1人の場合は子が就学中の16歳、夫婦子2人の場合は第1子が就学中の19歳、第2子が就学中の16歳として計算している。

3. 日本の個人住民税は所得割のみである。アメリカの個人住民税の例としては、ニューヨーク州の個人所得税を採用している。

4. 邦貨換算レート：1ドル＝113円、1ユーロ＝146円、1ポンド＝129円（基準外国為替相場及び裁定外国為替相場：平成31年（2019年）1月中適用）。なお、端数は四捨五入している。

個人所得課税の実効税率の国際比較（夫婦子2人（片働き）の給与所得者）

（2019年１月現在）

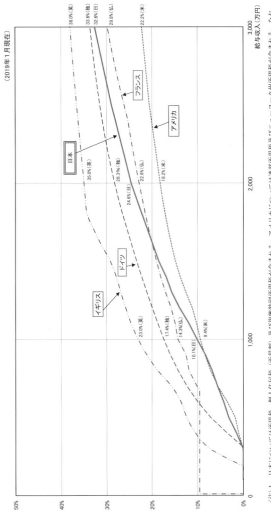

38.0%（英）
33.6%（独）
32.9%（日）
29.8%（仏）
22.2%（米）

35.0%（英）
28.3%（独）
24.6%（日）
22.8%（仏）
18.2%（米）

日本

フランス

アメリカ

ドイツ

イギリス

23.0%（英）
17.4%（独）
14.3%（仏）
9.4%（米）

10％（日）

給与収入（万円）

0　　　1,000　　　2,000　　　3,000

50%
40%
30%
20%
10%
0%

（注）1. 日本については所得税、個人住民税（所得割）及び復興特別所得税（所得割）が課される。本資料においては源泉徴収される。アメリカについては連邦個人所得税及びニューヨーク州所得税が含まれる。なお、別途地方政府（郡・市等）により所得税が課される場合もあるが、本資料においてはこれを加味していない。ドイツについては連帯付加税（算出税額の5.5％）が含まれる。フランスについては社会保障関連諸税（一般社会税等・所得税とは別途、合計9.7%）で定率として課される。収入に対して0～4％（3段階）の高額所得課税が課される（ただし、同図では2012年１月から財政赤字が解消するまでの措置として、所得に対して0～4％（3段階）の高額所得課税が課される（ただし、上記図中においてはこれを加味していない）。各国においては負担率を計算するにあたっては、様々な所得控除や税額控除のうち、一般的に適用されているもののみを考慮して計算している。アメリカの勤労所得税額控除や児童税額控除、イギリスの勤労税額控除（全額給付措置）等の消費税は考慮していない。

2. 比較のため、モデルケースとして第1子が就学中の19歳、第2子が16歳として計算している。

3. 邦貨換算レート：1ドル=113円、1ポンド=146円、1ユーロ=129円（基準外国為替相場・裁定外国為替相場：平成31年（2019年）1月中適用）。

4. 表中の数値は、給与収入1,000万円、2,000万円、及び3,000万円の場合の各国の実効税率である。なお、端数は四捨五入している。

(3) **給与所得に対する課税**　　給与所得者の課税所得を算出する
に際して、必要経費に係る制度としては、実際に支出した費用を積
み上げる実額控除制度と、一定額あるいは給与の一定比率を経費と
みなす概算控除制度があります。イギリスでは実額控除のみですが、
ドイツ、フランスでは、概算控除と実額控除の選択が認められてい
ます。

　アメリカでは、給与所得者のみならず、原則としてすべての納税
者が概算控除と実額控除のいずれかの選択を行うことになっていま
す。なお、アメリカの概算控除は、給与所得控除だけではなく、そ
の他の各種所得控除の性格を含むものです。したがって、実額控除
を選択する場合、医療費や慈善寄附金等の特定の個人的支出に係る
所得控除も実額で控除を行うことになります。他方、概算控除を選
択する場合、控除額は定額で、これに加えて個人的支出の実額控除
を行うことはできません。

　ドイツやフランスでは概算控除額は定額又は限度額が設定されて
います。また、各国とも、実額控除を選択した場合であっても、た
とえば、アメリカ、イギリスでは通勤費の控除が認められないなど、
控除できる範囲はかなり限定されたものになっています。

　わが国では給与所得控除が、最低保障額以後、給与収入の上昇に
伴って減少する比率により認められており、最低保障額は現在65万
円、令和2年分以降は55万円、控除額の上限は、現在220万、令和
2年分以降は195万円となっています。さらに、特定支出（現在は、
通勤費、転居費、研修費、資格取得費、帰宅旅費、勤務必要経費の
6種類。令和2年分以降は職務上の旅費が追加。）の合計額が給与
所得控除額の2分の1を超えるときは、その超える部分を収入から
控除することが認められています。

　なお、給与所得に係る所得税の源泉徴収は、アメリカ、イギリス、
ドイツで行われているほか、フランスにおいても2019年1月から導
入されました。また、わが国の年末調整におけるような雇用者によ
る税額の精算は、イギリスでは給与支払時ごとに、ドイツでは年末
に行われています。

給与所得者を対象とした概算控除の国際比較

(2019年1月現在)

○ 主要国の給与所得者を対象とした概算控除の水準は、わが国に比較して低く、また、定額制又は上限が設定されている。

概算控除	日本 給与所得控除(定率・上限あり)	イギリス (注1)	ドイツ 被用者概算控除(定額)(注2)	フランス 必要経費概算控除(定率・上限あり)(注2)	(参考)アメリカ 概算控除(定額)(注2)
	給与収入に応じ、4段階の控除率(40%~10%)を適用 最低保障額 65万円 上限 220万円 （令和2年2020年~）※ 最低保障額 55万円 上限 195万円	なし	1,000ユーロ(12.9万円) ※給与所得者に限る。	給与収入（社会保険料控除後）の10% 最低 437ユーロ(5.6万円) 上限 12,502ユーロ(161.3万円) ※給与所得者に限る。	12,200ドル(137.9万円) ※医療費控除や寄附金控除等の各種所得控除を含む性格の概算控除であり、また、2025年までの時限措置として、人的控除と統合。

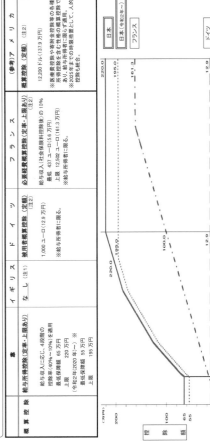

（グラフ）控除額（万円） — 給与収入（万円）
凡例：日本（令和2年~）、フランス、ドイツ

(注1) イギリスでは、給与所得者を対象とした概算控除制度は設けられていない。一方で、職務上の旅費等について、実額控除が認められている。
(注2) ドイツ・フランス・アメリカでは、概算控除制度との選択制として実額控除制度を選択した場合、上記の概算控除額を実額控除額が適用できない。
(注3) 上記のグラフは、日本は給与所得控除額、ドイツは被用者概算控除額、フランスは必要経費概算控除額である。
(注4) グラフ中の数値は、給与収入1,000万円及び2,000万円の場合の各国の控除額である。
(注5) 邦貨換算レートは、1ドル=113円、1ユーロ=129円（基準外国為替相場及び裁定外国為替相場・平成31年(2019年)1月中適用）。なお、端数は四捨五入している。

※上記のほか、(1)所得金額調整控除：①給与所得等控除が頭打ちとなる給与収入を850万円超に引き下げることに伴い、23歳未満の扶養親族又は特別障害者である扶養親族等を有する者等の負担増が生じないよう所得金額調整控除を措置。②給与所得控除・公的年金等控除から基礎控除への振替に伴い、給与・年金の両方を有する者に負担増が生じないよう所得金額調整控除を措置。(2)基礎控除を10万円引き上げる（給与所得控除・公的年金等控除から基礎控除への振替）。

(4) **利子・配当課税制度**　　わが国では、利子所得については、原則として所得税15％、住民税5％の源泉分離課税が行われています。他方、配当所得については、総合課税に加え、平成15年4月から、上場株式等の配当については20％（所得税15％、住民税5％）の源泉徴収のみで納税が完了する仕組み（申告不要制度）が導入されました。なお、平成15年4月から10％（所得税7％、住民税3％）の軽減税率が適用されていましたが、「金融所得課税の一体化」に向け、平成20年度税制改正において軽減税率は廃止されました（同措置はその後の税制改正で平成25年12月31日まで延長されていました）。

主要国の利子・配当所得に対する課税についてみると、総合課税が行われている国と分離課税が行われている国があります。また、多くの場合、源泉徴収制度が採用されています。

アメリカでは、利子所得については総合課税され、配当所得については、2003年減税調整法により、時限措置として、給与所得等とは別の税率で課税されています。配当所得に係る税率は、2003年から2007年までは5％・15％の2段階、2008年から2012年までは0％・15％の2段階に軽減されていましたが、2013年より0％・15％・20％の3段階とされています。なお、利子・配当所得とも、一般的には源泉徴収は行われていませんが、納税者が納税者番号を申告しない場合には、24％の税率で源泉徴収が行われることになっています。

イギリスでは、利子・配当所得とも給与所得等とは別の税率で課税されています。なお、それぞれの所得に対して適用できる控除も導入されています。

ドイツでは、従来、利子・配当所得とも総合課税され、利子所得については30％（転換社債利子等については25％）、配当所得につ

いては20％の税率で源泉徴収が行われてきましたが、2009年より、利子所得、配当所得ともに、税率25％の申告不要制度（分離課税）が導入されています。

　フランスでは、利子・配当所得ともに、2013年より総合課税となっていましたが、2018年予算法において、分離課税と総合課税を選択できることとされています。なお、利子・配当所得ともに、源泉徴収の対象となりますが、前年の参照課税所得が一定以下の者は、源泉徴収を受けずに申告分離課税を選択することができることとされています。

主要国の利子課税の概要

	日本	アメリカ	イギリス	ドイツ	フランス
課税方式	**源泉分離課税(注1)** 20% 所得税:15% + 地方税:5%	**総合課税** 10～37% **州・地方政府税(注2)** ニューヨーク市の場合 州税:4.00～8.82% 市税:2.7～3.4% 税額の14%の付加税	**段階的課税(分離課税)** 4段階 10、20、40、45%(注3)	**申告不要(分離課税)** ※総合課税も選択可(注4) 26.375% 所得税:25% + 連帯付加税:税額の5.5%	**分離税と総合課税の選択**(注5) (分離課税) 30% 所得税:12.8% + 社会保障関連税:17.2% 又は (総合課税) 17.2%～62.2% 所得税:0～45% + 社会保障関連税:17.2%

(注1) 特定公社債等の利子等については、20%（所得税15%、住民税5%）の税率による申告分離課税の対象となる。源泉徴収の対象となる。申告不要を選択できる。ただし、同族会社が発行した社債の利子等で、同族会社の役員等が支払いを受けるものは総合課税の対象となる。

(注2) 州・地方政府税については、税率等は各々異なる。

(注3) 給与所得、利子所得、配当所得の順に積み上げて、利子所得のうち、5,000ポンド（73万円）以下の部分には10%、5,000ポンド超34,500ポンド（504万円）以下のブラケットに対応する部分には20%、34,500ポンド超150,000ポンド（2,19万円）以下のブラケットには40%、150,000ポンド超の部分には45%の税率が適用される。また、貯蓄控除として、20%の税率が適用される者は1000ポンド（15万円）が、40%の税率が適用される者は500ポンド（7万円）が、それぞれ利子所得から控除される。

(注4) 資本所得と他の所得を合算したときに税率が25%以下となる場合には、申告により総合課税の適用が可能。ただし、申告を行わった結果、総合課税を選択したほうが納税者にとって有利になる場合には、税務当局は申告者は申告された資本所得は申告されなかったものとして取り扱われ、26.375%の源泉徴収税のみが課税の対象となる。

(注5) 2018年予算法において、利子、配当、譲渡益に係る所得について分離課税と総合課税を選択できるようになった。利子・配当は原則として源泉徴収の対象となるが、前年の参照課税所得（課税所得超一部の所得控除（配当収入に係る控除等）を加算して戻したもの）が一定以下の者は、源泉徴収を受けずに申告分離課税を選択することができる。

(備考) 邦貨換算レートは、1ポンド=146円（裁定外国為替相場:平成31年（2019年）1月中適用）。なお、端数は四捨五入している。

主要国の配当課税の概要

(2019年1月現在)

	日本(注1)	アメリカ(注2)	イギリス	ドイツ	フランス
課税方式	申告分離と総合課税との選択 【申告分離】20% （所得税15%＋個人住民税5%） 又は 【総合課税】10～55% （注）源泉徴収（20%（所得税15％＋個人住民税5％））のみで申告不要を選択することも可能。	段階的課税と総合課税との選択（連邦税） 【段階的課税（分離課税）(注3)】 3段階 0、15、20%(注3) ＋ 【総合課税】（州・地方政府税）(注3) ニューヨーク市の場合 州税：4.00～8.82% ＋ 市税：2.7～3.4% （税額の14%の付加税）	段階的課税（分離課税） 【段階的課税（分離課税）】 3段階 7.5, 32.5, 38.1%(注4)	申告不要（分離課税）(注5) ※総合課税も選択可 26.375% 【分離課税】 所得税 25% ＋ 連帯付加税 税額の5.5%	分離課税と総合課税との選択(注6) 【分離課税（分離課税）】30% 所得税 12.8% ＋ 社会保障関連諸税 17.2% 又は 【総合課税】17.2～62.2% 所得税 0～45% ＋ 社会保障関連諸税 17.2% （総合課税選択の場合）
法人税との調整	配当所得税額控除方式 （総合課税選択の場合）	調整措置なし	配当所得一部控除方式 （配当所得控除 2000ポンド）	調整措置なし	配当所得一部控除方式 （受取配当の60%を株主の課税所得に算入。総合課税選択の場合）

(注1) 上場株式等の配当（大口株主が支払を受けるもの以外）についてのものである。

(注2) 適格配当（配当落ち日の前後60日の計121日間に60日を超えて保有する株式について、内国法人又は適格外国法人から受領した配当）についてのものである。

(注3) 給与所得等、配当所得及び長期キャピタル・ゲインの順に所得を積み上げ、配当所得に対応する部分に適用される税率が決まる。ゲインのうち、39,375ドル（445万円）以下のブラケット以下の部分に対応する部分には0%、434,550ドル（4,910万円）超のブラケット超の部分には20%の税率が適用される（単身者の場合）。なお、州・地方政府税については、税率等は各州で異なる。

(注4) 給与所得等、配当所得の順に所得を積み上げ、配当所得に対応する部分のうち、34,500ポンド（504万円）以下の税率が適用される部分には7.5%、150,000ポンド（1,910万円）以下に対応する部分には32.5%、150,000ポンドを超える部分には38.1%の税率が適用される。

(注5) 資本所得と他の所得を合算することなしに下記の税率が25%適用される場合には、申告不要。ただし、申告を行うことも可能。申告を行った結果、総合課税を選択し、26.375%の源泉徴収のみが課税される場合もある。

(注6) 2019年予算法において、配当所得に係る所得税について分離課税と総合課税を選択できるようになった。一律・配当は原則として源泉徴収の対象となるが、一定以下の者は、源泉徴収を受けずに申告で分離課税を選択できる。

(備考) 邦貨換算レートは、1ドル＝113円、1ポンド＝146円（基準外国為替相場及び裁定外国為替相場：平成31年（2019年）1月中適用）。なお、端数は四捨五入している。

⑸ **株式譲渡益課税制度**　　所得の概念については、経済的利得のうち、利子、配当、事業利潤、給与などの、反復的、継続的に生じる利得のみを所得として捉える考え方（制限的所得概念）と、これらに加え、資産の譲渡益のような一時的、偶発的な利得も含めて捉える考え方（包括的所得概念）とがありますが、現在主要国では、株式譲渡益に対しては所得課税を行っています。

アメリカでは段階的課税（分離課税：税率０、15、20％）が、イギリスにおいても段階的課税（分離課税：税率10％、20％）が行われています。ドイツは従来、株式の譲渡益が原則非課税で、投機売買（保有期間12カ月以下）等に限り課税となっていましたが、2009年１月からは、利子所得・配当所得とともに税率26.375％（連帯付加税含む）で課税する申告不要制度（分離課税）が導入されています。フランスにおいては、従来、総合課税とされていましたが、2018年予算法において、分離課税（30％（社会保障関連諸税含む））と総合課税（17.2〜62.2％（社会保障関連諸税含む））を選択できることとされています。

なお、わが国では、平成15年１月から、上場株式等の譲渡益については、20％（所得税15％、住民税５％）の源泉徴収のみで納税が完了する仕組みが導入されました。また、平成15年１月から10％（所得税７％、住民税３％）の軽減税率が適用されていましたが、「金融所得課税の一体化」に向け、平成20年度税制改正において軽減税率は廃止されました（同措置はその後の税制改正で平成25年12月31日まで延長されていました）。また、上場株式等の配当は、申告分離課税を選択の上、上場株式等の譲渡損失と損益通算することが可能となりました。

主要国の株式譲渡益課税の概要

(2019年1月現在)

	日本	アメリカ	イギリス	ドイツ	フランス
課税方式	申告分離課税 **20%** (所得税：15% + 個人住民税：5%) ※ 特定口座において源泉徴収を行う場合には申告不要を選択可 （所得税15%＋個人住民税5%）	段階的課税（分離課税）（連邦税） **3段階　0，15，20%**（注1） + 総合課税（州・地方政府税）（注1） 〔ニューヨーク市の場合　州税 4.00～8.82% + 市税 2.7～3.4% 税額の14%の付加税〕 ※ 12ヶ月以下保有の場合、 10～37%＋州・地方政府税（注1）	段階的課税（分離課税） **2段階　10，20%**（注2）	申告不要（分離課税） ※総合課税も選択可（注3） **26.375%** (所得税：25% + 連帯付加税：税額の5.5%)	分離課税と総合課税の選択（注5） （分離課税） **30%** (所得税：12.8% + 社会保障関連諸税：17.2%) 又は （総合課税） **17.2～62.2%** (所得税：0～45% + 社会保障関連諸税：17.2%) ※ 総合課税の場合、保有期間に応じた控除の適用後、他の所得と合算
非課税限度額等	―	―	土地等の譲渡益と合わせて年間 11,700ポンド（171万円）が非課税	貯蓄者概算控除（注4）	

（注1）給与所得等、配当所得及び長期キャピタル・ゲインの順に所得を積み上げて、配当所得及び長期キャピタル・ゲインのうち、39,375ドル（445万円）以下のブラケットに対応する部分には0％、州・地方政府税については、税率等は各々異なる。

（注2）給与所得等、利子所得、配当所得、キャピタル・ゲインの順に所得を積み上げて、キャピタル・ゲインのうち、34,500ポンド（504万円）以下のブラケットに対応する部分には10%、34,500ポンド超の部分には20%の税率が適用される。

（注3）資本所得と他の所得を合算したときに適用される税率が25%以上となる場合には、申告により総合課税の適用が可能。ただし、申告を行うときは、総合課税を選択し、たな株譲益のみならず資本所得となるものについて扱いと扱われるが、26.375%の源泉徴収税のみの課税となる。

（注4）当該控除の適用により、利子・配当を含む資本所得について、合計801ユーロ（10万円）に至るまでは課税されない。1ユーロ＝129円（基準外国為替相場・裁定外国為替相場：平成31年（2019年）1月中適用）。なお、端数は四捨五入している。

（注5）2018年予算法により、配当、利子、キャピタル・ゲインに係る資本所得について分離課税と総合課税を選択できるようになった。

（備考）邦貨換算レートは、1ドル＝113円、1ポンド＝146円、1ユーロ＝129円（基準外国為替相場・裁定外国為替相場：平成31年（2019年）1月中適用）。なお、端数は四捨五入している。

(6) **公的年金税制**　公的年金の掛金に対する課税上の取扱いは、事業主と被用者の各負担分及び自営業者の場合に分けられます。事業主の負担分については、主要国のいずれにおいても、事業主は全額を損金に算入することが認められ、また、被用者もそれを追加的給与として所得に含める必要はありません。被用者本人の負担分については、フランスでは全額、ドイツでは一定の限度の下に所得からの控除が認められますが、アメリカ、イギリスでは控除は認められません。自営業者が支払う掛金については、アメリカでは半額について控除が認められ、イギリス、ドイツ、フランスでは被用者の負担分と同様の取扱いとなっています。

　一方、公的年金の給付金の課税上の取扱いは、アメリカでは、所得が一定額以上の高額所得者の場合には、他の所得の額に応じて所得に算入され、他の所得と総合して課税されます。イギリスでは特別な取扱いはせずに給与所得等と同じ所得区分で課税されます。ドイツでは給付金のうち一定割合がその他の所得として課税されます。フランスでは一定の所得控除を行い給与所得と同様に課税されます。

　わが国では、掛金のうち事業主の負担分は損金に算入され、被用者・自営業者の負担分は社会保険料控除として全額が所得から控除されます。給付金は遺族年金・障害年金は非課税とされ、老齢年金は公的年金等控除が適用され、雑所得として課税されます。このように、わが国においては、公的年金に関して、掛金・給付金双方で手厚い配慮がなされており、主要国に比して優遇されてきたこと等を背景に、平成30年度税制改正において、公的年金等控除の適正化（公的年金等収入が1,000万円を超える場合の控除額に上限を設ける。また、公的年金等以外の所得金額が1,000万円超の場合は、控除額を引き下げる。）が行われ、令和2年分以降の所得税について適用されることとなりました。

主要国における公的年金税制

(2019年1月現在)

制度類型		日本 EET	アメリカ TET	イギリス TET	ドイツ EET	フランス EET
拠出段階	事業所得者 本人負担分	全額控除	控除あり（1／2）	控除なし	控除あり（限度額あり）(注3)	全額控除
	給与所得者 本人負担分	全額控除	控除なし	控除なし	控除あり（限度額あり）(注3)	全額控除
	事業主負担分	損金算入	損金算入	損金算入	損金算入	損金算入
	被用者の給与所得税	なし	なし	なし	なし	なし
運用段階		非課税	非課税	非課税	非課税	非課税
給付段階		一部課税(注1)	一部課税(注2)	課税	課税(注4)	課税(注5)

(注1) 給付段階において課税となる公的年金について、その所得の計算上、公的年金等控除の適用がある。

(注2) 給付額の一定部分が非課税対象となる（給付額の50%、のうち少ない方の所得がその他の所得を加えた額が、$25,000から$34,000の場合）は、⑦給付の50%、◎25,000を超える暫定所得の50%、のうち少ない方の金額が課税対象。（※）が課税対象。暫定所得が$34,000を超える場合は、⑦給付の85%、◎($34,000を超える暫定所得の85%＋（※）で計算した額は$4,500のうち少ない方の金額が課税対象。

(注3) 年金保険料の一定部分及び医療保険・介護保険の本人負担分が、社会保険料と生命保険料の合計額に対する実額控除（ただし、限度額あり。給与所得者は実額控除に代えて概算控除を選択することもできる。年金保険料の控除割合は、実額控除の場合、2013年に76%に定められ、以後毎年2%ずつ引き上げられ2019年に88%、概算控除の場合、2010年に40%で設定され、以降毎年4%ずつ引き上げられ2019年に76%となっており、いずれも2025年に100%となる予定。）

(注4) 受給が開始された年に応じて年度ごとに課税対象となる一定部分が非課税。また、当該課税部分について、受給開始年齢が2005年以前の納付者は課税対象となる割合が50%から毎年上昇し（2019年は78%、2040年に100%の控除）、他の一定の年金給付の課税部分と併せて、年102ユーロの控除が認められる。

(注5) 年金額に対する10%の控除（各世帯構成員一人あたり最低控除額389ユーロ、世帯あたり最高控除限度額3,812ユーロ）が認められる。

6 法人税制度

(1) 法人税負担及び税率構造　法人の所得に対する課税は、イギリスでは1799年のピット内閣時の所得税や、第一次大戦中の超過利潤税等に、その起源を求めることができます。また、その他の国についてみると、アメリカでは1909年、フランスでは1917年、ドイツでは国税として法人税が採用されたのが1920年となっています。日本では1899年に法人が所得税の対象となり、1940年に法人税が創設されました。

アメリカでは、従来、法人税は35％の基本税率の下で15％、25％、34％の軽減税率を有する超過累進構造となっていましたが、2018年より、21％の一定税率を課すこととされました。また、これに加え、州の法人税が課されており、例えばカリフォルニア州の場合、税率は所得の8.84％です。この税額が連邦法人税の計算上損金算入されることを調整した上で、それぞれの税率を合計した実効税率は27.98％となっています。

イギリスは、2011年度より、課税ベース拡大等の措置を講じつつ、段階的に税率の引下げ、2017年4月からは主要先進国の中で最低の19％の税率を課しており、今後も、2020年には17％まで引き下げる予定です。ドイツは、15％の法人税率に加えて法人税額の5.5％が連帯付加税として課される他、市町村税として営業税が課されています。2008年度改正で行われたドイツの法人税率15％への引下げについては、その減収額の約6分の5が課税ベースの拡大で補われました。フランスでは、現在31％（課税所得のうち50万ユーロ以下の部分の税率は28％）の税率で課税していますが、今後2022年にかけて、段階的に25％まで引き下げることが決定されています。

主要国の法人税率は、1980年代初めには50％程度でしたが、現在では、各国とも課税ベースの拡大とともに、大幅に引き下げられてきています。わが国においても昭和63年12月の抜本改革及び平成10年度税制改正において、課税ベースを拡大しつつ、法人税率を引き下げ、平成11年度税制改正、平成23年度税制改正及び平成27年度税制改正においても税率の引下げが行われました（留保分42％、配当分32％→留保分40％、配当分35％→一律37.5％→34.5％→30％→25.5％→23.9％）。さらに、平成28年度税制改正により、課税ベースを拡大しつつ、税率が2016年4月からは23.4％（実効税率：29.97％）に引き下げられ、2018年4月からはさらに23.2％（実効税率：29.74％）に引き下げられました。

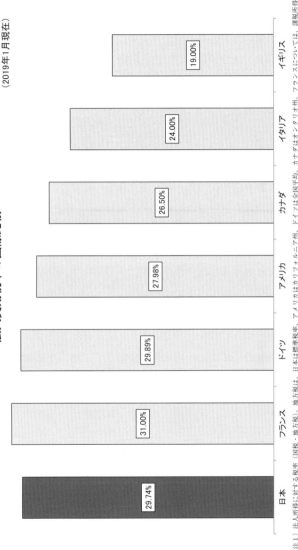

法人実効税率の国際比較

（2019年1月現在）

	税率
日本	29.74%
フランス	31.00%
ドイツ	29.89%
アメリカ	27.98%
カナダ	26.50%
イタリア	24.00%
イギリス	19.00%

（注1）　法人所得に対する税率（国税・地方税）。日本税は、日本は標準税率、アメリカはカリフォルニア州、ドイツは全国平均、カナダはオンタリオ州、フランスについては、課税所得の
　　　　うち50万ユーロ以下の部分の税率は28%。なお、法人所得に対する税負担の一部が損金算入される場合は、その調整後の税率を表示。

（注2）　日本においては、2015年度・2016年度において、成長志向の法人税改革を実施し、税率を段階的に引き下げ、37.00%（改革前）→32.11%（2015年度、29.97%（2016・2017年度）
　　　　→29.74%（2018年度〜）となっている。

（注3）　フランスにおいては、2018年から税率を段階的に引き下げ、2022年には25%となる予定。イギリスにおいては、2020年度から17%に引き下げる予定。

（出典）　各国政府資料等

(2) **法人段階と株主段階の負担調整措置**　　法人段階の税負担と法人から配当を受ける株主段階の税負担の調整については、各国はいろいろな事情に応じて調整のあり方を決定しており、その内容は様々です。現在、主要国において法人段階で配当について配慮している国はありません。

個人株主段階では、アメリカ及びドイツでは特別な調整措置をとっていませんが、イギリス、フランスでは、配当に対する二重課税の調整措置が講じられています。イギリスでは、受取配当は2,000ポンドまで非課税とされているほか、フランスでは、総合課税を選択した場合にのみ受取配当の一部を個人株主の所得に加算する配当所得一部控除方式が採用されています。

法人株主が受け取る法人間配当については、アメリカ、ドイツ及びフランスでは、持株比率に応じて一定割合を益金不算入としています。他方、イギリスでは、持株比率にかかわらず、全額を益金不算入とする制度になっています。

わが国では、総合課税を選択した場合、個人株主段階で配当税額控除により調整する措置をとっています。法人間配当については、平成27年度税制改正により、持株割合に応じて、20％（持株割合5％以下）、50％（同5％超、3分の1以下）、100％（同3分の1超）を益金不算入とする制度になっています。

主要国の配当に係る負担調整に関する仕組み【個人株主段階における法人税と所得税の調整方式】

○ 個人段階で配当所得に課される所得税については、法人税との負担調整をどのように行うかは古くから議論されてきている。1936年以降負担調整を行っていないアメリカに加え、近年、ドイツ等で調整措置のない分離課税方式が導入されている。

(2019年１月現在)

	日　本	アメリカ	イギリス	ドイツ	フランス
	【確定申告不要又は申告分離課税を選択した場合】調整措置なし　　【総合課税を選択した場合】配当所得額控除（配当所得額控除方式）	調整措置なし	配当所得一部控除方式（個人の配当所得から2,000ポンドを控除）	調整措置なし	【分離課税を選択した場合】調整措置なし　　【総合課税を選択した場合】配当所得一部控除方式（受取配当のその１/９を株主の課税所得に算入）

(注１) 日本では、上場株式等の配当については源泉徴収されており、確定申告不要と総合課税とを選択することができる。また、株式譲渡損との損益通算のために申告分離課税も選択することができる。

(注２) アメリカにおいては、個人株主段階で、一定の配当所得に対し、キャピタルゲイン課税と同様の軽減税率が適用されている。なお、アメリカは1936年に法人税と所得税の調整を廃止している。

(注３) イギリスでは、部分的インピュテーション方式（※）による配当控除が行われていたが、2016年４月から5,000ポンドの所得控除が導入されたことに伴い、同制度は廃止された。
　　　※インピュテーション方式：受取配当のうち、受取配当に対応する法人税相当する金額を個人株主の所得税額に加算し、この所得を基礎として算出された所得税額から、この加算した全額を控除する方式。受取配当に対応する法人税の全部を株主に帰属させる完全インピュテーション方式の場合、法人所得のうち配当に充てられる部分に関する限り、二重課税は完全に排除される。他方、イギリスで採用されていた部分的インピュテーション方式は、受取配当にその１/９を課税額を課税配当所得に算入し、算出税額から受取配当の１/９を控除するものであった。

(注４) ドイツでは、2008年まで総合課税のもと、配当所得一部控除方式（受取配当の50％を株主の課税所得に算入）が採られていたが、2009年から、利子・配当・キャピタルゲインに対する一律25％の申告不要（分離課税）が導入されることに伴い、個人株主段階における法人税と所得税の調整は廃止された。

(注５) フランスでは、2007年まで総合課税のもと、配当所得一部控除方式（受取配当の60％を株主の課税所得に算入）が採られていたが、2008年から、総合課税と分離課税の選択制が導入され、分離課税について分離課税との選択制が廃止され、2013年分所得から総合課税が一律税率が一律適用されないこととなった。2013年予算法において、利子・配当・譲渡益といった所得が総合課税の対象とされたが、2018年予算法により再び分離課税と総合課税の選択制が導入され、分離課税を選択した際には調整措置が行われないこととなった。

319

（3）**減価償却**　　多くの主要国では、「建物」、「建物附属設備」、「構築物」は定額法が採用される一方で、「機械装置」については定率法（又は定額法あるいは定率法の選択）が採用されています。

　耐用年数については、イギリスのように各資産区分ごとに償却率等が法定されている国もあれば、ドイツのように事業上の通常利用年数により償却資産の耐用年数表（法的拘束力は有しない）が作成されている国もあります。また、フランスでは、一般的に適用される統一的な耐用年数は定められておらず、行政裁判所が審理した事案において採用された償却率等が一応の基準とされています。アメリカにおいては、法律により耐用年数は有形固定資産について9通り（無形固定資産に係る規定が別途存在）とされていますが、多くの動産については具体的にどの耐用年数が適用されるかは財務省が作成する耐用年数表により定められています。一方、わが国では、耐用年数は耐用年数省令によって資産の種類ごとに定められており、原則として定額法又は定率法により減価償却を行うこととされています。平成19年度税制改正において、償却可能限度額（減価償却をすることができる限度額）と残存価額（耐用年数経過時に見込まれる処分価額）を廃止し、耐用年数経過時に1円（備忘価額）まで償却できるようにするとともに、定率法の算定方法として250％定率法を導入したことにより、従来と比べ、より早期の減価償却が可能となりました。なお、平成23年度税制改正により、250％定率法が200％定率法に改められています。また、平成28年度税制改正により、建物と一体的に整備される「建物附属設備」や、建物と同様に長期安定的に使用される「構築物」の償却方法について、定額法に一本化されています。

主要国の減価償却制度の概要

(2019 年 1 月現在)

		日本	アメリカ	イギリス	ドイツ	フランス
償却方法	建物 (注1、2)	定額法	定額法	償却不可	定額法	定額法
	建物附属設備 (注1、2)	定額法(注3)	定額法	償却不可	定額法	定額法
	構築物 (注1、2)	定額法(注3)	150%定率法 または 定額法	償却不可	定額法	定額法
	機械装置 (注2)	定額法 または 200%定率法(注4)	150%定率法、200%定率法(注5) または 定額法	定率法（毎年、未償却残高の 18%を償却）	定額法	定額法 または 定率法(注6)

(備考) 上記は原則的な取扱いを示しているもの。

(注1) 建物は鉄筋コンクリート造の場合。建物附属設備は居住用賃貸アパートの水道管の場合。構築物は水道用ダムの場合。

(注2) 減価償却資産は、日本においては「建物」、「建物附属設備」、「構築物」、「設備・機械」、「後来設備」の9種類、従令上の分類はない。

(注3) 2007年4月1日から2016年3月31日までの間に取得した資産については、定額法・定率法について適用される。なお、周期として、200%定率法で取得した資産の選択、同日以後に取得する残存年数による残存年度の切り換えて、耐用年数経過時点に1円まで償却する制度をいう。なお、原則として、200%定率法は2012年4月1日以後に取得する減価償却資産に適用される。

(注4) 2007年3月31日以前に取得した資産については、旧定額法・旧定率法の選択。200%定率法は、まず、定額法の償却率を2.0倍にした率を償却率として償却費を計算し、この償却費が一定の金額を下回る事業年度から残存年数を下回る事業年度から定額法に切り替え、耐用年数経過時点に1円まで償却する。

(注5) 償却年数が3~10年の減価償却資産等については200%定率法、15~20年の減価償却資産については150%定率法、5~6年の減価償却資産については125%定率法、る均等年数に切り替える。

(注6) 耐用年数が3年以上にわたる一定の機械設備等については、定額法（耐用年数3~4年の減価償却資産については125%定率法、5~6年の減価償却資産については175%定率法、6年超の減価償却資産については225%定率法が適用）を選択可。

(注6') 取得価額に応じて、「3年資産」、「5年資産」等の償却年数が規定されている、有形固定資産については、それぞれ無形固定資産に係る償却規定が別途存在。なお、ドイツ及びフランスにおいては、旧定額法・旧定率法の選択。

(4) **寄附金税制**　　寄附金の損金算入については、主要国ではいずれの国においても一定の制限の下にこれを認めることとしています。寄附金は事業の収益にそのまま対応する費用とはいえ、これをそのまま全額損金とする場合には、寄附を行った法人の税額が減少し、結果的に国が寄附金の一部を補助するのと同じことになってしまいます。そこで、損金算入を特定の公益目的に従った寄附に限定するなどしているものです。主要国においては一般の寄附金の損金算入は認められておらず、特定の寄附金に限って一定の損金算入が認められています。

　アメリカにおいては、公益を目的とした団体に対する寄附金について、課税所得の10％を限度として損金算入することができます。イギリスにおいては、登録チャリティに対する寄附金について法人の税引前利益の額を限度に損金算入が認められています。ドイツにおいては、慈善、公益及び教会支援の目的を持つ団体に対する寄附金について一定額を限度として損金算入が認められます。フランスにおいては、一定の公益的な団体に対する寄附金について、一定額を限度として税額控除が認められます。

　わが国においては、国又は地方公共団体に対する寄附金や公益法人等に対する寄附金のうち特に公益性が高いものとして指定された指定寄附金について全額損金算入できるものとなっており、また、特定公益増進法人や認定特定非営利活動法人に対する寄附金や一般の寄附金についても一定額を限度として損金算入することが認められています。なお、平成20年度税制改正において、民間が担う公益活動の推進・寄附税制の拡充を図る観点から、特定公益増進法人等に対する寄附金の損金算入限度額が大幅に拡大されました（所得基準を所得金額の2.5％から5％に引上げ）。さらに、平成23年度税制改正において、一般の寄附金の損金算入限度額を縮減する一方、その同額分、特定公益増進法人等の損金算入限度額が拡充されました。

主要国の寄附金税制の概要

(2019年1月現在)

対象団体・寄附金	税制上の取扱い	
	所得税（個人）	法人税
日本 国・地方公共団体 公益社団・財団法人等に対する寄附金のうち財務大臣が指定したもの（指定寄附金） 特定公益増進法人等（学校法人等） 認定NPO法人等	所得控除（寄附金 − 2千円：所得の40%を限度） ※ 一定の寄附金（注1）については、税額控除（（寄附金 − 2千円）×40%：税額の25%を限度）との選択制	損金算入（支出額の全額） 損金算入（資本金等の額と所得金額の一定割合を限度）
アメリカ 宗教、慈善、科学、教育等を目的とする団体で、内国歳入庁の認定を受けたもの（注2）のうち、 特に公益性の高い団体（連邦・州・地方政府等を含む） その他一定の公益性が認められた団体	所得控除（所得の50%を限度） ※ 現金による寄附については、所得の60%を限度 所得控除（以下のいずれか小さい金額を限度） ①所得の50%から上記の寄附金を差し引いた残額 ②所得の30%	損金算入（所得の10%を限度）
イギリス 貧困の救済、教育、宗教、芸術振興等のみを目的として設立された団体で、チャリティ委員会に認定された登録チャリティ等	所得控除（給与支給時に寄附金額を天引き（ペイロール・ギビング））（注3）	損金算入（税引前利益の額を限度）
ドイツ 公益及び慈善及び教会支援の目的を持つ団体のうち、税務署の認定を受けたもの	所得控除（以下のいずれか大きい金額を限度） ①年間総売上高と支払賃金の合計の0.4% ②所得の20%	同左
フランス 慈善、教育、社会福祉、人道支援等の活動を行う公益団体で税務署に認定されたもの	寄附金額の66%につき税額控除（寄附金額は課税所得の20%を限度）	寄附金額の60%につき税額控除（寄附金額については年間売上高の0.5%を限度）

（注1）一定の寄附金とは、（1）国立大学法人等のうち一定の要件（PST要件や情報公開等の要件。以下同じ。）を満たすものに対する寄附金、（2）学校法人等のうち一定の要件を満たすものに対する寄附金等をいう。
（注2）内国歳入庁が、一定の要件を満たすものとして認定する。寄附者は、内国歳入庁のこの認定を必ずしも要しない。
（注3）このほか、教会、教会関連団体および年間総収入が5,000ドル以下の団体は、内国歳入庁の認定は不要。寄附者の納税額にその額の25%を上積みして税務当局からチャリティに交付する制度（ギフト・エイド）等がある。

7 相続税・贈与税制度　　相続税の課税方式は、相続財産その
ものに課税する方式（遺産課税方式：アメリカ、イギリス）と相続
により財産を取得した相続人に課税する方式（遺産取得課税方式：
ドイツ、フランス）があります。わが国は、遺産取得課税方式を基
本として、相続税の総額を法定相続人の数と法定相続分によって算
出し、各人の取得財産額に応じて配分する方式をとっています。

　税率については、配偶者、子、兄弟姉妹、親等で税率に差を設け
ている国（ドイツ、フランス）もみられますが、イギリスのように
単一税率（40%）の国もみられます。

　配偶者の取扱いについては、アメリカ、イギリス、フランスでは、
配偶者間の遺産移転は免税とされており、ドイツでは、配偶者に特
別の控除が認められています。また、わが国では、配偶者が相続す
る遺産については、法廷相続分に対応する税額等を控除する税額控
除が認められています。

　贈与税は相続税を補完するものであることから、相続税とは別に
贈与税を課している国でも相続税課税の際に一定期間の生前贈与を
累積課税することで課税の調整を行っている国が多いようです。

　わが国の贈与税は相続税とは別の方式で課税されますが、相続開
始前3年以内の贈与財産は相続財産に加算し、加算された贈与財産
に対応する贈与税は相続税から控除する方式がとられています。な
お、平成15年1月より、従来の制度に加えて、新たな相続税と贈与
税の一体化措置（相続時精算課税制度）が選択可能となっています。

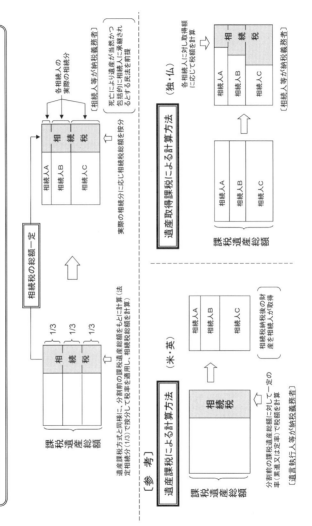

我が国の相続税の計算方法のイメージ

我が国の相続税の計算方法は、分割前の課税遺産総額をもとに相続税の総額を計算し、その相続税額を、納税義務者である各相続人の実際の相続分に応じて按分するもの。

主要国における相続税の概要

区　　　分	日　　　本	ア　メ　リ　カ
課 税 方 式	法定相続分課税方式 （併用方式）	遺産課税方式
最 低 税 率	10%	18%
最 高 税 率	55%	40%
税率の刻み数	8	12
基礎控除等	3,000万円 ＋600万円×法定相続人数 （別途、配偶者の税額を控除）	基礎控除：1,140万ドル^(注2、3) 　　　　（12.9億円） 配偶者：免税
累積制度	相続前3年間に^(注1) 贈与された財産	相続前（全期間）に 贈与された財産

(注1) 相続時精算課税制度を選択している場合には、その選択後、相続開始までにその被相続人から贈与された財産が累積される。

(注2) アメリカの基礎控除は、贈与税と遺産税に共通な生涯累積分の基礎控除であり、毎年インフレ調整が行われる。

(注3) アメリカでは、遺産税の計算において、生前に贈与された全ての財産価額を遺産価額に累積・合算して税額を計算する（過去の納付贈与額は、遺産税額から控除可）。贈与税にかかる年間の控除額（受贈者1人あたり1.5万ドル（170万円））を贈与財産の価額から控除した額について、遺産価額に合算する。

(注4) イギリスの相続税率は原則40%。ただし、贈与のうち一定の信託への譲渡等については税率20%で課税されるが、個人間の贈与等については贈与時には課税されず、贈与後7年以内に贈与者が死亡した場合に、経過年数に応じて、8～40%の税率で課税される（贈与後7年を経過した財産については非課税）。なお、相続税の計算においては、各年の贈与財産の価額から贈与税にかかる年間の控除額（贈与者1人あたり3,000ポンド（44万円）、残額は翌年度にのみ繰り越し可）を控除した残額を、相続財産価額に合算する。

(注5) イギリスでは、居住している住宅やその持ち分を直系子孫が相続する場合は、基礎控除が10万ポンド（1,460万円）加算される（ただし、相続財産総額が200万ポンド（2億9200万円）を超える場合、超過額1ポンドにつき0.5ポンドずつ同加算額が逓減する）。

（2019年1月現在）

イ　ギ　リ　ス	ド　イ　ツ	フ　ラ　ン　ス
遺産課税方式	遺産取得課税方式	遺産取得課税方式
40%(注4)	7%　続柄の親疎により、税率は3種類(最高 30%　税率50%)(注6)	5%　続柄の親疎により、税率は4種類(最高 45%　税率60%)(注6)
1(注4)	7	7
基礎控除：32.5万ポンド(注4、5) （4,745万円） 配偶者：免税	配偶者(注7、8、10)： 剰余調整分 +75.6万ユーロ （9,752万円） 子(注8、9、10)：40万ユーロ （5,160万円）	配偶者（免税）(注8、10) 直系血族：10万ユーロ （1,290万円）
相続前7年間に 贈与された財産(注4)	相続前10年間に 贈与された財産	相続前15年間に 贈与された財産

(注6) ドイツの税率は配偶者及び子、孫等、フランスの税率は直系血族の税率によった。

(注7) ドイツでは、配偶者に対する相続において、剰余調整分（婚姻中における夫婦それぞれの財産増加額の差額の2分の1）が非課税になるほか、基礎控除50万ユーロ（6,450万円）及び特別扶養控除25.6万ユーロ（3,302万円）が認められる。

(注8) ドイツ及びフランスでは、ドイツについては贈与後10年以内、フランスについては贈与後15年以内に贈与者が死亡した場合、各期間中に贈与された財産の価額を相続財産価額に累積・合算して税額を計算する（各累積期間中の納付贈与税額については、相続税額から控除可）。

(注9) ドイツでは、子に対する相続において、基礎控除40万ユーロ（5,160万円）のほか、27歳以下の子には10,300ユーロ（133万円）～52,000ユーロ（671万円）の特別扶養控除が認められる。

(注10) ドイツでは両親や兄弟姉妹等に対して、フランスでは兄弟姉妹等に対しても、一定額の基礎控除が存在する。

(備考1) 遺産課税方式は、人が死亡した場合にその遺産を対象として課税する制度であり、遺産取得課税方式は、人が相続によって取得した財産を対象として課税する制度である。

(備考2) 邦貨換算レートは、1ドル＝113円、1ポンド＝146円、1ユーロ＝129円（基準外国為替相場及び裁定外国為替相場：平成31年（2019年）1月中適用）。なお、端数は四捨五入している。

8　**土地税制**　　土地に対しては、一般に譲渡、保有及び取得の各段階で課税が行われていますが、それぞれの国情に応じて、また土地政策や所得概念との関係で国によって異なる制度となっています。

　譲渡益課税のうち、個人については、所得概念との関係で譲渡益をどう捉えるかにより課税方法等が異なります。主要国においては、保有期間に応じて総合課税又は非課税としている国（ドイツ）、総合課税又は段階的課税（分離課税）としている国（アメリカ）、保有期間にかかわらず段階的課税（分離課税）としている国（イギリス）、分離課税としている国（フランス）があります。法人の譲渡益については、上記の国々などでは他の所得と合算して通常の法人税が課されます。

　保有課税については、わが国の固定資産税に類似の税として、アメリカでは財産税（地方税）、イギリスでは非居住用資産レイト（国税）及びカウンシル・タックス（地方税）、ドイツでは不動産税（地方税）、フランスでは既建築地・未建築地不動産税（地方税）などがあります。

主要国の土地税制

(2019年1月現在)

		日　本	ア　メ　リ　カ	イ　ギ　リ　ス	ド　イ　ツ	フ　ラ　ン　ス
(1) 譲渡益課税	個人の場合	【所得税】分離課税(所有期間等に応じて税率が異なる)。【住民税(地方税)】分離課税(所有期間等に応じて税率が異なる)。	【所得税】(1)短期キャピタル・ゲイン 他の所得と合算して課税。(2)長期キャピタル・ゲイン 他の所得と異なる段階的税率で課税(分離課税)。【所得税(州・地方税)】他の所得と合算して課税(ニューヨーク州の場合)。	【キャピタル・ゲイン税】所得税と異なる段階的な税率で課税(分離課税)。	【所得税】(1)短期キャピタル・ゲイン 他の所得と合算して課税。(2)長期キャピタル・ゲイン 原則非課税。	【所得税】分離課税(所有期間に応じて軽減措置が存在)。
	法人の場合	【法人税】他の所得と合算して課税。【事業税(地方税)】他の所得と合算して課税。【住民税(地方税)】法人税額(追加課税分を含む)を課税標準として課税。	【法人税】他の所得と合算して課税。【法人税(州・地方税)】他の所得と合算して課税(ニューヨーク州の場合)。	【法人税】他の所得と合算して課税。	【法人税】他の所得と合算して課税。【営業税(地方税)】他の所得と合算して課税。	【法人税】他の所得と合算して課税。
(2) 保有課税		【地価税】土地等の価格から基礎控除額を控除した残額に対し課税。(課税停止中)【固定資産税・都市計画税(地方税)】原則、土地等の価格を課税標準として課税。【特別土地保有税(地方税)】原則、土地の取得価格を課税標準として課税。(課税停止中)	【財産税(州・地方税)】州・地方レベルで、財産の査定価格に対し課税。	【非居住用資産レイト】歳入関税庁評価事務所が定める賃貸価格に基づき、事業用資産の占有に対し課税。【カウンシル・タックス(地方税)】居住用資産について、資産の評価価格等に基づき居住者に対し課税。	【財産税(州税)】(注)純資産から基礎控除額を控除した残額に対し課税。【不動産税(地方税)】不動産(農地・未建築地・建築地)の土地台帳に記載された賃貸価格に基づき課税。	【既建築地不動産税・未建築地不動産税(地方税)】建築地・未建築地の土地台帳に記載された賃貸価格に基づき課税。【住居税(地方税)】土地台帳に記載された賃貸価格に基づき、住居者の占有に対し課税。
(3) 流通課税		【不動産取得税(地方税)】原則、土地等の価格を課税標準として課税。【登録免許税】土地の価格等を課税標準として課税。	【不動産移転税(州・地方税)】州・地方レベルで、不動産の譲渡価格等に課税。	【土地印紙税】不動産譲渡価額が12.5万ポンド(非居住用資産の場合は15万ポンド)超の場合に課税。	【不動産取得税(州税)】不動産取得価額に対して課税。	【登録税(国・地方税)】不動産譲渡額に対して課税。

(注) 不動産の評価方法に関する連邦判決(95年8月)等により、97年1月より、財産税は執行できない状態となっている。

(備考) 欧米主要国では、土地・建物一体の不動産税制である。

9 付加価値税等

(1) **課税ベースの広い間接税**　広く消費全般に課税する一般的な間接税を課税ベースの広い間接税といいます。

こうした間接税のうち、単段階課税のものとしては製造業者売上税、卸売売上税、小売売上税があります。製造業者売上税は、1990年末までカナダで採用されていた類型で、製造業者が製造する物品について工場からの出荷段階で一度だけ課税する方式です。卸売売上税は、製造業者や卸売業者が小売業者に販売する物品について、その売上げに課税する方式です。小売売上税は、消費者に販売する物品・サービスについて、その売上げに課税する方式で、現在アメリカやカナダで州税として採用されています。

多段階課税のものとしては、累積型の取引高税と累積排除型の付加価値税があります。取引高税は、製造から消費にわたるすべての取引段階で、それぞれの売上げに対して課税する方式で、EU諸国の旧取引高税がこれに該当します。課税の累積が生じるため取引に中立性を欠く、国境税調整が難しいといった問題があります。

付加価値税は、製造から消費にわたるすべての取引段階で、それぞれの売上げに対して課税したうえで、仕入れに係る前段階の税額を控除する方式です。課税の累積を排除でき、国境税調整も正確に行うことができます。

付加価値税は、フランスで発達し、1948年、当時の生産税（製造業者売上税）において売上げに係る税額から原料仕入れに係る税額を控除する仕組みが導入されたのを原形に、1968年には、現行のような完成された制度が導入されました。これは、その後、EU諸国が相次いで導入した付加価値税のモデルとされました。現在、付加価値税は、OECDに加盟する36カ国のうちアメリカを除く35カ国、全世界では100カ国以上で採用されています。

課税ベースの広い間接税

類　型		実施国の例	仕　組　み
単段階課税	製造業者売上税	カナダ 　　　　（1990年末まで）	製造者が製造する物品について製造段階で売上課税を行う。 　累積課税を排除するため、原材料等を免税・非課税で販売・購入できる仕組みが設けられる。
	卸売売上税	オーストラリア 　　　（2000年6月末まで） スイス 　　　　（1994年末まで）	卸売段階をとらえて課税を行う。 　累積課税を排除するため、原材料等を免税・非課税で販売・購入できる仕組みが設けられる。
	小売売上税	アメリカ(州) カナダ(州)	事業者が消費者に販売する段階で物品とサービスについて売上課税を行う。 　累積課税を排除するため、原材料等を免税・非課税で販売・購入できる仕組みが設けられる。
多段階課税	累積型 取引高税	EU諸国の旧取引高税 日本（1949年末まで）	取引の各段階で重畳的に売上課税を行う（取引の前段階で課税されていても、その税額を控除しない。）
	累積排除型 付加価値税	EU諸国、カナダ、オーストラリア、スイス、韓国、フィリピンなど 日本の「消費税」	取引の各段階で売上課税を行うが、前段階の税額を控除する。

⑵　**非課税品目・税率**　　付加価値税の課税対象となる取引は、国内で行われた有償の財貨の引渡し、サービスの提供及び財貨の輸入です。こうした取引を行う者は納税義務を負うことになります。原則としてすべての財貨、サービスに課税されますが、そもそも消費課税になじまないものや、社会政策的な配慮を必要とされるものなどについては、非課税とされています。医療、教育、金融・保険等に関する取引は多くの国で非課税となっています。

イギリスでは、食料品や書籍、新聞等に関する取引について、税率をゼロとして前段階の税額を還付するゼロ税率制度を採用しています。しかし、この措置は付加価値税の課税ベースを大きく減少させることとなるため、他のEU諸国から強い批判を受けています。

EUは加盟国の税制調和を進めていますが、付加価値税について、EC指令でその概要を定めており、加盟各国の制度もおおむねその枠内のものとなっています。1992年10月には付加価値税の税率の調和に関する指令（EC指令の改正指令）がEU財務相理事会において採択され、1993年1月1日以降、加盟各国は標準税率を15％以上とすることが義務付けられ、軽減税率については、税率5％以上であれば、一定の品目に限り、2段階まで設けることができる旨が定められました。

わが国の税率は2014年4月に、5％から8％に引き上げられました。さらに、2015年10月に予定されていた10％への引上げについては、2度の延期判断を経て、2019年10月に実施されました。

付加価値税率（標準税率及び食料品に対する適用税率）の国際比較

(2019年10月現在)

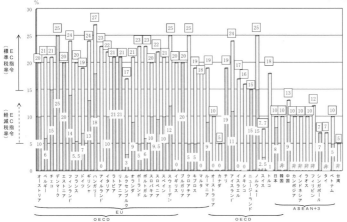

（備考）　1．日本の消費税率10％のうち、2.2％相当は地方消費税（地方税）である。
　　　　　2．カナダでは、連邦税である財貨・サービス税（付加価値税）に加え、ほとんどの州で州税として付加価値税等が課される（例：オンタリオ州8％）。
　　　　　3．OECD加盟国のうちアメリカでは、売買取引への課税として付加価値税ではなく、州、郡、市により小売売上税（地方税）が課されている（例：ニューヨーク州及びニューヨーク市の合計8.875％）。
　　　　　4．ASEAN加盟国のうちミャンマーでは、売買取引への課税として取引高税が課され、マレーシアでは2018年9月に付加価値税が廃止され、売買取引・サービスへの課税が導入されている。
　　　　　　また、ブルネイには売買取引に課される税が存在しない。
　　　　　5．上記中、 ▦ が食料品に係る適用税率である。「0」と記載のある国は、食料品についてゼロ税率が適用される国である。「非」と記載のある国は、食料品が非課税対象となる国である。
　　　　　　なお、軽減税率・ゼロ税率の適用及び非課税対象とされる食料品の範囲は各国ごとに異なり、食料品によっては上記以外の取扱いとなる場合がある。
　　　　　6．EC指令においては、ゼロ税率及び5％未満の軽減税率は否定する考え方が採られている。ただし、1991年時点でこれらを施行していた国は、引き続き適用することができる。

（出所）各国大使館聞き取り調査、欧州連合及び各国政府ホームページ等による。

区分		日本	EC 指令	フランス
施行		1989年	1977年	1968年
納税義務者		資産の譲渡等を行う事業者及び輸入者	経済活動をいかなる場所であれ独立して行う者及び輸入者	有償により財貨の引渡又はサービスの提供を独立して行う者及び輸入者
非課税		土地の譲渡・賃貸、住宅の賃貸、金融・保険、医療、教育、福祉等	土地の譲渡（建築用地を除く）・賃貸、中古建物の譲渡、建物の賃貸、金融・保険、医療、教育、郵便、福祉等	土地の譲渡（新築建物の建築用地を除く）・賃貸、中古建物の譲渡、建物の賃貸、金融・保険、医療、教育、郵便等
税率	標準税率	10％[注1]	15％以上	20％
	ゼロ税率	なし	ゼロ税率及び5％未満の軽減税率は、否定する考え方を採っている	なし
	輸出免税	輸出及び輸出類似取引	輸出及び輸出類似取引	輸出及び輸出類似取引
	軽減税率	酒類・外食を除く飲食料品、定期購読契約が締結された週2回以上発行される新聞 8％[注1]	食料品、水道水、新聞、雑誌、書籍、医薬品、旅客輸送、宿泊施設の利用、外食サービス、スポーツ観戦、映画等 5％以上（2段階まで設定可能）	旅客輸送、肥料、宿泊施設の利用、外食サービス等 10％ 書籍、食料品、水道水、スポーツ観戦、映画等 5.5％ 新聞、雑誌、医薬品等 2.1％
	割増税率	なし	割増税率は否定する考え方を採っている	なし
課税期間		1年（個人事業者：暦年 法人：事業年度）ただし、選択により3か月又は1か月とすることができる。	1か月、2か月、3か月又は加盟国の任意により定める1年以内の期間	1か月[注2]

（備考）上記は、各国における原則的な取り扱いを記載。
（注1）日本の消費税率は地方消費税を含む。
（注2）課税売上高が一定額以下の場合には、1年の課税期間を選択することができ、付加価
（注3）課税売上高が一定額以下等の場合には、1年の課税期間を選択することができ
（注4）課税期間は課税売上高に応じて決定される（課税売上高が大きいほど短い課税期間

の概要

(2019年10月現在)

ドイツ	イギリス	スウェーデン
1968年	1973年	1969年
営業又は職業活動を独立して行う者及び輸入者	事業活動として財貨又はサービスの供給を行う者で登録を義務づけられている者及び輸入者	経済活動をいかなる場所であれ独立して行う者及び輸入者
土地の譲渡・賃貸、建物の譲渡・賃貸、金融・保険、医療、教育、郵便、福祉等	土地の譲渡（新築建物の建築用地を除く）・賃貸、中古建物の譲渡、建物の賃貸、金融・保険、医療、教育、郵便、福祉等	土地の譲渡・賃貸、建物の譲渡・賃貸、金融・保険、医療、教育、郵便、福祉等
19%	20%	25%
なし	食料品、水道水（家庭用）、新聞、雑誌、書籍、国内旅客輸送、医薬品、居住用建物の建築（土地を含む）、新築建物の譲渡（土地を含む）、障害者用機器等	医薬品等
輸出及び輸出類似取引	輸出及び輸出類似取引	輸出及び輸出類似取引
食料品、水道水、新聞、雑誌、書籍、旅客輸送、宿泊施設の利用、スポーツ観戦、映画等　　　　7%	家庭用燃料及び電力等　　　　　　　5%	食料品、宿泊施設の利用、外食サービス等　　　　　　12% 新聞、雑誌、書籍、旅客輸送、スポーツ観戦等　　　　　　6%
なし	なし	なし
1年	3か月(注3)	1か月、3か月又は1年(注4)

値税額が一定額以下の場合には、3か月の課税期間を選択することができる。
る。また、申請等によって1ヶ月の課税期間を選択することができる。
となる）。ただし、申請によってより短い課税期間を選択することができる。

(3) **小規模事業者の特例・その他**　　わが国の消費税においては、小規模事業者の免税あるいは簡易課税の制度などがありますが、諸外国の付加価値税制においても同様の制度が定められています。

フランスにおいては、年間売上高が一定額以下の個人事業者に対して税務当局との協定により税額を確定するフォルフェ制度の選択が認められていました。しかし、1999年より、フォルフェ制度は廃止され、その代わりに免税点（年間売上高がその額以下の者は免税とされる額）が引き上げられています。

免税点制度はイギリスやドイツにおいても見られ、年間売上高実績や年間売上見込高が一定額以下の場合には免税とされます。

また、イギリスやドイツでは、年間売上見込高や前年の年間売上高によって平均率による簡易課税制度の選択を認めていますが、制度の内容は各国によって様々です。わが国の制度が売上に係る税額にみなし仕入率を乗じることにより仕入税額を算出するものであるのに対し、イギリスでは売上総額に平均率を乗じることにより納税額を算出、ドイツでは課税売上高に平均率を乗じることにより仕入税額を算出することを認めています。

このほか、韓国やカナダなどの国でも小規模事業者免税制度や簡易課税制度が採用されています。

付加価値税額算出のための前段階税額控除の方式として、EU諸国では、インボイス（取引先から受領した、支払税額を別記した書類）を用いて行う方式（インボイス方式）が採られています。わが国では、事業者の事務負担の軽減等のために帳簿上の記録に基づいて行う方式（帳簿方式）を採用していましたが、平成6年11月の税制改革により帳簿だけでなく請求書等双方の保存を要件として税額控除を認める請求書等保存方式を採用する改正が行われ、平成9年4月1日から実施されました。令和元年10月1日から令和5年9月30日までの間は、現行の請求書等保存方式を維持しつつ、区分経理に対応するための措置として区分記載請求書等保存方式が導入されています。

主要国における免税点制度・簡易課税制度の概要

(2019年1月現在)

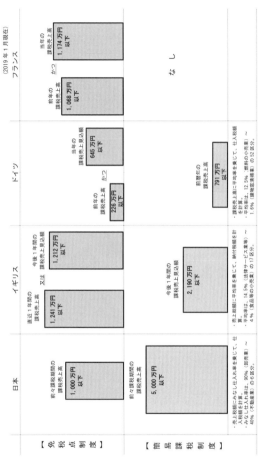

（注1）日本の免税点制度は、資本金1,000万円以上の新設法人（設立当初の2年間）等については、不適用。

（注2）イギリスの簡易課税制度は、同制度適用開始後に年間税込売上高が3,358万円を超えた場合、及び今後30日間の税込売上見込額が3,358万円を超える場合については、不適用。

（注3）フランスの免税点制度は、サービス業（外貨・宿泊業等を除く）については、前年の課税売上高が438万円以下で、かつ、当年の課税売上高が465万円以下の者に適用。

（備考）邦貨換算レートは、1ポンド＝146円、1ユーロ＝129円（裁定外国為替相場：平成31年（2019年）1月中適用）。なお、端数は四捨五入している。

10 酒税・たばこ税　　間接税のうちで酒税とたばこ税は比較的古い税ですが、主要諸外国においても全体の税収に占めるその割合は低下する傾向にあります。

　酒税は、一般に製造又は輸入された酒類（ビール、ワイン等）を課税物件として、その製造者又は輸入者が納税義務者とされています。

　諸外国では、ビール、蒸留酒及びワインといった大まかな酒類の分類に応じて課税されています。ビールの場合、アメリカでは、連邦のほか、州、地方政府により、製造量に応じて課税されており、イギリス、ドイツ、フランスでは、アルコール度数（ドイツはプラトー度）及び製造量に応じて課税されています。

　たばこの製造又は輸入に係る税としては、主要各国において、たばこ税あるいはたばこ消費税という名称の税があります。たとえば、紙巻たばこに係る税額についてみると、アメリカでは従量税、イギリス、ドイツ、フランスでは従量税と従価税の併用によっています。また、近年の改正動向をみると、イギリス、フランスが累次の税率引上げを実施してきているほか、2009年には、アメリカでも大幅な税率引上げが実施されています。また、ドイツでは2011年5月から2015年にかけて、段階的な税率引上げが実施されています。この結果、諸外国におけるたばこの小売価格はわが国よりもかなり高くなっています。

　なお、酒類及びたばこに対する税については、イギリス、ドイツ、フランスにおいては、酒税、たばこ税（たばこ消費税）のほかに付加価値税が、アメリカにおいては小売売上税（州税等）が併課されます。

主要国の紙巻たばこの税負担割合等

〇付加価値税等込み小売価格に占めるたばこ税等の割合

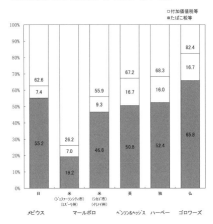

〇1箱当たりの価格と税額

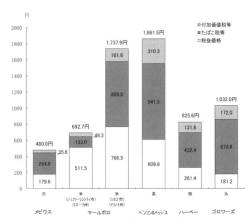

(注) 1. 平成31（2019）年1月現在の価格に基づく1箱（20本）当たりの数値である。
　　 2. 各国の付加価値税等の税率は次のとおり。日本（消費税等）8％、アメリカ（小売売上税）ミズーリ州ジェ
　　　　ファーソンシティ市7.725％・イリノイ州シカゴ市10.25％、イギリス20％、ドイツ19％、フランス20％。なお、
　　　　ミズーリ州の小売売上税は州たばこ税部分には課されない。
　　 3. アメリカにおいては、紙巻たばこに対して連邦政府及び州（税率は州ごとに異なる。）が課税しているほか、
　　　　一部の郡・市等がたばこ税を課税している。
　　　　なお、州及び郡・市等のたばこ税等の合計でみれば、イリノイ州シカゴ市が最も高く、ミズーリ州ジェファー
　　　　ソンシティ市等が最も低い（平成31（2019年1月現在）。
　　 4. 邦貨換算は、1ドル＝113円、1ポンド＝146円、1ユーロ＝129円（基準外国為替相場及び裁定外国為替相場：
　　　　平成31（2019）年1月中適用）。
　　　　なお、端数を四捨五入しているため、各項目の合計が総計に一致しない場合がある。

主要国の酒税

ア　メ　リ　カ	イ　ギ　リ　ス

<table>
<tr><td>

<u>蒸　留　酒</u>
1 プルーフ・ガロンにつき　　　13.50 ドル
　　　　　　　　　　　　　　　（1,526 円）

(注)　1 プルーフ・ガロンとは、課税上の単
　　　位で、アルコール分 50 度のもの 1 ガロ
　　　ン（3.7854ℓ）をいう。

<u>ビ　ー　ル</u>
1 バレルにつき　　　　　　　　　18 ドル
　　　　　　　　　　　　　　　（2,034 円）

<u>ワ　イ　ン</u>
1 ガロンにつき
　(a)ワイン
　　16 度以下　　　　　　　　1.07 ドル
　　　　　　　　　　　　　　　（121 円）

　　16 度超 21 度以下　　　　1.57 ドル
　　　　　　　　　　　　　　　（177 円）

　　21 度超 24 度以下　　　　3.15 ドル
　　　　　　　　　　　　　　　（356 円）

　(b)発泡性ワイン　　　　　　3.40 ドル
　　　　　　　　　　　　　　　（384 円）

　(c)人工炭酸酒　　　　　　　3.30 ドル
　　　　　　　　　　　　　　　（373 円）

　(d)りんご酒　　　　　　　0.226 ドル
　　　　　　　　　　　　　　　（26 円）

(注)　2018 年及び 2019 年の間、生産量に
　　　応じて軽減税率が適用されることから、
　　　上記表中には最高税率のみを記載。

</td><td>

<u>蒸　留　酒</u>
　純アルコール 1ℓにつき

　　　　　　　　　　　　　28.74 ポンド
　　　　　　　　　　　　　（4,196 円）

<u>ビ　ー　ル</u>
1hℓにつきアルコール 1 度毎に
　1.2 度超 2.8 度以下　　　8.42 ポンド
　　　　　　　　　　　　　（1,229 円）

　2.8 度超 7.5 度以下　　19.08 ポンド
　　　　　　　　　　　　　（2,786 円）

　　　　　7.5 度超　　　24.77 ポンド
　　　　　　　　　　　　　（3,616 円）

<u>ワ　イ　ン</u>
1hℓにつき
　1.2 度超 4 度以下　　　88.93 ポンド
　　　　　　　　　　　　（12,984 円）

　4 度超 5.5 度以下　　122.30 ポンド
　　　　　　　　　　　　（17,856 円）

　5.5 度超 15 度以下　288.65 ポンド
　　　　　　　　　　　（42,1439 円）

　15 度超 22 度以下　384.82 ポンド
　　　　　　　　　　　　（56,184 円）

22 度超の製品については、
　　　純アルコール 1ℓにつき
　　　　　　　　　　　　28.74ポンド
　　　　　　　　　　　　（4,196 円）

</td></tr>
</table>

<table>
<tr><td>

・ニューヨーク州税
　1 ガロンにつき
　　蒸留酒　24 度以下　　2.54 ドル
　　　　　　　　　　　　　　（287 円）

　　　　　　24 度超　　　6.44 ドル
　　　　　　　　　　　　　　（728 円）

　　ビール　　　　　　　0.14 ドル
　　　　　　　　　　　　　　（16 円）

　　ワイン　24 度以下　　0.30 ドル
　　　　　　　　　　　　　　（34 円）

　　　　　　24 度超　　　6.44 ドル
　　　　　　　　　　　　　　（728 円）

・ニューヨーク市税
　1 ガロンにつき
　　蒸留酒　　　　　　　1.00 ドル
　　　　　　　　　　　　　　（113 円）

　　ビール　　　　　　　0.12 ドル
　　　　　　　　　　　　　　（14 円）

</td><td>

（発泡性のもののうち、
　　　　アルコール分が下記のもの）
1hℓにつき
　5.5 度超 8.5 度未満　279.46 ポンド
　　　　　　　　　　　　（40,801 円）

　8.5 度以上 15 度以下　369.72 ポンド
　　　　　　　　　　　　（53,979円）

<u>りんご酒・なし酒</u>
（無発泡性のもの）
1hℓにつき
　1.2 度超 7.5 度以下　　40.38 ポンド
　　　　　　　　　　　　　（5,895 円）

　7.5 度超 8.5 度未満　　61.04 ポンド
　　　　　　　　　　　　　（8,912円）

（発泡性のもの）
1hℓにつき
　1.2 度超 5.5 度以下　　40.38 ポンド
　　　　　　　　　　　　　（5,895 円）

　5.5 度超 8.5 度未満　279.46 ポンド
　　　　　　　　　　　　（40,801円）

</td></tr>
</table>

(注)　邦貨換算レートは、　1 ドル＝113円、　1 ポンド＝146円、　1 ユーロ
　　　月中における実勢相場の平均値）。なお、端数は四捨五入している。

制度の概要

未　定　稿

（平成31年1月現在）

ド　イ　ツ	フ　ラ　ン　ス
蒸　留　酒 　純アルコール1hℓにつき 　　　　　　　　　　　　1,303 ユーロ 　　　　　　　　　　　　（168,087 円）	蒸　留　酒 　純アルコール1hℓにつき 　(a)ラム酒　　　　　　　871.01 ユーロ 　　　　　　　　　　　　（112,360 円） 　(b)その他　　　　　　1,741.04 ユーロ 　　　　　　　　　　　　（224,594 円）
ビ　ー　ル 　1hℓにつき1プラトー度毎に 　　　　　　　　　　　　0.787 ユーロ 　　　　　　　　　　　　（102 円） 　（注）　プラトー度とは、ビールの麦汁エキ 　　　スの基本濃度で、ビール100グラム当 　　　たりのグラム数で示される。	ビ　ー　ル 　1hℓにつきアルコール1度毎に 　2.8 度以下　　　　　　　3.71 ユーロ 　　　　　　　　　　　　（479 円） 　2.8 度超　　　　　　　　7.42 ユーロ 　　　　　　　　　　　　（957 円）
発泡性ワイン 　1hℓにつき　　6度未満　　　51 ユーロ 　　　　　　　　　　　　（6,579 円） 　　　　　　　　6度以上　　136 ユーロ 　　　　　　　　　　　　（17,544 円）	ワイン・りんご酒等 　1hℓにつき 　(a)発泡性ワイン　　　　　9.35 ユーロ 　　　　　　　　　　　　（1,206 円） 　(b)ワイン、その他の発酵酒 　　　　　　　　　　　　3.78 ユーロ 　　　　　　　　　　　　（488 円） 　(c)りんご酒等　　　　　1.33 ユーロ 　　　　　　　　　　　　（172 円）
中　間　製　品 　1hℓにつき　15度未満　　102 ユーロ 　　　　　　　　　　　　（13,158 円） 　　　　　　　15度以上　　153 ユーロ 　　　　　　　　　　　　（19,737 円） 　（発泡性ワイン用の容器に入っているも 　の、あるいは、炭酸濃度が一定以上のもの） 　　　　　　　　　　　　136 ユーロ 　　　　　　　　　　　　（17,544 円）	中　間　製　品 　1hℓにつき 　(a)天然甘ロワイン及びリキュールワイン 　　　　　　　　　　　　47.20 ユーロ 　　　　　　　　　　　　（6,089 円） 　(b)その他　　　　　　　188.79 ユーロ 　　　　　　　　　　　　（24,354 円）
アルコポップ 　純アルコール1hℓにつき 　　　　　　　　　　　　5,550 ユーロ 　　　　　　　　　　　　（715,950 円） 　（蒸留酒に対する課税と併課） 　（注）　アルコポップとは蒸留酒とソフトド 　　　リンクとの混成品（アルコール度数が 　　　1.2度以上10度以下のもの）をいう。	プレミックス 　純アルコール1hℓにつき 　　　　　　　　　　　　11,000 ユーロ 　　　　　　　　　　　　（1,419,000 円） 　（他の酒に対する課税と併課） 　（注）　プレミックスとはアルコール飲料と 　　　ソフトドリンクの混成品をいう。
	アルコール飲料特別税 　1hℓにつき 　(a)蒸留酒（18度超）　　557.90 ユーロ 　　　　　　　　　　　　（71,969 円） 　(b)その他（18度超）　　47.11 ユーロ 　　　　　　　　　　　　（6,077 円） 　（他の酒に対する課税と併課）

=129円（基準外国為替相場及び裁定外国為替相場：平成31年（2019年）1

11　石油関係諸税　　諸外国においてもガソリンをはじめ各種石油製品の消費に対して種々の税が課税されています。

アメリカでは製造者消費税、小売消費税、石油税、州燃料税が油種別に課され、さらに州小売売上税等が課されています。イギリスでは石油製品に炭化水素油税と付加価値税が課されています。ドイツでは石油製品に対してエネルギー税と付加価値税が課され、フランスでは石油製品に対してエネルギー産品内国消費税と付加価値税が課されています。

日本のガソリン税率が1980年代から一定にとどまっているのに対し、ヨーロッパ諸国では、近年、地球温暖化対策の観点等から税率を引き上げてきています（13参照）。

OECD諸国におけるガソリン1ℓ当たりの税負担（2018年第2四半期）をみると、わが国は、付加価値税額とガソリン税等の額を合わせた税負担額についてはOECD加盟国36カ国のうちデータを入手できる35カ国中30番目、ガソリン小売価格の税負担率についても35カ国中30番目となっており、国際的に見ると、低い方です。

OECD諸国のガソリン1ℓ当たりの価格と税 （2018年第2四半期）

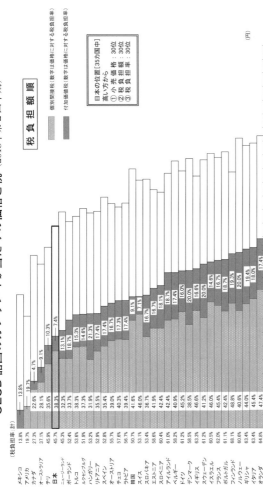

（注）
1. 上記グラフについては、IEA「エネルギー価格と税（2018年第3四半期）」から2018年第2四半期のデータ上記グラフ上税は上記グラフと区分けしている。なお、アメリカの小売価格と税は上記グラフ上区分を区分けされている。

2. わが国の消費税は、付加価値税に区分けしている。押発油税、地方揮発油税及び石油石炭税であり、ガソリンに係る日本の石油石炭税の本則税率は2.04円／ℓ であるが、わが国の個別間接税は、揮発油税、地方揮発油税及び石油石炭税であり、ガソリンに係る日本の石油石炭税の本則税率は2.04円／ℓ であるが、

3. 地球温暖化対策のための課税の特例により、2016年4月1日から2.8円／ℓ となっており、本比較では、現在の税率である2.8円／ℓ として計算している。

（備考）邦貨換算レートは、2018年4月から6月の為替レートの平均値（Bloomberg）。

343

区分	日				本		ア　メ
税目	揮発油税及び地方揮発油税	石油ガス税	軽油引取税	航空機燃料税	石油石炭税	製造者消費税	小売消費税
課税物件	揮発油	自動車用石油ガス	軽　油	航空機燃料	原油及び輸入石油製品、ガス状炭化水素並びに石炭	揮発油(軽油、灯油等を含む)航空機燃料	軽油、特殊燃料(LNG、LPG)等
主な税率	○揮発油税 48,600円/kℓ ○地方揮発油税 5,200円/kℓ [当分の間の特例税率]	17.50円/kg	32,100円/kℓ [当分の間の特例税率]	18,000円/kℓ [平成23年4月1日から平成32年3月31日までの特例税率] [本則税率] 26,000円/kℓ	○原油・石油製品 2,800円/kℓ ○ガス状炭化水素 1,860円/t ○石炭 1,370円/t [地球温暖化対策のための特例税率]	○揮発油(自動車用等) 5,347円/kℓ ○揮発油(航空機用) 5,638円/kℓ ○軽油、灯油 7,091円/kℓ ○ジェット燃料(非商業航空機用) 6,365円/kℓ ○ジェット燃料(商業航空機用) 1,279円/kℓ	○ディーゼル燃料(自動車、モーターボート用) 7,091円/kℓ ○ディーゼル燃料(列車用) 29円/kℓ ○LNG 7,062円/kℓ ○LPG 5,318円/kℓ
税収の使途	揮発油税収は国の一般財源である。 　地方揮発油税収は、都道府県、指定市及び市町村の一般財源として全額譲与されている。	1/2は、国の一般財源であり、1/2は都道府県及び指定市の一般財源として譲与されている。	都道府県及び指定市の一般財源とされている。	7/9は、特別会計に関する法律に基づき国の空港整備財源に充てられ、2/9は空港関係市町村及び空港関係都道府県の空港対策費として譲与されている。	特別会計に関する法律に基づき燃料安定供給対策及びエネルギー需給構造高度化対策に充てられている。	上記石油関連諸税の税収は、航空機用ジェット燃料、列車用ディーゼル燃料を除き、道路信託基金に繰り入れられ、道路整備財源等に充てられる。 　航空機用の揮発油及びジェット燃料に対する製造者、消費税及び小売消費税の税収は空港・航空路信託基金に繰り入れられ、空港・航空路の整備財源等に充てられる。 　上記の税収の一部は漏えい地下石油貯蔵庫浄化基金に充てられる。

（備考）邦貨換算レートは、１ドル＝110円、１ポンド＝149円、１ユーロ＝130円（基準外国為替相

係諸税の概要

リ　　カ			イ　ギ　リ　ス		ド　イ　ツ		フ　ラ　ン　ス	
石　油　税	州燃料税(ニューヨーク州)	小売売上税(ニューヨーク市)	炭化水素油税	付加価値税	エネルギー税	付加価値税	エネルギー産品内国消費税	付加価値税
石油、輸入石油製品	揮発油(自動車用)軽油(自動車用)	全石油製品	石油製品	石油製品	石油製品及び石炭	全石油製品	石油製品	全石油製品
62円/kl	○揮発油(自動車用) 2,325円/kl ○軽油(自動車用) 2,325円/kl	ニューヨーク州分 4.375% ニューヨーク市分 4.5%	○軽油(自動車用無鉛ガソリン) 86,346円/kl ○軽油(自動車用無鉛ガソリン又は航空機燃料) 100,828円/kl ○軽油(航空機燃料) 56,173円/kl ○ディーゼル燃料(自動車用) 86,346円/kl ○重油 15,943円/kl ○液化石油ガス(LPG)(自動車用) 47,084円/t ○天然ガス(自動車用) 36,803円/t ○バイオ燃料 86,346円/kl	20%	○揮発油(自動車用) ①硫黄分10mg/kg超 87,074円/kl ②硫黄分10mg/kg以下 85,085円/kl ○軽油(自動車用) ①硫黄分10mg/kg超 63,141円/kl ②硫黄分10mg/kg以下 61,152円/kl ○軽質重油(暖房用等) 7,976円/kl ○重質重油(暖房用等) 3,250円/t ○LPG(自動車用) 23,442円/t (2019年1月より29,387円) ○天然ガス 1,807円/MWh (2024年1月より2,390円) (LPG、天然ガスへの税制優遇措置延長のため) ○石炭 43円/GJ	19%	○揮発油(自動車用) 88,777円/kl ○揮発油(航空機用) 59,137円/kl ○軽油(自動車用) 77,220円/kl ○灯油 19,825円/kl ○暖房油 20,306円/kl ○LPG(自動車用) 26,923円/t ○重質重油 18,135円/t ※ 揮発油(自動車用)と軽油(自動車用)については、地方によって一定限度の税率の変更が認められている。	20%
○石油流出補償財源に充てられる。	一般財源	一般財源	一般財源	一般財源	税収の使途は次のとおりである。 ①一般財源 ②交通政策への支出	一般財源	一般財源 　税収の一部は地方(県・地域圏)へ移譲される。	一般財源

場及び裁定外国為替相場：平成30年（2018年）7月中適用）。なお、端数は四捨五入している。

12　国際的二重課税排除措置　　一般に、国際的二重課税の排除方式としては、外国税額控除方式のほか自国居住者が国外で得た所得に対する課税権を放棄する国外所得免除方式があります。

外国税額控除制度による場合には、企業は所得の源泉を問わず全世界における所得について自国での課税を受けたうえで外国で納付した税額を税額控除する仕組みになっていることから、外国での納税額が大きく自国の外国税額控除の限度額を超えている場合を除けば、自国と外国での合計の納税額は常に所得全体に対し自国の税率を適用した金額となります。したがって、自国における企業の内外投資の中立性を満たしている制度であるといえるでしょう。

これに対し、国外所得免除方式は、自国の居住者が外国で稼得した所得を自国における課税の対象から除外し当該外国での課税に委ねるものであることから、投資先の国における内外企業の中立性を満たしている制度であるということができます。

主要国の中では、わが国とアメリカ、イギリスは外国税額控除方式を採用しています。わが国は控除限度額の計算について一括限度額方式を採っています。

また、ドイツやフランスでは、外国税額控除方式と国外所得免除方式を併用することにより、国際的二重課税の排除を行っています。

主要国における国際的二重課税調整方式の概要（未定稿）

(2019年1月現在)

	日本	アメリカ	イギリス	ドイツ	フランス
原則的な課税方式	全世界所得課税	全世界所得課税	全世界所得課税	全世界所得課税 ※条約の適用がある場合には大宗が国外所得免除	国内源泉所得課税 ※利子・配当等の投資所得については、国外源泉所得に対しても課税。
二重課税の排除方式	外国税額控除方式	外国税額控除方式	外国税額控除方式	国外所得免除方式 外国税額控除方式 ※条約の適用がある場合には大宗が国外所得免除	国外所得免除方式 外国税額控除方式 ※利子・配当等の投資所得については、外国税額控除
外国税額控除の控除限度額の計算	一括限度額方式	所得項目別限度額方式	所得項目別限度額方式	国別限度額方式	国別限度額方式
非課税国外所得の取扱い	控除限度額の計算上、非課税国外所得の全額を除外	―	控除限度額の計算上、非課税国外所得の全額を除外	控除限度額の計算上、非課税国外所得の全額を除外	―
外国税額控除の控除余裕額・限度超過額の取扱い	余裕額の繰越し　3年 超過額の繰越し　3年	超過額の繰戻し　1年 超過額の繰越し　10年	繰越しを認めず ※ただし、国外支店等の事業所得や一定の配当に課された外国税については　3年 国外については 超過額の繰越し、無制限	繰越しを認めず	繰越しを認めず
海外子会社からの配当に係る二重課税調整方式	配当金益金不算入方式 ※持株割合 25%以上等の外国子会社から受ける配当の95%相当額を益金不算入 ※損金算入配当は本制度の対象外	配当金益金不算入方式 ※持株割合 10%以上の子会社から受ける配当の全額を益金不算入 ※損金算入配当は本制度の対象外	間接外国税額控除方式 又は 配当金益金不算入方式 ※損金算入配当は本制度の対象外	配当金益金不算入方式 ※持株割合 10%以上の子会社から受ける配当の95%を益金不算入 ※損金算入配当は本制度の対象外	配当金益金不算入方式 ※持株割合5%以上の子会社から受ける配当の 95%を益金不算入 ※損金算入配当は本制度の対象外

13 地球温暖化問題への取組み　　近年、欧州諸国においては、各国の状況に応じてCO_2排出削減などの環境問題に配慮した税制改革の取組みが進められています。

CO_2排出量に着目したいわゆる炭素税については、北欧4カ国とオランダにおいて、1990年代初頭に導入されています。

他方、環境問題への対策としては、既存税制の拡大、再編という形でも取組みが行われています。イギリスにおいては、1993年から1999年にかけて、道路交通用燃料の税率をほぼ毎年物価上昇率以上に引き上げてきており、さらに2001年から、産業用の化石燃料や電力を課税対象とする気候変動税が導入されています。ドイツにおいては、1999年に「環境関連税制の開始に関する法律」が成立し、自動車燃料や電力に対する課税強化が実施されています。2006年8月には既存の鉱油税がエネルギー税に改組され、石炭が課税対象に追加されました。フランスにおいては、2007年より、代替エネルギーの促進と汚染活動の抑制を目的に、石炭・亜炭の大規模消費者に対して、石炭税が課されています。さらに2014年から、既存のエネルギー産品内国消費税に、炭素含有量に応じた税率が上乗せされています。

一方、アメリカにおいては、現在のところ地球温暖化問題をはじめとする環境問題に税制面で対応する動きはみられません。

OECDが公表している「環境関連税制」（特に環境に関連するとみなされる課税物件に課される一般政府に対するすべての強制的・一方的な支払い）の統計を見ると、環境関連税制の税収（対GDP比）は、わが国はOECD平均と同水準の1.5%となっています。

OECD環境統計―環境関連歳出と税制（抄）
(OECD "Environmental Data‐Environmental Expenditure and Taxes")

表4A　環境関連税制の内訳（抄）
(Structure of Revenues from Environmentally Related Taxes)

2016年(億ドル)

課　税　対　象	日　本	
エネルギー物品(Energy products)	436	
輸送目的	342	● 軽油引取税 ● 石油ガス税 ● 航空機燃料税
うち、ガソリン	248	● 揮発油税 （地方税含む）
生活上の使用目的	94	
化石燃料	65	● 石油石炭税
電気	29	● 電源開発促進税
自動車、その他輸送手段 **(Motor vehicles and transport)**	234	
取引課税	11	● 自動車取得税
保有課税	223	● 自動車重量税 ● 自動車税 ● 軽自動車税

表4B　環境関連税制の税収（抄）
(Trends in Revenues from Environmentally Related Taxes)

2014年

	GDP比　（% of GDP）			税　収(億ドル)		
		うちエネルギー物品	うち自動車その他輸送手段		うちエネルギー物品	うち自動車その他輸送手段
デンマーク	4.1	2.4	1.5	111	65	41
オランダ	1.2	1.2	0.0	99	99	0
フィンランド	2.9	1.9	0.9	66	43	20
イタリア	3.9	2.9	0.6	861	640	132
イギリス	2.3	1.7	0.6	605	447	158
ドイツ	2.0	1.6	0.3	764	612	114
フランス	2.0	1.5	0.3	534	400	80
日本	1.5	1.0	0.5	752	446	232
カナダ	1.2	0.8	0.3	192	128	48
アメリカ	0.7	0.4	0.3	1,220	697	523
OECD平均	1.6	1.1	0.4			

（出典）The OECD Database on instruments used for environmental policy
（注1）OECDによる「環境関連税制」(Environmentally Related Taxes) の定義は、以下のとおり。
　　　・特に環境に関連するとみなされる課税物件に課される一般政府に対する全ての強制的・一方的な支払い
　　　・税の名称及び目的は基準とはならない
　　　・税の使途が定まっているかは基準とはならない
（注2）「環境関連税制」の課税対象には、上記の「エネルギー物品」・「自動車、その他輸送手段」のほか、「廃棄物管理」、「オゾン層破壊物質」等がある。
（注3）表4Bにおける諸外国の税収についてはOECD環境統計には示されていないため、OECDが公表している各国のGDPを基に試算した。

14 主要国における税務面で利用されている「番号制度」の概要

税務面における「番号制度」とは、納税者に悉皆的に番号を付与し、⑴各種の取引に際して、納税者が取引の相手方に番号を「告知」すること、⑵取引の相手方が税務当局に提出する資料情報（法定調書）及び納税者が税務当局に提出する納税申告書に番号を「記載」することを義務づける仕組みをいいます。これにより、税務当局が、納税申告書の情報と、取引の相手方から提出される資料情報を、その番号をキーとして集中的に名寄せ・突合できるようになり、納税者の所得情報をより的確に把握することが可能となります。

諸外国においては、様々な種類の番号が税務面で利用されていますが、右頁のように、それらは大きく三つに分類することができます。社会保障番号を税務面で利用するケース（アメリカ、イギリス等）、住民登録番号を税務面で利用するケース（スウェーデン、デンマーク、韓国等）及び税務特有の番号を利用するケース（ドイツ、オーストラリア等）があります。

諸外国における税務面で利用されている番号制度の概要

(2019年1月現在)

	国	番号の種類	適用業務	人口(注2)	付番者(注1)(数)	付番維持管理機関	現行の付番根拠法	税務目的利用開始年
社会保障番号を税務面で活用	イギリス	国民保険番号(9桁)	税務(一部)(注3)、社会保険、年金等	6,581万人	非公表	雇用年金省 歳入関税庁	社会保障法	1961年
	アメリカ	社会保障番号(9桁)	税務、社会保険、年金、選挙等	3億2,313万人	3億4,5,370万人(累計数)	社会保障庁	社会保障法	1962年
	カナダ	社会保険番号(9桁)	税務、失業保険、年金等	3,671万人	約4,188万人(累計数)	雇用・社会開発省	雇用保険法	1967年
住民登録番号を税務面で活用	スウェーデン	住民登録番号(10桁)	税務、社会保険、住民登録、選挙、兵役、諸統計、教育等	1006万人	全住民	国税庁	個人登録に関する法律	1967年
	デンマーク	住民登録番号(10桁)	税務、年金、社会保険、選挙、兵役、諸統計、教育等	576万人	全住民	内務省 中央個人登録局	個人登録に関する法律	1968年
	韓国	住民登録番号(13桁)(注4)	税務、社会保険、年金、住民登録、選挙、兵役、諸統計、教育等	5,145万人	全住民	行政自治部	住民登録法	1968年
	フィンランド	住民登録番号(10桁)	税務、社会保険、住民登録、選挙、兵役、諸統計、教育等	551万人	全住民	財務省 住民登録局	住民情報法	1960年代
	ノルウェー	住民登録番号(11桁)	税務、社会保険、住民登録、選挙、兵役、諸統計、教育等	528万人	全住民	国税庁登録局	人口登録制度に関する法律	1971年
	シンガポール	住民登録番号(2文字+7桁)	税務、年金、住民登録、選挙、兵役、車両登録等	561万人	全住民	内務省 国家登録局	国家登録法	1995年
	オランダ	市民サービス番号(9桁)	税務、社会保険、年金、住民登録等	1,710万人	全住民	内務省	市民サービス番号法	2007年(注5)
	日本	個人番号(12桁)(注6)	税務、社会保障、災害対策	1億2,771万人	全住民	地方公共団体情報システム機構	行政手続における特定の個人を識別するための番号の利用等に関する法律	2016年
税務番号	イタリア	納税番号(6文字+10桁)	税務、住民登録、選挙、兵役、許認可等	6,054万人	約6,323万人	経済財政省	納税者登録及び納税義務者の納税番号に関する大統領令	1977年
	オーストラリア	納税番号(9桁)	税務、所得保障等	2,460万人	約3,099万人(累計数)	国税庁	1988年度税制改正法	1989年
	ドイツ	税務識別番号(11桁)	税務	8,266万人	約8,100万人	連邦中央税務庁	租税通則法	2009年

(備考) フランスには、納税者番号制度はない。

(注1) 付番者数は、アメリカは2008年、ドイツは2012年、ドイツ・イタリアは2017年（イタリアは2016年）の値。日本は住民基本台帳に記録されている者である。日本は住民基本台帳人口（2019年1月1日現在）。

(注2) イギリスは、総所得税のうち一部の税務で国民保険番号が利用される。

(注3) イギリスは、総所得税のうち一部の税務で国民保険番号が利用される。

(注4) 韓国は、2014年8月7日以降に交付されるものは、13桁の番号の体系に変更されている。

(注5) オランダは、もともと1986年に税務番号が導入され、1988年以降は、税務・社会保障及び...税務・社会保障目的で利用されている（社会保障目的なし）。

(注6) 日本には、別途、法人等に対して国税庁長官より付番される13桁の法人番号がある（利用制限なし）。

(注7) 地方公共団体情報システムに係る...個人及び法人に同一体系の番号は適用しない。

(注8) オーストラリアでは、納税者番号が税務以外に同一体系の番号が不適用である。

15　給付付き税額控除　　税制に関連する給付措置等（いわゆる「給付付き税額控除」）は、所得税の納税者に対して税額控除を行い、税額控除しきれない者や所得が課税最低限以下の者に対して給付を行うといった税額控除と給付を組み合わせた制度です。

　諸外国では、社会保障制度の問題点を解決するための一方策として、就労支援や子育て支援等を目的とした既存の社会保障制度との関係を整理した上、それらを補完又は改組する形で導入されています。例えば、アメリカやイギリスでは、低所得者に対して定額の社会保障給付が行われ、働けるのに働かないという問題が生じていたため、勤労を前提に所得に応じた給付（税額控除）を行う制度として、勤労所得税額控除（アメリカ）、勤労税額控除（イギリス）が導入されています。また、イギリスやカナダでは、複数の制度にまたがる育児支援策を効率化するため、これらを整理した上で、児童税額控除（イギリス）、児童手当（カナダ）が導入されています。

　このほか、カナダでは、GST（付加価値税）の導入時（1991年）に、GSTの負担軽減策としてGSTクレジットが導入されています。これについては、州毎に異なっていた生活保護制度を補完する観点もあると言われています。

　諸外国の仕組みとしては、アメリカの勤労所得税額控除のように税額控除と給付を組み合わせた制度や、イギリスの勤労税額控除のように給付のみを行う制度があります。また、近年、イギリスやフランスでは、複数の措置が混在することによる不効率を是正するため、統合的な給付措置に移行する動きが見られます。

税制に関連する給付措置等の国際比較

(2019年1月現在)

○税制に関連する給付措置等(いわゆる「給付付き税額控除」)については、税額から控除を行わず全額が給付されるものもあるほか、子育てを含む社会保障政策や労働政策の一環として設けられているものが多い。また、近年、イギリスやフランスでは、複数の措置を統合したり、給付的措置を縮小し就労を促進する動きが見られる。

項目	アメリカ 勤労所得税額控除 (Earned Income Tax Credit)	アメリカ 児童税額控除 (Child Tax Credit)	イギリス 勤労税額控除 (Working Tax Credit)	イギリス 児童税額控除 (Child Tax Credit)	ドイツ 児童手当 (Kindergeld)	フランス(廃止) 雇用のための手当 (Prime Pour l'Emploi)
制度導入年	1975年	1998年	2003年	2003年	1996年	2001年
給付の仕組み	税額から控除(控除しきれない額を給付)	税額から控除(控除しきれない額を給付)	全額給付(税額から控除せず)	全額給付(税額から控除せず)	全額給付(税額から控除せず)	税額から控除(控除しきれない額を給付)
導入の目的	○低所得者に対する社会保障の負担軽減・就労・勤労意欲の向上	○子供を養育する中低所得世帯の負担軽減	○低所得者に対する支援・就労・勤労意欲の向上	○子供の貧困対策としての、子供を養育する低所得世帯の支援	○子供を養育する家庭の最低限必要な生計費の保障	○雇用の創出・就業意欲の支援
年間給付額(控除額)の目安	○単身者の場合、勤労所得の7.65%(上限$529) ※所得が一定額を超えると逓減・消失	○控除額は子供一人あたり$2,000 ※控除しきれない場合、勤労所得$2,500超部分の15%を給付(上限$1,400)	○基礎給付:£1,960 ○夫婦・ひとり親世帯への加算:£2,010 ○週30時間以上就労している者への加算:£810	○基礎給付:£545 ○子供一人あたりの加算:£2,780	○第一子・第二子:2,328€ 第三子:2,400€ 第四子以降:2,700€	○控除額は勤労所得額に応じて変動(子供一人あたりの加算:36€)(注)
対象者(適用要件)	○低所得勤労者(投資所得等が$3,500を超える場合対象外) ※所得が一定額を超えると逓減・消失	○17歳未満の子供を養育する所得者 ※所得が一定額を超えると逓減・消失	○16歳以上で、週16時間以上就労している者 ○25歳以上で、週30時間以上就労している者 ※所得が一定額を超えると逓減・消失	○16歳以下の子供又は20歳未満で教育(大学以下)・職業訓練を受けている子を養育する者 ※所得が一定額を超えると逓減・消失	○原則18歳未満の子供又は25歳未満で教育・職業訓練を受ける者の生計を維持する者	○低所得勤労者(賃金税から課される所得が資産に係る課税所得を除いた額が130万€以下の者について)※一定額を超えると逓減・消失
社会保障制度等との関係	○児童を養育する家庭や高齢者・障害者に対する公的な社会保障制度(公的扶助)は存在しないが、包括的な公的扶助制度を前提としない勤労所得税額控除を導入。	○児童手当制度(全額給付)は存在しない。	○子育て支援施策が複数の制度(家族手当・勤労税額控除・児童税額控除)にまたがっており、行政コストや世帯の混乱を招いたことから、これらを整理・統合し、児童税額控除の前身を1999年に導入。 ○勤労税額控除や児童税額控除の前身を廃止し、勤労税額控除・児童税額控除が以後これらを統合することとなるユニバーサル・クレジット導入中(2022年3月に完全移行予定)。		○児童手当(家族金銭給付)の他に、児童控除(所得控除:子供一人あたり7,620€)を適用し、より有利な方が適用される。納税者は、税額の計算においていずれか有利な措置を適用する。 ○低所得者には、児童手当を全額返還。	○積極的連帯手当(公的扶助)を創設することに伴い2009年に導入。 ○積極的連帯手当と雇用のための手当が同時併用できないことから本手当の効率が低下したことと、本手当の基礎的な給付が付加的給付に代表される積極的連帯手当に統合されたことから、2016年に雇用のための手当(「就労プレミアム」)を導入。

(注)勤労所得が$3,743を超17,451以下の場合。勤労所得が$17,451を超える場合。
(参考:カナダでは、1991年の付加価値税(GST)導入を大きすぎ、低中所得者世帯の付加価値税の負担軽減のため、全額給付(税額から控除せず)のGSTクレジットを導入している。

16 中国と韓国の税制　　　近年、経済成長を背景に国際社会の中で存在感を増しているアジア諸国ですが、ここでは、特に日本と歴史的にも地理的にも関係が深い中国と韓国の税制を紹介します。

(1) 中 国　　　共有税という国と地方で税収を按分する税制が存在します。また、特筆すべき点は税収が間接税を中心に構成されており、消費課税が全体の約50％と、主要国と比べて非常に高い割合を占めています。

　個人所得税は3～45％（7段階）の累進税率、企業所得税は25％の単一税率、増値税（付加価値税）は物品販売及びサービス提供を課税対象とし、税率は、標準税率16％、軽減税率10％（穀物・水道、交通運輸サービス等）、6％（情報技術サービス等）であり、これらは税収が中央政府と地方政府に帰属する共有税です。そのほか、たばこ・酒類・ガソリン等に対しては消費税と呼ばれる個別間接税が課されています。なお、サービス提供に対しては過去に営業税（累積型の取引高税）が課されていましたが、段階的に増値税に移行され、2016年より全業種に増値税が課税されるようになりました。増値税については、当初は、標準税率17％と3段階の軽減税率（13・11・6％）で課税されていましたが、2017年7月に13％の税率が廃止され、2018年5月からは、標準税率が16％に引き下げられ、軽減税率も10％と6％に引き下げられています。さらに、2019年の全人代において、標準税率を16％から13％へ、一部の軽減税率を10％から9％へ引き下げるとされました。

　このほか、車輌取得税や不動産税がありますが、日本の相続税・贈与税に相当する税目はありません。

(2) 韓 国　　　特筆すべき点として、国税：地方税の割合が77：23と、地方税の比率が非常に低くなっています。税収構成比は所得課税、消費課税とも4割程度となっています。

　所得税は6～42％（7段階）の累進税率、法人税は10・20・22・25％（4段階）の累進税率です。また、所得税・法人税の10分の1の税率の地方所得税が課されます。付加価値税は10％の単一税率であり、未加工食料品、水道、新聞、金融、医療等は非課税となっています。

　このほか、個別消費税や、公共交通の拡充や環境保全の財源としてガソリン等に課される交通エネルギー環境税、教育財源として個別消費税額等に課される教育税などが挙げられます。

　なお、2018年より、所得税の最高税率が40％から42％に引き上げられ、法人税の最高税率も22％から25％に引き上げられました。

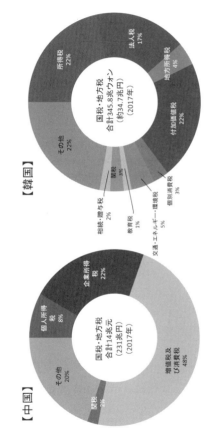

中国・韓国における税収構造

【韓国】

所得税　22%

その他　22%

相続・贈与税　2%

教育税　1%

交通・エネルギー・環境税　5%

個別消費税　3%

付加価値税　22%

地方所得税　4%

法人税　17%

酒税　3%

国税・地方税
合計345.8兆ウォン
（約34.7兆円）
（2017年）

【中国】

個人所得税　8%

企業所得税　22%

その他　20%

関税　2%

増値税及び消費税　48%

国税・地方税
合計14兆元
（231兆円）
（2017年）

（注1）中国・韓国ともに税収額は2017年決算の値。

（注2）邦貨換算レートは、1元＝16円、100ウォン＝10.03円（基準外国為替相場及び裁定外国為替相場：平成31年（2019年）1月中適用）
　　　　なお、端数は四捨五入している。

第7編　税制担当部局

　1　概　説　　税は、国や地方公共団体が公共サービスを提供するのに必要な経費をまかなうために、国民に負担を求めるものです。その負担が国民の間にどのように割り振られているのか、すなわち税制の内容についてこれまで述べてきましたが、本編では、税に関する事務を担当する国の部局について説明することにします。税制改正がどのようなプロセスで行われ、いかなる機関が改正作業に関わるのか、税の企画・立案を行う部局はどこか、税の執行を行う部局はどこか、がここで扱われる主題です。

　税は国家が維持されていくために不可欠であることから、日本国憲法第30条に「国民は、法律の定めるところにより、納税の義務を負う」と国民の納税義務が定められています。税が強制的負担であるため、民主国家においては、恣意的に税が課されることのないよう、課税は法律で定めることが要請されます。これが租税法律主義で、憲法第84条は「あらたに租税を課し、又は現行の租税を変更するには、法律又は法律の定める条件によることを必要とする」としています。

　すなわち、税は国民の代表である国会の意思決定によって課され、徴収されるのです。そして、国会によって定められた税制の下で政府の税制担当部局が税務行政を進めることになります。税務行政の内容は、政府が国会に提出する税に関する法律案の立案から、実際の税金の受入れまで含んでおり、膨大な事務量となります。また、全国で納税者の身近な窓口として事務を行うため、組織としても大きなものとなっています。

　具体的には、国税については、国税通則法、所得税法、法人税法、相続税法、消費税法等の法律で税の仕組みや納税の手続きなどが定められており、企画・立案は財務省が、執行は国税庁が担当しています。地方税については、税体系の調整や地方

公共団体相互の間の課税権の区分等を明らかにするために地方税法が定められ、地方税法の企画・立案は国の機関である総務省が担当しています。ただし地方税の課税そのものについては、地方公共団体の条例で定められることになっており、それぞれの地方公共団体の税務担当部課が企画・立案、執行を行っています。

　さて、いうまでもなく、税は国民生活と深く関わりを持つものであり、私達国民が税に対する理解と関心を持つことは民主主義の前提ともいえますが、他方経済や社会の発展、複雑化に伴い、税法も専門的になりがちです。「税金は人が払うもの、サービスは私が受けるもの」というのではなく、「税金は進んで払うが、使い途もしっかり監視する」という意識を国民が持てるよう、そして、納得して納税できる環境が実現されるよう、税制担当部局は今後とも努力することが求められています。

2　税制改正のメカニズム　　税制は、税負担の公平確保などの理念に沿いつつ経済社会の変化に十分対応できるよう、その仕組みについて不断に見直すとともに、租税特別措置についても、絶えずその在り方を検討する必要があります。そこで、国民各層や各種団体の税制改正要望等を踏まえつつ、例年、予算編成作業と並行して、税制改正の作業が行われています。

　税制改正は、租税法律主義の下、立法の手続をとることを要し、以下の手順で進められます。

　税制改正のプロセスについては基本的に経済社会の変化を踏まえて、その時々の課題を中心に議論が進められます。

　現在は、政府税制調査会が中長期的視点から税制のあり方を検討する一方、毎年度の具体的な税制改正事項は与党税制調査会が各省庁等の税制改正要望を審議し、その後とりまとめられる与党税制改正大綱を踏まえて、改正案が閣議に提出されます。

　そして、閣議決定された「税制改正の大綱」に沿って、国税の改正法案については財務省が、地方税の改正法案については総務省が作成し、国会に提出されます。

　国会では、衆議院と参議院のうち、まず先に改正法案が提出された議院において、財務金融委員会（衆議院）もしくは財政金融委員会（参議院）または総務委員会の審議を経て、本会議に付されます。可決されると、もう一方の議院に送付され、そこでも同様のプロセスによって可決されると改正法案は成立し、改正法に定められた日から施行されることになります。

平成25年 6 月24日

政府税制調査会に対する内閣総理大臣の諮問

　貴会に下記の事項を諮問します。

記

　税制については、グローバル化・少子高齢化の進展等の経済社会構造の変化に対応して、各税目が果たすべき役割を見据えながら、そのあり方を検討することが求められている。

　その際には、「公平・中立・簡素」の三原則の下、民需主導の持続的成長と財政健全化を両立させながら、強い日本、強い経済、豊かで安全・安心な生活を実現することを目的として、中長期的視点から、検討を行うことが必要である。

　以上の基本的な考え方の下、あるべき税制のあり方について審議を求める。

税制調査会　委員・特別委員名簿

（平成31年 4 月 1 日現在）

	氏　名	現　職		氏　名	現　職
委員	井伊重之	㈱産業経済新聞東京本社論説委員	特別委員	赤井伸郎	大阪大学大学院国際公共政策研究科教授
	井伊雅子	一橋大学国際・公共政策大学院教授		秋池玲子	ボストンコンサルティンググループ　シニア・パートナー＆マネージング・ディレクター
	伊藤元重	東京大学名誉教授・学習院大学国際社会科学部教授		石井隆一	富山県知事
	大田弘子	政策研究大学院大学教授		梅澤高明	A．T．カーニー日本法人会長
	岡村忠生	京都大学教授法学系（大学院法学研究科）		大竹文雄	大阪大学大学院経済学研究科教授
	翁　百合	㈱日本総合研究所理事長		小幡純子	上智大学教授・法学部長
	佐藤主光	一橋大学大学院経済学研究科、国際・公共政策大学院教授		加藤淳子	東京大学大学院法学政治学研究科教授
	○神野直彦	日本社会事業大学学長・東京大学名誉教授		神津信一	税理士
	関根達雄	読売新聞グループ本社取締役、㈱読売新聞東京本社相談役		神津里季生	日本労働組合総連合会会長
	高田　創	みずほ総合研究所㈱副理事長　エグゼクティブエコノミスト		諏訪貴子	ダイヤ精機㈱代表取締役社長
				田中常雅	醍醐ビル㈱代表取締役社長
	武田美保	スポーツ・教育コメンテーター、三重大学特任教授		冨山和彦	㈱経営共創基盤代表取締役CEO
	田近栄治	成城大学経済学部特任教授		新浪剛史	サントリーホールディングス㈱代表取締役社長
	土居丈朗	慶應義塾大学経済学部教授		林　正義	東京大学大学院経済学研究科教授
	◎中里　実	東京大学大学院法学政治学研究科教授		宮永俊一	三菱重工業㈱取締役会長
	沼尾波子	東洋大学国際学部教授		森　博幸	鹿児島市長
	平田保雄	公益社団法人日本経済研究センター会長、㈱日本経済新聞社参与		諸富　徹	京都大学大学院経済学研究科/地球環境学堂教授
	増井良啓	東京大学大学院法学政治学研究科教授		山田淳一郎	山田コンサルティンググループ㈱代表取締役会長
	増田寛也	東京大学公共政策大学院客員教授		吉川萬里子	公益社団法人全国消費生活相談員協会常務理事
	宮崎　緑	千葉商科大学教授・国際教養学部長			
	吉川　洋	立正大学長			

◎…会長、○…会長代理

359

3 主税局の機構と役割　国税に関する事務を担当しているのは財務省です。財政において税の果たす役割は極めて大きいので、税務行政は財務省の事務の大きな柱となっています。

財務省で主税局が内国税（国税のうち関税、とん税及び特別とん税を除いたもの）に関する制度の調査、企画・立案そして税制改正の法案作成までを担当しています。これに対し、財務省の外局である国税庁が税務の執行を担当して内国税の賦課徴収を行っており、両者は連絡を緊密にしつつ一体となって税務行政を進めています。なお、関税やとん税などについては、財務省関税局とその下部機関である税関が担当しています。

主税局には総務課、調査課、税制第一課、税制第二課、税制第三課の5課及び参事官が置かれており、現在、主税局長以下約190名の職員が多岐にわたる仕事に取り組んでいます。

総務課では調整事務・国会事務を行うほか歳入見積もり、税制調査会の庶務、広報事務、地方税との調整等を行っています。調査課では国内及び外国の税制の調査などを行っています。税制は国民生活、経済活動、そして社会のあり方と密接に関連するものであり、様々な角度から租税政策について検討しています。税制第一課では所得税、相続税・贈与税、登録免許税、国税通則、徴収、税理士制度等の企画・立案を、税制第二課では消費税、酒税、たばこ税等の企画・立案を、税制第三課では法人税の企画・立案を行っています。また、参事官は外国との租税に関する協定の企画・立案、非居住者又は外国法人に係る所得税又は法人税に関する事務などを担当しています。

なお、地方税についての調査、企画・立案を担当する国の組織は総務省自治税務局です。

財務省の機構

（平成31年 1 月現在）

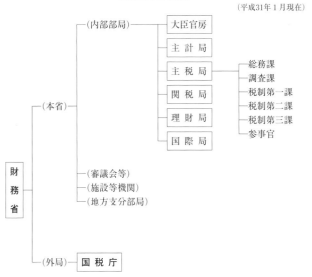

```
　　　　　　　　　┌（内部部局）─┬─ 大臣官房
　　　　　　　　　│　　　　　　　├─ 主 計 局
　　　　　　　　　│　　　　　　　├─ 主 税 局 ─┬─ 総務課
　　　　　（本省）┤　　　　　　　│　　　　　　　├─ 調査課
　　　　　　　　　│　　　　　　　├─ 関 税 局　 ├─ 税制第一課
　財　　　　　　　│　　　　　　　├─ 理 財 局　 ├─ 税制第二課
　務　　　　　　　│　　　　　　　└─ 国 際 局　 ├─ 税制第三課
　省　　　　　　　│　　　　　　　　　　　　　　　└─ 参事官
　　　　　　　　　├（審議会等）
　　　　　　　　　├（施設等機関）
　　　　　　　　　└（地方支分部局）
　　　　　　　　　
　　　　　　└（外局）─ 国 税 庁
```

（参考）　総務省の機構

（平成29年10月現在）

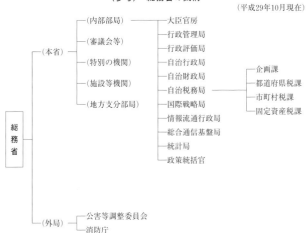

```
　　　　　　　　┌（内部部局）───┬─ 大臣官房
　　　　　　　　├（審議会等）　　 ├─ 行政管理局
　　　　　　　　├（特別の機関）　 ├─ 行政評価局
　　　（本省）─┤　　　　　　　　 ├─ 自治行政局
　　　　　　　　├（施設等機関）　 ├─ 自治財政局
　　　　　　　　└（地方支分部局） ├─ 自治税務局 ─┬─ 企画課
　総　　　　　　　　　　　　　　　 ├─ 国際戦略局　 ├─ 都道府県税課
　務　　　　　　　　　　　　　　　 ├─ 情報流通行政局├─ 市町村税課
　省　　　　　　　　　　　　　　　 ├─ 総合通信基盤局└─ 固定資産税課
　　　　　　　　　　　　　　　　　 ├─ 統計局
　　　　　　　　　　　　　　　　　 └─ 政策統括官
　　　　　　└（外局）─┬─ 公害等調整委員会
　　　　　　　　　　　　└─ 消防庁
```

4 国税庁の機構と役割　　国税庁は、内国税の賦課徴収のために、財務省の外局として設けられ、中央に国税庁本庁、地方支分部局として全国に11の国税局、沖縄国税事務所及び524の税務署が設置されています。

国税庁本庁は、長官官房、課税部、徴収部及び調査査察部の4部局からなり、税務行政を執行するための企画・立案や税法解釈の統一を行い、これを国税局に指示し、国税局や税務署の事務の指導監督に当たるとともに税務行政の中央官庁として、各省庁その他関係機関との折衝等を行っています。

国税局は、原則として総務部、課税部、徴収部及び調査査察部の4部からなり、国税庁の指導監督を受けて税務署における賦課徴収事務の指導監督に当たるとともに、自らも大規模法人、大口滞納者、大口脱税者等の賦課徴収事務を行っています。沖縄国税事務所は、部は置かれていませんが、国税局とほぼ同様の機構となっています。

税務署は、税務行政の執行の第一線として、それぞれの管轄区域において内国税の賦課徴収事務を行っており、その機構は、総務課、管理運営部門、徴収部門、個人課税部門、資産課税部門、法人課税部門の1課5部門制が一般的な形態となっています。

以上のほか国税庁に、施設等機関として税務職員の教育機関である税務大学校、特別の機関として納税者の審査請求に対して裁決を行う国税不服審判所が置かれています。

以上の機関の職員の総数は現在約5万6,000人です（平成30年度）。

わが国は申告納税制度をとっており、この制度を円滑かつ公正に運営していくために、租税の意義や役割、税務知識の普及についての広報、納税者からの相談、申告の指導、調査、さらに査察制度や通告処分制度による犯則の取締り等を充実させていくことが重要です。

国税庁の機構

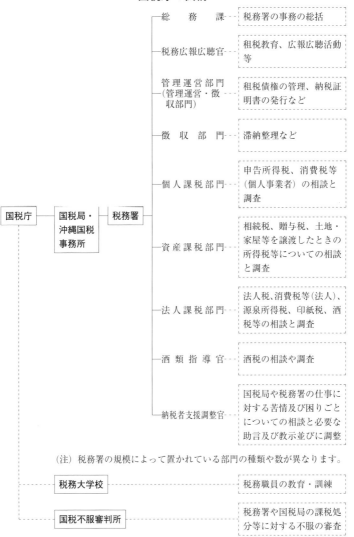

総　務　課	税務署の事務の総括
税務広報広聴官	租税教育、広報広聴活動等
管理運営部門（管理運営・徴収部門）	租税債権の管理、納税証明書の発行など
徴　収　部　門	滞納整理など
個人課税部門	申告所得税、消費税等（個人事業者）の相談と調査
資産課税部門	相続税、贈与税、土地・家屋等を譲渡したときの所得税等についての相談と調査
法人課税部門	法人税、消費税等（法人）、源泉所得税、印紙税、酒税等の相談と調査
酒類指導官	酒税の相談や調査
納税者支援調整官	国税局や税務署の仕事に対する苦情及び困りごとについての相談と必要な助言及び教示並びに調整

（注）税務署の規模によって置かれている部門の種類や数が異なります。

税務大学校	税務職員の教育・訓練
国税不服審判所	税務署や国税局の課税処分等に対する不服の審査

363

第8編　平成31年度税制改正

　平成31年度税制改正については、「所得税法等の一部を改正する法律案」が平成31年2月5日に国会に提出され、国会での審議を経て、平成31年3月27日に成立、4月1日に施行されました。

（参考）　平成30年度税制改正

　平成30年度税制改正については、「所得税法等の一部を改正する等の法律案」が平成30年2月5日に国会に提出され、国会での審議を経て、平成30年3月27日に成立、4月1日に施行されました。

　また、「国際観光旅客税法案」が平成30年2月2日に国会に提出され、国会での審議を経て、平成30年4月11日に成立、平成31年1月7日に施行されました。

平成31年度税制改正の大綱の概要

(平成30年12月21日閣議決定)

　消費税率の引上げに際し、需要変動の平準化等の観点から、住宅に対する税制上の支援策を講ずるとともに、車体課税について、地方の安定的な財源を確保しつつ大幅な見直しを行う。さらに、デフレ脱却と経済再生を確実なものとするため、研究開発税制の見直し等を行う。また、都市・地方の持続可能な発展のための地方税体系の構築の観点から、特別法人事業税（仮称）及び特別法人事業譲与税（仮称）の創設等を行う。このほか、森林環境税（仮称）及び森林環境譲与税（仮称）の創設、国際的な租税回避により効果的に対応するための国際課税制度の見直し、経済取引の多様化等を踏まえた納税環境の整備等を行う。具体的には、次のとおり税制改正を行うものとする。

個人所得課税

○　住宅ローン控除の拡充

・消費税率10％が適用される住宅取得等について、控除期間を3年延長する。（現行10年⇒13年）

・11年目以降の3年間について、消費税率2％引上げ分の負担に着目した控除額の上限を設定する。

・適用期間は平成31年10月1日から平成32年12月31日までとする。

・この措置による個人住民税の減収額は、全額国費で補塡す

る。
- ○ 森林環境税（仮称）及び森林環境譲与税（仮称）の創設
  - ・森林整備等に必要な地方財源を安定的に確保する観点から、森林環境税（仮称）（平成36年度から年額1,000円）及び森林環境譲与税（仮称）（平成31年度から譲与）を創設する。
- ○ ふるさと納税制度の見直し
  - ・過度な返礼品を送付し、制度の趣旨を歪めているような団体については、ふるさと納税（特例控除）の対象外にすることができるよう、制度の見直しを行う。
- ○ 子どもの貧困に対応するための個人住民税の非課税措置
  - ・子どもの貧困に対応するため、事実婚状態でないことを確認した上で支給される児童扶養手当の支給を受けており、前年の合計所得金額が135万円以下であるひとり親に対し、個人住民税を非課税とする措置を講ずる。

資産課税

- ○ 個人事業者の事業承継税制の創設等
  - ・新たな個人事業者の事業承継税制を、10年間の時限措置として創設する（現行の事業用小規模宅地特例との選択適用）。
    - －事業用の土地、建物、機械等について、適用対象部分の課税価格の100％に対応する相続税・贈与税額を納税猶予する。
    - －法人の事業承継税制に準じた事業継続要件の設定等により制度の適正性を確保する。
  - ・現行の事業用小規模宅地特例について、相続前3年以内に事業の用に供された宅地を原則として除外する適正化を行

う。

○　教育資金、結婚・子育て資金の一括贈与非課税措置の見直し

・教育資金の一括贈与非課税措置について、受贈者の所得要件設定や使途の見直し等を行う一方、30歳以上の就学継続には一定の配慮を行い、適用期限を2年延長する。

・結婚・子育て資金の一括贈与非課税措置について、受贈者の所得要件設定を行い、適用期限を2年延長する。

法人課税

○　イノベーション促進のための研究開発税制の見直し

・オープンイノベーション型について、大企業や研究開発型ベンチャーに対する一定の委託研究等を対象に追加するとともに、控除上限を法人税額の10%（現行：5%）に引き上げる。

（※）　一定の研究開発型ベンチャー企業との共同研究・委託研究に係る税額控除率については、25%とする。

・総額型について、増加インセンティブの強化の観点から控除率を見直すとともに、研究開発を行う一定のベンチャー企業の控除上限を法人税額の40%（現行：25%）に引き上げる。

・高い水準の研究開発投資を行っている企業について、総額型の控除率を割増しする措置を講じた上で、高水準型を総額型に統合する。

○　中堅・中小企業による設備投資等の支援

・中小企業者等の法人税の軽減税率の特例及び中小企業向け投資促進税制の延長等を行う。

・地域未来投資促進税制について、高い付加価値創出に係る
　要件を満たす場合に特別償却率を50％（現行：40％）、税
　額控除率を 5 ％（現行： 4 ％）に引き上げる等の見直しを
　行う。

・中小企業の事業活動に災害が与える影響を踏まえて事前防
　災を促進する観点から、事業継続力強化計画（仮称）に基
　づく防災・減災設備への投資に係る特別償却制度を創設す
　る。

○　都市・地方の持続可能な発展のための地方税体系の構築

・地域間の財政力格差の拡大、経済社会構造の変化等を踏ま
　え、県内総生産の分布状況と比較して大都市に税収が集中
　する構造的な課題に対処し、都市と地方が支え合い、共に
　持続可能な形で発展するため、地方法人課税における新た
　な偏在是正措置を講ずる。

・具体的には、消費税率10％段階において復元後の法人事業
　税の一部を分離し、特別法人事業税（仮称）とするととも
　に、その全額を都道府県に対し、特別法人事業譲与税（仮
　称）として、人口を譲与基準（不交付団体に対する譲与制
　限あり）とし譲与する。

○　その他

・保険会社等の異常危険準備金制度について、火災保険等に
　係る特例積立率を 6 ％（現行： 5 ％）に引き上げる。

・医師の勤務時間短縮や、地域医療体制の確保、高額医療機
　器の共同利用の推進等効率的な配置の促進といった観点か
　ら、医療用機器の特別償却制度の拡充・見直しを行う。

消費課税

○　車体課税の見直し

・平成31年10月1日以後に新車新規登録を受けた自家用乗用車（登録車）から、小型自動車を中心に全ての税率区分において、自動車税の税率を引き下げる。

・自家用乗用車（登録車）に係る環境性能割の税率等の適用区分を見直す。

・環境性能割の導入を契機に、自家用乗用車（登録車及び軽自動車）に係るグリーン化特例（軽課）の適用対象を、電気自動車等に限定する。なお、消費税率引上げに配慮し、平成33年4月1日以後に新車新規登録等を受けた自家用乗用車（登録車及び軽自動車）から適用する。

・エコカー減税（自動車取得税・自動車重量税）の軽減割合等を見直す。政策インセンティブ機能の強化の観点から、自動車重量税のエコカー減税について、1回目車検時の軽減割合等を見直すとともに、2回目車検時の免税対象を電気自動車等や極めて燃費水準が高いハイブリッド車に重点化する。

・自動車税の恒久減税により生じる地方税の減収のうち、地方税の見直しによる増収により確保できない分について、以下の措置により全額国費で補填する。

　－エコカー減税（自動車重量税）の見直し（前掲）

　－自動車重量税の譲与割合の段階的引上げ

　－揮発油税から地方揮発油税への税源移譲

・平成31年度税制改正に係る車体課税の見直しに伴う都道府県・市町村間の財源調整のため、自動車税環境性能割交付金に係る交付率を見直す。

・自動車の取得時の負担感を緩和するため、平成31年10月1日から平成32年9月30日までの間に取得した自家用乗用車（登録車及び軽自動車）について、環境性能割の税率を1％分軽減する。これによる地方税の減収は、全額国費で補塡する。

○ 外国人旅行者向け消費税免税制度の利便性向上
・臨時の販売場での免税販売を認める。

国際課税

○ BEPS（税源浸食と利益移転）プロジェクトを踏まえた対応
・過大支払利子税制について、利子の損金算入限度額の算定方法の見直し等により、税源浸食リスクに応じて利子の損金算入制限を強化する。
・移転価格税制について、独立企業間価格の算定方法としてディスカウント・キャッシュ・フロー法を加えるとともに、評価困難な無形資産取引に係る価格調整措置を導入する。

納税環境整備

○ 経済取引の多様化等に伴う納税環境の整備
・仮想通貨取引等、経済取引の多様化・国際化が進展する中、適正課税を確保するため、現行実務上行われている事業者等に対する任意の照会について税法上明確化するとともに、高額・悪質な無申告者等の情報について国税当局が事業者等に照会する仕組みを整備する。

関税

○　暫定税率等の適用期限の延長等

・平成30年度末に適用期限の到来する暫定税率（411品目）の適用期限を1年延長する等の措置を講ずる。

○　個別品目の関税率等の見直し

第9編 資 料 編

1 国税収入の構成の累年比較

区　　　　分	昭和9～11年度		16		25	
	金　額	構成比	金　額	構成比	金　額	構成比
	百万円	％	百万円	％	億円	％
直　　接　　税	427	34.8	3,161	64.1	3,136	55.0
所　　得　　税	※　140	11.4	※ 1,585	32.1	2,201	38.6
｜　源　泉　分	—	—	—	—	1,275	22.4
｜　申　告　分	—	—	—	—	926	16.2
法　　人　　税	※　117	9.5	※ 1,349	27.4	838	14.7
相　　続　　税	30	2.4	65	1.3	27	0.5
旧　　　　　税	—	—	—	—	—	—
再　評　価　税	—	—	—	—	64	1.1
そ　の　他	140	11.4	162	3.3	6	0.1
間　接　税　等	799	65.2	1,770	35.9	2,566	45.0
酒　　　　　税	216	17.6	359	7.3	1,054	18.5
砂　糖　消　費　税	82	6.7	120	2.4	7	0.1
揮　発　油　税	—	—	12	0.2	74	1.3
石　油　ガ　ス　税	—	—	—	—	—	—
物　　品　　税	—	—	181	3.7	165	2.9
ト　ラ　ン　プ　類　税	—	—	—	—	—	—
取　引　所　税	13	1.1	28	0.6	—	—
有価証券取引税	—	—	3	0.1	0	0.0
通　　行　　税	—	—	29	0.6	11	0.2
入　　場　　税	—	—	—	—	—	—
関　　　　　税	157	12.8	87	1.8	｝16	0.3
と　　ん　　税	3	0.2	1	0.0		
日本銀行券発行税	—	—	—	—	—	—
印　　紙　　収　　入	83	6.8	146	3.0	92	1.6
日本専売公社納付金	202	16.5	415	8.4	1,138	20.0
地　方　道　路　税 (特)	—	—	—	—	—	—
石油ガス税(譲与分)(特)	—	—	—	—	—	—
特　別　と　ん　税 (特)	—	—	—	—	—	—
原　重　油　関　税 (特)	—	—	—	—	—	—
そ　の　他	43	3.5	389	7.9	8	0.1
合　　　　計	1,226	100.0	4,931	100.0	5,702	100.0

30		35		40		45	
金　額	構成比	金　額	構成比	金　額	構成比	金　額	構成比
億円	%	億円	%	億円	%	億円	%
4,811	51.4	9,784	54.3	19,416	59.2	51,344	66.1
2,787	29.8	3,906	21.7	9,704	29.6	24,282	31.2
2,141	22.9	2,929	16.3	7,122	21.7	17,287	22.2
646	6.9	977	5.4	2,581	7.9	6,995	9.0
1,921	20.5	5,734	31.8	9,271	28.3	25,672	33.0
56	0.6	123	0.7	440	1.3	1,391	1.8
—		—		—		0	0.0
43	0.5	21	0.1	0	0.0	—	
5	0.1	0	0.0				
4,552	48.6	8,226	45.7	13,369	40.8	26,388	33.9
1,605	17.1	2,485	13.8	3,529	10.8	6,136	7.9
476	5.1	281	1.6	289	0.9	442	0.6
255	2.7	1,030	5.7	2,545	7.8	4,987	6.4
—	—			0	0.0	122	0.2
269	2.9	822	4.6	1,379	4.2	3,395	4.4
—	—	3	0.0	5	0.0	6	0.0
2	0.0	6	0.0	25	0.1	49	0.1
8	0.1	111	0.6	82	0.3	158	0.2
24	0.3	43	0.2	42	0.1	122	0.2
144	1.5	164	0.9	104	0.3	135	0.2
270	2.9	1,098	6.1	2,220	6.8	3,815	4.9
3	0.0	8	0.0	29	0.1	51	0.1
5	0.1	5	0.0	4	0.0	8	0.0
233	2.5	506	2.8	827	2.5	2,187	2.8
1,182	12.6	1,465	8.1	1,793	5.5	2,723	3.5
77	0.8	188	1.0	461	1.4	903	1.2
—	—	—	—	0	0.0	122	0.2
—	—	11	0.1	36	0.1	63	0.1
—	—	—	—	—	—	963	1.2
0	0.0	—	—	—	—	—	—
9,363	100.0	18,010	100.0	32,785	100.0	77,732	100.0

区　　　　分	昭和50年度		55		60	
	金　額	構成比	金　額	構成比	金　額	構成比
	億円	％	億円	％	億円	％
直　　接　　税	100,583	69.3	201,628	71.1	285,170	72.8
所　　得　　税	54,823	37.8	107,996	38.1	154,350	39.4
｛源　　泉　　分	39,663	27.3	82,354	29.0	122,495	31.3
｛申　　告　　分	15,160	10.5	25,643	9.0	31,855	8.1
法　　人　　税	41,279	28.5	89,227	31.5	120,207	30.7
法 人 特 別 税	―	―	―	―	―	―
会 社 臨 時 特 別 税	1,374	0.9	0	0.0	―	―
相　　　続　　　税	3,104	2.1	4,405	1.6	10,613	2.7
地　　価　　税	―	―	―	―	―	―
旧　　　　　　税	2	0.0	0	0.0	0	0.0
法人臨時特別税(特)	―	―	―	―	―	―
間　接　税　等	44,460	30.7	82,060	28.9	106,332	27.2
消　　費　　税	―	―	―	―	―	―
	(―)	(―)	(―)	(―)	(―)	(―)
酒　　　　　　税	9,140	6.3	14,243	5.0	19,315	4.9
た　　ば　　こ　税	―	―	―	―	8,837	2.3
砂 糖 消 費 税	426	0.3	430	0.2	408	0.1
揮　　発　　油　税	8,244	5.7	15,474	5.5	15,568	4.0
	(8,244)	(5.7)	(15,474)	(5.5)	(16,678)	(4.3)
石 油 ガ ス 税	139	0.1	149	0.1	155	0.0
	(278)	(0.2)	(297)	(0.1)	(310)	(0.1)
航 空 機 燃 料 税	183	0.1	488	0.2	521	0.1
	(216)	(0.1)	(577)	(0.2)	(616)	(0.2)
石　　　油　　　税	―	―	4,041	1.4	4,004	1.0
物　　　品　　　税	6,825	4.7	10,379	3.7	15,279	3.9
ト ラ ン プ 類 税	9	0.0	5	0.0	4	0.0
取　　引　　所　税	97	0.1	152	0.1	111	0.0
有 価 証 券 取 引 税	668	0.5	2,087	0.7	6,709	1.7
通　　　行　　　税	345	0.2	637	0.2	753	0.2
入　　　場　　　税	26	0.0	54	0.0	50	0.0
自 動 車 重 量 税	2,203	1.5	3,951	1.4	4,523	1.2
	(2,938)	(2.0)	(5,269)	(1.9)	(6,031)	(1.5)
関　　　　　　税	3,733	2.6	6,469	2.3	6,369	1.6
と　　　ん　　　税	67	0.0	89	0.0	86	0.0
日 本 銀 行 券 発 行 税	40	0.0	―	―	―	―
印　　紙　　収　入	4,798	3.3	8,409	3.0	14,126	3.6
日本専売公社納付金	3,380	2.3	8,081	2.8	―	―
消費税(譲与分)(特)	―	―	―	―	―	―
地 方 道 路 税(特)	1,496	1.0	2,783	1.0	2,999	0.8
石油ガス税(譲与分)(特)	139	0.1	149	0.1	155	0.0
航空機燃料税(譲与分)(特)	33	0.0	89	0.0	95	0.0
自動車重量税(譲与分)(特)	734	0.5	1,317	0.5	1,508	0.4
特 別 と ん 税(特)	84	0.1	111	0.0	107	0.0
原 油 等 関 税(特)	1,349	0.9	1,387	0.5	1,204	0.3
電 源 開 発 促 進 税(特)	299	0.2	1,085	0.4	2,335	0.6
揮　　発　　油　税(特)	―	―	―	―	1,110	0.3
石 油 臨 時 特 別 税(特)	―	―	―	―	―	―
合　　　　　計	145,042	100.0	283,688	100.0	391,502	100.0

(注)　消費税、揮発油税、石油ガス税、航空機燃料税及び自動車重量税の(　)書は、それぞれの特別会計分を含めた場合である。

区　　　分	平成元		2		3	
	金　額	構成比	金　額	構成比	金　額	構成比
	億円	％	億円	％	億円	％
直　　接　　税	423,926	74.2	462,971	73.7	463,073	73.3
所　　得　　税	213,815	37.4	259,955	41.4	267,493	42.3
｛源　泉　分	153,087	26.8	187,787	29.9	195,710	31.0
｛申　告　分	60,728	10.6	72,168	11.5	71,783	11.3
法　　人　　税	189,933	33.2	183,836	29.3	165,951	26.3
法　人　特　別　税	—	—	—	—	—	—
会社臨時特別税	—	—	—	—	—	—
相　　続　　税	20,177	3.5	19,180	3.1	25,830	4.1
地　　価　　税	—	—	—	—	—	—
旧	0	0.0	0	0.0	—	—
法人臨時特別税(特)					3,799	0.6
間　接　税　等	147,435	25.8	164,827	26.3	169,037	26.7
消　　費　　税	32,699	5.7	46,227	7.4	49,763	7.9
	(40,874)	(7.2)	(57,783)	(9.2)	(62,204)	(9.8)
酒　　　　　税	17,861	3.1	19,350	3.1	19,742	3.1
た　ば　こ　税	9,612	1.7	9,959	1.6	10,157	1.6
砂　糖　消　費　税	▲　　2	▲ 0.0	▲　　0	▲ 0.0	—	—
揮　　発　　油　税	14,653	2.6	15,055	2.4	15,375	2.4
	(19,203)	(3.4)	(20,066)	(3.2)	(20,719)	(3.3)
石　油　ガ　ス　税	158	0.0	157	0.0	154	0.0
	(317)	(0.1)	(313)	(0.0)	(308)	(0.0)
航　空　機　燃　料　税	612	0.1	641	0.1	690	0.1
	(724)	(0.1)	(757)	(0.1)	(815)	(0.1)
石　　　油　　　税	4,732	0.8	4,870	0.8	4,883	0.8
物　　　品　　　税	▲ 1,343	▲ 0.2	46	0.0	16	0.0
ト　ラ　ン　プ　類　税	▲　　1	▲ 0.0	0	0.0	0	0.0
取　　引　　所　　税	456	0.1	413	0.1	388	0.1
有　価　証　券取引税	12,331	2.2	7,479	1.2	4,430	0.7
通　　　行　　　税	▲　　4	▲ 0.0	▲　　4	▲ 0.0	0	0.0
入　　　場　　　税	▲　　0	▲ 0.0	0	0.0	0	0.0
自　動　車　重　量　税	5,789	1.0	6,609	1.1	6,519	1.0
	(7,719)	(1.4)	(8,813)	(1.4)	(8,693)	(1.4)
関　　　　　　　税	8,049	1.4	8,252	1.3	9,234	1.5
と　　ん　　税	88	0.0	89	0.0	91	0.0
日本銀行券発行税	—	—	—	—	—	—
印　　紙　　収　　入	19,601	3.4	18,944	3.0	17,488	2.8
日本専売公社納付金	—	—	—	—	—	—
消費税(譲与分)(特)	8,175	1.4	11,557	1.8	12,441	2.0
地　方　道　路　税(特)	3,453	0.6	3,608	0.6	3,726	0.6
石油ガス税(譲与分)(特)	158	0.0	157	0.0	154	0.0
航空機燃料税(譲与分)(特)	111	0.0	116	0.0	125	0.0
自動車重量税(譲与分)(特)	1,930	0.3	2,203	0.4	2,173	0.3
特　別　と　ん　税(特)	110	0.0	112	0.0	114	0.0
原　油　等　関　税(特)	911	0.2	1,029	0.2	971	0.2
電源開発促進税(特)	2,745	0.5	2,947	0.5	3,040	0.5
揮　　発　　油　　税(特)	4,550	0.8	5,011	0.8	5,344	0.8
石油臨時特別税(特)	—	—	—	—	2,019	0.3
合　　　　　計	571,361	100.0	627,798	100.0	632,110	100.0

区　　　　分	平成4年度		5	
	金　額	構成比	金額	構成比
	億円	％	億円	％
直　　接　　税	405,520	70.7	396,582	69.4
所　　得　　税	232,314	40.5	236,865	41.5
源　　泉　　分	184,728	32.2	189,060	33.1
申　　告　　分	47,585	8.3	47,805	8.4
法　　人　　税	137,136	23.9	121,379	21.3
法 人 特 別 税	3,184	0.6	2,861	0.5
会 社 臨 時 特 別 税				
相　　続　　税	27,462	4.8	29,377	5.1
地　　価　　税	5,201	0.9	6,053	1.1
旧　　　　　　税	1	0.0	0	0.0
法人臨時特別税(特)	223	0.0	46	0.0
間　接　税　等	168,444	29.3	174,560	30.6
消　　費　　税	52,409	9.1	55,865	9.8
	(65,512)	(11.4)	(69,831)	(12.2)
酒　　　　　　税	19,610	3.4	19,524	3.4
た　　ば　　こ　税	10,199	1.8	10,298	1.8
砂 糖 消 費 税	—	—	—	—
揮　　発　　油　税	15,631	2.7	16,268	2.8
	(21,159)	(3.7)	(21,993)	(3.9)
石 油 ガ ス 税	152	0.0	151	0.0
	(304)	(0.1)	(302)	(0.1)
航 空 機 燃 料 税	729	0.1	768	0.1
	(861)	(0.2)	(907)	(0.2)
石　　　油　　　税	5,054	0.9	4,907	0.9
物　　品　　税	8	0.0	6	0.0
ト ラ ン プ 類 税	0	0.0	0	0.0
取　引　所　税	359	0.1	444	0.1
有 価 証 券 取 引 税	3,125	0.5	4,551	0.8
通　　行　　税	—	—	—	—
入　　場　　税	0	0.0	0	0.0
自 動 車 重 量 税	6,930	1.2	7,012	1.2
	(9,241)	(1.6)	(9,350)	(1.6)
関　　　　　　税	9,155	1.6	8,809	1.5
と　　　ん　　　税	89	0.0	86	0.0
日 本 銀 行 券 発 行 税	—	—	—	—
印　　紙　　収　入	15,706	2.7	15,991	2.8
日本専売公社納付金				
消費税(譲与分)(特)	13,102	2.3	13,966	2.4
地 方 道 路 税 (特)	3,805	0.7	3,543	0.6
石油ガス税(譲与分)(特)	152	0.0	151	0.0
航空機燃料税(譲与分)(特)	133	0.0	140	0.0
自動車重量税(譲与分)(特)	2,310	0.4	2,337	0.4
特 別 と ん 税 (特)	111	0.0	108	0.0
原 油 等 関 税 (特)	904	0.2	821	0.1
電源開発促進税(特)	3,068	0.5	3,090	0.5
揮　発　油　税 (特)	5,528	1.0	5,725	1.0
石油臨時特別税(特)	175	0.0	0	0.0
合　　　　　計	573,964	100.0	571,142	100.0

区　　　分	6		7		8	
	金　額	構成比	金　額	構成比	金　額	構成比
	億円	％	億円	％	億円	％
直　　接　　税	359,567	66.6	363,519	66.1	360,476	65.3
所　　得　　税	204,175	37.8	195,151	35.5	189,649	34.3
｛源　　泉　分	167,143	31.0	157,259	28.6	150,210	27.2
｛申　　告　分	37,033	6.9	37,891	6.9	39,440	7.1
法　　人　　税	123,631	22.9	137,354	25.0	144,833	26.2
法　人　特　別　税	178	0.0	44	0.0	20	0.0
相　　続　　税	26,699	4.9	26,903	4.9	24,199	4.4
地　　価　　税	4,870	0.9	4,063	0.7	1,772	0.3
旧　　　　　税	—	—	—	—	—	—
法人臨時特別税(特)	13	0.0	4	0.0	3	0.0
間　接　税　等	180,440	33.4	186,111	33.9	191,785	34.7
消　　費　　税	56,315	10.4	57,901	10.5	60,568	11.0
	(70,394)	(13.0)	(72,376)	(13.2)	(75,709)	(13.7)
酒　　　　　税	21,127	3.9	20,610	3.7	20,707	3.7
た　ば　こ　税	10,398	1.9	10,420	1.9	10,798	2.0
揮　　発　　油　税	18,133	3.4	18,651	3.4	19,152	3.5
	(24,081)	(4.5)	(24,627)	(4.5)	(25,456)	(4.6)
石　油　ガ　ス　税	154	0.0	153	0.0	150	0.0
	(308)	(0.1)	(306)	(0.1)	(300)	(0.1)
航空機燃料税	816	0.2	855	0.2	878	0.2
	(965)	(0.2)	(1,011)	(0.2)	(1,038)	(0.2)
石　　油　　税	5,243	1.0	5,131	0.9	5,252	1.0
物　　品　　税	3	0.0	3	0.0	3	0.0
取　引　所　税	413	0.1	438	0.1	420	0.1
有価証券取引税	3,905	0.7	4,791	0.9	3,915	0.7
入　　場　　税	0	0.0	0	0.0	—	—
自　動　車　重　量　税	7,543	1.4	7,837	1.4	8,261	1.5
	(10,057)	(1.9)	(10,449)	(1.9)	(11,014)	(2.0)
関　　　　　税	9,075	1.7	9,500	1.7	10,240	1.9
と　　ん　　税	87	0.0	87	0.0	88	0.0
印　紙　収　入	17,519	3.2	19,413	3.5	19,693	3.6
消費税(譲与分)(特)	14,079	2.6	14,475	2.6	15,142	2.7
地　方　道　路　税(特)	2,577	0.5	2,635	0.5	2,724	0.5
石油ガス税(譲与分)(特)	154	0.0	153	0.0	150	0.0
航空機燃料税(譲与分)(特)	148	0.0	155	0.0	160	0.0
自動車重量税(譲与分)(特)	2,514	0.5	2,612	0.5	2,753	0.5
特　別　と　ん　税(特)	109	0.0	109	0.0	110	0.0
原　油　等　関　税(特)	867	0.2	821	0.1	853	0.2
電源開発促進税(特)	3,310	0.6	3,386	0.6	3,464	0.6
揮　発　油　税(特)	5,948	1.1	5,976	1.1	6,304	1.1
石油臨時特別税(特)	0	0.0	0	0.0	0	0.0
たばこ特別税(特)	—	—	—	—	—	—
合　　　　　計	540,007	100.0	549,630	100.0	552,261	100.0

(注)1. 消費税、揮発油税、石油ガス税、航空機燃料税及び自動車重量税の( )書は、それぞれの特別会計分を含めた場合である。
　　2. 5年度以降に収納される法人臨時特別税及び石油臨時特別税は一般会計分として計上されている。

区　　　　分	平成 9 年度 金　額	構成比	10 金　額	構成比	11 金　額	構成比
	億円	%	億円	%	億円	%
直　　　接　　　税	352, 325	63. 4	303, 397	59. 3	281, 293	57. 2
所　　　得　　　税	191, 827	34. 5	169, 961	33. 2	154, 468	31. 4
｛源　泉　分	154, 030	27. 7	137, 658	26. 9	126, 186	25. 6
｜申　告　分	37, 797	6. 8	32, 304	6. 3	28, 282	5. 7
法　　　人　　　税	134, 754	24. 2	114, 232	22. 3	107, 951	21. 9
法　人　特　別　税	10	0. 0	7	0. 0	2	0. 0
相　　　続　　　税	24, 129	4. 3	19, 156	3. 7	18, 853	3. 8
地　　価　　税	1, 601	0. 3	39	0. 0	17	0. 0
旧　　　　　　税	2	0. 0	1	0. 0	1	0. 0
法人臨時特別税（特）	3	0. 0	2	0. 0	—	—
間　　接　　税　　等	203, 682	36. 6	208, 580	40. 7	210, 846	42. 8
消　　　費　　　税	93, 047	16. 7	100, 744	19. 7	104, 471	21. 2
酒　　　　　　税	19, 619	3. 5	18, 983	3. 7	18, 717	3. 8
た　　ば　　こ　　税	10, 176	1. 8	10, 462	2. 0	9, 050	1. 8
揮　　発　　油　　税	19, 261	3. 5	19, 982	3. 9	20, 707	4. 2
	(25, 831)	(4. 6)	(26, 636)	(5. 2)	(27, 423)	(5. 6)
石　油　ガ　ス　税	147	0. 0	144	0. 0	144	0. 0
	(293)	(0. 1)	(289)	(0. 1)	(287)	(0. 1)
航　空　機　燃　料　税	879	0. 2	901	0. 2	872	0. 2
	(1, 039)	(0. 2)	(1, 065)	(0. 2)	(1, 031)	(0. 2)
石　　　油　　　税	4, 967	0. 9	4, 767	0. 9	4, 859	1. 0
物　　　品　　　税	—	—	—	—	—	—
取　　引　　所　　税	397	0. 1	190	0. 0	—	—
有　価　証　券　取　引　税	4, 036	0. 7	1, 726	0. 3	▲　2	▲ 0. 0
入　　　場　　　税	—	—	—	—	—	—
自　動　車　重　量　税	8, 128	1. 5	8, 165	1. 6	8, 431	1. 7
	(10, 838)	(1. 9)	(10, 887)	(2. 1)	(11, 242)	(2. 3)
関　　　　　　税	9, 529	1. 7	8, 687	1. 7	8, 102	1. 6
と　　　ん　　　税	92	0. 0	86	0. 0	87	0. 0
印　　紙　　収　　入	16, 811	3. 0	16, 084	3. 1	15, 615	3. 2
消費税（譲与分）（特）	—	—	—	—	—	—
地　方　道　路　税（特）	2, 764	0. 5	2, 850	0. 6	2, 934	0. 6
石油ガス税（譲与分）（特）	147	0. 0	144	0. 0	144	0. 0
航空機燃料税（譲与分）（特）	160	0. 0	164	0. 0	159	0. 0
自動車重量税（譲与分）（特）	2, 709	0. 5	2, 722	0. 5	2, 810	0. 6
特　別　と　ん　税（特）	115	0. 0	107	0. 0	109	0. 0
原　油　等　関　税（特）	588	0. 1	518	0. 1	536	0. 1
電　源　開　発　促　進　税（特）	3, 540	0. 6	3, 573	0. 7	3, 651	0. 7
揮　　発　　油　　税（特）	6, 570	1. 2	6, 654	1. 3	6, 716	1. 4
石油臨時特別税　（特）	—	—	—	—	—	—
た　ば　こ　特　別　税　（特）	—	—	927	0. 2	2, 736	0. 6
合　　　　　計	556, 007	100. 0	511, 977	100. 0	492, 139	100. 0

区　　　　分	12		13	
	金　額	構成比	金　額	構成比
	億円	％	億円	％
直　　接　　税	323,193	61.3	297,393	59.5
所　　得　　税	187,889	35.6	178,065	35.6
〔源　　泉　　分	158,785	30.1	150,301	30.1
〔申　　告　　分	29,104	5.5	27,764	5.6
法　　人　　税	117,472	22.3	102,578	20.5
法　人　特　別　税	1	0.0	—	—
相　　続　　税	17,822	3.4	16,745	3.4
地　　価　　税	9	0.0	8	0.0
旧　　　　　税	0	0.0	▲　　3	▲ 0.0
法人臨時特別税(特)	—	—	—	—
間　接　税　等	204,016	38.7	202,291	40.5
消　　費　　税	98,221	18.6	97,671	19.5
酒　　　　　税	18,164	3.4	17,654	3.5
た　ば　こ　税	8,755	1.7	8,614	1.7
揮　発　油　税	20,752	3.9	20,981	4.2
	(27,686)	(5.3)	(28,136)	(5.6)
石　油　ガ　ス　税	142	0.0	140	0.0
	(283)	(0.1)	(279)	(0.1)
航　空　機　燃　料　税	880	0.2	883	0.2
	(1,040)	(0.2)	(1,044)	(0.2)
石　　油　　税	4,890	0.9	4,718	0.9
物　　品　　税	—	—	—	—
取　引　所　税	—	—	—	—
有価証券取引税	0	0.0	▲　　0	▲ 0.0
入　　場　　税	—	—	—	—
自　動　車　重　量　税	8,507	1.6	8,536	1.7
	(11,342)	(2.2)	(11,381)	(2.3)
関　　　　　税	8,215	1.6	8,518	1.7
と　　ん　　税	88	0.0	86	0.0
印　紙　収　入	15,318	2.9	14,288	2.9
消費税(譲与分)(特)	—	—	—	—
地　方　道　路　税(特)	2,962	0.6	3,010	0.6
石油ガス税(譲与分)(特)	142	0.0	140	0.0
航空機燃料税(譲与分)(特)	160	0.0	161	0.0
自動車重量税(譲与分)(特)	2,836	0.5	2,845	0.6
特　別　と　ん　税(特)	111	0.0	107	0.0
原　油　等　関　税(特)	550	0.1	497	0.1
電　源　開　発　促　進　税(特)	3,746	0.7	3,686	0.7
揮　発　油　税(特)	6,934	1.3	7,155	1.4
石油臨時特別税(特)	—	—	—	—
た　ば　こ　特　別　税(特)	2,644	0.5	2,602	0.5
合　　　　計	527,209	100.0	499,684	100.0

区　　　　　　　分	平成14年度		15		16	
	金　　額	構成比	金　　額	構成比	金　　額	構成比
	億円	%	億円	%	億円	%
直　　　接　　　税	257,891	56.3	254,727	56.1	279,858	58.2
所　　得　　税	148,122	32.3	139,146	30.7	146,705	30.5
					(150,954)	(31.4)
｛源　泉　分	122,492	26.7	113,926	25.1	121,846	25.3
｛申　告　分	25,631	5.6	25,220	5.6	24,859	5.2
法　　人　　税	95,234	20.8	101,152	22.3	114,437	23.8
相　　続　　税	14,529	3.2	14,425	3.2	14,465	3.0
地　　価　　税	5	0.0	3	0.0	2	0.0
旧　　　　　税	0	0.0	1	0.0	1	0.0
所得税（譲与分）(特)	—	—	—	—	4,249	0.9
地方法人特別税(特)	—	—	—	—	—	—
間　　接　　税　　等	200,551	43.7	198,967	43.9	201,171	41.8
消　　費　　税	98,115	21.4	97,128	21.4	99,743	20.7
酒　　　　　税	16,804	3.7	16,842	3.7	16,599	3.5
た　ば　こ　税	8,441	1.8	9,032	2.0	9,097	1.9
揮　　発　　油　税	21,263	4.6	21,821	4.8	21,910	4.6
	(28,365)	(6.2)	(28,854)	(6.4)	(28,982)	(6.0)
石　油　ガ　ス　税	142	0.0	143	0.0	143	0.0
	(283)	(0.1)	(285)	(0.1)	(287)	(0.1)
航　空　機　燃　料　税	901	0.2	909	0.2	880	0.2
	(1,065)	(0.2)	(1,075)	(0.2)	(1,040)	(0.2)
石　油　石　炭　税	4,634	1.0	4,783	1.1	4,803	1.0
電　源　開　発　促　進　税	—	—	—	—	—	—
自　動　車　重　量　税	8,480	1.8	7,671	1.7	7,488	1.6
	(11,306)	(2.5)	(11,506)	(2.5)	(11,233)	(2.3)
関　　　　　税	7,936	1.7	8,029	1.8	8,177	1.7
と　　ん　　税	87	0.0	88	0.0	90	0.0
印　　紙　　収　　入	13,638	3.0	11,651	2.6	11,350	2.4
地　方　揮　発　油　税(特)	3,035	0.7	3,087	0.7	3,101	0.6
石油ガス税(譲与分)(特)	142	0.0	143	0.0	143	0.0
航空機燃料税(譲与分)(特)	164	0.0	165	0.0	160	0.0
自動車重量税(譲与分)(特)	2,827	0.6	3,835	0.8	3,744	0.8
特　別　と　ん　税(特)	109	0.0	110	0.0	113	0.0
原　油　等　関　税(特)	415	0.1	421	0.1	442	0.1
電源開発促進税(特)	3,768	0.8	3,663	0.8	3,726	0.8
揮　　発　　油　　税(特)	7,102	1.5	7,033	1.6	7,072	1.5
た　ば　こ　特　別　税(特)	2,550	0.6	2,411	0.5	2,389	0.5
合　　　　　計	458,442	100.0	453,694	100.0	481,029	100.0

(注)1. 所得税、揮発油税、石油ガス税、航空機燃料税及び自動車重量税の（　）書は、それぞれの特別会計分を含めた場合である。
　　2. 平成15年度の税制改正において、石油税の名称を石油石炭税に改める措置を講じている。
　　3. 電源開発促進税は、平成19年度より一般会計に組み入れられている。
　　4. 揮発油税(特)は、平成21年度より一般会計に組み入れられている。
　　5. 平成21年度の税制改正において、地方道路税を地方揮発油税に改める措置を講じている。

区　　　　　分	17		18		19	
	金　額	構成比	金　額	構成比	金　額	構成比
	億円	％	億円	％	億円	％
直　　接　　税	**315,413**	**60.3**	**335,007**	**61.9**	**323,273**	**61.4**
所　　得　　税	155,859	29.8	140,541	26.0	160,800	30.5
	(167,018)	(31.9)	(170,635)	(31.5)		
⎰源　泉　分	129,558	24.8	114,943	21.2	129,285	24.6
⎱申　告　分	26,301	5.0	25,598	4.7	31,515	6.0
法　　人　　税	132,736	25.4	149,179	27.6	147,444	28.0
相　　続　　税	15,657	3.0	15,186	2.8	15,026	2.9
地　　価　　税	2	0.0	7	0.0	2	0.0
旧	0	0.0	0	0.0	0	0.0
所得税（譲与分）(特)	11,159	2.1	30,094	5.6	—	—
地方法人特別税(特)	—	—	—	—	—	—
間　接　税　等	**207,492**	**39.7**	**206,162**	**38.1**	**203,285**	**38.6**
消　　費　　税	105,834	20.2	104,633	19.3	102,719	19.5
酒　　　　　税	15,853	3.0	15,473	2.9	15,242	2.9
た　ば　こ　税	8,867	1.7	9,272	1.7	9,253	1.8
揮　発　油　税	21,676	4.1	21,174	3.9	21,105	4.0
	(29,084)	(5.6)	(28,567)	(5.3)	(28,204)	(5.4)
石　油　ガ　ス　税	142	0.0	140	0.0	137	0.0
	(285)	(0.1)	(279)	(0.1)	(273)	(0.1)
航空機燃料税	886	0.2	905	0.2	880	0.2
	(1,047)	(0.2)	(1,069)	(0.2)	(1,040)	(0.2)
石　油　石　炭　税	4,931	0.9	5,117	0.9	5,129	1.0
電源開発促進税	—	—	—	—	3,522	0.7
自　動　車　重　量　税	7,574	1.4	7,350	1.4	7,399	1.4
	(11,361)	(2.2)	(11,024)	(2.0)	(11,098)	(2.1)
関　　　　　税	8,857	1.7	9,440	1.7	9,410	1.8
と　　ん　　税	91	0.0	93	0.0	96	0.0
印　紙　収　入	11,688	2.2	12,181	2.3	12,018	2.3
地方揮発油税(特)	3,112	0.6	3,057	0.6	3,018	0.6
石油ガス税(譲与分)(特)	142	0.0	140	0.0	137	0.0
航空機燃料税(譲与分)(特)	161	0.0	165	0.0	160	0.0
自動車重量税(譲与分)(特)	3,787	0.7	3,675	0.7	3,699	0.7
特　別　と　ん　税(特)	114	0.0	116	0.0	121	0.0
原　油　等　関　税(特)	446	0.1	33	0.0	—	—
電源開発促進税(特)	3,592	0.7	3,630	0.7	—	—
揮　発　油　税(特)	7,408	1.4	7,393	1.4	7,099	1.3
たばこ特別税(特)	2,329	0.4	2,176	0.4	2,142	0.4
合　　　　計	**522,905**	**100.0**	**541,169**	**100.0**	**526,558**	**100.0**

区　　　　分	平成20年度		21	
	金　額	構成比	金　額	構成比
	億円	％	億円	％
直　　接　　税	264,507	57.7	212,941	52.9
所　　得　　税	149,851	32.7	129,139	32.1
┌源　泉　分	121,612	26.5	104,995	26.1
└申　告　分	28,239	6.2	24,144	6.0
法　　人　　税	100,106	21.8	63,564	15.8
相　　続　　税	14,549	3.2	13,498	3.4
地　　価　　税	1	0.0	0	0.0
旧　　　　　税	0	0.0	0	0.0
所得税（譲与分）(特)	―	―	6,739	1.7
地方法人特別税(特)	0	0.0	6,739	1.7
間　接　税　等	193,802	42.3	189,492	47.1
消　　費　　税	99,689	21.8	98,075	24.4
酒　　　　　税	14,614	3.2	14,168	3.5
た　ば　こ　税	8,509	1.9	8,224	2.0
揮　発　油　税	18,894	4.1	27,152	6.7
	(25,719)	(5.6)	―	
石　油　ガ　ス　税	130	0.0	123	0.0
	(260)	(0.1)	(246)	(0.1)
航　空　機　燃　料　税	836	0.2	793	0.2
	(988)	(0.2)	(937)	(0.2)
石　油　石　炭　税	5,110	1.1	4,868	1.2
電　源　開　発　促　進　税	3,405	0.7	3,293	0.8
自　動　車　重　量　税	7,170	1.6	6,351	1.6
	(10,756)	(2.3)	(9,527)	(2.4)
関　　　　　税	8,831	1.9	7,319	1.8
と　　ん　　税	94	0.0	89	0.0
印　　紙　　収　　入	10,884	2.4	10,676	2.7
地方揮発油税(特)	2,856	0.6	2,905	0.7
石油ガス税(譲与分)(特)	130	0.0	123	0.0
航空機燃料税(譲与分)(特)	152	0.0	144	0.0
自動車重量税(譲与分)(特)	3,585	0.8	3,176	0.8
特別とん税(特)	118	0.0	111	0.0
原油等関税(特)	―	―	―	―
電源開発促進税(特)	―	―	―	―
揮　発　油　税(特)	6,825	1.5	―	―
た　ば　こ　特　別　税(特)	1,970	0.4	1,904	0.5
合　　　　　計	458,309	100.0	402,433	100.0

区　　　　分	22		23	
	金　　額	構成比	金　　額	構成比
	億円	%	億円	%
直　　接　　税	246,225	56.3	258,581	57.2
所　　得　　税	129,844	29.7	134,762	29.8
｛源　　泉　　分	106,770	24.4	110,108	24.4
｛申　　告　　分	23,073	5.3	24,654	5.5
法　　人　　税	89,677	20.5	93,514	20.7
相　　続　　税	12,504	2.9	14,744	3.3
地　　価　　税	1	0.0	1	0.0
旧　　　　　税	0	0.0	0	0.0
地 方 法 人 税(特)	—	—	—	—
地方法人特別税(特)	14,200	3.2	15,560	3.4
復興特別所得税(特)	—	—	—	—
復興特別法人税(特)	—	—	—	—
間　接　税　等	190,849	43.7	193,173	42.8
消　　費　　税	100,333	23.0	101,946	22.6
酒　　　　　税	13,893	3.2	13,693	3.0
た　ば　こ　税	9,077	2.1	10,315	2.3
揮　発　油　税	27,501	6.3	26,484	5.9
石　油　ガ　ス　税	119	0.0	113	0.0
	(238)	(0.1)	(226)	(0.1)
航 空 機 燃 料 税	749	0.2	462	0.1
	(886)	(0.2)	(595)	(0.1)
石　油　石　炭　税	5,019	1.1	5,191	1.1
電 源 開 発 促 進 税	3,492	0.8	3,314	0.7
自 動 車 重 量 税	4,465	1.0	4,478	1.0
	(7,530)	(1.7)	(7,551)	(1.7)
関　　　　　税	7,859	1.8	8,742	1.9
と　　ん　　税	95	0.0	97	0.0
印　紙　収　入	10,240	2.3	10,469	2.3
地 方 揮 発 油 税(特)	2,942	0.7	2,834	0.6
石油ガス税(譲与分)(特)	119	0.0	113	0.0
航空機燃料税(譲与分)(特)	136	0.0	132	0.0
自動車重量税(譲与分)(特)	3,065	0.7	3,073	0.7
特 別 と ん 税(特)	119	0.0	121	0.0
たばこ特別税(特)	1,625	0.4	1,595	0.4
合　　　　計	437,074	100.0	451,754	100.0

(注)　石油ガス税、航空機燃料税及び自動車重量税の(　)書は、それぞれの
　　特別会計分を含めた場合である。

区　　　　　分	平成24年度 金　額	構成比	25 金　額	構成比	26 金　額	構成比
	億円	％	億円	％	億円	％
直　　接　　税	276,251	58.7	311,381	60.8	328,821	56.8
所　　得　　税	139,925	29.7	155,308	30.3	167,902	29.0
｛源　　泉　　分	114,725	24.4	127,592	24.9	140,267	24.2
｛申　　告　　分	25,200	5.4	27,717	5.4	27,635	4.8
法　　人　　税	97,583	20.7	104,937	20.5	110,316	19.1
相　　続　　税	15,039	3.2	15,743	3.1	18,829	3.3
地　　価　　税	0	0.0	1	0.0	0	0.0
旧　　　　　税	0	0.0	0	0.0	0	0.0
地 方 法 人 税（特）	—	—	—	—	10	0.0
地方法人特別税（特）	16,698	3.5	20,010	3.9	23,945	4.1
復興特別所得税（特）	511	0.1	3,338	0.7	3,492	0.6
復興特別法人税（特）	6,494	1.4	12,043	2.4	4,328	0.7
間　接　税　等	194,241	41.3	200,893	39.2	249,670	43.2
消　　費　　税	103,504	22.0	108,293	21.1	160,290	27.7
酒　　　　　税	13,496	2.9	13,709	2.7	13,276	2.3
た　ば　こ　税	10,179	2.2	10,375	2.0	9,187	1.6
揮　発　油　税	26,219	5.6	25,743	5.0	24,864	4.3
石 油 ガ ス 税	107	0.0	103	0.0	97	0.0
	(214)	(0.0)	(205)	(0.0)	(194)	(0.0)
航 空 機 燃 料 税	494	0.1	522	0.1	521	0.1
	(635)	(0.1)	(671)	(0.1)	(670)	(0.1)
石 油 石 炭 税	5,669	1.2	5,995	1.2	6,307	1.1
電 源 開 発 促 進 税	3,280	0.7	3,283	0.6	3,211	0.6
自 動 車 重 量 税	3,969	0.8	3,814	0.7	3,728	0.6
	(6,693)	(1.4)	(6,431)	(1.3)	(6,286)	(1.1)
関　　　　　税	8,972	1.9	10,344	2.0	10,731	1.9
と　　ん　　税	98	0.0	100	0.0	100	0.0
印　紙　収　入	10,777	2.3	11,261	2.2	10,350	1.8
地 方 揮 発 油 税（特）	2,805	0.6	2,754	0.5	2,660	0.5
石油ガス税（譲与分）（特）	107	0.0	103	0.0	97	0.0
航空機燃料税（譲与分）（特）	141	0.0	149	0.0	149	0.0
自動車重量税（譲与分）（特）	2,724	0.6	2,617	0.5	2,558	0.4
特 別 と ん 税（特）	123	0.0	125	0.0	125	0.0
た ば こ 特 別 税（特）	1,575	0.3	1,605	0.3	1,421	0.2
合　　　　　計	470,492	100.0	512,274	100.0	578,492	100.0

区　　　分	27 金　額	構成比	28 金　額	構成比	29 金　額	構成比
	億円	%	億円	%	億円	%
直　接　税	335,753	56.0	328,527	55.7	360,767	57.8
所　　得　　税	178,071	29.7	176,111	29.9	188,816	30.3
┌源　　泉　　分	147,732	24.6	144,860	24.6	156,271	25.1
└申　　告　　分	30,340	5.1	31,251	5.3	32,544	5.2
法　　人　　税	108,274	18.1	103,289	17.5	119,953	19.2
相　　続　　税	19,684	3.3	21,314	3.6	22,920	3.7
地　　価　　税	0	0.0	0	0.0	0	0.0
旧　　　　　税	0	0.0	0	0.0	0	0.0
地 方 法 人 税(特)	5,161	0.9	6,292	1.1	6,539	1.0
地方法人特別税(特)	20,806	3.5	17,816	3.0	18,578	3.0
復興特別所得税(特)	3,707	0.6	3,671	0.6	3,939	0.6
復興特別法人税(特)	49	0.0	35	0.0	23	0.0
間　接　税　等	263,941	44.0	261,035	44.3	263,036	42.2
消　　費　　税	174,263	29.1	172,282	29.2	175,139	28.1
酒　　　　　税	13,380	2.2	13,195	2.2	13,041	2.1
た　ば　こ　税	9,536	1.6	9,142	1.6	8,642	1.4
揮　発　油　税	24,646	4.1	24,342	4.1	23,962	3.8
石 油 ガ ス 税	92	0.0	87	0.0	82	0.0
	(184)	(0.0)	(174)	(0.0)	(165)	(0.0)
航 空 機 燃 料 税	513	0.1	514	0.1	522	0.1
	(660)	(0.1)	(660)	(0.1)	(671)	(0.1)
石 油 石 炭 税	6,304	1.1	7,020	1.2	6,908	1.1
電 源 開 発 促 進 税	3,159	0.5	3,197	0.5	3,257	0.5
自 動 車 重 量 税	3,849	0.6	3,915	0.7	3,778	0.6
	(6,491)	(1.1)	(6,602)	(1.1)	(6,372)	(1.0)
関　　　　　税	10,487	1.7	9,390	1.6	10,241	1.6
と　　ん　　税	99	0.0	98	0.0	99	1.7
印　紙　収　入	10,495	1.8	10,791	1.8	10,515	0.4
地方揮発油税(特)	2,637	0.4	2,605	0.4	2,564	0.0
石油ガス税(譲与分)(特)	92	0.0	87	0.0	82	0.0
航空機燃料税(譲与分)(特)	147	0.0	147	0.0	149	0.4
自動車重量税(譲与分)(特)	2,642	0.4	2,687	0.5	2,593	0.0
特 別 と ん 税(特)	124	0.0	123	0.0	123	0.2
た ば こ 特 別 税(特)	1,475	0.2	1,414	0.2	1,337	100.0
合　　　　計	599,694	100.0	589,563	100.0	623,803	100.0

区　　　　分	平成30年度		令和元年度（予　算）	
	金　　額	構成比	金　　額	構成比
	億円	％	億円	％
直　　接　　税	377,375	58.8	382,672	57.6
所　　得　　税	199,006	31.0	199,340	30.0
源　　泉　　分	165,650	25.8	166,100	25.0
申　　告　　分	33,356	5.2	33,240	5.0
法　　人　　税	123,180	19.2	128,580	19.4
相　　続　　税	23,333	3.6	22,320	3.4
地　　価　　税	—	—	—	—
旧　　　　　税	—	—	—	—
地方法人税（特）	6,806	1.1	6,876	1.0
地方法人特別税（特）	20,879	3.3	21,360	3.2
復興特別所得税（特）	4,154	0.6	4,196	0.6
復興特別法人税（特）	16	0.0	—	—
間　接　税　等	264,866	41.2	281,541	42.4
消　　費　　税	176,809	27.5	193,920	29.2
酒　　　　　税	12,751	2.0	12,710	1.9
た　ば　こ　税	8,613	1.3	8,890	1.3
揮　発　油　税	23,478	3.7	23,030	3.5
石　油　ガ　ス　税	76	0.0	70	0.0
	(152)	0.0	(140)	(0.0)
航　空　機　燃　料　税	527	0.1	520	0.1
	(677)	0.1	(669)	(0.1)
石　油　石　炭　税	7,014	1.1	7,070	1.1
電　源　開　発　促　進　税	3,220	0.5	3,300	0.5
自　動　車　重　量　税	3,944	0.6	3,760	0.6
	(6,652)	(1.0)	(6,510)	(1.0)
国　際　観　光　旅　客　税	69	0.0	500	0.1
関　　　　　税	10,711	1.7	10,340	1.6
と　　ん　　税	103	0.0	110	0.0
印　　紙　　収　　入	10,729	1.7	10,490	1.6
地　方　揮　発　油　税（特）	2,512	0.4	2,464	0.4
石油ガス税（譲与分）（特）	76	0.0	70	0.0
航空機燃料税（譲与分）（特）	150	0.0	149	0.0
自動車重量税（譲与分）（特）	2,707	0.4	2,750	0.4
特　別　と　ん　税（特）	128	0.0	138	0.0
た　ば　こ　特　別　税（特）	1,248	0.2	1,260	0.2
合　　　　　計	642,241	100.0	664,213	100.0

2 地方税収入の構成の累年比較

区分	昭和30年度 金額(億円)	構成比(%)	40 金額(億円)	構成比(%)	50 金額(億円)	構成比(%)	60 金額(億円)	構成比(%)	平成元年度 金額(億円)	構成比(%)	10 金額(億円)	構成比(%)	20 金額(億円)	構成比(%)	29 金額(億円)	構成比(%)	30(計画) 金額(億円)	構成比(%)	31(計画) 金額(億円)	構成比(%)
道府県税	1,471	38.6	7,823	50.5	38,692	47.4	102,040	47.4	147,541	43.8	153,195	46.4	179,280	42.6	183,967	45.3	176,930	44.8	179,772	44.7
市町村税	2,344	61.4	7,671	49.5	42,856	52.6	131,125	52.6	170,410	56.2	206,027	53.6	216,305	57.4	215,077	54.7	218,092	55.2	222,606	55.3
地方税総計	3,815	100.0	15,494	100.0	81,548	100.0	233,165	100.0	317,951	100.0	359,222	100.0	395,585	100.0	399,044	100.0	395,022	100.0	402,378	100.0
直接税等	3,061	80.2	12,013	77.5	67,375	82.6	199,520	85.6	284,134	89.4	296,625	82.6	341,542	86.3	324,973	86.3	321,915	81.5	328,303	81.5
間接税等	754	19.8	3,481	22.5	14,173	17.4	33,645	14.4	33,817	10.6	62,597	17.4	54,043	13.7	74,071	13.7	73,107	18.5	74,075	18.4
普通税	1,468	99.8	7,171	91.7	34,987	90.4	92,991	91.1	132,864	90.1	135,366	90.1	166,321	88.4	183,361	92.8	176,985	99.9	179,819	100.0
道府県民税	237	16.1	1,758	16.1	9,890	25.6	29,513	28.9	43,369	29.4	36,516	23.8	62,387	27.3	61,381	34.8	54,950	31.1	55,447	30.8
個人分	140	9.5	1,229	9.5	7,393	19.1	21,002	20.6	23,153	15.7	24,341	15.9	49,005	27.3	49,587	27.0	44,582	25.2	44,711	24.9
法人分	97	6.6	529	6.8	2,498	6.5	8,510	8.3	11,465	7.8	8,576	5.6	10,635	1.1	7,624	4.1	6,548	3.7	6,700	3.7
利子割	—	—	—	—	—	—	—	—	8,751	5.9	3,599	2.3	1,977	1.1	593	0.3	485	0.3	558	0.3
配当割	—	—	—	—	—	—	—	—	—	—	—	—	558	0.1	1,757	1.0	1,638	1.0	1,815	1.0
株式等譲渡所得割	—	—	—	—	—	—	—	—	—	—	—	—	212	0.1	1,821	1.0	1,697	1.0	1,663	0.9
事業税	806	54.8	3,299	42.2	15,015	38.8	39,370	38.6	65,480	44.4	44,825	29.3	54,194	30.2	41,939	22.8	42,433	24.0	43,306	24.1
個人分	202	13.7	253	3.2	480	1.2	1,298	1.3	2,111	1.4	2,711	1.8	2,167	1.8	2,025	1.1	2,167	1.2	2,101	1.1
法人分	604	41.1	3,046	38.9	14,535	37.6	38,072	37.3	63,369	43.0	42,113	27.5	52,026	29.0	39,914	21.7	40,356	22.8	41,205	22.9
地方消費税	—	—	—	—	—	—	—	—	—	—	25,504	16.6	24,741	13.8	47,353	25.7	47,068	26.6	48,624	27.0
不動産取得税	52	3.5	414	5.3	1,814	4.7	4,346	4.3	6,309	4.3	6,348	4.3	4,453	2.5	4,065	2.4	4,186	2.4	4,229	2.4
道府県たばこ税	96	6.5	440	5.6	1,356	3.5	3,130	3.1	3,175	2.2	2,313	2.2	2,632	1.5	1,409	1.5	1,407	0.8	1,429	0.8
ゴルフ場利用税・娯楽施設利用税	—	—	—	—	500	1.3	1,083	1.1	763	1.1	923	0.5	598	0.6	447	0.3	448	0.3	417	0.2
軽油引取税	15	1.0	95	1.2	—	—	—	—	—	—	—	—	—	—	—	—	—	—	—	—
特別地方消費税	—	—	—	—	—	—	4,757	4.7	1,494	0.7	1,125	0.7	—	—	—	—	—	—	—	—
自動車取得税	—	—	549	7.0	—	—	—	—	—	—	—	—	—	—	—	—	—	—	—	—
自動車税	151	10.3	559	7.1	3,689	9.5	10,380	10.2	11,963	8.1	17,369	11.3	16,808	9.4	15,405	8.4	15,258	8.6	15,902	8.8
鉱区税	5	0.3	8	0.1	6	0.0	5	0.0	5	0.0	4	0.0	4	0.0	3	0.0	3	0.0	3	0.0
固定資産税(特例)	—	—	39	0.5	21	0.1	123	0.1	119	0.1	219	0.1	176	0.1	44	0.0	75	0.0	55	0.0
法定外普通税・その他	—	—	10	0.1	22	0.1	280	0.3	185	0.1	220	0.1	329	0.2	429	0.2	75	0.0	8	0.0
目的税	—	—	652	8.3	3,705	9.6	9,049	8.9	13,457	9.1	17,827	11.6	12,959	7.2	—	—	—	—	8	0.0
自動車取得税	—	—	—	—	1,750	4.5	3,471	3.4	5,777	3.9	4,973	3.9	3,663	2.0	—	—	—	—	—	—
軽油引取税	—	—	649	8.3	1,940	5.0	5,558	5.4	7,663	5.2	12,841	8.4	9,188	5.1	—	—	—	—	8	0.0
狩猟税・その他	3	0.2	3	0.0	15	0.0	20	0.0	17	0.0	13	0.0	21	0.0	8	0.0	8	0.1	—	—
旧法定目的税・その他	—	—	0	0.0	0	0.0	—	—	1,220	0.8	1	0.0	88	0.0	97	0.1	—	—	—	—
東日本大震災による減免等	—	—	—	—	—	—	—	—	—	—	—	—	0	0.0	—	—	▲63	▲0.0	▲55	▲0.0
合計	1,471	100.0	7,823	100.0	38,692	100.0	102,040	100.0	147,541	100.0	153,195	100.0	179,280	100.0	183,967	100.0	176,930	100.0	179,772	100.0

市町村税の税目別収入額の推移（金額：億円、構成比：%）

区分	昭和30年度 金額	構成比	40 金額	構成比	50 金額	構成比	60 金額	構成比	平成元年度 金額	構成比	10 金額	構成比	20 金額	構成比	29 金額	構成比	30（計画） 金額	構成比	31（計画） 金額	構成比
普通税	2,334	99.6	7,273	94.8	40,100	93.6	120,404	91.8	156,807	91.8	188,291	91.4	199,624	92.3	197,473	91.8	200,426	91.8	204,768	92.0
市町村民税	740	31.6	3,046	39.7	19,804	46.2	66,454	50.7	92,750	54.4	88,158	42.8	101,969	47.1	96,949	45.1	99,748	45.7	102,584	46.1
個人	575	24.5	2,200	28.7	13,596	31.7	45,028	34.3	59,232	34.8	65,243	31.7	74,450	34.4	74,708	34.7	79,833	36.6	82,235	36.9
法人	164	7.0	847	11.0	6,207	14.5	21,426	16.3	33,519	19.7	22,915	11.1	27,518	12.7	22,241	10.3	19,915	9.1	20,349	9.1
固定資産税	1,104	47.1	2,773	36.1	14,899	34.8	41,747	31.8	56,434	33.1	90,198	43.8	87,814	40.6	89,373	41.6	89,434	41.0	90,721	40.8
土地	433	18.5	655	8.5	6,539	15.3	17,898	13.6	23,108	13.6	37,543	18.2	34,110	15.8	33,872	15.7	34,368	15.8	34,707	15.6
家屋	465	19.8	1,210	15.8	5,068	11.8	16,029	12.2	21,708	12.7	35,112	17.0	37,261	17.2	38,825	18.1	38,124	17.5	39,005	17.5
償却資産	206	8.8	908	11.8	3,293	7.7	7,821	6.0	11,517	6.8	17,542	8.5	16,443	7.6	16,676	7.8	16,942	7.8	17,009	7.6
軽自動車税（自動車重量税）	46	2.0	125	1.6	275	0.6	698	0.5	849	0.5	1,159	0.6	1,687	0.8	2,486	1.2	2,604	1.2	2,699	1.2
市町村たばこ税（消費税）	192	8.2	732	9.5	2,381	5.6	5,515	4.2	5,650	3.3	8,136	3.9	8,084	3.7	8,623	4.0	8,614	3.9	8,745	3.9
電気税・ガス税	215	9.2	540	7.0	1,614	3.8	5,271	4.0	—	—	—	—	—	—	—	—	—	—	—	—
鉱産税	17	0.7	24	0.3	28	0.1	46	0.0	29	0.0	17	0.0	19	0.0	17	0.0	18	0.0	17	0.0
木材引取税	15	0.6	25	0.3	29	0.1	21	0.0	—	—	—	—	—	—	—	—	—	—	—	—
特別土地保有税	—	—	—	—	1,028	2.4	552	0.4	962	0.6	619	0.3	38	0.0	6	0.0	8	0.0	2	0.0
法定外普通税・その他	5	0.2	8	0.1	42	0.1	101	0.1	133	0.1	5	0.0	13	0.0	19	0.0	—	—	—	—
目的税	6	0.3	207	2.7	2,181	5.1	9,316	7.1	11,862	7.0	16,982	8.2	15,732	7.3	16,723	7.8	16,995	7.8	17,145	7.7
入湯税	3	0.1	14	0.2	72	0.2	140	0.1	172	0.1	226	0.1	237	0.1	227	0.1	227	0.1	224	0.1
事業所税	—	—	—	—	152	0.4	1,972	1.5	2,646	1.6	3,232	1.6	3,227	1.5	3,712	1.7	3,725	1.7	3,791	1.7
都市計画税	—	—	190	2.5	1,955	4.6	7,201	5.5	9,040	5.3	13,522	6.6	12,250	5.7	12,767	5.9	13,043	5.9	13,130	6.0
法定外目的税・その他	3	0.1	3	0.0	2	0.0	3	0.0	—	—	2	0.0	18	0.0	17	0.0	—	—	—	—
旧法による市町村税	—	—	0	0.0	—	—	0	0.0	—	—	—	—	—	—	—	—	—	—	—	—
国有資産等所在市町村交付金																				
交付金	4	0.2	27	0.4	136	0.3	368	0.3	1,299	0.8	755	0.4	949	0.4	881	0.4	872	0.4	872	0.4
納付金	—	—	164	2.1	439	1.0	1,037	0.8	443	0.3	—	—	—	—	—	—	—	—	—	—
東日本大震災による減免等	—	—	—	—	—	—	—	—	—	—	—	—	—	—	—	—	▲201	▲0.1	▲179	▲0.1
合計	2,344	100.0	7,671	100.0	42,856	100.0	131,125	100.0	170,410	100.0	206,027	100.0	216,305	100.0	215,077	100.0	218,092	100.0	222,606	100.0

（備考）1. 地方税は地方分与税、交付税及び譲与税は法定普通税を含まず、平成28年度以前は決算額（計画外税収含む）、平成30年度及び平成31年度は地方財政計画額である。

2. 昭和31年度以前の入湯税は法定普通税に含まれる。

3. 自動車取得税、軽油引取税は平成21年度の税制改正によって使途が特定されない普通税に改められた。

3 OECD諸国における所得・消費・資産課税等の税収構成比の国際比較 （国税＋地方税）

所得課税合計 （34か国中11位）

国	構成比
アメリカ	64.2%
デンマーク	63.2%
スイス	61.6%
オーストラリア	56.7%
カナダ	56.4%
ニュージーランド	55.5%
ノルウェー	54.2%
ベルギー	52.4%
アイスランド	52.0%
アイルランド	51.7%
日本	51.1%
ルクセンブルク	51.2%
ドイツ	50.1%
フィンランド	49.5%
メキシコ	48.4%
スウェーデン	46.3%
オーストリア	45.5%
イタリア	45.5%
イギリス	44.6%
スペイン	43.4%
オランダ	42.8%
韓国	41.9%
ポルトガル	40.9%
チリ	39.1%
スロベニア	38.1%
ポーランド	37.9%
フランス	37.8%
エストニア	37.3%
イスラエル	35.2%
チェコ	32.6%
スロバキア	31.8%
ハンガリー	30.0%
ギリシャ	28.6%
トルコ	27.1%
OECD諸国平均	45.4%

消費課税 （34か国中29位）

国	構成比
スロベニア	67.0%
ハンガリー	65.2%
トルコ	63.6%
チリ	62.4%
エストニア	61.0%
ギリシャ	59.7%
ポーランド	59.6%
メキシコ	59.2%
ポルトガル	58.1%
イスラエル	55.5%
スロバキア	52.3%
アイルランド	52.2%
フィンランド	52.0%
イギリス	49.0%
スペイン	45.8%
オランダ	45.5%
ルクセンブルク	45.4%
イタリア	45.3%
チェコ	41.8%
ドイツ	41.6%
オーストリア	41.1%
ノルウェー	39.9%
フランス	39.6%
アイスランド	39.0%
ニュージーランド	38.4%
韓国	38.2%
スウェーデン	36.7%
オーストラリア	36.0%
ベルギー	36.0%
日本	35.9%
カナダ	34.6%
デンマーク	32.0%
スイス	28.9%
アメリカ	27.5%
—	22.2%
OECD諸国平均	44.6%

資産課税等 （34か国中9位）

国	構成比
韓国	23.6%
イギリス	20.6%
ルクセンブルク	17.2%
カナダ	17.0%
フランス	16.5%
オーストラリア	15.8%
アメリカ	15.5%
イタリア	14.9%
日本	13.9%
アイスランド	13.5%
ベルギー	13.0%
スイス	12.1%
イスラエル	12.0%
アイルランド	11.7%
スペイン	11.5%
ニュージーランド	9.5%
ポルトガル	9.0%
デンマーク	8.4%
ドイツ	8.2%
ポーランド	7.7%
ノルウェー	6.8%
チリ	6.4%
ハンガリー	6.1%
メキシコ	4.8%
ニュージーランド	4.7%
フィンランド	4.7%
スウェーデン	4.0%
トルコ	3.1%
オーストリア	2.8%
ギリシャ	2.6%
チェコ	2.3%
スロバキア	1.3%
OECD諸国平均	10.0%

（備考）
1. 計数は2015年のものである。なお、2016年のラトビア、2018年にリトアニアの加盟により、OECD加盟国は36か国となっている（2019年1月現在）。
2. OECD "Revenue Statistics" の区分に従って作成しているため、利子、配当及びキャピタル・ゲインに対する課税は所得課税に含まれる。
3. 資産課税等には、資産課税の他、給与労働力課税及びその他の課税が含まれる。
4. 資産課税とは、富裕税、不動産税（固定資産税等）、相続・贈与税及び流通課税（有価証券取引税、取引所税、不動産取得税及び印紙収入）等を指し、日本の割合は13.5%である。
（出所）OECD "Revenue Statistics 1965-2016"

4　国税収入の構成の国際比較

日本

税目	金額（億円）	構成比（%）
直接税	382,672	57.6
所得税	199,340	30.0
源泉分	166,100	25.0
申告分	33,240	5.0
法人税	128,580	19.4
地方法人特別税（特）	22,320	3.4
相続税	6,876	1.0
地方法人税（特）	21,360	3.2
復興特別所得税（特）	4,196	0.6
間接税等	281,541	42.4
消費税	193,920	29.2
酒税	12,710	1.9
たばこ税	8,890	1.3
揮発油税	23,030	3.5
石油ガス税	70	0.0
航空機燃料税	520	0.1
石油石炭税	7,070	1.1
電源開発促進税	3,300	0.5
自動車重量税	3,760	0.6
国際観光旅客税	500	0.1
関税	10,340	1.6
とん税	110	0.0
印紙収入	10,490	1.6
地方揮発油税（譲与分）（特）	2,464	0.4
石油ガス税（譲与分）（特）	70	0.0
航空機燃料税（譲与分）（特）	149	0.0
自動車重量税（譲与分）（特）	2,750	0.4
特別とん税（特）	138	0.0
たばこ特別税（特）	1,260	0.2
合計	664,213	100.0

アメリカ

税目	金額（百万ドル）	構成比（%）
直接税	1,867,000	93.5
個人所得税	1,546,075	77.4
法人所得税	299,571	15.0
遺産・贈与税	21,354	1.1
間接税等	129,864	6.5
たばこ税	33,991	1.7
電信電話サービス税	9,799	0.5
輸送税	14,103	0.7
	548	0.0
	-4,755	-0.2
その他	14,296	0.7
関税	34,838	1.7
特定財源	61,035	3.1
ハイウェイ財源	41,344	2.1
空港・航空路財源	14,406	0.7
その他	5,285	0.3
合計	1,996,864	100.0

イギリス

税目	金額（百万ポンド）	構成比（%）
直接税	265,931	55.6
所得税	180,049	37.6
法人税	54,394	11.4
キャピタルゲイン税	7,793	1.6
相続税（贈与税）	5,205	1.1
石油収入税	2,271	0.5
職域年金負担	-569	-0.1
非居住者資産レイト	11,884	2.5
利回行益	4,542	0.9
	219	0.0
その他	143	0.0
間接税等	212,469	44.4
付加価値税	125,363	26.2
炭素税	27,877	5.8
酒税	8,827	1.8
たばこ税	11,440	2.4
賭博・遊戯税	2,860	0.6
関税	3,412	0.7
航空旅客税	3,352	0.7
保険税	5,669	1.2
	757	0.2
自動車税	1,861	0.4
採掘税	376	0.1
印紙・土地印紙税	6,310	1.3
その他	16,425	3.4
合計	478,400	100.0

ドイツ

税目	連邦税	州税	計	構成比
	百万ユーロ	百万ユーロ	百万ユーロ	%
直接税	156,378	149,423	305,801	48.6
所得税	122,041	122,041	244,082	38.8
法人税	14,629	14,629	29,258	4.6
相続・贈与税	0	0	0	0.0
財産税	0	6,114	6,114	1.0
営業税	1,755	6,639	8,394	1.3
連帯付加税	17,953	0	17,953	2.9
間接税	175,279	148,192	323,471	51.4
付加価値税	114,805	105,532	220,337	35.0
関税	5,063	0	5,063	0.8
不動産取得税	0	13,139	13,139	2.1
自動車税	8,948	0	8,948	1.4
保険税	13,269	0	13,269	2.1
競馬・富くじ税	0	1,837	1,837	0.3
娯楽・防火税	0	451	451	0.1
たばこ税	14,399	0	14,399	2.3
コーヒー税	1,057	0	1,057	0.2
ビール税	0	664	664	0.1
蒸留酒税	2,094	0	2,094	0.3
アルコポップ税	2	0	2	0.0
発泡ワイン税	368	0	368	0.1
中間製品税	17	0	17	0.0
エネルギー税	41,022	0	41,022	6.5
電気税	6,944	0	6,944	1.1
航空税	1,121	0	1,121	0.2
核燃料税	-7,262	0	-7,262	-1.2
その他	1	0	1	0.0
連邦と州間の調整等	-26,569	26,569	0	0.0
合計	331,043	298,414	629,457	100.0

フランス

税目	金額	構成比
	百万ユーロ	%
直接税	172,890	42.4
所得税	77,622	19.0
複式簿記による法人税・給与税	3,222	0.8
富裕税	64,773	15.9
富裕税支出特別税	5,067	1.2
金融機関税	0	0.0
相続・贈与税	12,830	3.1
その他	9,376	2.3
間接税	235,316	57.6
付加価値税	205,751	50.4
エネルギー製品内国消費税	9,566	2.3
登録税	1,971	0.5
印紙税	382	0.1
たばこ消費税	-1,114	-0.3
汚染活動一般税	192	0.0
その他	6,341	1.6
合計	408,206	100.0

イタリア

税目	金額	構成比
	百万ユーロ	%
直接税	245,294	54.4
所得税	180,004	39.9
法人税	35,251	7.8
資本所得に係る源泉税	9,024	2.0
その他	21,015	4.7
間接税	205,787	45.6
付加価値税	124,336	27.6
登録税	1,303	0.3
電気・動力税	10,882	2.4
エネルギー製品消費税	25,428	5.6
自動車税	599	0.1
たばこ税	11,553	2.6
印紙税	1,609	0.4
自動車登録税	7,794	1.7
政府許可税	965	0.2
テレビ受信税	2,112	0.5
その他	12,937	2.9
合計	451,081	100.0

（備考）1. 日本は平成31年度予算額（案）、アメリカは平成27年10月〜平成28年9月会計年度決算額、平成28年度予算額（本表の数値は、一般会計に係る税収）、イギリスは平成29年度実績額、ドイツは平成29年決算額、フランスは平成29年度実績額、イタリアは平成28年決算額である。合計額はOECD資料を原資料とする第1表の租税負担額（国税分）とは必ずしも一致しない。

2. 諸外国の計数は各国の租税統計資料による。

索 引

《執筆者一覧》

植松　　利夫

髙橋　秀一　　塩田　真弓

渡邊　里香　　林　　良樹

中井遼太郎　　吉﨑　藍子

仁井田朋子　　河合　知加

鈴木　佑輔　　竹谷　里咲

新城　真彦

図説　日本の税制　（令和元年度版）

平成 2 年12月10日　　初版（平成 2 年度版）発行©
令和 2 年 3 月16日　　令和元年度版発行

編著者　　植　松　利　夫
発行者　　宮　本　弘　明
発行所　　株式会社　財経詳報社
〒103-0013 東京都中央区日本橋人形町 1 − 7 − 10
電　話　　03（3661）5266（代）
F A X　　03（3661）5268
http://www.zaik.jp
振替口座　00170 − 8 − 26500 番

検　　印
省　　略

Printed in Japan 2020

落丁・乱丁本はお取り替えいたします　　　印刷・製本　大日本法令印刷

ISBN 978-4-88177-465-6